O que acontece em *mindfulness*

A Artmed é a editora oficial da FBTC

T253o Teasdale, John.
       O que acontece em *mindfulness* : despertar interior e cognição incorporada / John Teasdale ; tradução: Gisele Klein ; revisão técnica: Ramon M. Cosenza. – Porto Alegre : Artmed, 2024.
       xvi, 288 p. : il. ; 23 cm.

       ISBN 978-65-5882-157-1

       1. Psicoterapia – *Mindfulness*. I. Título.

CDU 615.851

Catalogação na publicação: Karin Lorien Menoncin – CRB 10/2147

John **Teasdale**

O que acontece em *mindfulness*

despertar interior e cognição incorporada

Tradução
Gisele Klein

Revisão técnica
Ramon M. Cosenza
*Médico, Doutor em Ciências e professor aposentado do Instituto de Ciências Biológicas
da Universidade Federal de Minas Gerais.*

Porto Alegre
2024

Obra originalmente publicada sob o título *What Happens in Mindfulness: Inner Awakening and Embodied Cognition*, First Edition

ISBN: 9781462549450

Copyright © 2022 The Guilford Press
A Division of Guilford Publications, Inc.

Gerente editorial
Letícia Bispo de Lima

Colaboraram nesta edição:

Coordenadora editorial
Cláudia Bittencourt

Editora
Paola Araújo de Oliveira

Capa
Paola Manica | Brand&Book

Preparação de originais
Marquieli Oliveira

Editoração
Ledur Serviços Editoriais Ltda.

Reservados todos os direitos de publicação, em língua portuguesa, ao
GRUPO A EDUCAÇÃO S.A.
(Artmed é um selo editorial do GRUPO A EDUCAÇÃO S.A.)
Rua Ernesto Alves, 150 – Bairro Floresta
90220-190 – Porto Alegre – RS
Fone: (51) 3027-7000

SAC 0800 703 3444 – www.grupoa.com.br

É proibida a duplicação ou reprodução deste volume, no todo ou em parte, sob quaisquer formas ou por quaisquer meios (eletrônico, mecânico, gravação, fotocópia, distribuição na Web e outros), sem permissão expressa da Editora.

IMPRESSO NO BRASIL
PRINTED IN BRAZIL

Autor

John Teasdale, PhD, integrou o Special Scientific Appointment organizado pelo United Kingdom Medical Research Council, da Cognition and Brain Sciences Unit, em Cambridge, Inglaterra. É membro da British Academy e da Academy of Medical Sciences. Colaborou com Mark Williams e Zindel Segal no desenvolvimento da terapia cognitiva baseada em *mindfulness* (MBCT, do inglês *mindfulness-based cognitive therapy*) para prevenir recaídas e recidivas na depressão maior; juntos, eles são coautores de *Mindfulness-Based Cognitive Therapy for Depression,* segunda edição (para profissionais da saúde mental), bem como dos guias *The Mindful Way Workbook* e *The Mindful Way Through Depression* (com Jon Kabat-Zinn). Também publicou inúmeros artigos citados em revistas de referência. Desde sua aposentadoria, tem ensinado *mindfulness* e meditação internacionalmente e segue estudando suas implicações sobre nosso jeito de ser.

*Para Phil Barnard,
arquiteto dos subsistemas cognitivos interativos*

Agradecimentos

Sou profundamente grato a Jon Kabat-Zinn por seu texto de Apresentação generoso e perspicaz, seu apoio constante à ideia deste livro e seus comentários sábios e entusiásticos sobre os rascunhos. Ele tem sido uma influência poderosa e inspiradora na minha exploração pessoal e profissional de *mindfulness*.

A escolha de dedicar o livro a Phil Barnard reflete o fato de que, sem seu trabalho inicial pioneiro e nossos muitos anos de conversas e amizade, este livro nunca teria sido escrito. Agradeço a Phil de todo coração.

É um prazer reconhecer a habilidade e o apoio de todos da equipe da The Guilford Press – especialmente a compreensão e a orientação editorial oferecidas por Jim Nageotte, a cuidadosa supervisão de Anna Brackett de todo o processo de produção e a contribuição enérgica de Jane Keislar. Também sou muito grato a Seymour Weingarten por seu interesse, desde o início, pelos originais deste livro.

Anos de conversas com meus amigos Ruchiraketu e Michael Chaskalson (conhecido como Kulananda) moldaram, testaram e deram forma às ideias aqui exploradas; o *feedback* gentil de Ruchiraketu sobre o estilo também salvou vários leitores de muitas dificuldades. Agradeço aos dois.

Sou grato a meus principais professores – Christina Feldman, Rob Burbea (*in memoriam*) e Ginny Wall – e a Cynthia Bourgeault, cujos ensinamentos influenciaram e inspiraram poderosamente minha exploração de novas direções.

Acima de tudo, agradeço à minha querida esposa, Jackie. Ela leu e aprimorou inúmeras versões deste livro à medida que ele foi se transformando de uma forma para outra ao longo dos anos. De maneira graciosa, ela aceitou as longas ausências (físicas e outras) envolvidas na escrita deste livro. Seu amor e sua bondade têm sido fonte constante de conforto e apoio.

MATERIAL PUBLICADO ANTERIORMENTE

Agradeço àqueles que concederam permissão para utilizar o conteúdo das seguintes obras protegidas por direitos autorais:

Next Time I'll Sing to You, de James Saunders. Copyright © 1962 Propriedade de James Saunders. Todos os direitos dessa peça são estritamente reservados e a solicitação para uso deve ser feita para Casarotto Ramsay & Associates Ltd., 3º andar, 7 Savoy Court, Strand, London WC2R 0EX (*info@casarotto.co.uk*). Nenhum uso deve ser feito a menos que a licença tenha sido obtida.

Drawing Hands, de M. C. Escher. Copyright © 2021 The M. C. Escher Company – The Netherlands. Todos os direitos reservados. *www.mceescher.com*.

The Miracle of Mindfulness, de Thich Nhat Hanh. Copyright © 1975, 1976 Thich Nhat Hanh. (Prefácio e versão em inglês copyright © 1975, 1976, 1987 de Mobi Ho.) Reimpresso com permissão de Beacon Press, Boston.

Small Boat, Great Mountain, de Ajahn Amaro. Copyright © 2003 Abhaygiri Publications.

Banished Immortal, de Li Po, tradução de Sam Hamill. Copyright © 1987 White Pine Press.

"Karinaya Metta Sutta", em *Chanting Book*, de Amaravati Buddhist Centre, traduzido por Amaravati Sangha. Copyright © 1994 Amaravati Publications.

"Please Call Me by My True Names", em *Call me By My True Names*, de Thich Nhat Hanh. Copyright © 1993 Parallax Press.

"Cold Mountain 205", de David Hinton, traduzido do chinês por Han Shan. De *Mountain Home*. Copyright © 2002 David Hinton. Reimpresso com permissão de New Directions Publishing Corp.

On Having No Head, de David Harding. Copyright © 1961, 1971, 1986, 2000 David Harding. Reimpresso com permissão de The Shollond Trust.

"Kindness", em *Words under Words*, de Naomi Shihab Nye. Copyright © 1998 Naomi Shihab Nye. Reimpresso com permissão de Far Corner Book.

Apresentação

Algumas coisas para nos perguntarmos: o que significa "guardar algo na mente"? Quem faz a "guarda"? E onde isso é guardado? Como diferenciar um pensamento de um fato? Um sentimento de um pensamento? E ambos da própria consciência? O que é consciência, afinal? Onde está localizada? Mergulhando mais profundamente no dilema humano, como o cultivo da consciência cruza com a experiência do sofrimento e com o senso do *self*? Afinal, o que é *mindfulness*? Na prática, como sua prática pode ser cultivada, habitada, incorporada e implementada para nos libertar dos padrões endêmicos da ilusão e do sofrimento de forma mais ampla? É possível que um despertar de boa vontade se torne nosso "modo operacional padrão", tornando-se, assim, um aliado confiável para vivermos nossa vida como se ela fosse realmente importante para nós mesmos e para os outros?

Essas são algumas das questões implícitas e explícitas e dos desafios existenciais que este livro aborda das formas mais notáveis, abrangentes, em alta resolução, sistemáticas e rigorosas. Aqui, você encontrará uma metodologia formal para explorar, auxiliar e habitar o domínio do que John Teasdale chama de *conhecimento holístico-intuitivo*, um espaço mental de ordem mais elevada que o *conhecimento conceitual*, característico de nossos processos de pensamento e de vida emocional, que, quando não controlados, podem nos cegar para o bem-estar intrínseco e, infelizmente, às vezes tornar-se tanto tóxicos quanto debilitantes, como vemos no amplo fardo da depressão no mundo todo.

Com origem em práticas contemplativas milenares, *mindfulness* tem aparecido nos últimos 40 anos em um vasto domínio de aplicação clínica e de pesquisa básica destinada a compreender a natureza do sofrimento e, igualmente importante, se não mais, do florescimento humano. A literatura científica sobre *mindfulness* está se expandindo em ritmo exponencial. Como um dos três criadores da terapia cognitiva baseada em *mindfulness* (MBCT, do inglês *mindfulness-*

-*based cognitive therapy*),* cujo advento contribuiu consideravelmente para essa expansão, John Teasdale esteve na vanguarda dessa área e foi um dos principais arquitetos de seus fundamentos teóricos em psicologia e em ciência cognitiva. Aqui, ele apresenta sua perspectiva única e *insights* criativos, ancorados em sua própria odisseia e prática meditativa pessoal, para um mapeamento elegante e consistente do território da mente a partir da perspectiva de um modelo de emoção, cognição e teoria da informação, que ele (em colaboração com Phil Barnard) passou grande parte de sua vida profissional desenvolvendo, elaborando e aplicando com grande rigor e relevância. Esse modelo é conhecido como subsistemas cognitivos interativos (ICS, do inglês *interacting cognitive subsystems*).

Este livro é um *tour de force*, uma obra-prima em muitos níveis diferentes, digna de profunda reflexão em relação à própria experiência em primeira pessoa e às estruturas explicativas. Representa a síntese de uma vida inteira de rigorosa investigação científica, aliada a uma profunda investigação meditativa, à modéstia pessoal e à integridade intelectual. Ele descreve e integra várias dimensões do saber e do ser, desdobrado aqui passo a passo, com precisão e clareza, um caminho de compreensão (aquilo a que John se refere, em paralelo ao ensino budista clássico, como uma *visão*) que, se devidamente compreendido, será uma contribuição importante para a psicologia – afinal, em sua essência, está o estudo do "*self*" em toda a sua multiplicidade de elementos e interações com outros *selves* e com o mundo. Aqui, esse *self* é sistematicamente descrito, interrogado, dissecado e desconstruído a serviço de uma forma maior e mais abrangente de conhecer e ser, a qual é profundamente perspicaz e potencialmente libertadora de preocupações próprias ilusórias e, tão frequentemente, endêmicas. É curioso observar que essa maneira maior de saber é intrinsecamente constitutiva em nós, seres humanos – ela está sempre operando, embora, na maioria das vezes, ignoremos esse fato e, consequentemente, paguemos um preço enorme por essa ignorância. Estou falando, é claro, da própria consciência.

Em sua amplitude, profundidade e importância, este livro oferece uma estrutura unificadora para investigar e compreender *mindfulness* e seu profundo potencial de cura como uma prática de meditação formal e como maneira de ser. Trata-se de uma explicação em alta resolução da complexa interação momento a momento do corpo, da mente e do mundo. A prática de *mindfulness* revela uma dinâmica potencial de bem-estar e felicidade, fundamentais em

---

* A MBCT foi originalmente desenvolvida como uma nova intervenção de grupo para tratar de altos níveis de recaída associados a tratamentos farmacológicos e psicológicos para o transtorno depressivo maior.

relação à questão central da natureza do *self* – como ele é, em essência, tanto ilusório quanto aprisionador –, e como podemos reconhecer e perceber, no sentido de "tornar real", a nossa capacidade inata de consciência incorporada. Nessa área, os únicos impedimentos para tal "realização" são fruto de nossa própria invenção habitual, desnecessária, não reconhecida e, muitas vezes, prejudicial e aprisionadora.

No início de nossa colaboração (cerca de 1993 a 2000), quando ele, Mark Williams e Zindel Segal estavam desenvolvendo a MBCT, eu provocava John ocasionalmente por seu apego ao modelo ICS e seus complexos diagramas esquemáticos, o que, na verdade, nunca cheguei perto de entender e nem mesmo levar a sério. Por que tornar as coisas mais complicadas do que precisam ser, eu argumentava. Basta praticar o cultivo de *mindfulness*, parar de tentar entender o que está acontecendo meramente por meio do pensamento e da imitação e dar maior atenção ao corpo, em vez de se concentrar exclusivamente no conteúdo e na carga emocional dos pensamentos e das emoções debilitantes. A própria consciência, se abordada de forma fenomenológica e diretamente habitada, tem o potencial de ser intrinsecamente libertadora, eu argumentei, conforme mapeado nas literaturas clássica e contemporânea de todas as várias correntes do dharma budista e, como estávamos vendo, às vezes de forma bastante dramática, na vida de muitas das pessoas com doenças crônicas que foram encaminhadas para clínica de redução do estresse baseada em *mindfulness* (MBSR, do inglês *mindfulness-based stress reduction*).

Levei apenas 20 anos para entender profundamente o valor daquilo a que John estava chegando e o profundo potencial da perspectiva do ICS, a que ele parecia tão apegado na época. Ele traz à tona e explica alguns dos padrões mais persistentes de pensamento e emoção que nos aprisionam tão desnecessariamente e por tanto tempo se não estivermos explicitamente cientes deles e não tivermos uma multiplicidade de maneiras confiáveis e pragmáticas de reconhecê-los e nos libertar deles. A estrutura do ICS – simplificada, ampliada e com nova linguagem em termos de memória operacional e agora perfeitamente integrada e embasada pelas décadas de experiência de meditação e estudo de John – pode ser exatamente o que precisamos para que a ciência da psicologia abrace adequadamente o momento em que nos encontramos, refine a compreensão de nosso potencial humano comum para incorporar a múltipla dimensionalidade e o mistério de quem e o que somos como seres humanos e acorde para as formas endêmicas de sofrimento para cuja criação ou composição colaboramos, para nós mesmos, uns para os outros e para o mundo.

Em uma fascinante experiência em primeira pessoa ligada ao conhecimento holístico-intuitivo, o domínio da poesia, por razões que são explicadas no texto, fornece um elemento importante e esclarecedor da abordagem ICS. Além disso, acho justo dizer que os diagramas deste livro e a linguagem especializada utilizada para descrevê-los constituem uma forma poética paralela por si só, semelhante aos diagramas de fiação que mapeiam os circuitos subjacentes às nossas complexas tecnologias – mas, nesse caso, os circuitos do coração. Embora não sejam necessariamente fáceis de entender, uma vez que você faça o investimento para *sentir o caminho* e entenda conceitualmente o que eles representam e estão nos convidando a refletir e experimentar por nós mesmos, esses diagramas iluminam a matriz subjacente de opções muito reais e práticas que temos a todo momento para navegar longe da tirania de uma mente que não conhece a si mesma e que persiste involuntariamente gerando narrativas disfuncionais sobre a realidade e o *self*, enredada em intermináveis ruminações egocêntricas, imprecisas e, em última instância, restritivas, suposições tácitas, mas não reconhecidas, e preconceitos, bem como padrões de reatividade emocionalmente motivados e de doenças/desassossego autoperpetuadores. Nossa própria saúde mental individual, assim como nossa saúde coletiva em comunidades humanas e a saúde do próprio planeta, agora seriamente desafiada por nossa passada falta de consciência das ameaças muito reais em que nos colocamos quando não estamos prestando muita atenção ao que é mais saliente para nosso bem-estar como espécie, o exige.

Que este livro seja uma lufada de ar fresco e uma fonte de inspiração, orientação prática e *insight* tanto para o trabalho interno como externo em que nossa espécie é desafiada a se engajar – ou seja, a viver nossa vida para viver como seres humanos, consciente e calorosamente, causando o mínimo dano e o maior bem, enquanto temos a oportunidade.

E que sirva também como um catalisador para inspirar o campo da psicologia como um todo – clínico, experimental, social – a lutar de forma ainda mais rigorosa e prática do que no passado com a natureza paradoxal do *self* e com a natureza da consciência/vigília consciente incorporada e nossa inegável interconexão uns com os outros, com toda a vida, com a natureza e com o misterioso universo ou universos nos quais estamos sempre tão brevemente, mas tão intimamente, incluídos e emergindo.

Jon Kabat-Zinn, PhD
Northampton, Massachusetts

Sumário

	Apresentação	xi
	Jon Kabat-Zinn	
	Introdução	1

PARTE I – Fundamentos

1	A busca da felicidade..	13
2	Um mundo de ideias	30
3	Um mundo de relacionamentos	46
4	A criação do todo	68

PARTE II – *Mindfulness*

5	*Mindfulness*: o processo central subjacente................	91
6	*Mindfulness*: como acontece......................................	104
7	*Mindfulness*: o que acontece	118
8	Transformando o sofrimento emocional....................	140
9	*Mindfulness*: o porquê	157

PARTE III – Despertar interior

10	A mente que desperta...	173
11	Lições do fluxo	188

12	Um tesouro escondido	202
13	Entendendo a mente desperta	218
14	Caminhos para o despertar	241
	Referências	267
	Índice	277

Introdução

Existe outra maneira de ser, e ela propõe um salto quântico na qualidade de vida. Essa é a promessa ensinada e incorporada por indivíduos excepcionais ao longo da história registrada. Seja a mente desperta, o nirvana ou o reino dos céus, essa forma de ser envolve uma mudança duradoura no modo como vemos e nos relacionamos com a vida. Essa forma alternativa sempre foi altamente valorizada; nosso estado mental e emocional habitual, por comparação, é muitas vezes descrito como "estando adormecido". Nessa nova maneira de ser, a consciência é inundada com abundante boa vontade e compaixão por todos os seres – sejam eles quem forem, ou seja, o que quer que tenham feito, e tem a ver com estar desperto.

Diz-se que cada um de nós tem o potencial para experimentar essa mudança de consciência. Por que, então, podemos nos perguntar, vemos tão poucas evidências disso no mundo ao nosso redor?

Na verdade, muitos de nós podemos não estar cientes de que essa forma alternativa de vida é realmente possível – ou, se estivermos cientes, podemos ter pouca ideia de como começar o processo de transformação. Em outro tempo e lugar, poderíamos ter recorrido às tradições religiosas e espirituais de nossa cultura para inspiração e orientação nessas áreas. Essas tradições oferecem caminhos que normalmente incluíam dois elementos distintos, mas intimamente interligados. Um deles era a prática – as coisas que você realmente faz. O outro era a visão – uma estrutura para entender o propósito do caminho, para onde ele conduz e como as práticas se encaixam e devem ser adotadas.

O recente e extraordinário aumento do interesse por *mindfulness* sugere uma grande vontade, muitas vezes até mesmo uma sede, de explorar e dedicar tempo e energia às *práticas* de transformação – como a meditação ou a ioga – desenvolvidas nas tradições religiosas e espirituais. Mas isso nem sempre tem coincidido com um entusiasmo pelas *visões* intimamente ligadas a essas práticas nas tradições espirituais.

Refletindo o clima cultural e intelectual em que foram desenvolvidas, as estruturas de entendimento (opiniões) oferecidas pelas tradições religiosas são com frequência expressas de formas que podem não ser facilmente acessíveis ou aceitáveis para muitos no século XXI. A maioria delas não é embasada pela visão do mundo científico, muitas vezes parecendo contrária a ele.

Essa pode ser uma das razões pelas quais a recente onda mundial de interesse por *mindfulness* tem tido um foco prático – a redução de estados emocionais desagradáveis, ou a melhoria do desempenho ou do bem-estar –, em vez da transformação mais ampla da consciência. No entanto, mesmo com seu foco pragmático, algo relacionado com os programas contemporâneos de exploração de *mindfulness* abre uma porta para essa transformação mais ampla; não é raro que os participantes passem por mudanças bastante imprevistas e radicais em sua experiência de vida de forma mais geral. E alguns programas enfatizam a possibilidade de *mindfulness* como uma nova e diferente maneira de ser – uma abordagem alternativa para viver toda a vida, em vez de apenas uma oportunidade de melhorar as habilidades e as técnicas para administrar nossa atenção, nossos pensamentos e nossos sentimentos.

Aqueles interessados em explorar as possibilidades de uma transformação mais ampla e radical precisam de respostas a algumas perguntas cruciais: por que minha abordagem atual da vida não proporciona o contentamento e a satisfação que procuro? Como posso viver com mais facilidade e alegria? O que eu preciso fazer de diferente? Como *mindfulness* se encaixa nisso? O que, exatamente, é *mindfulness*? O que significa falar disso como uma maneira de ser? O que é o despertar interior?

As visões que fazem parte das tradições espirituais e religiosas oferecem respostas a esse tipo de perguntas, mas o fazem usando linguagem e ideias que podem não interessar aos indivíduos atraídos por *mindfulness* por seu caráter pragmático e "sem ideologia". Quando tais indivíduos chegam a reconhecer seu potencial mais amplo, como exploram *mindfulness* mais profundamente e aproveitam outras possibilidades do despertar interior?

Alguns anos atrás, meus colegas Mark Williams, Zindel Segal e eu nos deparamos com uma pergunta semelhante, mas muito mais limitada, quando desenvolvemos a terapia cognitiva baseada em *mindfulness* (MBCT, do inglês *mindfulness-based cognitive therapy*). Nesse caso, o foco de nosso interesse era relativamente específico: usar *mindfulness* para evitar recaídas em depressão clínica recorrente. Contudo, ainda precisávamos de uma estrutura de entendimento para orientar nosso trabalho.

Voltamo-nos para uma abordagem conhecida como subsistemas cognitivos interativos (ICS, do inglês *interacting cognitive subsystems*). Essa estrutura de entendimento está firmemente enraizada na ciência cognitiva e no que sabemos atualmente sobre como nossa mente funciona. Nos sistemas cognitivos interativos, o termo *cognitivo* tem um alcance muito maior do que *pensamento* e *pensar*. Esse escopo se reflete na inclusão da *cognição incorporada* no título deste livro. O tema unificador do paradigma da cognição incorporada "é a ideia de que o corpo ou as interações do corpo com o ambiente constituem ou contribuem para a cognição" (Shapiro & Spaulding, 2021; ver Varela, Thompson, & Rosch, 2017). Esse paradigma marca uma mudança radical das abordagens *cognitivistas* anteriores baseadas na metáfora da mente como um computador de processamento de símbolos. Nos ICS, essa mudança é identificada, por exemplo, no reconhecimento da contribuição significativa de informações corporais para a interpretação e a avaliação da experiência, no importante papel das capacidades sensoriais e motoras na formação da evolução de diferentes tipos de informação, e no papel vital das interações contínuas entre mente e ambiente na criação de nossos mundos de experiências vividas.

Os ICS oferecem uma ferramenta de reflexão sobre o propósito geral, a qual tem sido aplicada de forma frutífera em uma gama surpreendentemente ampla de áreas – desde a melhoria da criatividade dos bailarinos de balé moderno, passando pelo projeto de interfaces homem-computador até a evolução do coração/mente. No caso da MBCT, essa estrutura provou ser um guia inestimável – tanto como uma forma de entender o que estava acontecendo quando os pacientes caíam de novo em depressão quanto, e crucialmente, como *mindfulness* poderia ser uma nova e poderosa forma de interromper essa queda. Guiados por essas ideias, desenvolvemos uma abordagem que se mostrou admiravelmente eficaz: pesquisas com centenas de pacientes mostraram, agora de forma bastante convincente, que a MBCT protege contra a depressão com tanta eficácia quanto os medicamentos antidepressivos. E, como bônus, a MBCT provou ser mais eficaz do que os antidepressivos para aumentar o bem-estar dos participantes.

Ao desenvolver a MBCT, a estrutura dos ICS possibilitou a *visão* que nos deu a confiança para investir muito tempo e esforço no desenvolvimento de um programa de prevenção de recidivas baseado em *mindfulness*. Além disso, guiou a forma como integramos *práticas* particulares de *mindfulness* no programa geral para alcançar a máxima eficácia. Encorajado pelo sucesso dessa abordagem nessa área mais focada, tenho explorado até que ponto os ICS também podem fornecer orientação para a transformação mais geral e radical da consciência, para a qual todas as tradições contemplativas apontam. Podemos obter respostas satisfatórias para o tipo de perguntas "cruciais" que levantei anteriormente a partir de uma visão baseada na estrutura dos ICS? Essa visão pode nos dar confiança de que cada um de nós realmente tem o potencial para tal mudança? Ela pode nos dar uma compreensão mais clara do que é realmente *mindfulness* e seu papel nesse processo de transformação radical? Pode nos ajudar a entender se *mindfulness* é o mesmo que "despertar interior" e, se não, o que mais é necessário para estar totalmente desperto? Essa visão pode nos permitir discernir, valorizar e nos relacionarmos mais efetivamente com o que é bom nas tradições existentes?

Este livro explora as respostas a essas questões fundamentalmente importantes.

IDEIAS-CHAVE

A visão que vou explorar surge no ponto em que duas ideias distintas, mas relacionadas, convergem. A primeira ideia é que o coração/mente, em comum com muitos sistemas naturais, tem uma tendência inerente de mover-se em direção a uma ordem e a uma plenitude maiores. (Para facilitar a leitura, a partir de agora, usarei *mente*, em vez de *coração/mente*, para me referir a *todos* os aspectos da atividade mental – incluindo, particularmente, os intuitivos e afetivos, bem como aspectos mais obviamente "cognitivos", como o pensamento conceitual.) Essa tendência progrediu porque oferece enormes vantagens evolutivas. Refletindo essas vantagens, a plenitude da mente está intrinsecamente ligada à experiência de determinados tipos de felicidade e bem-estar.

A segunda ideia-chave é que a evolução também nos dotou da capacidade de dois tipos diferentes de conhecimento. Um deles é o conhecimento conceitual – pensamentos e pensar –, com o qual estamos muito familiarizados. O outro é o conhecimento holístico-intuitivo – algo provavelmente menos familiar à maioria de nós, embora tenha uma origem evolutiva muito mais longa.

A conexão entre as implicações dessas duas ideias gerais sugere uma explicação para a razão pela qual a maioria de nós tem dificuldade de realizar plenamente o potencial inerente de nossa mente para obter maior plenitude e felicidade. Em resumo, tentamos alcançar a felicidade usando as estratégias de resolução de problemas do conhecimento conceitual, em vez de experimentar a felicidade da plenitude ligada ao conhecimento holístico-intuitivo. Na abordagem conceitual, substituímos a *atualidade* da felicidade da plenitude que pode ser experimentada *agora*, neste momento, por *ideias* de felicidade futura, como metas a serem alcançadas em algum momento *no futuro*. Tragicamente – por razões que exploraremos em detalhes –, essa estratégia conceitual simplesmente não pode funcionar em nenhum sentido duradouro. E o fracasso recorrente de nossas tentativas determinadas de alcançar a felicidade dessa forma só aumenta a nossa sensação de incompletude, infelicidade e insatisfação.

Para nos reconectarmos com a capacidade inerente de nossa mente de chegar à plenitude (para nos curarmos), precisamos fazer uma mudança fundamental na relação entre essas duas formas de conhecimento. Para a maioria de nós, o conhecimento conceitual, mais do que o conhecimento holístico-intuitivo, é a influência predominante em nossa mente. Se quisermos nos sentir livres e plenos, temos de nos libertar desse padrão habitual e permitir que o conhecimento holístico-intuitivo assuma o papel principal. Dessa forma, o conhecimento conceitual pode ser integrado como apenas um elemento dos mundos mais amplos da experiência que nossa mente cria. E quando esses mundos da experiência são constantemente renovados e atualizados, temos uma sensação de vida desdobrando-se de novo, momento a momento.

Mindfulness oferece uma maneira de reequilibrar a relação entre nossas duas formas de conhecimento – um modo de colocar o conhecimento holístico-intuitivo de volta no controle. Uma mudança radical na relação entre nossas duas formas de saber é fundamental tanto para a prática de *mindfulness* ensinada nos programas baseados em *mindfulness* quanto para a consciência transformada do despertar interior. A principal diferença entre esses dois modos da mente é que o despertar requer um novo e radical abandono de todos os objetivos relacionados com se tornar um tipo diferente de *self*. Esse grau de renúncia exige mudanças fundamentais na maneira como vemos o mundo e na maneira como nos relacionamos com ele. Envolve uma reorientação básica de nosso senso habitual de separação, desconexão e preocupação com nossos próprios objetivos para a consciência de nossa interligação e cuidado com tudo da vida.

De modo crucial, essa visão sugere que essa possibilidade está, em princípio, disponível para todos nós.

Capítulo a capítulo, a visão que apresento se desdobrará conforme explicado a seguir.

O Capítulo 1 explora a busca da felicidade com base no conhecimento conceitual. Nessa busca, tentamos alcançar a felicidade tornando-nos um tipo diferente de *self* em algum momento no *futuro*. Esse esforço não só é ineficaz, como também traz mais infelicidade e impede a completude, que criaria um tipo diferente de felicidade *agora*.

O Capítulo 2 sonda a natureza básica do conhecimento conceitual mais profundamente, para que possamos entender como evitar os problemas que ele cria e utilizá-lo de forma mais adequada. A função evolutiva original do conhecimento conceitual era capacitar grupos de humanos primitivos a falar e pensar sobre como alcançar objetivos por meio de ações habilidosas. Essa forma de conhecimento tem uma estrutura atomística, baseada em conceitos de "coisas" separadas com propriedades inerentes. Isso a torna ideal para seu propósito evolutivo original. Mas essa mesma estrutura cria enormes problemas e um senso de separação e desconexão quando tentamos usar o conhecimento conceitual para mudar nosso mundo interior de sentimentos.

O Capítulo 3 descreve a forma holística-intuitiva de conhecimento, que é *qualitativamente* diferente – diferente em espécie – do conhecimento conceitual. Essa forma de conhecimento avalia o significado das situações, criando *modelos mentais* holísticos. Tais modelos refletem as inter-relações entre *todos* os aspectos da experiência: eles integram tanto padrões de informação sensorial (incluindo, especialmente, os do corpo) quanto padrões de informação conceitual. Em contraste com a separação e a desconexão de mundos conceituais de experiência, os mundos holístico-intuitivos são caracterizados pela relação, pelo relacionamento e pela plenitude.

O Capítulo 4 delineia o potencial inerente da mente para descobrir e criar plenitude – e as vantagens evolutivas que a criação do todo proporciona. Refletindo essas vantagens, a elaboração de modelos mentais coerentes por meio da flexibilidade da criação do todo acalenta a experiência de sentimentos positivos. Temos esses sentimentos e nos sentimos envolvidos com nossa experiência quando os modelos mentais da mente estão em sincronia com o mundo em constante mudança. Na continuidade do conhecimento holístico-intuitivo, laços dinâmicos de ressonância sustentam uma relação ininterrupta de influência mútua entre conhecedor e conhecido.

O Capítulo 5 aponta para a atual diversidade de visões sobre *mindfulness* e sugere que elas podem ser conciliadas por uma análise no nível do processo subjacente. Apresenta a ideia de que o processo central em *mindfulness* é a contínua criação flexível de modelos mentais novos e finamente ajustados, que nos mantêm intimamente conectados com nossa experiência de revelação, momento a momento. O conhecimento holístico-intuitivo, mais do que o conhecimento conceitual, sustenta essa atividade de criação do todo.

O Capítulo 6 ilustra como as ideias delineadas no Capítulo 5 fornecem uma maneira de dar sentido a muitas facetas diferentes do treinamento e da prática de *mindfulness*. Sugere que *mindfulness* nos oferece a possibilidade de aprender a mudar a forma de nossa mente como quisermos: passamos pouco a pouco de uma mente dominada por um processamento conceitualmente controlado para uma mente em que o conhecimento holístico-intuitivo domina.

O Capítulo 7 descreve como a análise dos ICS é responsável por uma grande variedade de características de *mindfulness*: a riqueza e a profundidade da consciência atenta; sua combinação de foco único e receptividade aberta; sua capacidade de integrar informações do passado na experiência do momento presente; seu discernimento e sua discriminação sem julgamentos; sua capacidade de fazer uso de informações conceituais sem se perder no pensamento; sua capacidade de saber o que estamos vivenciando *à medida que* o vivenciamos; a mudança de foco, que nos permite ver os pensamentos como eventos mentais, em vez de como "eu" ou "realidade"; e a qualidade engajada e íntima da presença atenta. Ao distinguir entre objetivos e intenções, os ICS também resolvem alguns dos quebra-cabeças e paradoxos de *mindfulness*.

O Capítulo 8 explora a transformação do sofrimento emocional por meio de *mindfulness*. Sugere que as tentativas de evitar experiências desagradáveis são o principal fator que impulsiona os ciclos autoperpetuadores que sustentam tal sofrimento. *Mindfulness* cura o sofrimento emocional, capacitando-nos a: 1) mudar *com quais* informações a mente trabalha; 2) mudar *como* ela trabalha com essas informações; e 3) mudar nossas *visões* da experiência, criando novos modelos mentais.

O Capítulo 9 reflete sobre a questão crucial: por que praticar *mindfulness*? Sugere que pratiquemos *mindfulness* para sermos plenos – para que possamos experimentar a riqueza e a plenitude da vida. *Mindfulness* nos libera do transe da mente *errante* (*wandering*) e do *self* narrativo para que possamos desfrutar da *plenitude* da mente do *self* experiencial. A mente errante fragmenta a mente e reduz a felicidade. *Mindfulness* integra a mente e nos capacita a vivenciar o milagre de estarmos vivos.

O Capítulo 10 identifica três características centrais que se repetem nas descrições tradicionais da mente desperta: 1) a mente desperta transcende as percepções de dualidade e separação – em vez disso, vê inter-relação e conexão; 2) a mente desperta é altamente valorizada e vivenciada como intrinsecamente alegre; 3) a mente desperta incorpora cuidado incondicional e sem limites, compaixão e boa vontade para com todos os seres – muitas vezes, ligada à percepção de algo de grande valor inerente a eles.

O Capítulo 11 analisa a experiência do "fluxo" – "estar focado" – para obter *insight*s sobre a alegria intrínseca do despertar. A alegria do fluxo reflete a criação do todo, que se estende no tempo, unida, de forma crucial, ao amor à experiência por si mesma: *quando amamos o que buscamos e o processo de nossa própria busca cria o que amamos, processo e resultados fundem-se em uma experiência de alegria autossustentável*. Modelos mentais de ordem superior sustentam os sistemas dinâmicos que fundamentam a plenitude contínua do fluxo e as relações pessoais íntimas.

O Capítulo 12 estende os conhecimentos desde o fluxo até o despertar interior. Sugere que modelos mentais de ordem muito superior destilam e incorporam características centrais de experiências anteriores de consciência contínua. Esses modelos são o "tesouro escondido" – o potencial de despertar latente em nossa mente. Eles incorporam uma dinâmica integradora central, a sabedoria para perceber o "vazio" fundamental de todas as coisas e a compaixão e o amor incondicionais. Despertados, esses modelos fortalecem uma plenitude contínua da mente, que se estende por todos os aspectos da experiência: nossa mente pode abraçar e ser íntima de todas as coisas.

O Capítulo 13 descreve como a estimulação desses modelos adormecidos – com o amor da mente despertado por seu próprio mérito – fundamenta as características centrais da mente desperta, destacadas no Capítulo 10: não dualidade e interconexão, alegria e valor intrínsecos e amor incondicional e sem limites. A ativação desses modelos reequilibra a relação entre nossas duas formas de conhecimento: restabelece o conhecimento holístico-intuitivo como a influência dominante na mente. Ela muda as lentes através das quais vemos e nos relacionamos com o mundo: experimentamos a nós mesmos como aspectos integrais de um todo vasto, interconectado e dinâmico. A alegria do despertar interior reflete uma plenitude da mente que continua com o tempo, uma sensação de "voltar para casa", não mais isolada e desconectada dos outros e do mundo ao nosso redor, e a confiança reconfortante de uma esperança incondicional. O amor sem limites e a compaixão por todos os seres surgem de vermos que somos todos parte de um mesmo todo – um todo que é, por si só, sustentado por relações de cuidado e inter-relação.

O Capítulo 14 identifica os ingredientes-chave dos caminhos para o despertar. Sugere que seu objetivo principal é nutrir condições nas quais os modelos de ordem superior *já* presentes em nossa mente florescerão e se integrarão à experiência momento a momento. Esses modelos nos reconectam com nossas capacidades geneticamente dotadas para a plenitude, o amor incondicional e a compaixão. Os caminhos para o despertar *revelam* as potencialidades existentes, em vez de *criá-las* passo a passo, de forma fragmentada. O capítulo explora o papel de quatro elementos recorrentes nos caminhos tradicionais – o comportamento ético, o desapego, a compaixão e o amor – a partir dessa perspectiva. Ao despertar a mente, tais elementos são simultaneamente meios e fins. Embora realizado pelo trabalho interior dos indivíduos, o pleno despertar amplia "nosso círculo de compaixão para abraçar todos os seres vivos e toda a natureza em sua beleza" (Albert Einstein). Há uma necessidade dolorosa e premente dessa compaixão neste momento.

COMO TIRAR O MÁXIMO PROVEITO DA LEITURA DESTE LIVRO

Pode ser útil saber que escrevi este livro de uma maneira particular: minha intenção é tecer, lenta e gradualmente, fio a fio, um tecido de compreensão crescente na mente do leitor. Por essa razão, pode ser mais interessante ler o livro do início ao fim, em vez de, digamos, decidir que despertar é o que realmente lhe interessa e pular diretamente para os capítulos que tratam disso. Se você pular capítulos, poderá descobrir que, sem algumas das ideias apresentadas nos capítulos anteriores, não conseguirá obter o valor total do conteúdo apresentado neles.

Você também poderá achar útil lembrar de que este livro é uma exploração de ideias. Às vezes, posso escrever de uma forma que sugere: "É assim que as coisas são". Lembre-se, em tais momentos, de que este é um dispositivo literário para evitar a constante expressão de reservas e a consideração de possibilidades alternativas características de outros estilos nos quais eu poderia ter escrito. Aqui, apresento ideias que achei interessantes e úteis, que se encaixam nos fatos e no que sabemos sobre a maneira como a mente funciona e que se unem para criar um todo coerente – mas ainda são essencialmente ideias, em vez de afirmações de crenças ou verdades finais.

Desejo-lhe uma leitura gratificante e esclarecedora.

PARTE I

Fundamentos

1
A busca da felicidade

Há, por trás de tudo, e você pode acreditar nisso ou não, uma certa qualidade que podemos chamar de descontentamento. Está sempre ali, logo abaixo da superfície, logo atrás da fachada, às vezes muito exposto, de modo que você pode ver sua forma, como às vezes pode enxergar através da superfície de um lago ornamental em um dia calmo o contorno escuro, grosseiro e desumano de uma carpa deslizando lentamente. Você percebe de repente que a carpa sempre esteve lá, abaixo da superfície, mesmo enquanto a água brilhava ao sol; e enquanto você menosprezava os patos pitorescos e os cisnes altivos, a carpa estava lá embaixo, sem ser vista. Ela espera seu tempo, essa qualidade. E se você a vislumbrar, poderá fingir que não notou ou pode se virar de repente e brincar com seus filhos na grama, rindo sem motivo. O nome dessa qualidade é descontentamento.

James Saunders (1962)

Essa bela citação da peça *Next Time I'll Sing to You* sugere que vivemos em um sutil e crônico estado de descontentamento subjacente. O conceito budista *dukkha* (muitas vezes, de certa forma enganosa, traduzido para o inglês como "sofrimento") aponta para uma sensação relacionada de insatisfação, incompletude e desconexão como uma característica comum de nossa experiência humana compartilhada. Uma das etimologias do *dukkha* – um furo de eixo mal encaixado em uma roda de carroça, raspando, triturando e fazendo a jornada tornar-se desconfortável e acidentada – reflete esse sentimento de que as coisas não estão certas de alguma forma, não funcionam bem, não estão em harmonia.

Essa sensação de falta, vazio, insatisfação e desconexão contrasta fortemente com a sensação de *plenitude* na experiência de *mindfulness* e da unicidade, totalidade e harmonia interior da mente desperta. Neste livro, examinaremos profundamente a *mindfulness* e a mente desperta, em grande parte para considerar a alternativa que elas nos oferecem. Nosso primeiro passo é olhar para as origens dessa sutil (e, infelizmente, muitas vezes não tão sutil) sensação de insatisfação e de incompletude.

De modo paradoxal, esses sentimentos são uma consequência inevitável da forma como a maioria de nós busca a felicidade.

A ESTRATÉGIA CONCEITUAL

Nossa maneira familiar e conceitual de saber (que analisaremos em detalhes no próximo capítulo) nos oferece uma estratégia extraordinariamente poderosa para conseguirmos o que queremos. Ao longo da história da humanidade, essa estratégia tem alimentado um salto quântico em nossa capacidade de atingir os objetivos que estabelecemos para nós mesmos: capacitou-nos a construir pirâmides, colocar o homem na lua e alimentar milhões de nossos números.

Essa estratégia tem uma elegante simplicidade. Primeiramente, formamos uma ideia do estado do mundo que desejamos alcançar (uma meta). Em seguida, comparamos essa ideia com uma ideia de como as coisas estão agora e nos concentramos na lacuna entre elas. Depois, geramos planos para reduzir a lacuna, monitorando-a à medida que tentamos diferentes cursos de ação para reduzi-la. Quando a lacuna é fechada, a meta é alcançada. E, é claro, o caminho para alcançar uma meta pode ser dividido em várias submetas, e a mesma estratégia pode ser aplicada a cada uma delas, por sua vez. (Analisaremos em mais detalhes essa estratégia no Cap. 2.)

Dado o notável sucesso dessa estratégia no mundo *exterior*, surge naturalmente a pergunta: "Podemos usar essa mesma estratégia para obter o que queremos em nosso mundo *interior*? Fundamentalmente, podemos usá-la para sermos mais felizes?".

Poderíamos – se escolhêssemos a meta correta. Poderíamos apontar para um objetivo específico limitado – como ter mais minutos de felicidade na próxima semana do que temos nesta semana. E, com criatividade suficiente e monitoramento cuidadoso de nosso humor em diferentes situações, há uma chance razoável de reorganizarmos o padrão de nossa vida para atingirmos esse objetivo.

No entanto, quando nos propomos a alcançar o objetivo de maior felicidade, por razões que explicarei no devido tempo, nossa mente acaba perseguindo um objetivo bem diferente – o objetivo de *nos tornarmos um self diferente*. Esse foco deficiente não é imediatamente óbvio, e não é uma ideia particularmente fácil de entender. Por esse motivo, começarei por esboçá-lo brevemente antes de entrar em mais detalhes.

TORNANDO-SE UM *SELF* DIFERENTE

No próximo capítulo, veremos que a forma conceitual de conhecimento presume um mundo que pode ser dividido em coisas separadas, cada uma das quais com certas características duradouras e essenciais. As qualidades das coisas são vistas como reflexos de suas características essenciais e permanentes.

Nessa forma de ver o mundo, nossas ideias do *self* são como nossas ideias de outras coisas, como árvores, bicicletas, sol. Assim como eles, um *self* tem certas qualidades duradouras, que refletem sua natureza essencial intrínseca. Essas qualidades e naturezas essenciais diferem de um tipo de *self* para outro. Assim, no que diz respeito às nossas ideias sobre o *self*, podemos ter *selves* bons, *selves* maus, *selves* felizes, *selves* infelizes, *selves* espertos, *selves* estúpidos, *selves* amigáveis, *selves* pouco amigáveis, e assim por diante. Essa visão, fundamentalmente, vê as qualidades desses *selves* como estáveis – elas continuam ao longo do tempo e aparecem em muitas situações diferentes. Essa perspectiva torna o objetivo de se tornar um *self* feliz altamente desejável – esse *self* terá a qualidade de uma felicidade duradoura e ampla. Em contrapartida, essa visão também faz com que ser um *self* infeliz seja altamente indesejável – esse *self* terá a qualidade de uma infelicidade duradoura e ampla.

A partir desse entendimento, nossas ideias do *self* moldam nossas expectativas para o futuro de maneira poderosa. Uma extensa pesquisa sobre o estilo atribuidor (como explicamos a nós mesmos as razões dos eventos) apoia essa noção-chave (Buchanan & Seligman, 1995): se eu atribuir um resultado desejável a um aspecto central do meu *self* (minha ideia de meu caráter ou natureza duradoura como pessoa), estarei otimista de que desfrutarei de eventos desejáveis similares no futuro. Também vou generalizar esse otimismo e esperar bons resultados em uma ampla gama de situações. Por exemplo, se eu atribuir o fato de que as pessoas próximas a mim são gentis e cuidam de mim à minha "amabilidade" inerente, esperarei que elas continuem a cuidar de mim no futuro. Esperarei, também, que as outras pessoas gostem de mim e sejam gentis comigo. Em contrapartida, se eu atribuir o fato de que as pessoas próximas a mim me criticam e são indelicadas comigo à minha inerente "falta de amabilidade", então esperarei que continuem a me tratar dessa maneira, assim como esperarei que outras pessoas me tratem com igual aspereza.

A ideia de que *selves* diferentes têm qualidades duradouras distintas sugere uma meta atraente para qualquer busca conceitual de maior felicidade: tornar-se um *self* feliz e, assim, desfrutar de uma felicidade duradoura.

Vista de fora e declarada cruamente dessa forma, tal busca pode parecer apenas uma bobagem – não passamos toda a nossa vida vivenciando a felicidade que, mais cedo ou mais tarde, sempre desaparece? Será que já encontramos a felicidade duradoura prometida pela ideia de um *self* feliz? Por que nossa mente persistiria em tal busca, quando ela nunca nos trouxe o que procuramos?

É claro que nossa mente normalmente não olha para essa busca a partir do exterior – em geral, a experimentamos a partir do *interior*. Ao contemplarmos a ideia de ser um *self* diferente que é mais feliz que nosso *self* atual, a forma conceitual de conhecer nos leva, *no momento*, a realmente *ver* essa felicidade como continuando indefinidamente. E quando nos sentimos felizes nesse momento e acreditamos que *somos* um *self* feliz, vemos as coisas da mesma maneira – acreditamos que, enquanto continuarmos a ser esse *self*, continuaremos a ser felizes.

Como, então, nossa mente responde quando nossa experiência de felicidade se desvanece, como inevitavelmente acontecerá? Como manter nossa identidade como um *self* feliz? A resposta simples é que não mantemos: respondemos à mudança de situação por meio de uma rápida mudança em nossa ideia de quem somos naquele momento – agora, somos um *self* cuja felicidade está se esvaindo. E, em resposta a essa nova ideia de *self* (nossa nova identidade), engajamos a estratégia conceitual para atingir a meta de – sim – nos tornarmos um *self* feliz. Ficamos tão concentrados na tarefa de alcançar esse objetivo que parecemos esquecer que já estivemos muitas vezes nesse ciclo antes.

Os psicólogos Hazel Markus e Paula Nurius (1986) refletem essa noção de mudança constante de conceitos do *self* – do "eu" – em sua ideia de autoconceito *funcional*, cuja essência é de que não temos uma visão fixa de nós mesmos – "o verdadeiro eu" – que permanece constante em todas as situações. Ao contrário, à medida que as circunstâncias mudam, o mesmo acontece com nossas ideias do *self*. Diferentes imagens de quem somos são automaticamente levadas a aparecer e desaparecer, influenciando a forma como agimos, sentimos e interpretamos os eventos durante o tempo em que eles ocupam o papel do autoconceito funcional, apenas para serem substituídos por outros autoconceitos funcionais à medida que as circunstâncias mudam mais uma vez. Dessa forma, nossa visão de nós mesmos e nossos sentimentos sobre nós mesmos podem mudar profundamente de um momento para o outro.

Deixe-me embasar essas ideias em uma observação do mundo real. Em seguida, analisaremos mais a fundo um pouco da psicologia por trás das ideias.

UM CURIOSO CASO DE AMNÉSIA

Christina Feldman é uma das professoras de meditação mais respeitadas do Ocidente. Alguns anos atrás, em um retiro em que ensinamos juntos, ela fez uma observação muito perspicaz.

Alunos em retiros de meditação *mindfulness* estão familiarizados com a experiência de que, em algumas sessões, nossa mente pode estar desorganizada, ao passo que, em outras ocasiões, ela é facilmente recolhida e sentimos uma maravilhosa sensação de paz, clareza e sossego. Alguns alunos explicam esses altos e baixos dizendo a si mesmos: "Tudo bem, é assim que as condições são agora" – e eles não reagem com muito mais emoção à nenhuma das duas experiências. No entanto, outros reagem de forma mais extrema. Eles atribuem as divagações de sua mente à ideia de que são "maus meditadores", ou mesmo à ideia de que são pessoas que não são boas em nada do que fazem. A partir dessas identidades do *self*, projetam um futuro no qual se veem como pessoas que nunca aprenderão a estar atentas e a experimentar a vida mais plenamente – ou, no caso mais extremo, como pessoas que nunca serão realmente felizes em nenhum sentido duradouro. Naturalmente, essas projeções podem ser angustiantes e desmoralizantes.

Em contrapartida, após uma meditação "bem-sucedida", alguns alunos ficam muito contentes, acreditando serem o tipo de pessoa (*self*) que tem uma capacidade natural para o pleno despertar interior. Eles acreditam que, a partir de então, viverão em um estado de êxtase a partir do qual irão curar o mundo sofredor com seu amor e sabedoria. E o extraordinário, conforme Christina Feldman observou, é que essas duas experiências e visões do *self* muito diferentes podem ocorrer dentro da mesma pessoa no mesmo dia.

Feldman descreveu essa experiência como uma forma notável de amnésia. O meditador, absorto em um conceito do *self*, pode não ter consciência do conceito do *self* radicalmente diferente que ele tinha apenas horas ou até mesmo minutos antes. Enquanto me concentro na tarefa imediata de me libertar de minha atual identidade do *self* indesejada, perco a noção de que pouco tempo atrás eu era o *self* que desejava ser.

A percepção de que buscamos a felicidade tentando nos tornar um tipo diferente de *self* surgiu originalmente nos contemplativos, observando cuidadosamente o funcionamento de sua própria mente. Essa auto-observação consciente ainda é a forma mais convincente de descobrir a verdade dessa ideia. Todavia, a pesquisa psicológica sistemática também corrobora isso.

COMPRANDO A FELICIDADE

O objetivo de comprar algo, como um carro novo, uma televisão ou um móvel, pode parecer adquirir objetos que dão prazer ou que são úteis. Entretanto, as pesquisas que analisaram os sentimentos positivos que as pessoas previram como resultado de uma compra sugeriram algo bem diferente (Richins, 2013).

Descobriu-se que o objetivo subjacente era, de fato, alcançar a felicidade duradoura, tornando-se um *self* diferente – o *self* que tem e mantém esses objetos. Entre os compradores que acreditavam que suas compras os fariam felizes, essa felicidade estava diretamente relacionada com crenças como: "Outras pessoas me respeitariam mais"; "Eu me sentiria uma pessoa mais importante"; "Eu me sentiria mais confiante"; "Eu me tornaria mais atraente para outras pessoas"; "Minha aparência seria melhorada". Em outras palavras, os compradores acreditavam que os objetos de desejo lhes dariam felicidade duradoura, pois eles se tornariam *selves* novos e diferentes.

Na verdade, os sentimentos positivos relacionados com as compras foram de curta duração – e vivenciados predominantemente *antes* da compra (ao se antecipar, planejar e comprar o objeto de desejo), em vez de depois, como resultado de realmente possuí-lo e tê-lo nas mãos. Houve pouco efeito duradouro nos sentimentos do comprador após o período inicial de expectativa ansiosa. As melhoras duradouras na felicidade que se esperava ao se tornar um tipo diferente de *self* simplesmente não se materializaram.

Essa pesquisa sugere que nossas ideias sobre os futuros *selves* que poderíamos nos tornar de fato motivam e guiam nossa busca pela felicidade. Contudo, também sugere que nossas expectativas de felicidade duradoura são lamentavelmente descabidas. Imaginar a felicidade duradoura de ser um *self* diferente pode parecer "real", mas muitas evidências sugerem o contrário.

Um amplo conjunto de pesquisas sobre previsão afetiva (nossa capacidade de prever como nos sentiremos em diferentes situações) leva à conclusão de que nossas expectativas sobre como as mudanças afetarão nossos sentimentos são, muitas vezes, extremamente imprecisas. Rotineiramente, superestimamos a intensidade e a duração dos sentimentos agradáveis que prevemos após eventos positivos (como ganhar na loteria). Também fazemos o mesmo com os sentimentos desagradáveis após eventos negativos (como ficar paralisado após um acidente). Da mesma forma, prevemos mudanças duradouras na felicidade como resultado de grandes decisões na vida, como esperar ser significativamente mais feliz após se mudar para uma área mais desejável a centenas de quilômetros de distância. No entanto, essas expectativas geralmente são imprecisas.

Em um estudo clássico (Schkade & Kahneman, 1998), o vencedor do Prêmio Nobel Daniel Kahneman e David Schkade pediram a um grande número de estudantes que viviam no Meio-Oeste ou no Sul da Califórnia que classificassem a sua própria satisfação geral de vida e a de alguém como eles que vivia em outra parte do país. Ambos os conjuntos de estudantes previram que a satisfação com a vida seria significativamente maior no Sul da Califórnia do que no Meio--Oeste. Contudo, na verdade, os índices reais de satisfação foram exatamente os mesmos para ambos os conjuntos de estudantes. As expectativas dos habitantes do Meio-Oeste de que seriam mais felizes vivendo na Califórnia simplesmente não eram reais. A sua ideia era baseada, em grande parte, em histórias culturais compartilhadas e em estereótipos sobre a atratividade de diferentes partes do país, em vez de em experiências reais.

POSSÍVEIS *SELVES*

Nossos problemas de previsão afetiva são apenas uma de várias dificuldades fundamentais na busca conceitual da felicidade. A psicologia social oferece algumas estruturas úteis com as quais podemos nos aprofundar nessa busca e em suas dificuldades. Por exemplo, Hazel Markus e Paula Nurius, que nos deram a ideia do autoconceito, também propuseram a ideia de *selves prováveis* (Markus & Nurius, 1986).

Quando o autoconceito funcional é nossa visão de quem somos *agora,* os *selves* prováveis refletem nossas ideias sobre os diferentes *selves* que poderíamos ser no futuro – "*selves* prováveis que são esperados, como o *self* bem-sucedido, o *self* criativo, o *self* rico, o *self* magro ou o *self* amado e admirado; *selves* prováveis temidos, como o *self* sozinho, o *self* deprimido, o *self* desempregado, o *self* incompetente, o *self* alcoólatra ou o *self* sem-teto" (Markus & Nurius, 1986, p. 954). Essas ideias são mais detalhadas: "O professor assistente que teme não se tornar um professor associado carrega consigo muito mais do que um medo sombrio e indiferenciado de não obter o cargo. Em vez disso, o medo é personalizado, e existe a probabilidade de que o professor tenha um *self* provável bem-elaborado que represente esse medo – o *self* como tendo falhado, como procurando outro emprego, como amargo, como um escritor que não consegue ter um romance publicado. Da mesma forma, a pessoa que espera perder nove quilos não alimenta essa esperança em vaga abstração, mas tem em mente um *self* provável vívido – o *self* como mais magro, mais atraente, mais feliz, com uma vida totalmente mais agradável".

Os *selves* prováveis de maior interesse para nós neste momento estão refletidos nos objetivos de nossa busca pela felicidade. Esses *selves* desempenham os papéis de heróis e vítimas nas narrativas mais amplas dos possíveis futuros que nossa mente tece – os personagens que vivenciam as coisas boas pelas quais ansiamos e as coisas ruins que tememos. A elaboração desses *selves* nas histórias que contamos aumenta a atratividade do *self* que desejamos ser – além de aumentar sua credibilidade e "realidade". No entanto, da mesma forma, essa elaboração também aumenta a percepção do perigo e a credibilidade das ameaças que nossos *selves* futuros imaginados enfrentam.

E porque os *selves* prováveis, as esperanças e os medos em nossos futuros imaginados *são* totalmente imaginários (ver Cap. 2), eles são, muitas vezes, não limitados pela realidade. Na verdade, acabamos passando grande parte de nossa vida habitando esses mundos puramente imaginários (exploraremos essa ideia com alguma profundidade no Cap. 9). Essa mudança de atenção empobrece seriamente a qualidade de nossa experiência de vida e cria condições para muito sofrimento evitável (ver Cap. 8). *Mindfulness* nos dá o poder de acordar desses mundos de sonho, de nos libertarmos do sofrimento que eles criam e de nos reconectarmos com a riqueza e a vitalidade de nossa experiência vivida de fato.

TEORIA DA AUTODISCREPÂNCIA

A teoria da autodiscrepância de Tory Higgins (Higgins, 1987) apresenta uma estrutura sistemática para entender a relação crucial entre como nos sentimos e nossas ideias de *selves* prováveis. Essa teoria se concentra nas lacunas entre nossas ideias do *self* real (quem somos agora) e dois tipos de *self* provável: nosso *self* ideal (o eu que gostaríamos, idealmente, de ser) e nosso *self* desejado (o que acreditamos que deveríamos ser). As ideias do *self* desejado e do *self* ideal são chamadas de autoguias.

A teoria da autodiscrepância sugere que nos esforçamos para chegar a um estado em que todas as discrepâncias real-ideal e real-desejado tenham sido eliminadas. Fundamentalmente, sugere que, quando tais discrepâncias estão ativas, nos sentimos mal de alguma forma – quando as discrepâncias estão entre o *self* real e o ideal, experimentamos emoções relacionadas com o desânimo (como decepção, insatisfação, tristeza); quando as discrepâncias estão entre o *self* real e o desejado, experimentamos emoções relacionadas com a agitação (como medo, inquietude, tensão).

Do ponto de vista da teoria da autodiscrepância, a busca conceitual é um projeto de longo prazo para alcançar a felicidade duradoura, *tornando-nos os selves* desejados que acreditamos que nos farão felizes (como nosso *self* ideal ou desejado) – ao mesmo tempo que *evitamos nos tornarmos selves* que temermos (como nosso *self* sozinho ou deprimido) e *deixamos de ser selves* que desprezamos ou rejeitamos (como nosso *self* preguiçoso ou incompetente).

Assim, enquanto escrevo, meus pensamentos, ações e sentimentos podem ser governados por tentativas de atingir objetivos como estes: "Ser o *self* que terminou este capítulo e está satisfeito com isso"; "Ser o *self* que se sente bem, renovado e relaxado enquanto faço uma pausa e tomo uma xícara de café"; "Evitar tornar-me o *self* que se cansa demais para pensar claramente"; "Deixar de ser o *self* que sente frio sentado aqui".

Todos esses objetivos envolvem "o *self* que". Assim, em vez de ter um objetivo simples, como "concluir um bom capítulo" ou "parar de sentir frio", os objetivos incluem sempre ser ou não ser o *self* que colhe o benefício desses objetivos. Isso pode parecer uma distinção sutil e desnecessária de se fazer, mas reflete a importância crucial das qualidades inerentes que damos às nossas ideias do *self*. "Ser o *self* que" contém a promessa (ilusória) de que, quando atingirmos o objetivo que almejamos, continuaremos a colher para sempre os benefícios que ele nos traz.

Tragicamente, nossa busca de sermos felizes tornando-nos um tipo particular de *self* não só é ineficaz, como também tem desvantagens desastrosas. Em suma, os autoguias nos desorientam e nos levam a sofrimentos desnecessários.

AS DUAS FLECHAS

Há mais de 2 mil anos, o Buda histórico, Sidarta Gautama, ofereceu este ensinamento:

> Quando um mundano sem instrução é atingido por uma sensação (corporal) dolorosa, ele preocupa-se e sofre, lamenta, bate no peito, chora e fica perturbado. Ele vivencia, assim, dois tipos de sentimentos, um corporal e um mental. É como se um homem fosse atingido por uma flecha e, após o primeiro ferimento, fosse atingido por uma segunda flecha. Assim, essa pessoa experimenta os sentimentos causados por duas flechas.
>
> Contudo, no caso de um discípulo nobre bem ensinado, quando este estiver em contato com um sentimento doloroso, ele não se preocupará, nem sofrerá, nem lamentará, ele não baterá no peito e chorará nem se perturbará. É um tipo de sentimento que ele experimenta, um sentimento corporal, mas não um sentimento mental. É como se um homem fosse atingido por uma flecha, mas não fosse atingido por uma segunda flecha depois. Portanto, essa pessoa experimenta sentimentos causados por uma única flecha. (Nyanaponika, 2010)

O ensinamento das duas flechas destaca o modo como a maioria de nós normalmente aumenta o incômodo de situações indesejáveis, acrescentando a angústia evitável à dor inevitável. Aquele que seguiu o caminho de treinamento do Buda (o "discípulo nobre bem ensinado") ainda experimenta os efeitos da primeira flecha – sentimentos dolorosos – como o restante de nós. Contudo, ao contrário da maioria de nós ("mundanos sem instrução" como somos), ele não experimenta o sofrimento que a maioria de nós rotineiramente acrescenta – a preocupação, o descontentamento e o lamento *sobre* a dor (a segunda flecha). Esse ensinamento original focalizou a dor física, mas o mesmo padrão pode ser visto com a dor emocional – lamentamos nossa tristeza e preocupamo-

-nos com nosso medo. Embora a dor seja inevitável, o sofrimento é opcional, pois somos nós que disparamos a segunda flecha. E podemos aprender a não dispará-la.

A teoria da autodiscrepância apresenta uma maneira de entender a segunda flecha. Um autoguia é um ponto de referência ou padrão que carregamos no fundo de nossa mente, pronto para guiar e motivar nossas ações. Estamos constantemente comparando nossa ideia do *self* que somos neste momento com a ideia do *self* que queremos ser ou pensamos que deveríamos ser. Isso significa que não vemos as coisas apenas como elas são. Em vez disso, estamos constantemente acrescentando a peça extra: "Como isso se compara com o *self* que eu quero ser ou deveria ser?". E, é claro, quando sentimos dor física ou emocional, não somos o *self* que queremos ser. Há um abismo entre a experiência que temos e a experiência que desejamos, de modo que vivenciamos o descontentamento e a lamentação. Nossa mente também evoca a imagem de um futuro temido ainda atormentado pela dor, pelo descontentamento e pela lamentação que estamos vivenciando neste momento, e nos preocupamos com essa perspectiva.

A diferença crucial entre o discípulo nobre bem ensinado e o restante de nós é que, enquanto seguimos o caminho conceitual em nossa busca pela felicidade, ele aprendeu a seguir um caminho diferente. Exploraremos essa rota alternativa no devido tempo e descobriremos que ela dispensa inteiramente a estratégia de alcançar a felicidade, monitorando as lacunas entre as ideias de onde estamos e onde queremos estar. Nesse caminho alternativo, experimentaremos apenas a primeira flecha.

O ensinamento das duas flechas sugere que temos uma maneira de evitar o sofrimento que a busca conceitual pela felicidade acrescenta à inevitável dor física e emocional.

A NECESSIDADE DE PROTEGER NOSSAS IDEIAS DE *SELF*

O caminho conceitual para a felicidade traz a promessa de felicidade maior e mais duradoura – se pudermos nos tornar o tipo certo de *self*. No entanto, também cria um medo poderoso, um medo de que podemos perder em um instante qualquer senso frágil de um *self* "melhor" que possamos já ter alcançado por meio de nossos esforços determinados. Esse medo subjacente está conosco a maior parte do tempo, levando-nos a estar ansiosamente vigilantes quanto a qualquer ameaça potencial a esse senso de *self* e a protegê-lo, custe o que custar, evitando, eliminando ou superando a fonte dessas ameaças. O ensinamento de *The Gates of Heaven and Hell*, do grande mestre zen Hakuin (baseado em *Reps*, 1957/1971), ilustra esse padrão.

Um samurai errante, chamado Nobushige, foi até Hakuin e perguntou: "O céu e o inferno realmente existem?".
"Quem é você?", perguntou Hakuin.
"Eu sou um samurai", respondeu o guerreiro.
"Você é um soldado!", exclamou Hakuin. "Que tipo de governante teria você como guarda? Seu rosto se parece com o de um mendigo."
Nobushige ficou furioso e começou a desembainhar a sua espada, mas Hakuin continuou: "Então você tem uma espada! Sua arma provavelmente é cega demais para cortar a minha cabeça".
O samurai proferiu uma vil maldição e ergueu sua espada.
"Aqui, abrem-se os portões do inferno", disse o velho monge suavemente.
O samurai fez uma pausa, reconhecendo a coragem e a compaixão com que Hakuin havia arriscado a própria vida para lhe dar esse ensinamento direto. Ele embainhou a espada, fez uma reverência e seus olhos se encheram de lágrimas de gratidão.
"E aqui abrem-se os portões do céu", respondeu Hakuin, completando o ensinamento.

Nobushige estava profundamente investido em manter e proteger a ideia de si mesmo como um samurai corajoso e eficaz. Hakuin contestou deliberadamente essa ideia. Os portões do inferno se abriram quando a raiva letal e a resposta violenta do guerreiro revelaram a força do medo de que seu *self* – essa preciosa identidade de samurai que lhe deu seu valioso lugar na sociedade – fosse eliminado.

Mas então Hakuin revelou seu verdadeiro propósito compassivo – dar uma resposta ativa à pergunta "o inferno existe?". Essa resposta mostrou a Nobushige, naquele momento, as consequências infernais de sua constante necessidade de manter e defender seu apego à sua preciosa ideia de *self*.

O ensinamento, então, continuou a fornecer também uma resposta ativa à pergunta adicional "o céu existe?". Ao revelar sua verdadeira intenção (oferecer ao guerreiro um ensinamento libertador), Hakuin removeu imediatamente qualquer ameaça à estimada identidade de Nobushige. Ao fazer isso, ele criou as condições precisas que libertariam Nobushige (pelo menos brevemente) da dolorosa necessidade de manter e proteger a sua preciosa ideia de *self*. Deixando de lado esse fardo vitalício, Nobushige pôde descobrir diretamente para si mesmo a alegria e a facilidade que vêm com a liberdade dessa necessidade: os portões do céu abriram-se.

Para a maioria de nós, a dolorosa necessidade de proteger nossas ideias do *self* será menos óbvia e se manifestará menos dramaticamente do que na história de Nobushige. É provável que estejamos muito mais familiarizados com os conflitos internos sutis (ou não tão sutis) que a busca conceitual cria.

OS AUTOGUIAS SÃO INCONSISTENTES E INCOERENTES

Os autoguias são fabricações, o que significa que eles não são limitados pela realidade e podem ser inconsistentes e entrar em conflito uns com os outros. Por exemplo, se eu quiser ser o *self* que terminará este capítulo até o fim da semana, muito provavelmente terei de trabalhar longas horas e me tornar um *self* que estará mais cansado do que desejo. Assim, não poderei ser o *self* que estará completamente livre para desfrutar do sol do final de inverno que apareceu de repente – por mais que eu deseje. O estresse relacionado com esse tipo de conflito interno e desarmonia é amplamente reconhecido. Queremos ter sucesso em nossa carreira, mas também queremos ser (e sentir que devemos ser) um bom pai, bom filho, bom amigo, bom vizinho, bom cidadão e a pessoa que terá riscado todas as tarefas de sua lista de afazeres. Além disso, ao tentar resolver ou fazer malabarismos com nossos autoguias conflitantes, geramos um novo conjunto de objetivos relacionado com sermos solucionadores de problemas bem-sucedidos, adicionando mais tarefas à nossa lista de afazeres. E todo o tempo experimentamos uma sensação de conflito interior e mal-estar, exatamente aquilo que nossas tentativas de satisfazer esses autoguias se destinavam a evitar, em primeiro lugar.

AMARRADO A UMA ESTEIRA ROLANTE

Quando juntamos conflitos entre autoguias funcionais, a dolorosa necessidade de proteger as ideias do *self* que estimamos, o sofrimento evitável que o monitoramento da discrepância acrescenta à dor inevitável e a qualidade fugaz de quaisquer sentimentos positivos que possamos experimentar quando satisfazemos nossos autoguias funcionais, fica claro que o caminho conceitual não pode proporcionar a felicidade duradoura que buscamos. Acabamos amarrados a uma esteira implacável, esforçando-nos para recuperarmos e nos agarrarmos à felicidade que constantemente se afasta de nós.

O projeto conceitual baseado em metas nos impulsiona em uma sequência interminável de esforços. Seguindo esse projeto, somos puxados em direção à promessa de possíveis *selves* desejados, afastados da ameaça de *selves* possíveis temidos ou indesejados, sempre em busca de uma sensação de felicidade mais duradoura. A agitação de tudo isso, a euforia antecipada ao partirmos em mais uma nova busca, a breve satisfação quando uma meta é alcançada e a nossa atenção concentrada apenas em informações diretamente relacionadas com o objetivo imediato podem cegar nossa consciência para o fato de que a exaustiva esteira à qual estamos amarrados não cumpre a sua promessa. No entanto, em algum nível, nossa mente registra essa repetida decepção e frustração de nossas esperanças e desejos, e isso tem seu preço em nosso contentamento, tranquilidade e senso de integridade.

Então, por que persistimos nessa busca?

MEDO E ÂNSIA

A busca conceitual da felicidade é crucialmente diferente de nossas tentativas habituais de obter algo que desejamos. Essa busca tem uma qualidade impulsionadora: o objetivo que buscamos não é apenas algo que gostaríamos de ter, mas algo que *temos* de ter, algo de que *precisamos*. Um medo subjacente impulsiona essa compulsão, um medo de que, se não encontrarmos nossos próprios autoguias, ficaremos presos a sentimentos de infelicidade, incompletude, isolamento e separação indefinidamente – o que sentimos que seria desastroso.

A necessidade de satisfazer nossos autoguias, como a ânsia de um viciado, é uma combinação tóxica de desejo e medo que nos prende à busca incessante de nosso objetivo. Podemos experimentar um alívio temporário ao atingirmos um de nossos autoguias funcionais, porém, em pouco tempo, o anseio surge novamente, bem como o medo de que ele possa nunca ser completamente dissipado. Esse tipo de ânsia é doloroso.

As tradições contemplativas e religiosas há muito apontam para uma conexão intrínseca entre medo, ânsia e sofrimento. O Buda ensinou: "Não há medo para alguém cuja mente não está cheia de desejos" (*Dhammapada** verso 39; em Sangharakshita, 2008). Diz-se que "não tenha medo" é o ensinamento mais frequentemente repetido na Bíblia.

O que, então, é esse medo subjacente mais profundo? Por que a perspectiva de não encontrar nossos autoguias é tão assustadora?

---

* O *Dhammapada* é uma das coleções de pensamentos mais lidas e mais conhecidas de Buda.

MEDO, DESCONTENTAMENTO E DESCONEXÃO

Abri o capítulo com uma citação descrevendo o descontentamento que está "sempre ali, logo abaixo da superfície". Esse descontentamento está intimamente ligado à nossa necessidade compulsiva de ser e de nos tornarmos um certo tipo de *self*, bem como ao sofrimento criado por nossa busca para atingir esse objetivo.

O descontentamento reflete a atividade de um dos sistemas afetivos centrais no cérebro dos mamíferos. O sistema PÂNICO/TRISTEZA sustenta os laços que mantêm as espécies sociais unidas (Panksepp & Biven, 2012, cap. 9). Mais conhecidos são os laços que protegem as crianças, mantendo-as próximas de suas mães ou de seus cuidadores. Quando um bebê se afasta demais de sua mãe, esse sistema desencadeia gritos de angústia na criança, os quais alertam a mãe e levam a uma rápida operação de busca e salvamento para restaurar a conexão quebrada.

O mesmo sistema afetivo central também sustenta a angústia de separação que une os membros adultos de parentes e grupos sociais. Esses laços têm uma função literalmente vital: primatas isolados de seu grupo sobrevivem não mais do que alguns dias ou semanas na natureza, morrendo por conta de exposição, falta de alimentação ou ataques de predadores (Depue & Morrone-Strupinsky, 2005). Para reduzir esse risco fatal, os primatas desenvolveram um padrão interno, pelo qual o isolamento social desencadeia um estado de angústia agitada. Essa angústia motiva os indivíduos a procurarem se reconectar com o grupo social do qual se separaram. O que é impressionante nessa angústia é que ela é desencadeada não pela presença de algo, mas por sua ausência. Assim como nosso medo do escuro é desencadeado pela ausência de luz, a agitada angústia do isolamento social é desencadeada pela ausência de conexão (Depue & Morrone-Strupinsky, 2005).

Assim como outros primatas, os seres humanos adultos também são dotados desse programa biológico profundamente enraizado. Para nós, parece ser a *percepção* de isolamento e desconexão (ou a ameaça dela), em vez de necessariamente a ausência física real dos seres semelhantes, que desencadeia o medo e a agitação. Podemos nos sentir dolorosamente sozinhos no meio de uma multidão, mesmo com pessoas que conhecemos. Em contrapartida, podemos nos sentir unidos e conectados com todos os seres mesmo quando fisicamente estamos completamente sozinhos (ver Caps. 10 e 13).

Nosso medo profundamente enraizado da separação, desencadeado pela percepção de isolamento e desconexão, acaba sendo o combustível que impulsiona o desejo compulsivo da busca focalizada no objetivo da felicidade. Esse medo também cria a própria situação que procuramos evitar.

AUTOGUIAS E SEGURANÇA

Markus e Nurius (1986) descreveram as origens de *selves* prováveis da seguinte maneira: "Um indivíduo é livre para criar qualquer variedade de *selves* prováveis, mas o conjunto de *selves* prováveis deriva das categorias destacadas pelo contexto sociocultural e histórico particular do indivíduo e dos modelos, imagens e símbolos fornecidos pela mídia e pelas experiências sociais imediatas dele. Os *selves* prováveis têm, assim, o potencial de revelar a natureza inventiva e construtiva do *self*, mas também refletem até que ponto ele é socialmente determinado e limitado" (p. 954).

Esta última frase, que aponta para a natureza construída, socialmente determinada e limitada de *selves* prováveis (e autoguias), fornece a pista vital para a qualidade impulsionadora de nossa busca para nos tornarmos um tipo particular de *self*. Podemos ver os autoguias como os veículos por meio dos quais uma sociedade, um grupo ou uma família cria os laços que unem seus membros com base em normas e histórias culturais compartilhadas.

Durante os primeiros 90 a 95% de nossa história como *Homo sapiens sapiens*, vivíamos em pequenos bandos errantes de caçadores-coletores. Nesses grupos, todos conheciam uns aos outros, e o comportamento dos indivíduos podia ser moderado para atender às necessidades coletivas por meio da influência direta do contato pessoal face a face. Com o desenvolvimento da agricultura, os assentamentos permanentes e o crescimento das cidades, o tamanho dos grupos sociais vivendo no mesmo lugar aumentou enormemente. Então, não era mais possível manter a coesão social apenas por meio do contato pessoal. Em vez disso, como Yuval Noah Harari argumentou de forma persuasiva em seu *best-seller Sapiens*, os sistemas de crenças e valores compartilhados forneceram a cola que unia indivíduos em grandes grupos cooperativos. Essas "realidades intersubjetivas", afirma Harari (2011), foram cruciais para a ascensão meteórica da humanidade.

Podemos ver os autoguias – "*selves* prováveis derivados das categorias destacadas pelo contexto sociocultural e histórico particular do indivíduo" (Markus & Nurius, 1986) – como o veículo por meio do qual uma cultura incorpora essas realidades intersubjetivas em seus membros. Incorporadas dessa forma, essas realidades intersubjetivas podem, então, controlar o comportamento e os sentimentos dos indivíduos.

Os autoguias funcionam tanto por meio de cenouras (recompensas) quanto de bastões (ameaças). No lado da recompensa, as ideias de *selves* ideais oferecem a promessa de felicidade, aceitação, elogio e respeito por aqueles que podem alinhar seus *selves* reais com seus *selves* ideais e, assim, permanecer ligados a seus pares ou grupo social. No lado da ameaça, o medo de não se conformar com as ideias de *selves* desejados e a miséria imaginada de se tornar um *self* provável temido, detestado, desprezado ou indesejado – rejeitado e excluído – restringem o comportamento a formas socialmente aceitáveis.

Podemos ver o desânimo, a agitação e a ansiedade que experimentamos quando falhamos em ver nossos autoguias como reflexos de uma ameaça implícita, ligada a nosso medo profundo e arraigado do isolamento social: "A menos que você se adapte às normas do grupo social em que vive, será expulso e forçado a sobreviver da melhor forma que puder por si mesmo".

As promessas e as ameaças implícitas em nossos autoguias moldam e motivam a busca conceitual de ser e tornar-se tipos particulares de *self*. Esses *selves*, acreditamos, serão felizes, aceitos, incluídos e livres de qualquer emoção desagradável ou ameaça de isolamento social. Nossas tentativas de satisfazer nossos autoguias de uma vez por todas estão inevitavelmente condenadas ao fracasso. O fracasso contínuo dessas tentativas de garantir a aceitação por nosso grupo social mais amplo leva a um sentimento de descontentamento subjacente sutil e perene. Pior ainda, o processo subjacente à busca realmente cria a própria situação que se procura evitar.

UM SISTEMA AUTOPERPETUADOR

A análise que delineei sugere que a busca conceitual pela felicidade é, no fundo, baseada em ideias imaginárias do *self* que, muitas vezes, têm apenas uma tênue relação com a realidade. Uma das grandes dificuldades de aceitar essa maneira de ver as coisas é que a maioria de nós sente que realmente vivencia um *self* – um "eu". O fato de que nossas ideias de autoestima correspondem a algo em nossa vivência empresta credibilidade a tais ideias. Se é baseada em uma ficção, então de onde vem minha experiência de "eu"?

O budismo contemporâneo responde a essa pergunta com a noção de *"selfing"*. Em um artigo apropriadamente intitulado *"Self as verb"*, o estudioso budista Andrew Olendzki diz o seguinte: "O entendimento não é algo feito pelo *self*, mas sim o *self* é algo feito pelo entendimento". O *self* é construído a cada momento com o simples propósito de proporcionar a quem gosta ou não gosta, agarra ou afasta, o que está se desdobrando na experiência" (Olendzki, 2005). (O artigo prossegue elaborando mais essa afirmação sucinta e intrigantemente enigmática.)

A essência da ideia de *"selfing"* é que o processo central pelo qual procuramos nos tornar o tipo de *self* que desejamos ser e pensamos que devemos ser na verdade cria o sentido do "eu" – e esse sentido dá credibilidade às ideias (totalmente fabricadas) de *self* que impulsionam o processo para se tornar um tipo diferente de *self*. O que quer que tenha desencadeado a busca para nos tornarmos um *self* diferente em primeiro lugar, uma vez que estamos comprometidos com essa busca, nossos próprios esforços aumentam a nossa sensação de ser um "eu" separado, desconectado e isolado. Essa sensação de isolamento, por sua vez, reforça nosso medo de uma separação contínua, levando-nos a esforços renovados para atingir nosso objetivo, prendendo-nos cada vez mais firmemente em um sistema que nos mantêm presos em um modo de ser empobrecido. (Voltaremos a olhar mais de perto para esse processo de autoestima – e como podemos nos libertar dele – nos Caps. 9 e 13.)

A abordagem conceitual para alcançar a felicidade, longe de cumprir sua promessa, cria um sistema autoperpetuador que nos mantém presos em um estado de insatisfação crônica, separação e falta de plenitude. Ao tentarmos remediar esse estado, o próprio processo conceitual focado em objetivos criará inevitavelmente as condições que mantêm a própria sensação de desconexão que procura curar. Sentimos, em algum nível, que não estamos totalmente "em casa" ou à vontade no conforto de vínculos sociais garantidos com aqueles ao nosso redor e temermos que, se não tomarmos nenhuma providência, a dor do desamparo estará sempre conosco.

O que devemos fazer? A busca conceitual da felicidade parece condenada ao fracasso. Devemos procurar uma abordagem radicalmente diferente. Contudo, também devemos nos libertar do esforço arraigado conceitualmente impulsionado. A percepção da verdadeira natureza do conhecimento conceitual tem o poder de afrouxar o seu domínio sobre nós. Esse é o nosso foco no Capítulo 2.

2

Um mundo de ideias

No Capítulo 1, coloquei a culpa por muito sofrimento evitável por conta da forma conceitual de conhecimento. Os poetas há muito tempo intuíram que o poder que ela oferece para imaginar o futuro e revisitar mentalmente o passado cria uma espécie de infelicidade desconhecida por outras criaturas. Eles olham com saudade para a paz dos animais mais simples que parecem viver plenamente no momento presente. O poeta escocês Robert Burns (1786), do século XVIII, faz um contraste com a poderosa clareza em seu poema A *um rato*:

> Mesmo assim és feliz, comparado comigo!
> Pois só o presente te atinge.
> Mas ai de mim! Que olho o passado
> e vejo desolação!
> E o futuro, embora não o veja,
> adivinho e temo!

Nossos poderes de viajar no tempo mental – a capacidade de imaginar possíveis futuros ou ensaiar memórias do passado – surgem de nossa capacidade de pensar conceitualmente. Assim como outras características do conhecimento conceitual, a viagem no tempo mental é uma espada de dois gumes: ela cria possibilidades de controle sem precedentes sobre o mundo exterior, mas, igualmente, coloca em risco a felicidade interior.

Usada sem habilidade, uma espada nos machucará. Mas isso, por si só, não é motivo para jogar fora nossas espadas. Com conhecimento e treinamento, podemos descobrir como usar uma espada de forma segura e eficaz. Da mesma forma, podemos aprender a manusear diferentes tipos de espadas: quando, como os Três Mosqueteiros, confiar nos poderes de duelo do florete; quando, como a cavalaria chegando no horizonte, confiar na maior versatilidade do sabre.

De maneira semelhante, podemos aprender a aproveitar o poder do conhecimento conceitual como uma força para o bem, evitando as ciladas e as armadilhas que ele cria. E, fundamentalmente, podemos descobrir que essa não é nossa única maneira de conhecimento: que também existe outra maneira, a maneira holístico-intuitiva de conhecimento (que discutiremos em detalhes no Cap. 3): um modo de conhecimento que, muitas vezes, será mais apropriado do que o conhecimento conceitual.

Para dominar o uso de diferentes tipos de espadas, o conhecimento do propósito para o qual cada uma foi projetada e de seus pontos fortes e fracos é inestimável. Da mesma forma, uma compreensão mais clara da natureza subjacente e da função evolutiva do conhecimento conceitual pode nos ajudar a usá-lo com maior habilidade e discernimento.

A FORMA CONCEITUAL DE CONHECIMENTO

O conhecimento conceitual é o tipo de conhecimento com o qual estamos mais familiarizados. Ele trata de significados que são explícitos, específicos e fáceis de comunicar. Esses significados são o material da maior parte de nosso pensamento consciente. Trata-se do conhecimento factual – o conhecimento *sobre* algo. Concentra-se no tipo de significado transmitido por uma única frase, como "o gato sentou-se no tapete". Podemos adquirir esse tipo de conhecimento diretamente de nossa própria experiência – mas, principalmente, também podemos adquiri-lo indiretamente do que outra pessoa nos diz ou do que lemos.

Tanto o poder quanto os problemas do conhecimento conceitual surgem de sua forma e estrutura subjacentes. A forma e a estrutura, por sua vez, refletem a função evolutiva original do conhecimento conceitual – para abordagens detalhadas desse tópico, ver Barnard, Duke, Byrne e Davidson (2007) e McGilchrist (2009). O conhecimento conceitual evoluiu como parte de um desenvolvimento mais geral, que capacitou os primeiros seres humanos a comunicarem o tipo de informação explícita e detalhada que os grupos sociais têm de compartilhar ao trabalharem juntos em direção a objetivos mútuos. Esse desenvolvimento permitiu que os grupos humanos alcançassem objetivos muito além das capacidades de qualquer indivíduo que trabalhasse sozinho.

As informações conceituais, como as conhecemos hoje, evoluíram, no máximo, apenas 200 mil anos atrás. Isso sinaliza um desenvolvimento muito recente na evolução geral da mente. No curto tempo (de uma perspectiva evolucionária) de existência do conhecimento conceitual, a sua influência expandiu-se enormemente a partir de seu uso inicial limitado de ajudar as pessoas a trabalharem juntas para alcançarem objetivos. Na cultura humana contemporânea, é difícil encontrar qualquer área da vida sobre a qual não pensamos de maneira conceitual – a ponto de, fundamentalmente, presumirmos que a maneira como vemos o mundo através da lente do pensamento conceitual é a única "realidade" que existe.

No entanto, as origens do pensamento conceitual baseado em tarefas ainda têm consequências diretas e de longo alcance para os problemas que discutimos no Capítulo 1:

- A informação conceitual tem uma estrutura *atomística* – ela divide o mundo em ideias (conceitos) de entidades *separadas*, autoexistentes e duradouras ("coisas", "*selves*", "sujeitos", "objetos").
- As qualidades dessas "coisas" separadas são vistas como aspectos de suas propriedades inerentes – elas são intrínsecas às próprias coisas, e não o resultado de certas condições que se juntam de determinadas maneiras.
- Conceitos são abstrações, livres das restrições da realidade sensorial concreta. Por meio deles, podemos imaginar estados alternativos do mundo, diferentes e mais desejáveis do que aquele em que realmente nos encontramos. Essa capacidade sustenta uma estratégia extraordinariamente poderosa para atingir os objetivos almejados.
- Embora os conceitos (ideias) sejam abstrações, eles muitas vezes são tratados como "reais" – equivalentes às coisas que representam.
- O conhecimento conceitual, suas estratégias para alcançar objetivos e uma atenção restrita focalizada nas tarefas tendem a ser automaticamente trazidos "para o presente" quando a mente se prepara para agir e obter o que queremos; essencialmente, isso pode acontecer mesmo quando essas estratégias são totalmente contraproducentes.

Cada uma dessas características está diretamente relacionada com o poder que o conhecimento conceitual oferece – e com os problemas que ele pode criar. Ao nos familiarizarmos mais com suas características fundamentais, podemos aproveitar o que essa forma de conhecimento tem a oferecer, ao mesmo tempo que evitamos os tipos de problemas que discutimos no Capítulo 1.

PRINCIPAIS CARACTERÍSTICAS DA FORMA CONCEITUAL DE CONHECIMENTO

Um mundo de coisas separadas, independentes e autoexistentes

O conhecimento conceitual envolve "isolar artificialmente as coisas de seu contexto... permitindo que nos concentremos intensamente em um determinado aspecto da realidade e em como ela pode ser modelada, para que possa ser apreendida e controlada" (McGilchrist, 2009, p. 115). Isolar as coisas dessa maneira cria um mundo de entidades separadas, independentes, autoexistentes – *coisas*, cada uma com sua própria identidade intrínseca inerente. Esse tipo de estrutura atomística permite que os significados conceituais sejam construídos, compreendidos e trabalhados de forma fragmentada, conceito por conceito, em uma sequência linear, à medida que as palavras são ditas e ouvidas. Esse tipo de conhecimento, parte por parte, passo a passo, é ideal para falar ou pensar sobre como alcançar objetivos específicos por meio de ações qualificadas. Apresenta uma maneira de comunicar significados específicos com confiabilidade e precisão, de maneira que todos possam entender. Ganha precisão e economia ao focar apenas nos aspectos das situações que são imediatamente relevantes à tarefa em questão. (Essa estrutura *atomística* contrasta com o caráter *holístico* do conhecimento holístico-intuitivo discutido no Cap. 3, o qual baseia-se simultaneamente nos padrões de *relacionamento* entre todas as informações disponíveis em qualquer momento.)

A estrutura atomística do conhecimento conceitual significa que os conceitos criam lentes perceptivas através das quais vemos o mundo de uma forma muito particular. As coisas são extraídas dos contextos em que ocorrem e são vistas isoladamente. Os agentes atuando sobre essas coisas também são vistos como totalmente distintos das coisas sobre as quais agem e de outros agentes. Isso cria uma visão *dualista* do mundo, o divide em sujeitos e objetos separados e separa o "eu" do "você". Isso reflete a estrutura de linguagem do agente-objeto da ação (*quem* faz *o que* a *quem*, ou *o quê*). Essa estrutura é inestimável para a realização de tarefas em um grupo social. No entanto, quando inconscientemente estendemos essa visão dualista ao mundo como um todo, criamos um mundo de "ser coisas" no qual experimentamos uma sensação corrosiva de desconexão e alienação. Essa dolorosa sensação de separação é subjacente a muita infelicidade humana, como discutimos no Capítulo 1.

O despertar interior transforma nossa habitual visão *dualista* do mundo de separação e desconexão em uma visão não dualista do mundo de plenitude, relacionamentos e conexão (Cap. 10).

Coisas com qualidades inerentes, duradouras e essenciais

Tendo dividido o mundo em coisas separadas, o conhecimento conceitual trata, então, da qualidade de cada coisa ou experiência como um aspecto de sua natureza inerente. Isto é, como algo que pertence à coisa em si, que ela carrega para onde quer que vá – e não como uma propriedade emergente de interações complexas entre muitas condições diferentes. Falamos, por exemplo, de um *delicioso* bolo, de uma visão *incrível* ou de uma pessoa *atraente*, querendo dizer que essas características são, de alguma maneira, inerentes aos próprios objetos.

Adicionar um significado extra dessa forma pode funcionar bem em um nível prático. Se você quiser fazer um machado de pedra, é realmente útil saber: 1) que você precisa de um tipo de pedra que possa ter uma aresta afiada; e 2) que o sílex tem essa propriedade, mas o arenito, não. Aqui, com as qualidades do sílex, estamos lidando com propriedades físicas que permanecem relativamente constantes de um contexto para outro. No entanto, quando se trata de aspectos da *experiência* – por exemplo, se um pedaço de bolo tem um sabor maravilhoso ou se alguém é atraente –, uma série de fatores contextuais que interagem determinarão a qualidade da experiência. O bolo que tinha um sabor tão delicioso na primeira mordida da primeira fatia pode não ser tão maravilhoso quando se chega à 10ª fatia. E a pessoa cuja companhia você gostou tanto na festa de sábado à noite pode não parecer tão boa ou ser tão divertida quando você a encontra em uma manhã chuvosa de segunda-feira, desgrenhada, atrasada para o trabalho, tendo dormido demais.

A tendência (geralmente inconsciente) de ver nossa experiência das coisas e nossos sentimentos em relação a elas como reflexos de suas qualidades inerentes está na raiz de muito sofrimento evitável. Isso leva diretamente à nossa busca de "objetos do desejo" – objetos que acreditamos terem o poder intrínseco de nos fazer sentir bem. Podemos acabar acreditando que, se ao menos encontrássemos o objeto do desejo certo – ou o suficiente deles –, então desfrutaríamos de felicidade duradoura. De maneira ainda mais perniciosa, como vimos no Capítulo 1, nossa vida pode ser governada pela busca de nos tornarmos um tipo particular de "coisa" – um "*self* bom" – que acreditamos que nos fará "viver feliz para sempre". Ambas as estratégias não estão condenadas apenas ao fracasso e à frustração: elas são também uma grande fonte de sofrimento humano.

CONCEITOS SÃO ABSTRAÇÕES

Os dicionários sugerem dois aspectos para o significado de *abstrato*: 1) "existente no pensamento ou como uma ideia, mas não tendo uma existência física ou concreta"; 2) "geral e não baseado em exemplos reais". Os conceitos são abstratos nesses dois sentidos – e ambos são diretamente relevantes para a questão crucial da relação entre conceitos e "realidade". Farei considerações sobre um de cada vez.

A ação planejada e focada em um objetivo depende da capacidade de criar deliberadamente uma representação mental dele: um estado do mundo diferente e mais desejável do que aquele em que você se encontra no momento. Para criar tal ideia de um futuro estado de coisas, alguma parte da mente tem de se libertar do "mundo" – das informações que chegam a cada momento a partir de nossos órgãos sensoriais. A mente pode, então, pensar em coisas que não estão fisicamente presentes no momento.

Os subsistemas cognitivos interativos (ICS, do inglês *interacting cognitive subsystems*; Barnard, 1985, 2012; Barnard & Teasdale, 1991; Teasdale & Barnard, 1993) apresentam uma estrutura psicológica de propósito geral que sustentará grande parte de nossa exploração de *mindfulness* e do despertar interior. (Em apresentações anteriores dos ICS, o conhecimento conceitual e o conhecimento holístico-intuitivo foram chamados, respectivamente, de conhecimento propositivo e conhecimento implicativo.) Aqui, um esboço simplificado da visão da mente humana pelos ICS (Fig. 2.1) deixa claro por que o conhecimento conceitual está em uma posição ideal para pensar sobre coisas – como objetivos – que não estão presentes fisicamente no aqui e agora. (Não há necessidade de se preocupar em compreender os detalhes desse esboço. Destacarei os pontos relevantes, se e quando necessário.)

Dois aspectos desse esboço são fundamentais. O primeiro é que o subsistema conceitual (que processa informações conceituais) é o único a não ter conexões *diretas* com nenhum dos subsistemas sensoriais que recebem informações do

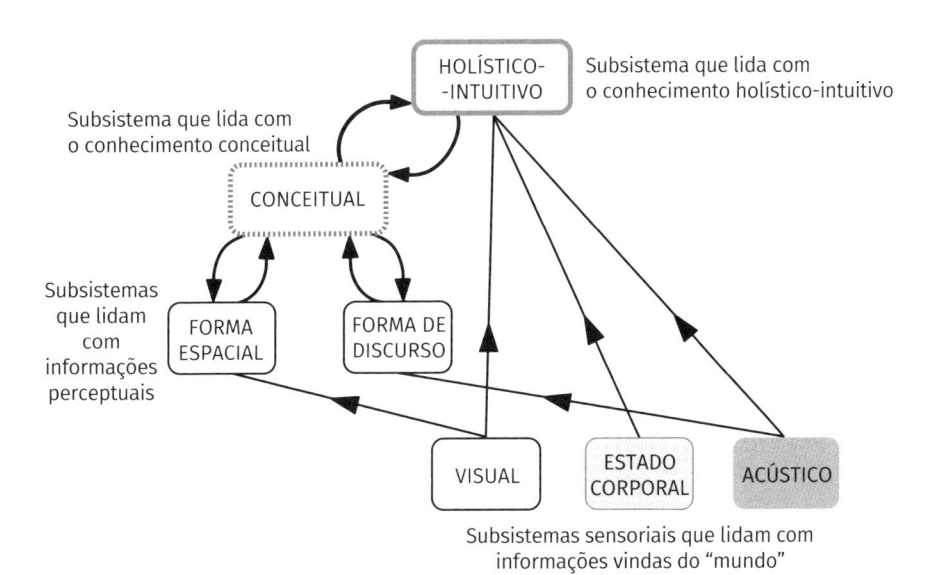

FIGURA 2.1 A mente humana tal como vista pelos ICS.
Nota: as caixas representam subsistemas, cada uma especializada para processar um tipo diferente de informação; as linhas representam o fluxo de informação através do sistema.

"mundo". Somente o subsistema conceitual é tão bem "isolado" do mundo sensorial dessa forma.

Essa falta de conexão direta significa que, embora o subsistema conceitual *possa* manter alguma conexão indireta com a realidade sensorial atual, *ele não precisa fazê-lo*; é bem possível que ele acabe processando informações conceituais – *ideias* – totalmente desconectadas da "realidade" das informações que chegam dos órgãos dos sentidos a cada momento. Sem ser ancorado dessa forma, o processamento conceitual pode flutuar livremente para criar mundos mentais internos sem restrições da "realidade" sensorial atual.

O segundo aspecto-chave da Figura 2.1 diz respeito aos três laços de processamento centrados no subsistema conceitual. Esses laços (mostrados separadamente na Fig. 2.2) desempenham papéis cruciais na criação de nossos mundos mentais internos.

Os três laços envolvem interações de duas vias – conversas – entre o subsistema que processa informações conceituais e os subsistemas que processam outros tipos de informações. As conversas dentro desses laços proporcionam um caminho para a mente ser completamente "interna": libertar-se inteiramente dos acontecimentos no mundo "lá fora" neste momento.

Uma analogia pode ser útil aqui. Imagine duas pessoas conversando em uma cabine à prova de som, sem janelas e sem *smartphones* ou outras formas de contato com o mundo exterior. Elas estão totalmente desconectadas da visão e dos sons do mundo exterior. Quando começam a trocar palavras entre si – cada uma respondendo ao que a outra acabou de dizer –, a conversa pode desenvolver-se muito facilmente sem a necessidade de qualquer outra contribuição do mundo fora da cabine. A evolução da conversa pode, então, levá-las muito rapidamente a falar de lugares e horários muito distantes do lugar e do momento em que "realmente" estão. Os mundos mentais compartilhados criados dessa forma fornecem um amplo

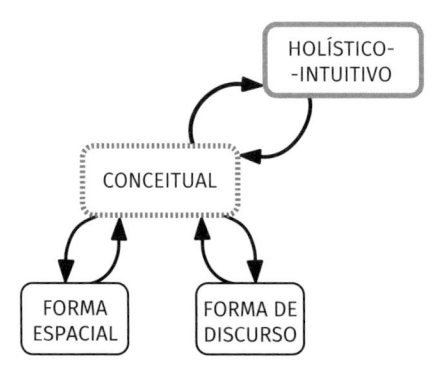

FIGURA 2.2 Três laços de processamento centrados no subsistema conceitual.

estímulo para conversas posteriores. Essa conversa poderia continuar por muito tempo sem qualquer necessidade de mais informações do mundo fora da cabine.

Da mesma forma, conversas nos laços centrados no conhecimento conceitual podem flutuar livremente, sem restrições, pela "realidade" sensorial atual. A mente pode, então, envolver-se em viagens no tempo e no espaço mentais – revisitando o passado, habitando futuros imaginários e visitando terras distantes. Essas conversas criam mundos mentais internos autocontidos com uma vida própria. Dependendo dos parceiros envolvidos na conversa, tais mundos serão de imagens interiores e devaneios, de discurso interior e de narrativa interna (as histórias que contamos a nós mesmos) ou de "pensamento puro".

Essa capacidade exclusivamente humana de pensar de modo deliberado sobre coisas não presentes fisicamente no momento, e que talvez nunca tenham existido, confere à mente humana a extraordinária capacidade de controlar o mundo exterior. Ela nos permite sonhar com pirâmides, com máquinas voadoras ou com o pouso na lua. Fundamentalmente, também nos permite imaginar os passos da ação prática que traduzirão esses sonhos em realidades.

Em contrapartida, o poder do pensamento conceitual para nos desligar das âncoras da experiência sensorial imediata significa que podemos criar objetivos imaginários totalmente em desacordo com a maneira como as coisas realmente são. Tais objetivos poderão nunca ser atingidos. A busca incessante de tais objetivos impossíveis é a causa de muita infelicidade humana (Cap. 1). Da mesma forma, nossa capacidade de criar e habitar mundos mentais puramente internos pode nos desconectar totalmente do mundo vivo, respirante e interativo ao nosso redor. Acabamos, então, como o Sr. Duffy, um dos personagens de *Dublinenses*, de James Joyce, que "vivia a uma pequena distância de seu corpo" (nos encontraremos novamente com o Sr. Duffy no Cap. 9).

Esse tipo de desconexão tem consequências profundas para o nosso bem-estar – e não apenas quando os mundos internos em que viemos habitar são dominados por temas negativos, temerosos ou autocríticos (Cap. 8). Acontece que a maioria de nós passa uma proporção extraordinária da vida habitando mundos mentais internos que criamos e histórias que contamos a nós mesmos (Cap. 9). O despertar interior nos liberta desses mundos de sonho (Cap. 10) – e *mindfulness* melhora a qualidade de nossa experiência vivida por esse mesmo caminho (Cap. 9).

Os conceitos também são abstratos no sentido de que eles são "gerais e não baseados em exemplos particulares". O conceito "faca", por exemplo, aplica-se a todos os "instrumentos compostos de uma lâmina fixada em um cabo, usada para cortar ou como arma", independentemente de a lâmina ser de sílex, bronze ou aço, ou de o cabo ser de madeira, osso ou plástico, ou se for pequeno ou grande, velho ou novo, e assim por diante. Portanto, se eu quiser lhe dizer como afiar seu "instrumento composto de uma lâmina fixada em um cabo, usada para cortar ou como arma", posso usar a palavra geral *faca* e você saberá o que quero dizer. Nenhum de nós precisa saber as centenas de palavras que precisaríamos conhecer se tivéssemos nomes individuais para todos os diferentes tipos de facas que poderíamos encontrar. As categorias conceituais gerais levam a enormes ganhos na eficiência e na economia da comunicação e na generalização do conhecimento. Contudo, de modo crucial, elas também mudam a natureza da minha relação com o "objeto" no qual estou interessado.

Para os fins práticos de uma ação focada em objetivos, preciso apenas de informações suficientes para alocar uma "coisa" a uma categoria conceitual apropriada. Posso, então, recuar para meu mundo mental interno *off-line* para descobrir como alcançar meu objetivo. Não há necessidade de permanecer intimamente ligado aos aspectos concretos, individuais, irrepetíveis e em constante mudança do mundo em que vivo, movo-me e tenho meu ser. Desligar-me parcialmente da experiência dessa maneira significa que, mesmo que eu me concentre na experiência atual, acabarei novamente com algum sentimento de desinteresse e alienação: não me sentirei parte de um todo maior, sentir-me-ei incompleto e sofrerei.

UMA ESTRATÉGIA PARA ATINGIR METAS

O conhecimento conceitual nos dá a capacidade de nos desligarmos das exigências da experiência imediata e imaginar estados futuros do mundo. Essa capacidade fornece a base para uma estratégia extraordinariamente poderosa para atingir metas. Em primeiro lugar, a mente cria uma descrição conceitual (uma ideia) de um estado de meta. Em seguida, compara essa ideia com uma ideia do estado atual e monitora a lacuna entre elas à medida que a mente gera planos para reduzi-la. Quando as duas descrições são idênticas (a lacuna é fechada), a meta é atingida, e o sistema sai desses ciclos de processamento. E, claro, o caminho para atingir a meta final pode ser dividido em várias submetas, e, por sua vez, a mesma estratégia pode ser aplicada a cada uma delas.

Posso usar um exemplo doméstico simples para ilustrar como essa estratégia funciona na prática.

Imagine que minha esposa e eu decidimos que seria bom ter uma prateleira extra em nossa cozinha. Minha mente cria uma imagem mental da nova prateleira completa, e essa imagem, por sua vez, traz à minha mente experiências semelhantes do passado e os sentimentos agradáveis associados a elas: a satisfação de concluir uma tarefa prática, o prazer de minha esposa, e assim por diante. Essas associações dão à imagem atual um valor de incentivo positivo – algo que eu quero obter – e a mente muda para a estratégia conceitual de alcance de metas.

O primeiro passo na estratégia é criar uma ideia de um estado de meta – uma "coisa" (uma prateleira completa) com certas propriedades. Essas propriedades, obviamente, incluem a capacidade de sustentar os objetos colocados nela. Menos óbvio é que elas também incluirão a capacidade de me dar a satisfação de um trabalho bem-feito e o prazer de agradar minha esposa. Minha mente registra a lacuna entre a ideia do estado de meta (uma prateleira na parede) e o estado atual (sem prateleira). Minha mente, então, identifica as submetas a serem atingidas para fechar essa lacuna – verificar se tenho as ferramentas necessárias, medir o espaço disponível, obter os materiais, fazer furos na parede, e assim por diante. Gradualmente, eu avanço em minha lista de submetas – minha lista de afazeres. No final, as informações que chegam aos meus olhos, transformadas em informações conceituais, correspondem ao padrão que representa o estado da meta – uma nova prateleira forte o suficiente para suportar o peso dos potes e das panelas colocados sobre ela –, e a tarefa está concluída. Missão cumprida!

Ou não? No que diz respeito ao resultado prático no mundo exterior, isso é certamente verdade. Mas e as outras metas menos óbvias do projeto de montagem da minha prateleira: a satisfação de um trabalho bem-feito e o prazer de minha esposa? Aqui, entramos no mundo da experiência *interior*, em que os resultados não são simplesmente uma questão de criar uma "coisa com as propriedades certas", mas, ao contrário, refletem um conjunto mais amplo de condições. Por exemplo, minha satisfação dependerá dos padrões que eu mesmo estabelecer: se eu for perfeccionista e a prateleira acabar ligeiramente fora do nível ou com um pequeno arranhão, ficarei desapontado, em vez de satisfeito. Da mesma forma, minha esposa pode chegar cansada ou preocupada com algum outro assunto e nem mesmo notar a nova prateleira para a qual continuo direcionando olhares de esperança.

Usando a estratégia conceitual para atingir metas "objetivas" no mundo externo, podemos submeter o processamento conceitual a "verificações da realidade". Elas fundamentam (ou ligam) os conceitos na realidade sensorial corrente em certos momentos-chave. Restrita dessa forma, essa estratégia funciona brilhantemente e tornou possível alguns dos desenvolvimentos mais importantes da história humana. No entanto, como vimos no Capítulo 1, o uso dessa mesma estratégia para atingir metas "subjetivas" em nosso mundo interior de sentimentos pode ter um efeito contrário desastroso. Uma diferença crucial aqui é que não podemos "verificar a realidade" do progresso em direção a nossas metas da mesma forma. Embora eu possa monitorar o progresso em direção a uma prateleira acabada a cada passo do caminho, não posso fazer o mesmo em relação a como eu ou minha esposa nos sentiremos quando a prateleira estiver acabada: posso me sentir cansado e frustrado por meu lento progresso enquanto a prateleira é montada, mas ainda acredito que minha esposa e eu nos sentiremos encantados com o produto acabado (mais um exemplo das dificuldades de previsão afetiva que discutimos no Cap. 1).

No devido tempo, veremos que podemos evitar esse tipo de dificuldades mudando o foco de nossa busca por maior felicidade. Em vez de nos concentrarmos no *resultado* que esperamos alcançar (a meta que deve trazer grande felicidade), podemos nos concentrar mais habilmente na qualidade do *processo* de momento a momento em que ocorre. Só podemos realmente saber os efeitos do resultado sobre nossos sentimentos quando lá chegarmos, mas, fundamentalmente, podemos sentir como é o processo ao longo de todo o caminho.

CONCEITOS E "REALIDADE"

Suposições inquestionáveis sobre a relação entre conceitos e realidade são subjacentes a muita infelicidade humana. O *insight* do vazio dos conceitos – a percepção de que, na verdade, não existem entidades autônomas com qualidades inerentes subjacentes aos conceitos – é amplamente considerado como um fator-chave para o despertar interior. Os conceitos são ideias abstratas – categorias gerais, um tanto distantes dos padrões de informações sensoriais relacionadas com experiências particulares. Ainda assim, a maioria de nós tem uma intuição profundamente enraizada de que os conceitos apontam diretamente para certas realidades subjacentes e que podemos tratá-los como equivalentes às realidades que representam – que podemos tratá-los, de alguma forma, como "reais".

Em muitos aspectos, a estratégia conceitual para atingir metas depende e reforça essa suposição. Para que essa estratégia funcione, ela tem de tratar minha ideia do estado atual das coisas como equivalente a como as coisas realmente são, e minha ideia do estado de coisas desejado (a meta) como equivalente a uma situação real que ela está tentando alcançar. Ao fazer minha prateleira, tratei a ideia da prateleira e a realidade da prateleira como intercambiáveis em certos aspectos. Agi *como se* houvesse algum tipo de mapeamento individual entre os conceitos e os aspectos da realidade que eles representam – e essa foi uma estratégia extremamente útil para meus fins muito práticos. Da mesma forma, quando olho para a prateleira que coloquei em minha cozinha, meu conceito "prateleira" e a "realidade" que posso ver, ou tocar, ou onde posso colocar potes e panelas, parecem combinar muito bem: realmente parece haver ali uma "coisa" separada com certas qualidades intrínsecas.

Desde que a realidade teste nossas ideias, ancorando-as na experiência sensorial em certos pontos-chave, tratá-las como equivalentes aos aspectos da realidade é uma estratégia pragmática muito eficaz para atingir metas no mundo externo. Os problemas surgem quando esquecemos que essa é apenas uma suposição útil e começamos a tratar os conceitos como se eles *fossem* reflexos diretos das realidades subjacentes: separar as coisas autoexistentes com qualidades inerentes. Esses problemas se tornam agudos quando o processamento conceitual aparece puramente "interno", perdendo toda a conexão com a experiência sensorial atual e a ancoragem e o aterramento que eles podem proporcionar.

As tradições contemplativas, em particular o budismo, há muito reconheceram que a equiparação ingênua dos conceitos e da realidade na vida cotidiana é, em si mesma, uma distorção e uma fonte fundamental de sofrimento. No conhecido ensinamento de "o dedo apontando para a lua", uma pessoa aponta um dedo para a lua como uma forma de chamar a atenção de outra pessoa para lá. Guiada pelo dedo (o conceito), a outra pessoa deve ver a lua (a realidade para a qual o conceito aponta). Se a pessoa entender mal e, em vez disso, olhar para o dedo, tomando isso como sendo a lua, só resultará em confusão. Um ensinamento contemporâneo faz a mesma afirmação de forma ainda mais incisiva: "Pensar em sua mãe não é sua mãe" (Feldman, 2017, p. 98).

CONCEITOS E CONTEXTO

Como parte de nossas inquestionadas suposições sobre a equivalência de conceitos e realidade, muitas vezes consideramos os conceitos simplesmente como rótulos para certas realidades – realidades que mantêm a sua identidade, qualquer que seja a situação ou o contexto em que as encontramos. Na verdade, os significados conceituais são muito dependentes de um contexto mais amplo. Um simples exercício de percepção é frequentemente usado para fazer essa afirmação.

O que você vê quando olha para o caractere do meio na imagem a seguir?

$$A\,I3\,C$$

A maioria das pessoas vê a letra *B* e traz o conceito dessa letra à mente.
Agora, o que você vê quando olha para o caractere do meio na imagem a seguir?

$$\begin{array}{c}12\\I3\\14\end{array}$$

A maioria das pessoas vê o número 13 e traz o conceito desse número à mente. No entanto, o caractere impresso é idêntico em ambas as figuras, como mostra claramente este diagrama:

```
     12
  A  B  C
     14
```

O exercício aponta para o fato de que algo aparentemente tão intrínseco como "identidade" depende do contexto. A característica do "B" do caractere central em "ABC" é tanto uma função dos caracteres que o cercam quanto do próprio caractere. Se mudar o contexto (como na segunda imagem), essa identidade desaparece completamente, e o caractere agora tem uma identidade característica de "13".

Da mesma forma, um olhar mais próximo sobre a natureza dos próprios conceitos desafia a noção de identidades intrínsecas que permanecem constantes em diferentes contextos. O conceito "mesa" é muito mais do que um simples rótulo para uma forma com "um tampo plano e uma ou mais pernas": se olharmos em um dicionário, veremos que ele é definido mais pela sua relação com outros conceitos relacionados com aquilo para que ela é usada e onde pode ser encontrada. Quando encontramos uma superfície circular horizontal apoiada por uma única perna vertical rodeada por cadeiras em uma sala de jantar, a vemos como uma mesa. Quando nos deparamos com a mesma superfície e a mesma perna saindo do oceano em esplendor solitário a quilômetros de distância de qualquer lugar, não a vemos como uma mesa, mas, talvez, como um marcador de alerta de perigos ocultos abaixo, como rochas submersas. Como o contexto mais amplo mudou, a identidade percebida da mesma estrutura física também mudou – o que aconteceu com a sua característica "inerente de mesa"?

Os conceitos não se sustentam sozinhos, fornecendo uma representação fiel de alguma identidade real discreta. Em vez disso, o significado de qualquer conceito depende, antes, de uma rede de relações com outros conceitos. Por meio dessas relações, um único conceito une em si muitas outras facetas de significado: ele se torna uma espécie de abreviatura para um ponto de convergência em uma teia muito mais ampla de conceitos interconectados.

OS CONCEITOS REFLETEM A ESTRUTURA DO CONHECIMENTO ABSTRATO MAIS DO QUE A ESTRUTURA DA "REALIDADE"

Uma vez aceito que o significado de um conceito depende de sua relação com outros conceitos, seremos levados à conclusão contraintuitiva de que os conceitos refletem a estrutura do *conhecimento abstrato* – o conhecimento conceitual geral compartilhado pelos membros de uma determinada cultura –, em vez da estrutura da realidade sensorial. Consistente com essa ideia, muito do nosso conhecimento conceitual é, na verdade, extraído indiretamente das palavras faladas ou escritas sobre as coisas, em vez de retirado da experiência direta delas – sei que Camberra é a capital da Austrália, embora eu nunca tenha estado lá.

Essa forma de pensar desafia a nossa suposição habitual de que os conceitos têm uma relação direta, um a um, com "coisas reais" que existem por si mesmas. Alguns cientistas cognitivos e filósofos levaram essa linha de pensamento ainda mais longe. Eles chegaram à conclusão profundamente contraintuitiva de que os conceitos refletem principalmente a maneira como uma determinada cultura usa as palavras – mais do que leituras diretas da estrutura da "realidade". Essa conclusão surpreendente é fortemente apoiada por evidências de estudos que utilizam computadores para simular a forma como crianças e adultos aprendem o significado das palavras (Landauer & Dumais, 1997). Ela também corresponde ao pensamento de alguns de nossos maiores filósofos modernos. Por exemplo, em seu trabalho posterior de *Investigações filosóficas,* concluiu que: "Na maioria dos casos, o significado de uma palavra é seu uso".

O problema com nossas suposições habituais sobre a relação entre os conceitos e a realidade não é apenas que elas podem ser profundamente inúteis (como vimos no Capítulo 1), mas que elas simplesmente estão erradas. Como, então, para nosso benefício, poderíamos considerar e nos relacionarmos melhor com o conhecimento conceitual?

NOSSA RELAÇÃO COM O CONHECIMENTO CONCEITUAL

Há situações em que todos podemos ver que o pensamento conceitual e a "realidade" se separaram em algum momento – como quando uma pessoa gravemente deprimida diz que se acha totalmente inútil e que tudo o que faz é um fracasso, ou quando uma pessoa muito ansiosa se recusa a usar um elevador porque está convencida de que ele vai estragar e ela vai ficar presa. Em geral, consideramos esse tipo de pensamento negativo em uma pessoa deprimida ou ansiosa como "distorcido" – deturpado por seu estado de humor. E um enorme corpo de pesquisa apoia essa visão (Williams, Watts, MacLeod, & Mathews, 1997). Supomos, e mais uma vez a pesquisa confirma, que, com o retorno ao estado de espírito normal, essas distorções serão reduzidas, e esses indivíduos verão as coisas mais como o restante de nós.

De maneira implícita, presumimos que "o restante de nós" vê as coisas como elas realmente são. No entanto, as tradições contemplativas, em particular o budismo, desafiam essa suposição. Elas sugerem que, ao contrário, a equiparação ingênua dos conceitos e da realidade na vida cotidiana é, em si mesma, uma distorção e uma fonte fundamental de sofrimento – e já examinamos as razões pelas quais devemos levar a sério esse ponto de vista. Como, então, devemos considerar melhor essa distorção "normal"?

Nossa visão da experiência é moldada pela forma como prestamos atenção – e, como veremos no Capítulo 3, a forma como prestamos atenção é poderosamente influenciada pelo nosso estado afetivo. Há provas convincentes de que afetos, como ansiedade ou depressão, estão ligados a "distorções" de atenção, percepção ou memória. Sugiro que algo semelhante é verdadeiro para o afeto central BUSCA (o afeto que nos estimula a agir para obtermos o que queremos – ver Quadro 3.3, no próximo capítulo). Especificamente, sugiro que, nos seres humanos, o afeto central BUSCA provoca uma mudança radical na forma da mente: traz para o presente a maneira conceitual de conhecer e suas estratégias para atingir metas; leva a um foco de atenção estreito e reduzido; e "põe em ação" uma visão conceitual particular do mundo: um mundo em que vemos objetos, pessoas e nós mesmos como "coisas" separadas, existindo de maneira independente, com qualidades características inerentes, um mundo em que vemos nossas ideias como "reais" e equivalentes às coisas que elas representam.

Um estudo clássico de Christopher Chabris e Daniel Simons (Simons & Chabris, 1999) fornece uma ilustração dramática de um aspecto da mudança desencadeada pelo afeto central BUSCA: o estreitamento extremo da atenção para que nossa mente só "veja" informações diretamente relacionadas com a tarefa em questão e suprima ativamente informações irrelevantes. Os participantes foram convidados a assistir a um curto vídeo, no qual seis pessoas – três usando camisas brancas e três usando camisas pretas – passavam bolas de basquete entre si. A tarefa dos participantes era manter uma contagem silenciosa do número de passes feitos pelas pessoas com camisas brancas. Em algum momento, um gorila entrou no meio da ação, encarou a câmera, bateu no peito e saiu, permanecendo durante nove segundos na tela. É notável que metade das pessoas que assistiram ao vídeo e contaram os passes não percebeu o gorila. Ao concentrar a sua atenção exclusivamente na tarefa de contar os passes, os participantes suprimiram ativamente informações irrelevantes, ao ponto de, para metade deles, o gorila tornar-se efetivamente invisível.

Voltando-nos para o mundo da experiência trazida pelo afeto BUSCA – o mundo visto através da lente do conhecimento conceitual –, a descrição de Iain McGilchrist (2009) do "mundo do hemisfério esquerdo" capta oportunamente a sua essência:

> A linguagem permite que o hemisfério esquerdo represente o mundo "*off-line*", uma versão conceitual distinta do mundo da experiência e, protegida do ambiente imediato, com suas insistentes impressões, sentimentos e exigências, abstraída do corpo, não mais lidando com o que é concreto, específico, individual, irrepetível e em constante mudança, mas com uma representação desincorporada do mundo, abstraída, central, não particularizada no tempo e no espaço, geralmente aplicável, clara e fixa. Isolar artificialmente as coisas de seu contexto traz a vantagem de nos permitir focarmos com atenção em um aspecto particular da realidade e em como ela pode ser modelada, para que possa ser apreendida e controlada.
>
> Mas as perdas estão no quadro como um todo. O que quer que esteja no reino do implícito, ou dependa de flexibilidade, o que não pode ser trazido à tona e consertado, deixa de existir no que diz respeito ao hemisfério falante.* (p. 115)

Essa forma de olhar o mundo confere um apoio inestimável à estratégia conceitual de atingir metas. Como vimos, ela é poderosamente eficaz para atingir metas "objetivas" no mundo externo, onde podemos submeter o processamento conceitual a periódicas "verificações da realidade". Entretanto, é muito menos eficaz – e, muitas vezes, tragicamente contraproducente – quando aplicada ao mundo subjetivo dos sentimentos.

Para encontrar a maior alegria e contentamento que buscamos, devemos nos voltar para um tipo diferente de felicidade e uma maneira diferente de conhecimento. O parágrafo final de McGilchrist dá uma pista de para onde devemos olhar. Seguimos essa linha no Capítulo 3.

---

* Ao fazer uma ligação entre diferentes tipos de atenção e conhecimento, por um lado, e os dois hemisférios cerebrais, por outro, McGilchrist não está sugerindo qualquer forma de lateralização ingênua da função: ele reconhece plenamente que tanto o "mundo do hemisfério esquerdo" quanto o "mundo do hemisfério direito" dependem das funções interativas de ambos os hemisférios.

3

Um mundo de relacionamentos

Em *Os 7 hábitos das pessoas altamente eficazes*, Stephen R. Covey (1989) descreve um incidente que ele testemunhou em uma manhã de domingo no metrô de Nova York. Parecia um cenário tranquilo e relaxado – até que, de repente, um homem com seus filhos entrou no vagão e transformou a atmosfera. As crianças estavam gritando, atirando coisas, puxando os jornais que as pessoas estavam lendo. Enquanto isso, o homem sentou-se ao lado de Covey, fechou os olhos e parecia não ver o que os filhos estavam fazendo: certamente, ele não fez nada para detê-los. A irritação crescia dentro de Covey, até que ele não aguentou mais e se voltou para o homem. Falando com o que ele descreveu como "paciência e contenção incomuns", Covey sugeriu que o homem fizesse algo para controlar os filhos. Covey continua a história:

> O homem ergueu o olhar, como se estivesse percebendo a situação pela primeira vez, e disse suavemente: "Oh, você está certo. Acho que eu deveria fazer algo a respeito disso. Acabamos de chegar do hospital onde a mãe deles morreu há cerca de uma hora. Não sei o que pensar, e acho que eles também não sabem como lidar com isso".
>
> Você pode imaginar o que eu senti naquele momento? Meu paradigma mudou de repente. Subitamente, *vi* as coisas de maneira diferente, e porque *vi* as coisas de maneira diferente, *pensei* de maneira diferente, *senti-me* de maneira diferente, *comportei-me* de maneira diferente. Minha irritação desapareceu. Não precisei me preocupar em controlar minha atitude ou meu comportamento; meu coração ficou cheio da dor do homem. Sentimentos de empatia e compaixão fluíram livremente. "Sua esposa acabou de morrer? Oh, sinto muito! Você pode me falar algo sobre isso? O que posso fazer para ajudar?" Tudo mudou em um instante. (pp. 30-31)

As palavras de Covey, "Meu paradigma mudou de repente", apontam para uma dramática reformulação de toda a situação no metrô naquela manhã de domingo. Essa reformulação refletiu uma profunda mudança no significado holístico-intuitivo subjacente. Esse tipo de significado concede a lente interpretativa através da qual vemos e damos sentido ao mundo a cada momento. Na história, a mudança no sentido holístico-intuitivo levou a mudanças instantâneas na percepção, no pensamento, no sentimento e no comportamento: "Subitamente, *vi* as coisas de maneira diferente, e porque *vi* as coisas de maneira diferente, *pensei* de maneira diferente, *senti-me* de maneira diferente, *comportei-me* de maneira diferente. Minha irritação desapareceu"; "Tudo mudou em um instante". Os significados holístico-intuitivos controlam o afeto e a ação de forma direta e imediata.

Os significados holístico-intuitivos também sustêm o conhecimento holístico-intuitivo. A maioria de nós está menos familiarizada com essa forma implícita de conhecimento do que com a forma conceitual mais explícita de conhecimento. Talvez essa falta de familiaridade seja a razão pela qual a maioria de nós não percebe (torna real) todo o potencial de transformação radical que o conhecimento holístico-intuitivo oferece. Esse tipo de conhecimento dá à *mindfulness* e ao despertar interior o poder de libertar nossa mente. Abre possibilidades para novos tipos de felicidade, com base em *processos* da mente momento a momento, em vez de em *resultados* desse processamento. Esse é o principal foco de nossa futura exploração.

RELACIONAMENTOS E RELAÇÕES: ASPECTOS FUNDAMENTAIS DO CONHECIMENTO HOLÍSTICO-INTUITIVO

Refletindo as funções e as vantagens evolutivas muito diferentes que ofereciam aos primeiros seres humanos, as informações conceituais e as informações holístico-intuitivas apresentam estruturas subjacentes bastante diferentes.

As informações conceituais evoluíram como um veículo para pensar e falar sobre como realizar tarefas específicas – por exemplo, como fazer um machado de pedra. A estrutura atomística e linear das informações conceituais serviu bem a essa função: ela oferecia uma gama de conceitos separados, distintos, claramente compreendidos, que poderiam ser reorganizados em um número quase infinito de sequências para comunicar uma grande variedade de significados, de forma explícita e precisa.

O papel das informações holístico-intuitivas era muito diferente. A sua principal função era avaliar o significado das situações, observando o padrão geral de informações que chegavam de todas as fontes. A *configuração* de tais informações – os padrões de relações dentro delas – é de importância crucial para determinar o seu significado (Quadro 3.1). Para avaliar esses padrões de relações, todas as informações relevantes – o contexto total – devem ser reunidas no mesmo local, ao mesmo tempo, e ser rapidamente integradas. Os padrões de informações holístico-intuitivas oferecem uma maneira de fazer isso: eles refletem essas relações em um todo integrador. Eles fornecem a lente interpretativa mais ampla através da qual criamos nosso sentido do mundo a cada momento.

Em contraste com a estrutura atomística subjacente das informações conceituais, as informações holístico-intuitivas têm – sim – uma estrutura holística. As representações holísticas – *gestalts* – eram centrais para a escola de psicologia do início do século XX que levava esse nome. Os psicólogos da Gestalt utilizavam padrões visuais, como os da Figura 3.1, para ilustrar a forma como nossa mente compreende a totalidade de algo – todos os seus elementos e as relações entre eles – em um único movimento integrado, em vez de passo a passo, de forma fragmentada. O resultado é um todo global, em vez de um conjunto de partes.

FIGURA 3.1 Um padrão da Gestalt.

O que acontece em *mindfulness* **49**

Se você nunca viu essa imagem antes, por favor, deixe seu olhar descansar sobre ela por algum tempo antes de continuar a ler o texto que segue.

Para começar, o conjunto de manchas pretas e brancas na figura pode não fazer muito sentido (se ainda não fizer, você pode tentar olhar para ela com os olhos semicerrados). No entanto, quando sua mente chega a uma interpretação coerente do que vê, tudo imediatamente cria um todo unitário: de repente,

QUADRO 3.1 O significado depende da configuração

Imagine que temos quatro elementos de informação dispostos em nenhuma ordem em particular:

Na situação atual, eles não transmitem muito significado ou implicações.

Contudo, ao dispor esses mesmos quatro elementos (partes) em padrões diferentes, imediatamente veremos como configurações diferentes (totalidades) podem ter implicações e significados distintos:

Mesmo os recém-nascidos passam mais tempo olhando para as configurações de rostos, como a da esquerda, do que para as configurações menos "significativas", como a da direita (Goren, Sarty, & Wu, 1975).

Mudar a orientação de um único elemento visual (parte) pode alterar radicalmente o significado de todo um padrão de informações:

Dependendo do padrão de relações entre eles, os mesmos quatro elementos básicos podem representar um rosto feliz, um rosto infeliz ou não ter qualquer significado óbvio.

O significado das informações depende fundamentalmente das relações entre seus elementos, e não apenas dos elementos. O todo tem propriedades inovadoras diferentes da soma de suas partes.

você vê uma cena integrada de um cão malhado contra um fundo de folhas caídas. Não se vê primeiro os pés, depois as pernas, a cabeça, e, depois, finalmente, coloca-se todos juntos para formar uma figura coerente. A mente cria um todo coerente em um único olhar. Essa capacidade de construir o todo, ilustrada aqui pela visão, se estende a outros tipos de informações: os significados holístico-intuitivos refletem um todo coerente, que une as contribuições de todos os diferentes tipos de informações. Essa característica do conhecimento e do significado holístico-intuitivo tem o poder de nos fazer nos sentirmos inteiros. Enquanto a separação é uma característica básica das informações conceituais, o relacionamento, a relação e a plenitude são características fundamentais das informações holístico-intuitivas.

UMA DIFERENÇA QUALITATIVA

Convido você a ler (em voz alta, se possível) o início do poema de John Keats, *A bela dama sem piedade* (Barnard, 1988, p. 334):*

> Oh! O que pode estar perturbando você, cavaleiro em armas,
> Sozinho, pálido e vagarosamente passando?
> As sebes têm secado às margens do lago,
> E nenhum pássaro canta.

Para muitas pessoas, esses versos transmitem uma sensação intuitiva direta de melancolia, vazio e abandono. Esse sentimento marca o processamento dos significados holístico-intuitivos criados à medida que lemos o poema. Ele ecoa de forma silenciosa e limitada os sentimentos que poderíamos experimentar se estivéssemos nessa situação.

O conhecimento holístico-intuitivo é uma forma *experiencial* de conhecer: "conhecemos" esses significados por meio da experiência direta imediata de sentidos ou sentimentos implícitos. A experiência é bem diferente do "conhecimento" puramente cognitivo e factual do conhecimento conceitual explícito.

Com atenção cuidadosa, podemos tomar consciência de que *todas* as experiências evocam um nível básico de significado holístico-intuitivo, que experimentamos como um tom sentimental: uma sensação de "agradável", "desagra-

---

* N. de T.: No original, *"Oh what can ail thee, knight-at-arms,*
  Alone and palely loitering?
  The sedge has wither'd from the lake,
  And no birds sing".

dável" ou "nem agradável nem desagradável".* Tais sentimentos proporcionam uma leitura constante de uma avaliação básica e integradora, momento a momento, das situações e experiências que encontramos. Com essa avaliação, temos um guia imediato para a orientação básica que devemos adotar: "abordar", "evitar" ou "não há necessidade de abordar ou evitar".

Acima desse nível básico, o que é sentido transmite significados implícitos mais matizados e sutis. Um senso de confiança reflete o processamento de significados que sugerem que as coisas provavelmente funcionarão bem. Sentimentos de apreensão refletem o processamento de significados que sugerem uma ameaça potencial. Um senso de integralidade ou unicidade marca o processamento de significados que refletem a coerência dentro da mente.

Os significados holístico-intuitivo e conceitual são *qualitativamente* diferentes: não podemos reduzir um ao outro. Embora possamos tentar expressar o início de *A bela dama sem piedade* com um único significado conceitual – como "O homem se sentiu triste e sozinho" –, o efeito é muito diferente daquele do poema. Da mesma forma, como os psicólogos da Gestalt enfatizaram há muito tempo, o todo é *diferente* da soma das partes (não apenas *maior*): o significado holístico-intuitivo de nível superior do poema não pode ser reduzido a uma sequência de significados conceituais similares expressos em palavras diferentes. Isso se torna dolorosamente claro na seguinte "tradução" em prosa do poema de Keats, que retém, linha por linha, os mesmos significados conceituais, mas não os une para criar o mesmo todo coerente:

> Qual é o problema, soldado armado à moda antiga,
> Ficar sozinho e não fazer nada, com uma expressão pálida?
> As plantas semelhantes ao junco se decompuseram pelo lago
> E não há pássaros cantando.

Em vez de melancolia e abandono, a versão em prosa não comunica muito no sentido de um sentimento, a não ser um tom um pouco estranho, ainda que objetivo. O forte contraste entre as duas versões ressalta o ponto de que os significados holístico-intuitivo e conceitual são *qualitativamente* diferentes: diferentes em espécie.

Muitas vezes, usamos o que podem parecer declarações de significado conceitual abreviadas para expressar o que são, na verdade, significados holístico-

---

* As instruções originais de Buda para cultivar *mindfulness*, a Satipaṭṭhāna Sutta (Anālayo, 2003), incluem uma seção inteira dedicada à conscientização desses tons de sentimento, conhecidos como *vedanā*.

-intuitivos subjacentes. Isso funciona bem em algumas situações – mas também pode causar uma profunda confusão. Os ensinamentos das tradições espirituais e religiosas parecem particularmente vulneráveis a esse respeito: a incapacidade de reconhecer a diferença radical entre os significados conceituais (literais) e holístico-intuitivos (metafóricos) tem causado grandes mal-entendidos e dissensões.

Idries Shah (1974, p. 122) descreve um exemplo relativamente inofensivo de tal confusão em uma interação entre o mestre sufi Uwais e um inquiridor. Perguntado: "Como você se sente?", Uwais respondeu: "Como aquele que se levantou de manhã e não sabe se estará morto à noite". Seu inquiridor, confuso, compreendendo a resposta de Uwais em termos de seu significado conceitual literal, respondeu: "Mas essa é a situação de todos os homens". A réplica de Uwais, "Sim, mas quantos deles *sentem* isso?", aponta para a qualidade *experiencial* do significado holístico-intuitivo mais profundo que ele pretendia passar. Os significados holístico-intuitivos que incorporam a consciência de nossa frágil mortalidade – sentida "em nossos ossos" – transformam a forma como vivemos cada momento precioso de nossa vida. No entanto, o conhecimento factual "frio" de que podemos morrer a qualquer momento tem pouco poder transformador ou salvador.

CONHECIMENTO INCORPORADO

O conhecimento holístico-intuitivo e o conhecimento conceitual diferem profundamente em sua relação com a experiência sensorial. No conhecimento holístico-intuitivo, aspectos puramente sensoriais da experiência – em particular, o estado do corpo – podem afetar diretamente os significados holístico-intuitivos criados. No conhecimento conceitual, pelo contrário, as fontes sensoriais têm pouco impacto *direto* sobre os significados conceituais.

Em inglês, a maneira como falamos as palavras de uma frase não afeta o significado conceitual comunicado: quer falemos as palavras "Me passe o machado" em tom de voz alto ou baixo, rápida ou lentamente, suave ou abruptamente, o mesmo significado conceitual é transmitido. Esse é um dos pontos fortes dos significados conceituais como forma de comunicar informações relacionadas com tarefas de maneira confiável em uma ampla gama de situações diferentes.

A situação é bem diferente com significados holístico-intuitivos. Nosso tom de voz, sozinho, pode comunicar significados implícitos poderosos: pense em todos os diferentes significados que você poderia transmitir falando "sente-se" em diferentes tons de voz. Os efeitos da poesia muitas vezes dependem dos sons das palavras utilizadas, de seu metro e ritmo. Em experiências engenhosas, as sílabas de poemas como *A bela dama sem piedade* foram todas misturadas para que não transmitissem mais nenhum significado conceitual. As palavras foram, então, lidas com o mesmo ritmo e metro dos poemas originais – e continuaram a comunicar um sentimento semelhante, baseado apenas nos sons das palavras.

Refletindo as origens evolutivas do significado holístico-intuitivo (ver seção a seguir), todas as formas de informação sensorial podem ter efeitos profundos sobre esse tipo de significado. Os efeitos das informações corporais são particularmente relevantes para nossos propósitos.

Embora falemos comumente de ter um "pressentimento" sobre uma situação, ou saber algo "em nosso coração", a maioria de nós não está ciente da poderosa extensão com que o estado corporal afeta os significados que produzimos. Em seu livro *O erro de Descartes*, Antonio Damasio (1994) procurou corrigir esse descuido. A sua hipótese do marcador somático destacou o papel central que as informações do corpo desempenham para orientar decisões e julgamentos complexos. Com frequência, pessoas com danos nas partes do cérebro envolvidas na integração de informações corporais no processo de tomada de decisão apresentam sérias deficiências em sua capacidade de administrar dinheiro ou manter relacionamentos importantes.

Agora, também há provas esmagadoras (p. ex., Laird & Lacasse, 2014) de que o estado físico do corpo afeta a maneira como interpretamos as experiências. Em um estudo clássico de Strack, Martin e Stepper (1988), por exemplo, as pessoas a quem pediram para segurar uma caneta na boca de uma maneira que as fez (sem saber) adotar uma expressão facial sorridente classificaram desenhos animados como mais engraçados do que as pessoas que foram convidadas a segurar a caneta de uma maneira que criou (novamente sem saber) uma expressão não sorridente. (Embora se tenha afirmado que um trabalho posterior não conseguiu replicar essas descobertas, descobriu-se que isso se deu porque os estudos de "replicação" não seguiram exatamente o procedimento original: quando o fizeram, as descobertas originais foram replicadas [Noah, Schul, & Mayo, 2018].) Em outro estudo, os participantes a quem disseram que estavam avaliando fones de ouvido para usar ao correr os classificaram mais positivamente quando acenaram com a cabeça para cima e para baixo (um gesto afirmativo) do que quando balançaram a cabeça de um lado para o outro (um gesto negativo) (Wells & Petty, 1980). Esses efeitos do estado corporal sobre o julgamento e a percepção refletem a contribuição das informações sensoriais para a criação de significados holístico-intuitivos. Tais efeitos operam, em grande parte, na ausência do conhecimento consciente (comparar com Schwarz & Clore, 1983). O treinamento em *mindfulness* do corpo (Capítulo 6) oferece uma maneira de reduzir esses preconceitos inconscientes: à medida que tomamos consciência das sensações corporais, nossa mente consegue conhecê-las e transformar a maneira como elas afetam nossos julgamentos e interpretações dos eventos.

ORIGENS EVOLUTIVAS DO SIGNIFICADO HOLÍSTICO-INTUITIVO

Assim como no conhecimento conceitual, um breve olhar para a história evolutiva pode nos ajudar a entender melhor a natureza e o significado do conhecimento holístico-intuitivo. Isso também esclarece a importância de informações puramente sensoriais nessa forma de conhecimento.

No que diz respeito à evolução, a principal função da mente é avaliar o significado das informações para a ação: "Isso é o som dos passos de um predador que se aproxima?", "Esta fruta é segura para comer?", "Minha prole precisa dos meus cuidados e proteção neste momento?". Informada por essa avaliação, a mente pode, então, organizar uma resposta apropriada.

Ao contrário dos seres humanos, os animais não têm acesso a uma forma conceitual de conhecimento. Isso significa que, ao avaliar o significado das situações, nossos ancestrais tinham de confiar inteiramente nos padrões de informações sensoriais: som, visão, cheiro, tato, paladar e sensações corporais. Ao fazer isso, sua mente não apenas detectava padrões significativos em cada um desses diferentes tipos de informação, mas, fundamentalmente, também detectava padrões de relacionamento *através* de diferentes sentidos. A capacidade de reconhecer esses padrões *multimodais* aumentou enormemente a capacidade dos animais de avaliar o significado das situações, em constante mudança, que enfrentavam.

PROCESSAMENTO MULTIMODAL

Uma zebra que se alimenta na savana africana tem de estar constantemente atenta a sinais de possíveis ataques de leões e outros predadores. Em contrapartida, reagir a cada indício de possível ameaça seria um desperdício de tempo e energia preciosos. Se a mente da zebra pode integrar pistas de possíveis perigos *em* diferentes modalidades de sentido – som, visão, cheiro, tato, paladar e sensações corporais –, ela pode fazer uma avaliação geral da situação muito melhor do que se dependesse apenas de uma delas. Se todas as modalidades estiverem sinalizando um possível perigo, a mente pode preparar a zebra para responder imediatamente a qualquer outro sinal de ameaça.

Para fazer esse tipo de avaliação intermodal integrativa, a mente tem de encontrar uma "linguagem comum", em que os sinais de diferentes sentidos possam ser expressos e combinados. A Figura 3.2 esboça a perspectiva dos subsistemas cognitivos interativos (ICS, do inglês *interacting cognitive subsystems*) sobre como isso ocorre.

A figura mostra quatro subsistemas diferentes de processamento, cada um especializado para lidar com um tipo diferente de informação. Três subsistemas

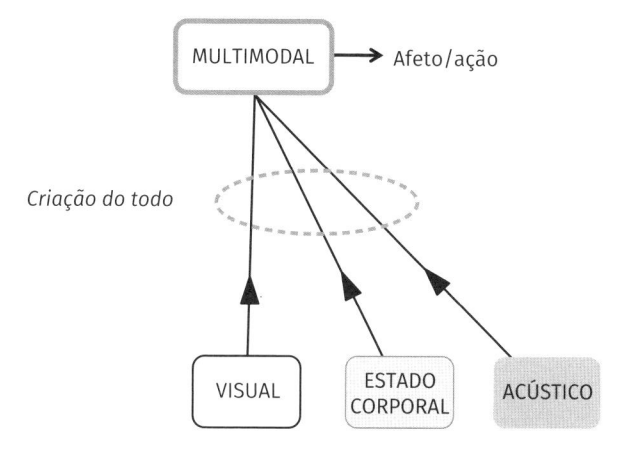

FIGURA 3.2 A visão dos ICSs de uma mente mamífera simples.

sensoriais processam informações que chegam diretamente dos órgãos dos sentidos: os olhos (subsistema visual), os ouvidos (subsistema acústico) e os receptores do nariz, da língua e do tato e os receptores internos do corpo (subsistema do estado corporal). O quarto subsistema, o multimodal, processa informações de ordem mais alta, refletindo as relações entre esses diferentes padrões de informações sensoriais. As informações multimodais fornecem uma avaliação integrativa do significado de *todas* as informações recebidas em cada momento. Quando, por exemplo, sons, visões e cheiros surgem todos juntos, o significado deles é refletido em informações multimodais que apontam para uma ameaça imediata à vida.

As formas multimodais de informação são de importância crucial, mas nem sempre é fácil dizer o que elas representam. Posso ilustrar esse ponto com um breve experimento. Olhe para os desenhos das linhas a seguir e escolha qual forma combina com o som *Takete* e qual combina com o som *Ulumoo* antes de ler mais.

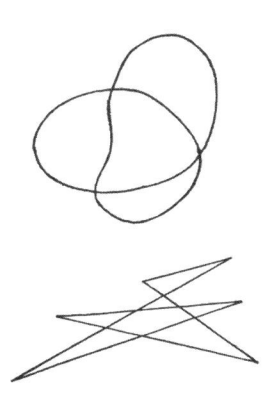

Adultos e crianças em todo o mundo combinam constantemente *Takete* com a forma recortada e *Ulumoo* com a forma mais suave (Davis, 1961) – e o fazem de forma rápida e fácil.

Nossa mente faz esses julgamentos traduzindo padrões visuais e auditivos em uma "linguagem" multimodal comum; então, ela julga se os padrões na linguagem comum são semelhantes ou diferentes. Nossa mente pode fazer isso rapidamente e sem esforço, embora a maioria de nós tenha dificuldade de dizer exatamente de que forma os padrões nas duas modalidades de sentido muito diferentes são parecidos ou não são iguais.

As coisas se tornam mais claras se convertermos os sons em formas. Os padrões a seguir mostram o que aconteceu quando falei *Takete* e *Ulumoo* em um programa de computador que grafa a altura dos sons ao longo do tempo (a altura da forma é igual à altura do som; o tempo move-se da esquerda para a direita).

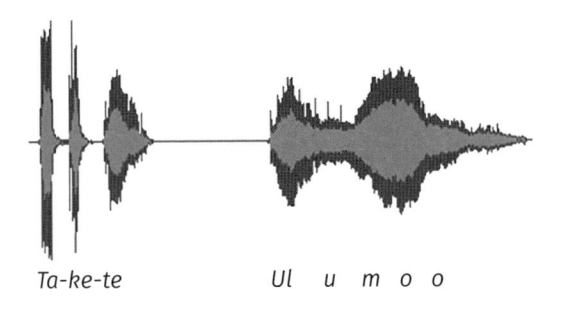

Ta-ke-te   Ul u m o o

A forma de *Takete* muda abruptamente, assim como a figura da linha recortada. Em contrapartida, a forma de *Ulumoo* muda mais suave e lentamente, assim como a figura de linhas lisas e arredondadas. A *taxa de mudança* da altura do som de *Takete* ao longo do tempo e a *taxa de mudança* do tamanho da forma recortada ao longo do espaço são ambas mais altas do que as taxas correspondentes para *Ulumoo* e a forma lisa e arredondada.

A taxa de mudança apresenta uma dimensão multimodal identificável, ao longo da qual esses padrões de informações muito diferentes podem ser ordenados e comparados. Essa dimensão tem uma relevância óbvia para a sobrevivência: a rápida mudança nos padrões de informações relacionados com visões, sons e cheiros, tudo ao mesmo tempo, é potencialmente um aviso de ameaça iminente à vida. Por essa razão, as redes neurais em cérebros de mamíferos estão bem-preparadas para descobrir estes e outros tipos de dimensões multimodais.

As dimensões multimodais refletem as relações entre os padrões de informações sensoriais. As relações entre as próprias dimensões multimodais são refletidas em *modelos mentais*. Os modelos mentais desempenham papéis cruciais ao permitir que a mente avalie o significado das situações; eles sustentam o conhecimento holístico-intuitivo, de modo que figurarão de forma central na compreensão de *mindfulness* e do despertar interior.

MODELOS MENTAIS

Mesmo mamíferos relativamente simples, como os ratos, parecem prever o que acontecerá em seguida em determinadas situações. Se um rato tiver encontrado consistentemente alimentos no final do labirinto de um experimentador e um dia não encontrar nenhum alimento, ele mostrará um padrão característico de comportamento agitado. Ele se comporta como se tivesse formado uma expectativa de que o alimento estaria lá, e sua agitação é uma reação à frustração dessa expectativa. Da mesma forma, os famosos cães de Pavlov, tendo ouvido repetidamente o som de um sino antes da entrega do alimento, vieram a tratar o sino como um sinal que antecipava a chegada do alimento e salivavam apenas ao som dele.

Por muitos anos, essas mudanças de comportamento foram entendidas em termos de simples vínculos associativos forjados entre estímulos e respostas por meio de um processo de condicionamento. Pesquisas mais recentes questionaram esse ponto de vista. Agora, os psicólogos falam de animais que aprendem a estrutura preditiva e causal de seu ambiente (p. ex., Dickinson, 1980). Em outras palavras, os animais criam modelos internos de seus mundos externos. Os seres humanos fazem o mesmo. Os mecanismos neurais básicos subjacentes a esse processo de modelagem são um foco ativo da neurociência computacional (Friston, Stephan, Montague, & Dolan, 2014).

Assim como os modelos de computador permitem aos meteorologistas preverem o estado futuro do tempo a partir de seu estado atual, os modelos mentais permitem à mente antecipar o que é provável que ocorra em seguida em uma determinada situação. Essa capacidade de preparação confere enormes vantagens evolutivas: animais preparados têm maior probabilidade de sobreviver ou de se beneficiar de situações do que animais despreparados. Por essa razão, a capacidade de criar modelos mentais foi construída profundamente em todas as mentes de mamíferos, incluindo as dos seres humanos.

Os modelos mentais refletem a estrutura de nossos mundos interno e externo: o que combina com que, e o que segue o quê. Eles fornecem a lente interpretativa através da qual fazemos sentido do mundo. Além disso, determinam a forma como respondemos ao mundo que vemos e são continuamente atualizados à medida que a experiência se desdobra.

CONHECIMENTO HOLÍSTICO-INTUITIVO

A forma holístico-intuitiva do conhecimento humano descende diretamente das informações multimodais que controlam a ação e o afeto em mamíferos mais simples.

No entanto, existe uma diferença crucial entre seres humanos e mamíferos mais simples: os significados holístico-intuitivos refletem tanto padrões de informações sensoriais *quanto* padrões de informações conceituais. A completude que gera significados holístico-intuitivos integra contribuições dessas duas fontes muito diferentes (Fig. 3.3).

As contribuições conceituais mudam radicalmente o tipo de representações criadas, permitindo que os significados holístico-intuitivos formem a base de um novo tipo de *conhecimento* implícito de alto nível. Padrões de informações puramente sensoriais (p. ex., refletindo a maneira como as palavras são ditas, ou sensações relacionadas com expressão facial, postura ou estado corporal) continuam a contribuir significativamente para essa nova forma holística de conhecimento. É por isso que os sons reais das palavras são tão importantes para muito do significado poético e para explicar o motivo de as sensações corporais desempenharem papéis-chave nos julgamentos intuitivos.

Modelos mentais holístico-intuitivos refletem a estrutura da experiência real de um indivíduo e, assim, podem diferir de um indivíduo para outro, dependen-

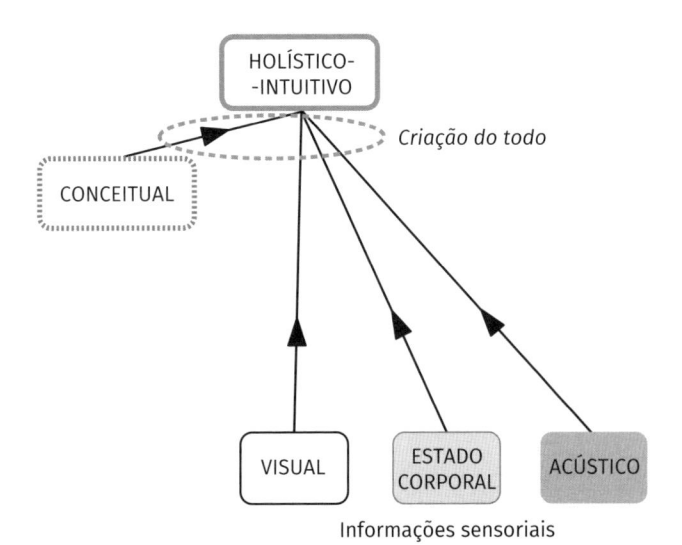

FIGURA 3.3 Os significados holístico-intuitivos integram padrões de informações sensoriais e conceituais.

do de sua experiência passada. Em contrapartida, o conhecimento conceitual reflete a estrutura do *conhecimento abstrato* (Cap. 2). Esse tipo de conhecimento é um recurso comum, compartilhado por todos os membros de uma determinada comunidade, podendo ser adquirido indiretamente (p. ex., de dicionários, livros ou boatos), sem qualquer necessidade de experiência direta.

Podemos mudar os significados conceituais simplesmente adquirindo novos conhecimentos a partir de um livro. Entretanto, se quisermos usar esse novo conhecimento para mudar nossos modelos holístico-intuitivos, temos de integrar o novo conhecimento conceitual a algum aspecto da experiência em tempo real. Essa diferença fundamental entre nossas duas formas de conhecimento tem profundas implicações na maneira como podemos começar a transformar nossa vida. Por exemplo, isso nos ajuda a entender por que a simples leitura sobre as causas do sofrimento pode ter muito pouco efeito sobre o sofrimento que realmente experimentamos. Em contrapartida, a incorporação desse mesmo conhecimento conceitual em um modelo mental holístico-intuitivo na prática de *mindfulness* pode ser poderosamente transformadora (como veremos no Cap. 7).

O conhecimento holístico-intuitivo tem uma qualidade implícita que contrasta com a qualidade explícita da forma conceitual de conhecimento. Como vimos no exercício *Takete-Ulumoo*, muitas vezes, é difícil articular o que as representações multimodais representam de fato. Com significados holístico-intuitivos, podemos saber que conhecemos algo, mas podemos ter dificuldade em dizer o que conhecemos. Isso é particularmente verdadeiro nas áreas da experiência interior que iremos explorar: William James (1902/1982, p. 380), por exemplo, identificou a *inefabilidade* – a impossibilidade de descrever algo em palavras – como uma das principais características da experiência mística religiosa. A análise sugere que a dificuldade ao tentar descrever experiências de despertar interior não é que elas sejam vagas ou efêmeras, mas sim uma característica inerente ao conhecimento holístico-intuitivo que as sustenta.

Os modelos mentais holístico-intuitivos oferecem uma forma alternativa de conhecimento a conceitos e ideias. Eles também apresentam uma abordagem mais direta para a ação apropriada do que a estratégia de conhecimento conceitual focada em metas.

MODELOS MENTAIS E AÇÃO

Em animais mais simples, sem uma forma conceitual de conhecimento, os modelos mentais acionam respostas apropriadas direta e imediatamente, ativando *sistemas afetivos centrais* relevantes.

Sistemas afetivos centrais

Essencialmente, compartilhamos com todos os outros mamíferos o mesmo aparato emocional básico: sistemas afetivos centrais originados em áreas profundas no cérebro. Jaak Panksepp identificou sete desses sistemas (Panksepp & Biven, 2012), os quais estão listados no Quadro 3.2.

Já abordamos brevemente um desses sistemas afetivos centrais (o sistema PÂNICO/TRISTEZA) no Capítulo 1. Lá, sugeri que ele estava intimamente ligado à nossa necessidade compulsiva de sermos e nos tornarmos um certo tipo de *self*, bem como ao sofrimento criado por nossa busca para alcançar essa meta. A qualidade compulsiva dessa busca reflete um medo de separação ou rejeição social, arraigado em nossa mente no sistema PÂNICO/TRISTEZA.

Afetos centrais instrumentais e não instrumentais

Podemos distinguir dois tipos amplamente diferentes de afeto central: o instrumental e o não instrumental. (Kabat-Zinn [2005] também contrasta a meditação instrumental e a não instrumental.) O afeto instrumental tem seu foco em ações com retornos biológicos imediatamente úteis – obter o que queremos ou fugir ou se livrar do que não queremos. BUSCA (Quadro 3.3) é o principal sistema afetivo central instrumental, com frequência cooptado pelo afeto central MEDO para motivar a fuga ou evitar ameaças potenciais.

Em contrapartida, os afetos centrais não instrumentais não estão focados na obtenção de resultados em curto prazo dessa forma. Eles estão vinculados a recursos de construção que oferecem benefícios biológicos em longo prazo. CUIDADO, por exemplo, alimenta o desenvolvimento de laços entre o bebê e seu cuidador, que são cruciais para a sobrevivência de mamíferos jovens muitas vezes indefesos; DIVERTIMENTO motiva a exploração e o ensaio de ações e estratégias que constroem habilidades perceptivas e motoras, que, no futuro, podem se revelar literalmente como salva-vidas.

QUADRO 3.2 Sistemas afetivos centrais de Panksepp

Sete sistemas afetivos centrais comuns ao afeto de controle e ação de todos os mamíferos:			
BUSCA	MEDO	CUIDADO	DIVERTIMENTO
IRA	LUXÚRIA	PÂNICO/TRISTEZA	

QUADRO 3.3 O sistema afetivo central BUSCA

> Esse sistema "permite que os animais procurem, encontrem e adquiram recursos que são necessários à sua sobrevivência. A estimulação do sistema BUSCA produz todos os tipos de comportamentos de aproximação, mas também nos faz sentir bem de uma maneira especial. Não é o tipo de prazer que experimentamos quando fazemos uma boa refeição, ou a satisfação que sentimos depois dela. Em vez disso, proporciona o tipo de excitação e euforia que ocorre quando estamos ansiosos para fazer aquela refeição... a antecipação do sexo... a emoção da exploração... os animais na natureza precisam caçar ou procurar alimento e água, encontrar galhos ou cavar buracos para formar tocas e se abrigar. O sistema BUSCA os estimula a alimentar seus filhos, a procurar um parceiro sexual e, nas comunidades sociais, a encontrar companheiros não sexuais, amizades e alianças sociais" (Panksepp & Biven, 2012, pp. 95, 101).

AFETOS CENTRAIS E AÇÃO

Coletivamente, os sistemas afetivos centrais equipam os mamíferos mais simples para responder de forma eficaz à maioria dos desafios significativos que eles encontram. Quando acionados, esses sistemas ativam motivações e tendências de ação apropriadas ao contexto que se apresenta: a procura de alimento quando faminto (BUSCA), dar calor e fortalecimento aos filhotes (CUIDADO), engajar-se em brincadeiras com os colegas (DIVERTIMENTO), sair rapidamente de uma situação de perigo potencial (MEDO), e assim por diante.

    Os seres humanos têm uma capacidade correspondente de responder rápida e adequadamente às situações: a ação é desencadeada pelos significados holístico-intuitivos incorporados aos modelos mentais. Na história do metrô na abertura deste capítulo, Covey descreveu uma dramática "mudança de paradigma" (mudança no modelo mental holístico) quando o pai enlutado deu a notícia da morte da esposa. Essa mudança evocou uma resposta imediata, apropriada e espontânea: "Não precisei me preocupar em controlar minha atitude ou meu comportamento; meu coração ficou cheio da dor do homem. Sentimentos de empatia e compaixão fluíram livremente". A resposta instantânea e sem esforço de Covey ecoa o controle direto da ação dos afetos centrais em mamíferos mais simples. Nesse caso, não há necessidade de parar e resolver, passo a passo, o que fazer (como na estratégia conceitual, focada em metas): os modelos mentais imediatamente disparam uma resposta apropriada. Esse tipo de ação integrada espontânea tem uma qualidade muito diferente da qualidade mais deliberada, planejada, da ação focada em metas conceitualmente controlada. Como disse Covey, "não precisei me preocupar em controlar minha atitude ou meu comportamento". Suas ações fluíram diretamente da compaixão desencadeada pelo sistema afetivo central CUIDADO.

O Quadro 3.4 apresenta mais uma ilustração do contraste, muitas vezes dramático, entre as formas conceitualmente direcionadas e holístico-intuitivas de controlar a ação.

QUADRO 3.4 Uma lembrança

A distinção entre ação controlada por conhecimento holístico-intuitivo e ação controlada por conhecimento conceitual trouxe à minha mente a lembrança de uma paciente que tratei há alguns anos. Ela tinha um transtorno obsessivo-compulsivo tão grave que era incapaz de trabalhar e passava muitas horas por dia aprisionada em rituais compulsivos. Se tivesse de fazer qualquer outro tipo de ação, ficava paralisada pela indecisão e por conflitos relacionados com o seu medo de prejudicar as pessoas. Se, por exemplo, tivesse coragem de dirigir seu carro, sentia-se obrigada a olhar pelo espelho retrovisor toda vez que passava por um ciclista ou um pedestre para verificar se não tinha causado ferimentos a ele. Então, ela tinha de checar novamente para ter certeza de que, ao verificar pela primeira vez, não tinha perdido o controle do carro e atropelado a pessoa. Qualquer ação envolvia uma agonia entre conflito e indecisão enquanto ela lutava para resolver (conceitualmente) como evitar ser um *self* que poderia prejudicar os outros, enquanto, ao mesmo tempo, encontrava seus outros autoguias.

Então, um dia ela chegou ao local de um acidente de trânsito real (claramente causado por outra pessoa). Imediatamente, ela agiu de modo espontâneo, assumindo o controle da situação, sabendo exatamente o que fazer e coordenando as ações de todos os outros no local, sem nenhum medo ou hesitação. Ela ficou maravilhada e encantada por estar agindo dessa maneira. Mas, infelizmente, e para seu profundo pesar e decepção, o medo e a paralisia para agir voltaram assim que o drama terminou. O contraste entre seu modo normal de ser e como ela se comportou em uma crise real foi extraordinário.

Em absoluto contraste com as ações conceitualmente controladas, movidas pelo medo e conflituosas do restante de sua vida, a ação espontânea e unificada dessa paciente em um momento de real necessidade, como a resposta de Covey ao pai enlutado, apresenta uma bela ilustração do potencial do comportamento holisticamente controlado.

Nota. As principais características desse relato foram alteradas para preservar o anonimato.

O controle holístico-intuitivo da ação por modelos mentais nos oferece uma alternativa preciosa para a estratégia conceitual focada em metas, que, quando mal aplicada, causa tanta infelicidade desnecessária (Cap. 1). Tal "resposta" espontânea e perfeitamente apropriada é o modo de ação marcante no ser consciente e no despertar interior.

DUAS MANEIRAS DE CONHECIMENTO, DOIS MUNDOS DE EXPERIÊNCIA

Uma ação eficaz envolve duas formas radicalmente diferentes de estar no mundo e de se relacionar com o mundo, cada uma enfrentando um desafio evolutivo diferente (Crook, 1980, p. 326). Por um lado, um estilo restrito de atenção concentra-se especificamente nas informações relacionadas com a obtenção do que é necessário. Por outro lado, um estilo mais ampliado de atenção às informações gerais e globais dá uma noção do quadro mais amplo. Iain McGilchrist (2009) coloca as coisas desta forma: "Um pássaro... precisa concentrar-se naquilo que já priorizou como tendo importância – uma semente contra um fundo de grãos ou seixos, ou um galho para construir um ninho. Ao mesmo tempo, ele deve ser capaz de trazer ao mundo uma atenção ampla, aberta, sustentada e livre, tomando cuidado com qualquer outra coisa que possa existir. Sem essa capacidade, ele logo se tornaria o almoço de alguém enquanto procurava o seu" (p. 25).

Com relação a esses estilos restrito e ampliado de atenção, McGilchrist sugere mais:

> [Fazem] parte de um conflito mais amplo, expresso como uma diferença no contexto, em qual mundo estamos habitando. Por um lado, há o contexto, o mundo, do "eu" – apenas eu e minhas necessidades, como um indivíduo competindo com outros indivíduos, minha capacidade de bicar aquela semente, perseguir aquele coelho ou agarrar aquele fruto. Preciso usar, ou manipular, o mundo para meus fins, e, para isso, preciso de atenção restrita. Por outro lado, preciso me ver no contexto mais amplo do mundo em geral e em relação aos outros, sejam eles amigos ou inimigos: tenho a necessidade de me considerar membro de meu grupo social, de ver aliados em potencial e, além disso, de ver companheiros em potencial e inimigos em potencial. Assim posso me sentir parte de algo maior do que eu... Isso requer menos atenção deliberadamente dirigida, focalizada, e mais atenção aberta, receptiva e amplamente difundida, com lealdades fora do *self*. (p. 25)

McGilchrist sugere que os diferentes mundos de experiência relacionados com as atenções restrita e ampliada também estão relacionados com dois diferentes tipos de conhecimento. Essas duas formas de conhecimento são, em muitos aspectos, semelhantes ao conhecimento conceitual (relacionado com a atenção restritamente focalizada) e ao conhecimento holístico-intuitivo (relacionado com a atenção mais amplamente focalizada).

No Capítulo 2, apontei os paralelos entre o mundo experiencial de *separação* criado pelo conhecimento conceitual e o mundo de McGilchrist, do hemisfério cerebral esquerdo. De forma complementar, podemos vincular o *relacionamento* do conhecimento holístico-intuitivo ao mundo de McGilchrist do hemisfério cerebral direito (McGilchrist, 2009; ver Quadro 3.5). (Revisaremos esse mundo de *não dualidade* quando discutirmos o despertar da mente no Cap. 13.)

QUADRO 3.5 "O mundo do hemisfério cerebral direito" de Iain McGilchrist

> Uma rede de interdependências, formando e reformando todos, um mundo com o qual estamos profundamente conectados... um mundo no qual o que mais tarde passou a ser pensado como subjetivo e objetivo é mantido em uma suspensão que abrange cada "polo" potencial, e sua união, juntos... um mundo onde há "entrelaçamento". (p. 31)
>
> As coisas... [estão] presentes para nós em todas as suas particularidades, incorporadas com toda sua mutabilidade e impermanência, e sua interconexão como parte de um todo que está sempre fluindo. Neste mundo, também nos sentimos conectados ao que experienciamos, parte desse todo, não confinados ao isolamento subjetivo de um mundo que é visto como objetivo... o hemisfério direito presta atenção ao Outro, seja ele qual for que exista fora de nós mesmos, com o qual se vê em profunda relação. Ele é profundamente atraído, e recebe a vida, pelo relacionamento, o entrelaçamento, que existe com esse Outro. (p. 93)
>
> O hemisfério direito... produz um mundo de seres vivos individuais, mutáveis, evolutivos, interconectados, implícitos, encarnados dentro do contexto do mundo vivido... e, para esse mundo, ele existe em uma relação de cuidado. (p. 174)
>
> ---
>
> *Nota.* Como observei no Capítulo 2 em relação ao "mundo do hemisfério esquerdo" de McGilchrist, ao fazer uma ligação entre diferentes tipos de atenção e conhecimento, por um lado, e os dois hemisférios cerebrais diferentes, por outro, McGilchrist (2009) não está sugerindo nenhuma forma de lateralização ingênua da função: ele reconhece plenamente que ambos os mundos dependem das funções de ambos os hemisférios.

O próprio McGilchrist não estabelece uma ligação entre os diferentes tipos de atenção e mundos mentais que ele descreve para os distintos afetos centrais. No entanto, é um pequeno passo para vincular suas ideias à distinção entre os afetos centrais instrumentais e não instrumentais, que destaquei anteriormente, e à relação bem estabelecida entre afeto e atenção.

AFETO, ATENÇÃO E MUNDOS DE EXPERIÊNCIA

Muitas pesquisas na área da psicologia documentaram relações poderosas entre afeto, por um lado, e atenção e percepção, por outro (Williams et al., 1997). Quando as pessoas sentem ansiedade ou estresse, seu foco de atenção é reduzido, e elas dão prioridade às informações relacionadas com a ameaça. Em contrapartida, certos estados de felicidade estão associados a uma expansão do campo de atenção e incluem uma gama mais ampla e variada de informações.

Com frequência, é sugerido (p. ex., na influente teoria de Barbara Fredrickson de ampliação e construção do afeto positivo [Fredrickson, 2001]) que essas diferenças no estilo de atenção refletem um estreitamento da atenção nas emoções negativas e uma expansão da atenção nas emoções positivas. No entanto, a maioria dos afetos negativos estudados foi instrumental, ao passo que a maioria dos afetos positivos estudados foi não instrumental. Isso levanta a possibilidade de que o fator-chave que influencia o estilo de atenção pode não ser a valência de um afeto (positivo *versus* negativo), mas sua qualidade motivacional.

Algumas pesquisas corroboram essa possibilidade (Gable & Harmon-Jones, 2010a). O afeto negativo não instrumental da tristeza, por exemplo, expande a atenção (Gable & Harmon-Jones, 2010b). Assim também ocorre com o afeto positivo não instrumental do divertimento induzido pela visualização de um filme de comédia (Gable & Harmon-Jones, 2008). Em contrapartida, o afeto instrumental positivo induzido pela visualização de objetos desejáveis estreita o foco atencional (Gable & Harmon-Jones, 2008; Domachowska et al., 2016).

Em geral, as evidências disponíveis sugerem que os afetos instrumentais desencadeiam um estilo de atenção restrito e seletivo, ao passo que os afetos não instrumentais desencadeiam um estilo aberto e receptivo. O clássico estudo do gorila de Chabris e Simons (Cap. 2) fornece uma ilustração dramática do tipo de atenção altamente seletiva e restritiva ligada aos afetos instrumentais. Esse estilo de atenção prioriza as informações diretamente relevantes à tarefa em questão e inibe e exclui ativamente outras informações.

Em comparação, os afetos centrais não instrumentais, como CUIDADO e DIVERTIMENTO, são mais bem servidos por um estilo de atenção aberto, receptivo e menos seletivo. A atenção ampla e inclusiva ligada ao CUIDADO é ilustrada de forma comovente na seguinte descrição de uma visita do Dalai Lama, escrita pela professora de meditação Sharon Salzberg (1995) pouco depois que ela sofreu um grave acidente de carro:

> Eu estava me sentindo desanimada, usando muletas, especialmente quando acabei ficando atrás de uma enorme multidão esperando para saudar o Dalai Lama quando ele chegava. O carro com Sua Santidade apareceu finalmente e foi saudado pelas câmeras, pelo povo e por policiais armados. Dalai Lama saiu, olhou em volta e viu-me de pé por trás da multidão, apoiando-me nas muletas. Ele passou pela multidão e se aproximou de mim, como se estivesse se familiarizando com o sofrimento mais profundo da situação. Ele pegou minha mão, olhou-me nos olhos e perguntou: "O que aconteceu?". (pp. 112-113)

Aqui, temos um belo exemplo de um estilo expansivo, inclusivo e compassivo de atenção, aberto ao campo total da informação, alerta para qualquer pessoa que esteja sofrendo e pronto a se familiarizar com o sofrimento, tendo motivação para se importar com ele.

Parece que nossa mente trabalha de dois modos radicalmente diferentes. Em um modo, temos controle por afetos instrumentais e pela forma conceitual de conhecimento, um foco de atenção restrito e exclusivo e um mundo mental atomístico de separação, tudo interligado. No outro modo, temos efeitos não instrumentais e a forma holístico-intuitiva de conhecer sob controle, um estilo expansivo, inclusivo, receptivo de atenção e um mundo mental de relacionamento interconectado, também todo interligado. Se mudarmos qualquer um dos elementos interligados em qualquer um dos modos, é provável que mudemos outros aspectos desse modo.

A Tabela 3.1 resume as principais diferenças entre as formas conceitual e holístico-intuitiva de conhecer e fazer sentido.

O conhecimento holístico-intuitivo fundamenta um mundo experiencial de relacionamento e conexão. No Capítulo 4, exploraremos os alicerces dinâmicos desse mundo: a criação do todo.

TABELA 3.1 Duas formas de conhecimento, dois tipos de significado

Conceitual	Holístico-intuitivo
Surgiu recentemente – singularmente humano	Longo *pedigree* evolutivo
Familiar	Não familiar
Fácil comunicação com as palavras	Difícil comunicação com as palavras
Principal função instrumental – atingir metas	Principal função não instrumental – avaliar o significado das situações e orientar a resposta apropriada
Indiretamente ligado a afeto/sentimento	Diretamente ligado a afeto/sentimento
Estrutura atomística	Estrutura holística
Baseado em conceitos (ideias)	Baseado em modelos mentais
Significados explícitos e específicos	Significados implícitos e temáticos
Experienciado como pensamento/conhecimento sobre	Experienciado como sentimento/sentidos
Nenhuma ligação direta com informações sensoriais	Contribuições sensoriais diretas ao significado
Os significados refletem a estrutura do conhecimento abstrato e as crenças compartilhadas pela cultura	Os significados refletem a estrutura da experiência pessoal do indivíduo
Significados relativamente constantes entre indivíduos e ao longo do tempo	Significados variáveis entre indivíduos e ao longo do tempo

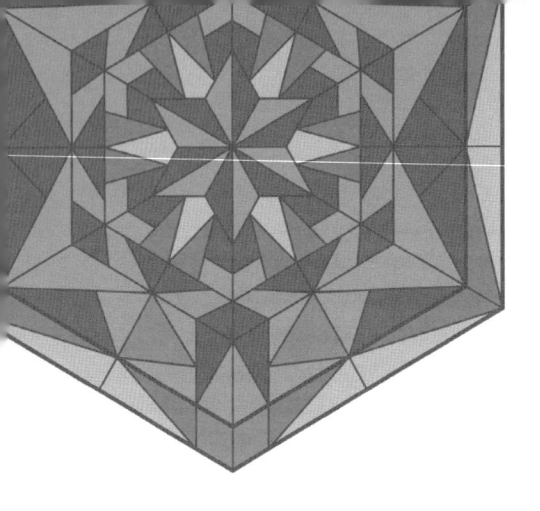

4
A criação do todo

Era uma vez dois relojoeiros, chamados Hora e Tempus, que fabricavam relógios muito finos. Ambos eram altamente considerados, e os telefones em seus ateliês tocavam com frequência. Novos clientes telefonavam constantemente para eles. No entanto, Hora prosperou, enquanto Tempus ficou cada vez mais pobre e, por fim, perdeu sua loja. Qual é a razão disso?

Os relógios feitos por eles consistiam em cerca de mil peças cada um. Tempus fabricava um relógio de tal forma que, se ele tivesse um parcialmente montado e tivesse de parar para atender o telefone, o relógio se desmontava imediatamente e tinha de ser remontado do início. Quanto mais os clientes gostavam de seus relógios, mais eles telefonavam para ele, e mais difícil se tornava encontrar tempo ininterrupto suficiente para terminar um relógio.

Os relógios que Hora fazia não eram menos complexos do que os de Tempus. Mas ele os havia projetado para poder montar subconjuntos de cerca de dez elementos cada. Dez desses subconjuntos poderiam ser montados, formando um subconjunto maior; e um sistema de dez desses últimos subconjuntos constituía o relógio inteiro. Assim, quando Hora tinha de interromper a fabricação de um relógio parcialmente montado para atender o telefone, ele perdia apenas uma pequena parte do seu trabalho, e montava seus relógios em apenas uma fração das horas de trabalho que Tempus levava.

Herb Simon (1962, p. 470)

Essa parábola ilustra um padrão que, por mais estranho que pareça, desempenha um papel fundamental na compreensão de *mindfulness* e do despertar interior. Também é uma figura central em um caminho para a felicidade que evita as armadilhas da busca conceitual delineada no Capítulo 1.

O vencedor do Prêmio Nobel Herb Simon usou essa parábola para explicar a presença, em toda a natureza, de sistemas de organização dinâmica fundamentalmente similares aos utilizados por Hora. Nesses sistemas, padrões mais simples (partes) são reunidos para criar padrões mais complexos (todos), que são, então, reunidos para criar padrões ainda mais complexos. O escritor Arthur Koestler cunhou a palavra *holarquia* para descrever esse tipo de organização dinâmica do sistema.

Simon mostrou que, mesmo que houvesse apenas 1% de chance de interrupção enquanto adicionava uma peça à montagem, Tempus levaria quase 4 mil vezes mais tempo para montar um relógio do que Hora. A resiliência das holarquias à interrupção explica por que elas ocorrem com tanta frequência nos sistemas físicos, biológicos, sociais e mentais (Simon, 1962).

As holarquias de maior interesse para nós são as da mente.

HOLARQUIAS MENTAIS

A Figura 4.1 esboça a estrutura dinâmica de uma holarquia mental.

Essencialmente, o que caracteriza uma holarquia não são diferentes tipos de "coisas", alguns fragmentos (partes), alguns inteiros, mas sim *relações*. Essas relações unem padrões mais simples, formando padrões mais complexos em níveis sucessivamente superiores de organização. O papel vinculante das relações é claro nas holarquias sociais: "Quase todas as sociedades têm unidades elementares, chamadas de famílias, que podem ser agrupadas em vilas ou tribos, que, por sua vez, são agrupados em grupos maiores, e assim por diante. Se fizermos

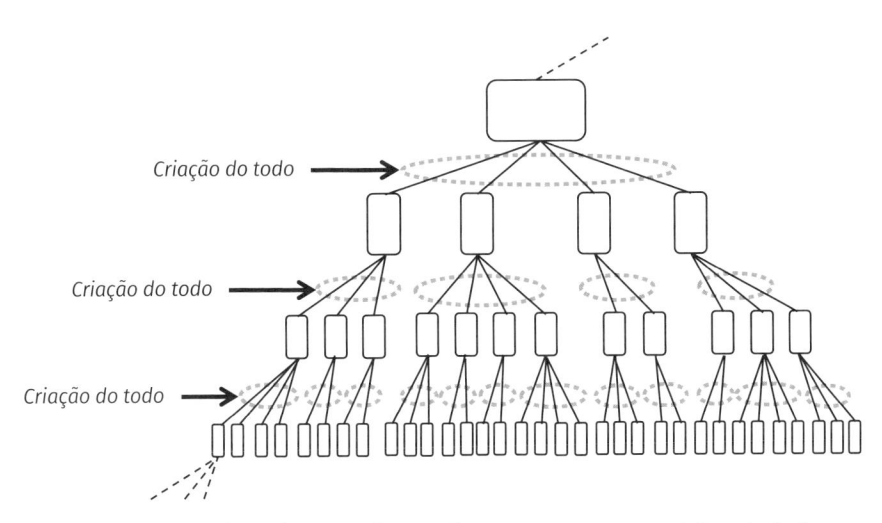

FIGURA 4.1 Uma holarquia mental. As caixas representam padrões de informações: as caixas menores refletem padrões mais simples; as caixas maiores refletem padrões mais complexos. O escopo e a complexidade das informações que cada caixa representa aumentam à medida que se sobe na holarquia.

um gráfico das interações sociais, de quem fala com quem, os agrupamentos de interação densa no gráfico identificarão uma estrutura hierárquica muito bem definida (agora diríamos estrutura *holárquica*)" (Simon, 1962, p. 469).

A própria existência de uma holarquia depende da criação e da manutenção ativa de relações que ligam padrões mais simples a padrões mais complexos: um processo dinâmico de criação do todo. Nas holarquias *mentais*, a criação do todo une padrões de *informações* (partes) mais simples a padrões mais complexos (todos), estabelecendo conexões de *relacionamento* entre eles. A criação do todo encontra o que diferentes padrões de ordem inferior têm em comum e, então, dá forma a essas relações em um padrão de ordem superior de informações (Fig. 4.2) (já vimos esse padrão no Cap. 3 na criação do todo que cria modelos mentais).

VANTAGENS EVOLUTIVAS DAS HOLARQUIAS MENTAIS E DA CRIAÇÃO DO TODO

As holarquias mentais e a criação do todo conferem amplas vantagens evolutivas. Por essa razão, a evolução construiu profundamente os padrões de organização holárquica e as capacidades inerentes para a criação do todo e da integralidade dos quais nossa mente depende. Essas capacidades são os alicerces dinâmicos de *mindfulness* (Cap. 7) e do despertar interior (Cap. 12).

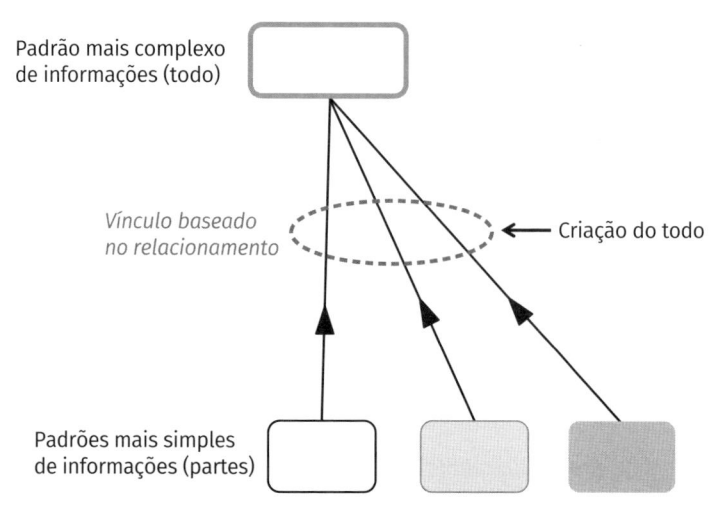

FIGURA 4.2 A criação do todo na mente.

Uma vantagem evolutiva evidente da construção do todo e das holarquias mentais é que elas unificam a mente, resolvendo as tendências de ação concorrentes. Dessa forma, as holarquias mentais permitem uma ação integrada eficaz. Muitas situações apresentam padrões complexos e multifacetados de informações que podem desencadear ações conflitantes. Uma gazela sedenta se aproximando de um lago onde os leões já estão bebendo tem de resolver o conflito entre a tendência a se aproximar, impulsionada pela sede, e a tendência a fugir, impulsionada pelo medo. Sem tal resolução, a gazela se veria impelida em diferentes direções, paralisada, incapaz de organizar o tipo de ação rápida e unificada essencial para a sua sobrevivência.

O Buda usou "A comparação dos seis animais" na escritura budista Samyutta Nikaya (cap. 35, versículo 247, em Bodhi, 2000) para ilustrar o habitual estado desordenado e conflituoso da mente humana:

> Suponham, monges, que um homem pegasse seis animais – com diferentes domínios e diferentes locais de alimentação – e os amarrasse com uma corda forte. Ele pegaria uma cobra, um crocodilo, um pássaro, um cachorro, um chacal e um macaco, e amarraria cada um deles com uma corda forte. Tendo feito isso, ele amarraria as cordas com um nó no meio e as soltaria. Então, cada um daqueles seis animais com diferentes domínios e diferentes locais de alimentação puxaria na direção de seu próprio local de alimentação e domínio. A serpente seguiria um caminho, pensando: "Deixem-me entrar num formigueiro". O crocodilo pegaria outro caminho, pensando: "Deixem-me entrar na água". O pássaro iria por outro caminho, pensando: "Deixem-me voar no céu". O cão tomaria outro caminho, pensando: "Deixem-me entrar num vilarejo". O chacal iria por outro caminho, pensando: "Deixem-me entrar num ossário". O macaco pegaria outro caminho, pensando: "Deixem-me entrar numa floresta"...
>
> Assim também, monges, quando um monge não se desenvolveu e não cultivou *mindfulness* dirigida ao corpo, os olhos puxam na direção de formas agradáveis, e as formas desagradáveis são repulsivas; os ouvidos puxam na direção de sons agradáveis, e os sons desagradáveis são repulsivos; o nariz puxa na direção de odores agradáveis, e os odores desagradáveis são repulsivos; a língua puxa na direção de gostos agradáveis, e os gostos desagradáveis são repulsivos; o corpo puxa na direção de objetos táteis agradáveis, e os objetos táteis desagradáveis são repulsivos; a mente puxa na direção de fenômenos mentais agradáveis, e os fenômenos mentais desagradáveis são repulsivos.

A comparação continua descrevendo *mindfulness* como "um poste ou pilar forte" que fornece uma âncora para amarrar os animais e, assim, acabar com suas lutas conflituosas. *Mindfulness* reflete uma mente integrada, na qual as holarquias mentais e os modelos mentais são coerentes (Cap. 7). Uma mente atenta fortalece a ação unificada, respondendo a situações de forma rápida, espontânea e apropriada.

As holarquias mentais integradas e a criação do todo oferecem uma vantagem evolutiva adicional menos óbvia: um grande aumento da eficiência e da economia do processamento mental. Elas fazem isso revelando, criando e representando a *ordem implícita* nos padrões de informação (Quadro 4.1). O aumento da eficiência resultante é particularmente importante no cérebro humano: nosso cérebro é um dos grandes gastadores de energia do corpo, respondendo por 20% do gasto total de energia, ao passo que compõe menos de 2% do peso corporal total (Raichle & Gusnard, 2002). No contexto de escassez, qualquer estratégia que melhore a eficiência da mente e reduza seu consumo de energia aumentará a chance de que os genes que a criaram sobrevivam. É por isso que a mente de todos os mamíferos – especialmente a mente humana – são organizações holárquicas e tem uma capacidade inerente de criação do todo.

As holarquias mentais capacitam os animais a enfrentar de maneira eficiente e econômica os dois desafios básicos dos quais a sua sobrevivência depende: 1) dar respostas *diferentes* a situações que são distintas em aspectos cruciais (p. ex., seguras *versus* perigosas; comestíveis *versus* não comestíveis; mais fracas do que eu *versus* mais fortes do que eu); e 2) dar respostas *semelhantes* a situações que são similares nesses aspectos, mesmo que, superficialmente, elas pareçam não ter muito em comum (como no exercício *Takete-Ulumoo* do Cap. 3).

O Quadro 4.1 ilustra como as holarquias conferem enormes ganhos em economia nas situações em que é importante lembrar com precisão das diferenças entre padrões complexos de informações. No mundo natural, essa capacidade pode adquirir um significado de vida ou morte: essa planta é boa para se comer, ou é uma planta muito semelhante que, na verdade, é venenosa? Esse rosto é de um amigo confiável ou de um inimigo mortal?

Na vida diária, a ordem implícita, é claro, não será tão óbvia como no exemplo do Quadro 4.1. No entanto, como muitos sistemas naturais estão organizados de maneira holárquica, será incomum encontrar informações inteiramente aleatórias. Embora a ordem possa não ser óbvia no nível superficial, a mente tem um enorme poder computacional e estratégias sofisticadas para descobrir qualquer ordem que esteja presente.

As holarquias mentais também oferecem uma forma altamente econômica de processar e detectar semelhanças entre os padrões de informação (Quadro 4.2). Sua capacidade de revelar semelhanças "profundas" entre padrões superficialmente diferentes pode, mais uma vez, salvar vidas – como vimos no Capítulo 3, com o exemplo da zebra integrando avisos de perigo a partir de grandes mudanças na visão, na audição e no olfato. No Capítulo 12, veremos

QUADRO 4.1 Uma holarquia das informações

Imagine que você é um *designer* de interiores e quer registrar os padrões de azulejos de piso que você cria. Um caminho seria uma grade de letras, cada letra correspondendo a um azulejo, com letras diferentes correspondendo a diferentes cores: A para azul, B para bronze, C para carmesim, e assim por diante. Para registrar seu último *design* dessa forma, são necessárias 64 letras:

> A B M N R S H I
> C D O P T U J K
> M N A B H I R S
> O P C D J K T U
> R S H I A B M N
> T U J K C D O P
> H I R S M N A B
> J K T U O P C D

Uma holarquia das informações oferece uma alternativa mais eficiente. Primeiro, você procura padrões de relações (ordem implícita) no *design* e na utilização de novos símbolos para representar esses padrões de ordem superior. Você encontra padrões recorrentes de quatro letras, e as representa desta forma:

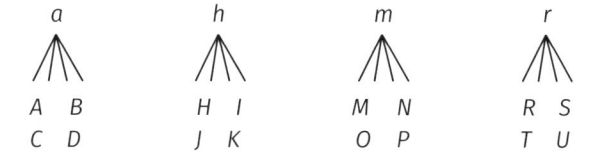

> *a*　　　　*h*　　　　*m*　　　　*r*
> /|\　　　 /|\　　　 /|\　　　 /|\
> A B　　　H I　　　M N　　　R S
> C D　　　J K　　　O P　　　T U

Agora, você pode descrever novamente o padrão inicial de 64 letras de forma mais econômica desta forma:

> *a m r h*
> *m a h r*
> *r h a m*
> *h r m a*

E não há necessidade de parar por aí. Nesse nível superior de organização, os padrões podem ser novamente detectados e representados. Se agora tratar *a*, *m*, *r* e *n* (previamente vistos como todos) como partes, você pode formar dois tipos de todo de ordem ainda superior, **W** e **X**.

(Continua)

QUADRO 4.1 Uma holarquia das informações *(continuação)*

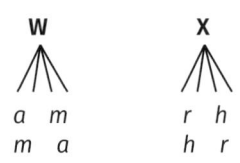

```
        W              X
       /|\            /|\
      a  m          r   h
      m  a          h   r
```

Isso permite que você descreva o *design* inteiro de 64 azulejos com apenas quatro letras:

```
      W  X
      X  W
```

Esse padrão de ordem superior captura a essência de todos os padrões de relacionamento mais para baixo na holarquia.

E se você repetir o processo de criação do todo uma última vez, tratando o **W** e o **X** como partes, então poderá representar o padrão todo de 64 letras com um único caractere, proporcionando enorme economia nas informações que precisam ser armazenadas:

```
         Θ
        /|\
       W  X
       X  W
```

É claro que você também precisará armazenar as "regras" que guiam a criação do todo, mas ainda haverá economia nas informações totais armazenadas, especialmente se as regras puderem ser reutilizadas com outras informações (ver Quadro 4.2).

Fonte: baseado em Simon (1962).

como a capacidade inerente da mente de descobrir conexões e semelhanças em níveis cada vez mais profundos desempenha um papel crucial na criação do todo abrangente da mente desperta.

Moldadas por pressões evolutivas, nossa mente é dotada de uma capacidade inata para a criação do todo: uma tendência inerente de buscar ativamente, descobrir, criar e representar conexões de relacionamento em níveis cada vez mais altos de complexidade. Esse precioso presente é a chave para compreender *mindfulness* e o despertar interior. É também a base dinâmica de um cami-

QUADRO 4.2 Holarquias revelam semelhanças ocultas

Imagine que você, um *designer* de interiores, queira descobrir quais tipos de pisos são populares entre seus clientes e quais são menos populares. O projeto que vimos no Quadro 4.1 provou ser popular, mas você não sabe por quê. Você coloca a representação de 64 letras ao lado de outro padrão que se mostrou popular para ver se consegue descobrir o que eles têm em comum:

Design 1	Design 2
A B M N R S H I	R S H I A B M N
C D O P T U J K	T U J K C D O P
M N A B H I R S	H I R S M N A B
O P C D J K T U	J K T U O P C D
R S H I A B M N	A B M N R S H I
T U J K C D O P	C D O P T U J K
H I R S M N A B	M N A B H I R S
J K T U O P C D	O P C D J K T U

À primeira vista, no nível superficial, é difícil ver quaisquer semelhanças entre os dois *designs* – além do fato de conterem as mesmas letras. Contudo, se você tirar proveito das "regras" de criação do todo utilizadas no Quadro 4.1, as semelhanças começam a surgir. Aqui está o resultado do primeiro nível de criação do todo:

Design 1	Design 2
a m r h	r h a m
m a h r	h r m a
r h a m	a m r h
h r m a	m a h r

E as semelhanças "mais profundas" tornam-se ainda mais claras após o segundo nível de criação do todo:

Design 1	Design 2
W X	X W
X W	W X

Agora, é fácil ver que os dois *designs* compartilham a mesma estrutura "profunda" de simetria diagonal, mesmo que, no nível dos elementos básicos, não haja uma única letra em comum entre os quadrantes correspondentes dos dois *designs*. Olhando outros *designs* populares, você vê que, em maior ou menor grau, eles também compartilham essa característica de simetria diagonal, ao passo que *designs* impopulares não o fazem. As holarquias de

(Continua)

QUADRO 4.2 Holarquias revelam semelhanças ocultas *(continuação)*

> informações lhe permitiram descobrir o que os *designs* populares têm em comum e o que os diferencia de *designs* impopulares.
> Para os animais, essa capacidade de encontrar semelhanças subjacentes entre padrões de informações superficialmente diferentes é de enorme benefício, uma vez que lhes permite avaliar de maneira mais efetiva o significado das situações e responder de modo adequado.

nho para a felicidade que evita as armadilhas da busca conceitual delineada no Capítulo 1. Em contraste com essa busca – em que a felicidade repousa sobre os *resultados* incertos de nossos esforços no futuro –, nesse caminho alternativo, sentimentos positivos surgem como efeitos diretos e imediatos de *processos* na mente agora, neste momento.

A FELICIDADE DA CRIAÇÃO DO TODO

> *Todos os seres sencientes desenvolveram-se por meio da seleção natural, de tal forma que as sensações agradáveis lhes servem de guia.*
>
> Charles Darwin (em Hanson, 2009, p. 121)

Ao longo da evolução, a criação do todo tem sido incorporada em nossa mente de diferentes maneiras. Contudo, fundamentalmente, em apenas uma dessas formas as sensações agradáveis servem como guia – ou criam um caminho alternativo para a felicidade.

Sempre que possível, a criação do todo está integrada no cérebro e na mente no nível genético. Por exemplo, esse tipo de criação do todo sustenta os níveis relativamente básicos de percepção, que permitem aos bebês reconhecer a diferença entre os padrões visuais que se assemelham a rostos e os que não se assemelham. A integração é também a estratégia de escolha em situações que potencialmente ameaçam a vida. Tais situações exigem uma abordagem "tosca" – uma estratégia que atua primeiro com base em uma análise relativamente grosseira e biologicamente preparada de quaisquer sinais de ameaça potencial, e só mais tarde faz perguntas mais detalhadas sobre padrões de informações.

Outra forma de criação do todo, baseada no aprendizado, depende do registro automático pela mente de regularidades recorrentes na experiência de vida de um indivíduo: o que combina com o que, e o que segue o que (como no condicionamento). Esse tipo de criação *automática* do todo proporciona uma maneira de desenvolver um estoque inestimável de modelos mentais armazenados, os quais nos permitem prever o que pode acontecer em muitas situações. Por meio desses modelos, a mente também aprende a reagir a situações com os afetos centrais mais apropriados para lidar com elas.

O aprendizado incorporado nesses modelos mentais armazenados é enormemente fortalecedor. Ele representa a base para a *aquisição automática de padrões*: com apenas alguns fragmentos-chave de informações, a mente preenche automaticamente o restante das peças faltantes e regenera todo o modelo mental a partir da memória (darei alguns exemplos em breve). Por meio dessa forma automática de criação do todo, a mente colhe os benefícios de todas as regularidades armazenadas refletidas no modelo: podemos tanto responder a situações com o afeto central mais apropriado quanto fazer inferências que seriam impossíveis apenas a partir dos fragmentos de informações.

Formas automáticas e integradas de criação do todo atendem à maioria das necessidades dos animais não humanos. Eles podem ter apenas um repertório limitado de respostas possíveis a qualquer situação, e, muitas vezes, há pouca necessidade de detalhes finos nos modelos mentais que controlam as respostas. Não é necessário que a mente deles entre em sintonia constantemente com esses modelos para se ajustar aos detalhes de situações complexas, que mudam dinamicamente.

A posição é diferente para a mente humana. Embora, na maior parte do tempo, dependamos da criação automática do todo com base em modelos mentais armazenados na memória, também temos a capacidade de uma abordagem mais flexível. Nossa mente pode criar modelos mentais por meio de trabalho mental interno. Essa capacidade significa que podemos responder criativamente a situações que podem ser diferentes de qualquer outra que já tenhamos encontrado antes. Também podemos fazer avaliações otimizadas em situações de mudança complexas: as interações em várias camadas que unem membros de grupos sociais, ou a produção de ferramentas ou outros artefatos por meio de habilidades artesanais. Essa capacidade humana de criar um todo *flexível* e *criativo* é a base de *mindfulness* e do despertar interior – e a porta de entrada de um caminho para um tipo diferente de felicidade.

Por definição, a evolução não pode integrar respostas flexíveis e criativas às situações em nossos cérebro e mente. Se pudesse, elas não seriam flexíveis nem criativas. Entretanto, ela pode fazer classes inteiras de resultados biologicamente úteis, ou os processos envolvidos na abordagem deles, serem sentidas de forma positiva de alguma maneira – e, depois, deixar para o animal descobrir ou criar as ações que, em seu tempo e lugar particular, funcionam de forma mais eficaz para proporcionar sentimentos agradáveis. Por exemplo, obter alimento quando se tem fome ou se aquecer quando estiver frio pode estar ligado a sentimentos positivos; então, esses sentimentos podem motivar, orientar e recompensar comportamentos que levam a esses resultados desejáveis no contexto particular em que um animal se encontra.

Esses exemplos se concentram na relação entre sentimentos positivos e comportamento *manifesto*: ações no mundo externo. Todavia, a teoria pioneira de Barbara Fredrickson (2001, 2009) de "ampliar e construir" sugere que podemos estender de forma útil as ideias de vantagem evolutiva à relação entre sentimentos positivos e ações internas *encobertas*. Essa teoria sugere que certos afetos positivos – como a alegria e o amor – estão ligados a prestar atenção de forma a apoiar atividades que ofereçam recompensas biológicas em longo prazo. Da mesma forma, podemos sugerir que a evolução utiliza sentimentos positivos para motivar e guiar a criação do todo de maneira flexível e criativa em situações novas, complexas ou em rápida mudança. Assim, a evolução pode "encorajar" e orientar a ação biologicamente útil na direção certa, mesmo que não possa se integrar em planos de ação específicos para alcançá-la. Nessas situações, *sentimentos positivos são o veículo por meio do qual o potencial inerente da mente para a integralidade se manifesta e cria o todo.*

A essência dessa ideia-chave é que, como a criação de um todo flexível cria holarquias mentais unificadas e modelos mentais coerentes e inovadores, experienciamos o processo como *intrinsecamente* positivo – positivo por si só, não apenas porque leva a algum outro resultado desejado.

Um exercício simples ilustra essas ideias-chave.

A criação do todo automática *versus* flexível

Convido-os a ler esta frase:

> John estava a caminho da escola.

Apenas esses poucos fragmentos são suficientes para construir um padrão que evoca automaticamente da memória todo um modelo mental que já existe ali: um modelo de "criança indo à escola". Esse modelo permite dar sentido à frase e inferir que John é uma criança (mesmo que a frase não faça menção a isso). O seu modelo provavelmente também permite que você faça mais inferências automáticas – é de manhã, John está carregando algum tipo de mochila, e assim por diante, e você pode cristalizar todas essas inferências em uma imagem visual de um menino a caminho da escola.

Por favor, continue lendo:

> Ele estava preocupado com a aula de matemática.

Esses fragmentos extras de informação refinam o modelo captado automaticamente da memória para um modelo mental que poderíamos chamar de "criança preocupada com o trabalho escolar". Esse modelo lhe proporciona uma maneira de interpretar o que está lendo com mais detalhes, de prever o que pode acontecer a seguir e de inferir muitas das características mais específicas desse cenário: John pode sentir um frio na barriga, pode estar relutante em ir à escola, e assim por diante. Tudo isso acontece sem esforço e de modo automático e, muito provavelmente, você quase não experimentará sentimentos positivos, pois a sua mente coloca sentido nessa situação dessa forma.

Agora, continue lendo:

> John estava a caminho da escola.
> Ele estava preocupado com a aula de matemática.
> Hoje, ele não tinha certeza de que poderia controlar a classe novamente.

Ao chegar a essa terceira frase, de repente, a sua mente não consegue mais encaixar bem as três frases e o modelo "criança preocupada com o trabalho escolar". A coerência e a integralidade foram perdidas, e agora existe incompletude e fragmentação. Por um momento, você pode sentir um breve mal-estar e a necessidade de reagir em seguida. No entanto, o mais provável é que você tenha um modelo mental "professor lutando para controlar os alunos" armazenado na memória. Com uma rápida mudança de papéis – John tornando-se um professor preocupado com a disciplina, em vez de uma criança preocupada com o desempenho –, a criação do todo agora junta as partes, criando um tipo diferente de todo e restaurando a coerência.

Contudo, continue lendo:

> John estava a caminho da escola.
> Ele estava preocupado com a aula de matemática.
> Hoje, ele não tinha certeza de que poderia controlar a classe novamente.
> Isso não fazia parte do dever de um zelador.

De uma só vez, com essa inesperada quarta frase, o modelo "professor lutando para controlar os alunos" não consegue mais manter unidos todos os elementos das quatro frases. Novamente, a coerência e a integralidade são perdidas. Você pode ficar surpreso e sentir um leve desconforto... mas não por muito tempo, porque a criação do todo em sua mente agora se envolve em um novo e diferente tipo de exercício.

Incapaz de encontrar um modelo pronto na memória que possa integrar as informações das quatro frases em um todo coerente, a mente agora começa a trabalhar para combinar aspectos de dois modelos existentes – "outro membro do quadro de funcionários assumindo o lugar de um professor ausente" e "professor lutando para controlar os alunos" –, criando um modelo personalizado para essa situação específica: "Não professor assumindo o papel de professor e lutando para lidar com isso". É provável que essa seja a primeira vez em sua vida que sua mente criou esse modelo especificamente. Com esse novo modelo criado, todas as peças podem ser encaixadas para criar um todo coerente. Isso pode ocorrer com sentimentos agradáveis ligados a uma sensação de "aha, então é isso que está acontecendo aqui" – ou você pode até mesmo rir sozinho nesse ponto.

Esse simples exercício destaca o importante contraste entre dois tipos diferentes de criação do todo. Por um lado, temos a criação automática do todo, baseada em modelos mentais armazenados e prontos para serem usados. Por outro lado, temos a criação flexível e criativa do todo, que envolve trabalho mental interno. As diferenças entre essas duas formas de criação do todo terão um papel central em nossa análise a seguir.

O exercício também sugere uma relação específica entre a criação flexível e criativa do todo e que envolve o trabalho mental atual e a experiência de sentimentos positivos. A criação do todo automática, harmoniosa e integrada das fases iniciais do exercício geralmente tem pouco efeito sobre os sentimentos. Em contrapartida, o trabalho mental que resolve a incoerência na fase final do exercício muitas vezes leva a uma breve sensação de divertimento. A apreciação de alguns tipos de piadas reflete um processo semelhante (Quadro 4.3). Assim também acontece com o exultante "Eureca!" que sentimos quando finalmente chegamos a uma solução para um problema.

A psicóloga Ellen Langer, de Harvard, pioneira na pesquisa sobre *mindfulness* (Langer, Russel, & Eisenkraft, 2009), defende a ideia de que é especificamente a criação de um todo flexível que está ligada a sentimentos positivos. Nesse estudo, os membros de uma orquestra sinfônica profissional foram convidados a tocar o movimento final de uma sinfonia de Brahms de duas maneiras. Em uma delas, solicitou-se a eles que "repetissem o seu melhor desempenho" (ou seja, fossem guiados por um modelo mental desse desempenho armazenado na memória). Na outra situação, foi-lhes pedido para "torná-lo novo de

QUADRO 4.3 Uma piada

> Um sanduíche entra em um bar e pede uma cerveja ao atendente.
>
> O atendente responde: "Sinto muito, senhor, não servimos comida aqui".
>
> Para entender a piada, temos de realizar certo trabalho mental interno. Nossa mente primeiro tenta dar sentido ao cenário por meio do modelo mental habitual para esse tipo de situação, extraído da memória. Nesse modelo, presume-se que o pedido do cliente e a resposta do atendente sejam aproximadamente sobre o mesmo objeto – mas, no caso em questão, esse modelo simplesmente não se encaixa. Então, a criação de um todo flexível entra em ação, voltando-se para um modelo alternativo, no qual o objeto de "servir" é a pessoa que está sendo servida (o sanduíche), em vez do objeto que ele pediu (a bebida). Essa lente alternativa constitui uma maneira coerente (ainda que bizarra) de dar sentido ao cenário: há uma política de não servir bebida alcoólica a nenhum alimento que entrar no bar. A incongruência é resolvida, a integralidade é restaurada e (dependendo de como a piada é contada) podemos experienciar certos sentimentos levemente positivos.

maneiras muito sutis que só vocês perceberiam" (uma condição que requer a criação de modelos mentais de um momento para o outro). Os músicos relataram níveis significativamente mais altos de prazer quando suas apresentações exigiam que eles criassem modelos mentais, em vez de confiar inteiramente em modelos antigos armazenados na memória. O público que ouviu as gravações das apresentações também gostou mais da música feita no momento do que da música tocada "de memória" – mesmo que essa memória tenha sido da melhor *performance* anterior dos músicos.

A pesquisa de Langer, o exercício "John estava a caminho da escola", a piada e a experiência de momentos "Eureca!" ilustram a ideia de uma ligação entre a criação do todo criativa e bem-sucedida e a experiência de sentimentos positivos. A qualidade precisa desses sentimentos positivos – seja de plenitude, conexão, paz ou "fluxo" (ver Cap. 11) – refletirá os tipos particulares de modelos mentais formados pela criação do todo.

Aceitando-se uma ligação entre uma criação flexível do todo e sentimentos positivos, a questão crucial é: essa ligação pode criar a possibilidade de longos períodos de felicidade e paz em nossa vida cotidiana?

A resposta a essa pergunta está na forma como criamos nossos mundos de experiência a cada momento.

MUNDOS DE EXPERIÊNCIA

> *A maioria das pessoas acredita que a mente é um espelho, refletindo com maior ou menor precisão o mundo fora delas, não percebendo, ao contrário, que a mente é, ela mesma, o principal elemento de criação.*
>
> Rabindranath Tagore (em Homer-Dixon, 2020, p. 298)

Os mundos que experienciamos não são simplesmente reflexos fiéis e precisos do que está "de fato" lá "fora" e "aqui" – ao nosso redor e dentro de nós. Pelo contrário, meu mundo de experiência emerge de uma interação dinâmica entre o que minha mente traz e o que o "mundo" oferece. Se imaginarmos um geólogo, um agente imobiliário, um fazendeiro e um artista visitando a mesma encosta, cada um deles prestará atenção a aspectos bastante diferentes da mesma realidade "objetiva": um procurará evidências dos tipos de formações rochosas subjacentes; outro se concentrará em aspectos relacionados com a construção de casas ou cabanas de férias; outro olhará para o solo, os gradientes e a drenagem para avaliar a sua adequação para o cultivo ou a pastagem; e outro se sintonizará com a harmonia dos padrões de cor e texturas da cena. Indivíduos diferentes, concentrando-se em aspectos distintos da "mesma" situação, criarão mundos de experiência diferentes.

Esses mundos diferentes, por sua vez, responderão de modo a influenciar aquilo a que prestamos atenção. Em um experimento psicológico clássico (Pichert & Anderson, 1977), os participantes leram uma passagem descrevendo uma casa e seu conteúdo. Alguns foram convidados a lê-la da perspectiva de alguém interessado em comprar a casa – entrar no mundo mental de um comprador em potencial. Outros foram convidados a lê-la da perspectiva de um assaltante que planeja um assalto – entrar no mundo mental de um assaltante. Os diferentes mundos mentais dos participantes moldaram as informações às quais eles prestaram atenção: os potenciais compradores lembraram-se mais da extensão e da qualidade das acomodações; os assaltantes lembraram-se mais da localização de objetos de valor e das medidas de segurança.

A maneira como estou presente molda o que vejo e o mundo de experiências que crio. Contudo, igualmente, esse mundo molda o modo como eu presto atenção. Iain McGilchrist (2009) descreve essa relação bidirecional da seguinte forma: "Não descobrimos uma realidade objetiva nem inventamos uma realidade subjetiva, mas... há um processo de evocação responsivo, o mundo 'suscita' algo em mim que, por sua vez, 'suscita' algo no mundo...". Se não há montanha "real", por exemplo, separada de uma montanha criada por esperanças, aspirações, reverência ou cobiça daqueles que dela se aproximam, é igualmente verdade que seu aspecto verde ou cinza, ou a presença de rochas, não está na montanha ou em minha mente, mas entre nós, suscitada em cada um e igualmente dependente de ambos; como a música não surge nem do piano nem das mãos do pianista, a escultura não vem da mão nem da pedra, mas sim de sua convergência" (pp. 133-134). Esse processo interativo e iterativo se desdobra de maneira dinâmica ao longo do tempo. McGilchrist sugere que pensemos nele em termos do padrão inteligentemente ilustrado em *Desenhando mãos*, de Escher (Fig. 4.3): "A mão que desenha a mão que desenha a mão".

Para a mente, uma mão é a lente, moldada pelo atual modelo mental holístico-intuitivo, através do qual o mundo é ativamente explorado; a outra mão é a informação que chega, vista através dessa lente. O mundo que experienciamos surge de ciclos de interação entre os modelos mentais holístico-intuitivos que a mente traz e os padrões de informação que ela encontra.

Em situações familiares ou que mudam lentamente, a criação automática de um todo pode ser adequada para se conseguir um ajuste entre, por um lado, os modelos mentais que fornecem a lente através da qual vemos e interpretamos o mundo, e, por outro lado, as informações que chegam do mundo. A conclusão do padrão extrai da memória o modelo mental armazenado que proporciona o melhor ajuste à situação atual – e, depois, extrai outro modelo diferente quando o estado do mundo muda o suficiente para exigi-lo.

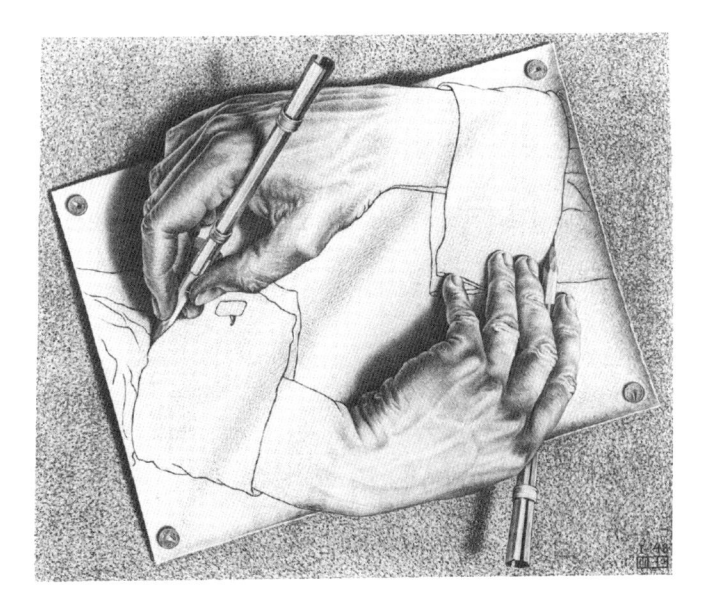

FIGURA 4.3 *Desenhando mãos*, de M. C. Escher.

No entanto, em situações novas, complexas ou em rápida mudança, o desafio de adaptar modelos mentais às informações que chegam é muito maior. Nesse caso, a criação de um todo tem de ser mais flexível e criativa, a fim de alcançar um "encaixe" entre as duas "mãos" mostradas na Figura 4.3 – um contínuo ajuste dinâmico dos modelos mentais em resposta a padrões de informações em constante mudança. O desafio para a criação do todo é manter uma "reciprocidade e uma correspondência dinâmicas, como ocorre quando engrenagens, ambas em movimento rápido, se encaixam" (McGilchrist, 2009, p. 152, citando Steiner, 1978). Nesse caso, o desafio é ainda maior.

Então, os sentimentos positivos entram na história.

COERÊNCIA, RESSONÂNCIA E BONS SENTIMENTOS

Os sentimentos positivos motivam e guiam a criação de um todo flexível e criativo em situações novas, complexas ou em rápida mudança. Essa criação do todo cria modelos mentais constantemente atualizados, bem ajustados e uma continuidade integrada no mundo que vivenciamos.

Os processos baseados na ressonância desempenham aqui um papel fundamental. A teoria da ressonância adaptativa (ART, do inglês *adaptive resonance theory*; Grossberg, 2013)* descreve como a ressonância pode guiar a mente para alcançar um "encaixe" entre os modelos mentais e as informações que chegam: "Quando há uma correspondência suficientemente boa entre padrões de sinais de baixo para cima e de cima para baixo... seus sinais de *feedback* positivo amplificam, sincronizam e prolongam sua ativação mútua, levando a um estado ressonante... Assim, a ressonância fornece um indicador global sensível ao contexto de que o sistema está processando dados dignos de serem aprendidos" (Grossberg, 2013, p. 2). A mente "sabe" que existe um encaixe entre os padrões de mudança dinâmica das informações que chegam e os modelos mentais quando há ressonância entre eles.

E, sugiro, tal ressonância cria sentimentos positivos que são o veículo pelo qual o potencial inerente da mente para a integralidade guia e motiva os efeitos harmonizadores da criação de um todo criativo. Capítulos posteriores explora-

---

* ART "é uma teoria cognitiva e neural de como o cérebro aprende a lidar, categorizar, reconhecer e prever objetos e eventos em um mundo em mudança. Atualmente, tem a mais ampla gama explicativa e preditiva das teorias cognitivas e neurais disponíveis" (Grossberg, 2013, p. 1).

rão em detalhes as implicações dessa ideia-chave. Por enquanto, será útil analisar de perto como a ressonância pode criar harmonia na mente.

RESSONÂNCIA SIMPÁTICA

Imagine dois diapasões da mesma frequência, cada um montado em uma caixa de ressonância (Fig. 4.4).

Se um dos diapasões for golpeado e, depois, silenciado, o outro soará em ressonância (literalmente, *ressoando*), mesmo que ele mesmo não tenha sido golpeado diretamente. A extensão da ressonância reflete a relação entre as notas dos dois diapasões: ela é maior quando as notas são as mesmas, e fica progressivamente mais fraca à medida que as notas são menos harmoniosamente relacionadas. Dessa forma, a extensão da ressonância simpática fornece um indicador da semelhança – ou relação – de notas diferentes. Por exemplo, se você pegar um violino e colocar pequenos pedaços de papel dobrado sobre cada uma de suas cordas e, depois, soar um diapasão correspondente ao tom natural de uma das cordas, essa corda, e somente ela, vibrará o suficiente para lançar fora o pedaço de papel.

A ressonância simpática também funciona na outra direção: o som do segundo diapasão da Figura 4.4, se adequadamente amplificado, reativará o primeiro diapasão, novamente em uma extensão que reflete a relação das duas notas. Se as duas notas estiverem intimamente relacionadas, uma troca de vibrações entre elas pode criar um estado de ressonância mais duradouro. Essa é a ideia-chave subjacente à maneira de detectar similaridade sugerida pela ART que

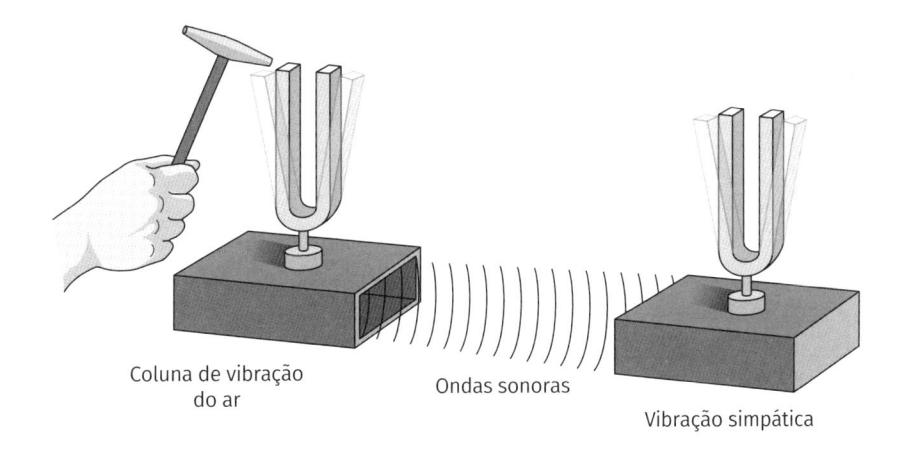

FIGURA 4.4 Ressonância simpática entre dois diapasões.

mencionei anteriormente: "Quando há uma correspondência suficientemente boa entre padrões de sinais de baixo para cima e de cima para baixo... seus sinais de *feedback* positivo amplificam, sincronizam e *prolongam* sua ativação mútua, levando a um estado ressonante" (ênfase acrescentada).

A mente "sabe" quando há um encaixe entre os modelos mentais holístico--intuitivos que ela está criando e os padrões de informações que chegam do mundo quando há ressonância entre eles. Tal ressonância "diz" à mente que os modelos mentais e as informações que chegam estão "em harmonia", à medida que mudam juntos de um momento para o outro. E, sugiro, essa harmonia é sentida como intrinsecamente boa.

A ressonância também proporciona, fundamentalmente, um *mecanismo* por meio do qual a criação de um todo criativo pode integrar diferentes padrões de informações em todos coerentes e de ordem superior. Um relato verdadeiro da história da ciência ilustra como a ressonância simpática pode apoiar o tipo de auto-organização que isso envolve (Quadro 4.4).

A miraculosa descoberta de Huygens é uma ilustração encantadora do poder da ressonância simpática para unir partes separadas – dois pêndulos que balançam independentemente e as tábuas do piso e as caixas do pêndulo que transmitiam as vibrações entre eles – em um todo coerente. Essa ligação dependia de padrões de influência mútua entre as partes. Cada pêndulo aproximava o outro de sua própria frequência, enquanto, ao mesmo tempo, ele mesmo se aproximava da frequência do outro. No final, os dois pêndulos convergiram em uma frequência comum. A frequência final comum do todo era *diferente* dos valores iniciais de qualquer um dos pêndulos, que eram suas partes. Não apenas isso – as propriedades do todo resultante também eram *diferentes* da soma de suas partes –, o *feedback* entre os pêndulos os mantinha inabalavelmente presos à frequência comum de tal forma que dava ao sistema inteiro o poder de manter o tempo com muito mais precisão do que qualquer um dos dois relógios trabalhando isoladamente.

O sistema total no qual os padrões de ativação neural influenciam uns aos outros para criar todos coerentes de ordem superior é muito mais complexo do que o sistema que Huygens observou de seu leito enquanto estava doente. No entanto, com um pouco de imaginação, podemos ver como o mesmo processo básico de ressonância simpática pode proporcionar um mecanismo por meio do qual a criação flexível de um todo holístico-intuitivo pode criar modelos mentais – e, então, manter esses modelos continuamente aperfeiçoados e ajustados aos padrões em constante mudança das informações que chegam dos mundos interno e externo. Esse processo fundamenta o senso de compromisso com a experiência que caracteriza muito do conhecimento holístico-intuitivo.

QUADRO 4.4 A "milagrosa" descoberta de Christiaan Huygens

O eminente físico holandês Christiaan Huygens inventou o relógio de pêndulo. Em 1665, ele ficou confinado ao seu quarto devido à uma doença e fez uma observação surpreendente sobre dois relógios recém-montados. Ele a descreveu assim em uma carta a seu pai:

> Tenho notado um efeito admirável sobre o qual ninguém jamais poderia ter pensado. É que esses dois relógios pendurados um ao lado do outro, separados por apenas 30 ou 60 centímetros, têm uma concordância tão exata que os pêndulos sempre oscilam juntos, sem variação. Depois de observar isso por um tempo, finalmente descobri que isso ocorre por meio de uma espécie de simpatia: misturando as oscilações dos pêndulos, descobri que, dentro de meia hora, eles sempre voltam à consonância e permanecem assim constantemente depois, enquanto eu os deixo funcionar. Então, separei-os, pendurando um no final da sala e o outro a 1,5 m de distância, e notei que, em um dia, havia uma diferença de cinco segundos entre eles. (em Strogatz, 2004, p. 106)

Inicialmente, Huygens pensou que esse efeito de simpatia (que ele descreveu como "milagroso" em outra carta) era o resultado de cada relógio influenciando o outro por meio de vibrações no ar. Posteriormente, como resultado de experiências engenhosamente simples, ele demonstrou que o efeito de sincronização era, na verdade, o resultado de vibrações transmitidas entre os pêndulos através do chão: cada pêndulo influenciava o outro até convergir exatamente na mesma frequência de oscilação. Em seguida, eles mantiveram-se firmes nessa frequência por dias a fio.

(Você pode ver uma demonstração vívida do poder da ressonância simpática para colocar um grupo maior de pêndulos em sincronia assistindo ao vídeo do YouTube *Sympathetic Resonances Demonstration*.)

RESSONÂNCIA, ENGAJAMENTO E CRIAÇÃO DO TODO

A relação entre conhecedor e conhecido é muito diferente no conhecimento holístico-intuitivo e no conhecimento conceitual. Na mente conceitualmente dominada (pensamento), recebemos apenas informações suficientes para adequar os conceitos à experiência. Depois, retiramo-nos para um mundo mental interior, onde trabalhamos com esses conceitos. Nós nos desligamos de nossa experiência do momento, e permanecemos separados dos "objetos" que vemos. Em contrapartida, no conhecimento holístico-intuitivo, nós nos engajamos com a experiência em uma relação contínua de influência mútua. Estar "presente" com nossa experiência dessa forma mantém nossos modelos mentais holísticos afinados e ajustados à sua natureza em constante mudança.

A qualidade do conhecimento na criação do todo holístico-intuitivo flexível reflete o processo subjacente de ressonância em que se baseia: podemos chamá-lo de "saber com e pela ressonância". A relação sugerida por *Desenhando mãos*, de Escher, é aquela em que o conhecedor e o conhecido estão intimamente ligados: eles compartilham uma relação íntima contínua, em que cada parte é continuamente alterada pela outra e pela relação entre elas. Na consciência da criação do todo criativo, a ressonância simpática mantém o conhecedor e o conhecido juntos em um processo de influência mútua e de interação fluida. Momento a momento, a criação de novos modelos mentais mantém o "interior" e o "exterior" em sincronia e harmonia: temos a sensação de estarmos envolvidos, engajados e plenamente presentes com nossa experiência em desdobramento.

Para vivenciar o significado holístico-intuitivo de um poema, precisamos "nos aproximar" plenamente dele: idealmente, lemos em voz alta, engajando-nos ativamente na experiência total dos sons das palavras, das imagens ou das associações que elas evocam, sentindo até mesmo o modo como isso afeta nosso corpo. Se lermos um poema como se fosse uma prosa – apenas passando os olhos superficialmente por ele para obter a essência de seu significado factual –, seu significado holístico-intuitivo nos escapará. Podemos nos perguntar por que alguém iria querer se preocupar muito com poesia. Da mesma forma, se apenas olharmos para uma pintura de um antigo mestre, observando brevemente os objetos dentro dela e qualquer história que ela possa representar, não vivenciaremos todo o seu potencial de significado holístico-intuitivo. Isso só pode ser revelado por nossa contínua exploração ativa e por um envolvimento íntimo com ela.

No devido tempo, veremos que as qualidades de engajamento, presença e relacionamento são características centrais do conhecimento de *mindfulness* e do despertar interior. Elas refletem um padrão subjacente de processamento que desempenha um papel fundamental nessas duas áreas da experiência humana.

O Capítulo 5 descreve esse padrão central. Os capítulos seguintes explorarão as suas implicações para a compreensão das características essenciais de *mindfulness* e do despertar interior.

PARTE II
Mindfulness

5

Mindfulness
O processo central subjacente

Por mais surpreendente que possa parecer, não há consenso sobre o que *mindfulness* realmente quer dizer.

Essa verdade incômoda se reflete no título que Mark Williams e Jon Kabat-Zinn deram a um livro de artigos acadêmicos que eles coeditaram: *Mindfulness: Diverse Perspectives on its Meaning, Origins and Applications* (2013). O Quadro 5.1 ilustra algumas das diversas perspectivas que foram apresentadas.

Comentando essa diversidade preocupante, Steven Hayes e Kelly Wilson apontaram que *"mindfulness* é tratada às vezes como uma técnica, às vezes como um método ou conjunto de técnicas mais gerais, às vezes como um processo psicológico que pode produzir resultados e, às vezes, como um resultado em si e por si mesmo. Os princípios reais que unem todos esses níveis normalmente permanecem não especificados" (Hayes & Wilson, 2003).

Esta última frase levanta a possibilidade tentadora de que, não obstante, possam existir princípios subjacentes comuns, os quais têm o poder de conciliar diferentes pontos de vista. Talvez a situação atual com *mindfulness* seja análoga à da tradicional história dos homens cegos e do elefante (Quadro 5.2).

Seria possível que cada visão diferente de *mindfulness* esteja descrevendo a mesma realidade subjacente comum de uma perspectiva parcial e limitada, como os homens cegos e o elefante? Podemos encontrar uma ordem unificadora se baixarmos do nível da descrição para o nível do processo subjacente?

Se quisermos levar essa possibilidade a sério, precisaremos ir além das descrições de *mindfulness* com a linguagem cotidiana. Apesar de tais descrições serem de fácil acesso e imensamente úteis, até agora, elas não foram capazes de identificar a natureza fundamental de *mindfulness*.

QUADRO 5.1 Pontos de vista sobre *mindfulness*

> Uma definição operacional e funcional de *mindfulness* é: a consciência que emerge ao se prestar atenção de propósito, no momento presente e sem julgamento, ao desdobramento da experiência momento a momento.
> *Jon Kabat-Zinn (2003, p. 145)*
>
> *Mindfulness* é uma capacidade natural, treinável e humana; ajuda a trazer atenção e consciência para todas as experiências; está igualmente aberta a tudo o que está presente em um dado momento; transmite atitudes de curiosidade, simpatia e compaixão; é discernimento; está a serviço de sofrer menos, desfrutar de maior bem-estar e levar uma vida significativa e gratificante.
> *Christina Feldman e Willem Kuyken (2019, p. 26)*
>
> *Mindfulness* nos lembra o que devemos fazer, vê as coisas como elas realmente são e vê a verdadeira natureza de todos os fenômenos.
> *Henepola Gunaratana (2002, p. 142)*
>
> Eu defino *mindfulness* como a prática de estar plenamente presente e vivo, corpo e mente unidos. *Mindfulness* é a energia que nos ajuda a saber o que está acontecendo no momento presente.
> *Thich Nhat Hanh (2008)*
>
> Propomos um modelo de dois componentes de *mindfulness*. O primeiro componente envolve a autorregulação da atenção para que ela seja mantida na experiência imediata, permitindo, assim, um maior reconhecimento dos eventos mentais no momento presente. O segundo componente envolve a adoção de uma orientação particular para as próprias experiências no momento presente, uma orientação que é caracterizada pela curiosidade, abertura e aceitação.
> *Scott Bishop et al. (2004, p. 232)*

As descrições utilizando os conceitos de ciência cognitiva e psicologia cognitiva oferecem a possibilidade de uma precisão muito maior. Elas também apresentam o enorme bônus de nos conectarem diretamente a *insights* obtidos ao longo de muitos anos de teorização e pesquisa psicológica. As análises expressas nesses termos mais precisos tornam mais provável que, com engenhosidade suficiente, possamos usar estratégias de investigação psicológica testadas e comprovadas para testar nossas ideias no cadinho da pesquisa empírica: em última análise, a maneira mais eficaz de desenvolver e melhorar a compreensão que a humanidade tem desenvolvido até agora.

QUADRO 5.2 A parábola do elefante e dos homens cegos

> Um grupo de cegos soube que um animal estranho, chamado de elefante, havia sido trazido à cidade, mas nenhum deles estava ciente de sua forma. Por curiosidade, eles disseram: "Devemos inspecioná-lo e conhecê-lo pelo toque, do qual somos capazes". Então, eles procuraram o elefante e, quando o encontraram, o apalparam. A primeira pessoa, cuja mão pousou na tromba, disse: "Este ser é como uma cobra grossa". Para outro, cuja mão chegou ao ouvido do elefante, parecia uma espécie de leque. Outra pessoa, cuja mão pousou sobre a perna do elefante, concluiu que ele era um pilar como um tronco de árvore. O cego que colocou sua mão sobre o lado do animal disse: "O elefante é um muro". Outro, que sentiu sua cauda, a descreveu como uma corda. O último sentiu sua presa, afirmando que elefante é o que é duro, liso e parecido com uma lança.

Os subsistemas cognitivos interativos (ICS, do inglês *interacting cognitive subsystems*) fornecem uma estrutura teórica na qual as ideias podem ser expressas por meio da linguagem da ciência cognitiva. Para começar, resumirei um ponto de vista sobre *mindfulness* que resulta das explorações que já realizamos. Em seguida, introduzirei dois conceitos-chave da psicologia cognitiva e os utilizarei para expressar e ilustrar essas ideias com mais precisão. Nos capítulos seguintes, veremos como essas ideias podem melhorar e enriquecer nossa compreensão das muitas facetas e dimensões do fenômeno que chamamos de *mindfulness*.

A PROPOSTA PRINCIPAL

O Quadro 5.3 apresenta uma versão preliminar, em linhas gerais, do processo central em *mindfulness* que emerge naturalmente das explorações que fizemos até agora.

Posso ilustrar essas ideias com um incidente descrito por Thich Nhat Hanh em seu clássico *The Miracle of Mindfulness* (Nhat Hanh, 1987, p. 5):

> Lembro-me de alguns anos atrás, quando Jim e eu estávamos viajando juntos pela primeira vez nos Estados Unidos, sentamo-nos embaixo de uma árvore e compartilhamos uma tangerina. Ele começou a falar sobre o que estaríamos fazendo no futuro. Sempre que pensávamos em um projeto que parecia atraente ou inspirador, Jim ficava tão imerso nele que literalmente se esquecia do que estava fazendo no presente. Ele colocou um gomo da tangerina na boca e, antes de co-

QUADRO 5.3 *Mindfulness*: o processo central

> O processo central em *mindfulness* é a criação flexível de novos modelos mentais de experiência personalizados, momento após momento. Esse processo é controlado pelo conhecimento holístico-intuitivo e ligado à experiência de atenção consciente.
>
> Diferentes visões de *mindfulness* refletem aspectos distintos do mesmo processo central subjacente, com diferenças nos tipos de modelos mentais criados.

meçar a mastigá-lo, já tinha outro gomo pronto para ser colocado novamente na boca. Ele mal estava consciente de que estava comendo uma tangerina. Tudo o que eu tinha a dizer era: "Você deveria comer o gomo de tangerina que já pegou". Jim ficou surpreso ao perceber o que estava fazendo.

Era como se ele nem tivesse comido a tangerina. Ele parecia estar "comendo" seus planos futuros.

Uma tangerina tem gomos. Se você puder comer apenas um gomo, provavelmente poderá comer a tangerina inteira. Mas se você não puder comer um único gomo, não poderá comer a tangerina. Jim entendeu. Ele abaixou a mão lentamente e se concentrou na presença do gomo em sua boca. Mastigou-o pensativamente antes de pegar mais um gomo.

Enquanto Jim contemplava ideias de projetos *futuros*, laços mentais internos controlados pelo conhecimento conceitual (Cap. 2) levaram-no a uma viagem no tempo mental: ele pensou sobre o que esses projetos poderiam alcançar e em como isso poderia ser feito. Nesse pensamento, a criação do todo automática se baseia em modelos mentais holístico-intuitivos prontos, que incorporam estratégias de resolução de problemas gerais, extraídas de muitas experiências anteriores. Esses modelos já existem, armazenados na memória. Esse processamento conceitualmente orientado concentrado em objetivos envolve um estreito foco exclusivo de atenção (como no experimento do gorila que discutimos no Cap. 2). Todas as informações relacionadas com outros aspectos da situação, como o gosto, a visão e o cheiro da tangerina, são espremidas para fora da consciência: Jim ficou tão imerso em seu pensamento "que literalmente se esqueceu do que estava fazendo no presente".

Com os recursos executivos da mente (que discutiremos em breve) totalmente focados no planejamento futuro conceitual, os processos automáticos cuidam do ato real de comer a tangerina. Nem o conhecimento conceitual nem o holístico-intuitivo estão envolvidos no processamento desse aspecto da experiência: a alimentação de Jim está "no piloto automático".

Então, Thich Nhat Hanh chama a atenção de Jim para o que está acontecendo, levando-o a tomar consciência de sua experiência *atual*. Agora, o controle passa do conhecimento conceitual para o conhecimento holístico-intuitivo. O conhecimento holístico-intuitivo concentra-se em informações derivadas diretamente da experiência *sensorial atual* (Cap. 3) – a visão, o gosto e o cheiro da tangerina e as sensações físicas à medida que o gomo de tangerina é levado à boca de Jim e mastigado –, em vez de em ideias relacionadas com projetos *futuros*. A consciência clara e vívida de Jim de sua experiência em constante mudança reflete a criação flexível de modelos mentais sutilmente diferentes de um momento para o outro. Essa criação do todo criativa e dinâmica de momento a momento une continuamente todas as vertentes separadas da experiência de Jim para criar um todo coerente e uma experiência rica: em cada momento que passa, Jim está atento.

Anteriormente, sugeri que dois conceitos-chave da ciência cognitiva podem nos ajudar a preencher os detalhes do esboço da proposta no Quadro 5.3. Agora, é hora de introduzir o primeiro deles. No Capítulo 4, sugeri que a criação flexível do todo requer *trabalho mental interno*. Podemos usar um conceito psicológico mais preciso para descrevê-lo: *processamento controlado*.

PROCESSAMENTO CONTROLADO

Na psicologia cognitiva, o processamento *controlado* é muitas vezes explicado pelo contraste com o processamento *automático*: "Processamento automático é a ativação de uma sequência aprendida de elementos na memória de longo prazo, que é iniciada por entradas apropriadas e então procede automaticamente sem controle do indivíduo, sem sobrecarregar as limitações de capacidade do sistema e sem necessariamente exigir atenção. O processamento controlado é uma ativação temporária de uma sequência de elementos que pode ser configurada rápida e facilmente, mas requer atenção, tem capacidade limitada (geralmente em série) e é controlada pelo indivíduo" (Schneider & Shiffrin, 1977, p. 1).

O processamento controlado está particularmente associado a situações novas ou difíceis que requerem atenção consciente. O processamento automático, por sua vez, está mais associado a situações familiares com que se pode lidar adequadamente por meio de rotinas mentais bem ensaiadas, muitas vezes com pouca consciência do que está ocorrendo.

O motor central da cognição

Na estrutura dos ICS, o processamento controlado é uma propriedade emergente das interações bidirecionais entre o conhecimento conceitual e o conhecimento holístico-intuitivo.

Embora nossas duas formas de conhecer e fazer sentido sejam radicalmente diferentes e criem mundos de experiência distintos, elas também estão intimamente inter-relacionadas de maneiras que permitem que cada uma delas afete a outra. Os padrões de significado conceitual contribuem decisivamente para a criação de modelos mentais holístico-intuitivos (ver Fig. 3.3). Na história do metrô, por exemplo, apenas uma nova peça de informação conceitual ("a mãe deles morreu há uma hora") transformou totalmente o modelo mental de Covey. Da mesma forma, modelos holístico-intuitivos podem gerar significados conceituais. Os modelos mentais são ricos em conhecimento implícito, que nos permite fazer inferências, extrair implicações e antecipar consequências de diferentes cursos de ação e o que é provável que aconteça em seguida.

No episódio do metrô, o conhecimento implícito nos modelos mentais criados ao ouvir a notícia da morte da mãe geraria pensamentos (significados conceituais) como "as crianças estão agindo impulsivamente (*acting out*) porque acabaram de perder a mãe". Essa nova ideia poderia, então, moldar um novo e diferente modelo mental. Esse modelo, por sua vez, poderia gerar outros significados conceituais, de modo que um intercâmbio contínuo entre eles enriqueceria uma compreensão reveladora da situação e desenvolveria maneiras de responder a ela (Fig. 5.1).

Os ICS sugerem que a interação bidirecional – a "conversa" dinâmica –, mostrada na Figura 5.1, sustenta todas as formas de processamento controlado na mente humana. Refletindo esse papel-chave, Phil Barnard e eu chamamos esse padrão dinâmico de autocontrole de "o motor central da cognição". Esse padrão preenche as funções que outras abordagens psicológicas atribuem a um "executivo central", ou aos assim chamados "recursos executivos".

FIGURA 5.1 O motor central da cognição: subsistemas de conhecimento holístico-intuitivo e conceitual "em conversa".

Dois tipos de processamento controlado

Como em qualquer conversa, o resultado das trocas no motor central da cognição dependerá muito de qual parceiro está no controle. Os ICS sugerem que existem dois tipos de processamento controlado. No primeiro, o conhecimento conceitual está "no comando" da conversa. Nesse arranjo, a criação do todo holístico-intuitivo é, em grande parte, automática: baseia-se em modelos mentais *prontos* que já existem na memória. No segundo tipo de processamento controlado, é o conhecimento holístico-intuitivo está "no comando". Nesse arranjo, a criação do todo holístico-intuitivo é flexível e criativa: fundamentalmente, ela pode *criar* modelos mentais.

Quando nenhuma das duas formas de conhecimento está comandando o processamento de um determinado fluxo de informações, a mente opera "automaticamente" no que se refere às informações.

A Figura 5.2 esboça os três diferentes padrões pelos quais nossas duas formas de conhecimento podem interagir e sugere uma ligação entre os diferentes padrões de conversação e três tipos distintos de experiência subjetiva. Há consenso entre os psicólogos de que o processamento controlado está associado à consciência. Os ICS vão mais longe. Eles associam processamento conceitual controlado e processamento holístico-intuitivo controlado a diferentes qualidades de experiência consciente: sugerem que, com o conhecimento conceitual no comando do processamento controlado, nossa experiência é de *pensamento*; com o conhecimento holístico-intuitivo no comando do processamento controlado, a consciência envolve uma rica *consciência da experiência*; e quando nenhum dos dois tipos de processamento controlado está envolvido, a mente processa infor-

HOLÍSTICO- -INTUITIVO	HOLÍSTICO- -INTUITIVO	HOLÍSTICO- -INTUITIVO
CONCEITUAL	CONCEITUAL	CONCEITUAL
Conhecimento conceitual no controle	Conhecimento holístico--intuitivo no controle	Nenhum dos dois conhecimentos no controle
"Pensamento"	"Consciência da experiência"	"Piloto automático"

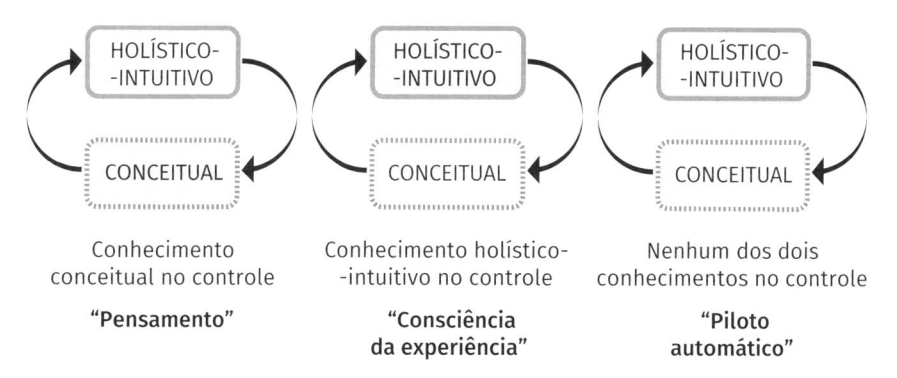

FIGURA 5.2 Três modos do motor central da cognição (o sombreamento cinza indica o subsistema no controle de processamento).

mações no *piloto automático*: quase não há consciência desses aspectos da experiência. (Discutiremos essas diferenças com mais detalhes no Cap. 7.)

As diferenças entre o processamento conceitual controlado e o processamento holístico-intuitivo controlado estão intimamente ligadas às diferenças relacionadas com a *memória operacional* – o segundo dos conceitos-chave da psicologia cognitiva que irá enriquecer e aprofundar nossa exploração.

MEMÓRIA OPERACIONAL

A memória operacional é um espaço de trabalho dentro da mente que pode conter quantidades limitadas de informações por curtos períodos, enquanto elas são trabalhadas (processadas). Na memória operacional, pedaços de informações (partes) separadas são reunidos para criar padrões mais amplos (todos), com propriedades diferentes e maiores do que a soma das partes tomadas separadamente. Esses novos padrões podem moldar um novo entendimento e uma nova ação. Por exemplo, as palavras desta frase, se processadas uma de cada vez, isoladas umas das outras, comunicariam um significado muito limitado. Por sua vez, as mesmas palavras, se mantidas na memória operacional e vistas todas juntas para criar um padrão mais amplo de informação, podem transmitir um significado muito mais rico.

A memória operacional pode integrar informações deste momento, de momentos recentes e do passado (da memória de longo prazo) para criar um todo coerente. Ao lermos um romance, por exemplo, nosso entendimento reflete não apenas as palavras da frase que acabamos de ler, mas também de outras frases do mesmo capítulo que lemos alguns minutos antes e de capítulos anteriores que talvez tenhamos lido na semana passada. Esse padrão total de informação, mantido junto na memória operacional para criar um todo coerente, comunica um rico significado e compreensão, constituídos por camadas múltiplas.

Diferentes tipos de memória operacional

Os ICS reconhecem uma série de tipos de memória operacional,* cada um especializado em lidar com diferentes informações. Essa especialização significa, fundamentalmente, que cada tipo de memória operacional só pode lidar com

---

* Os ICS, na verdade, usam o conceito de *memória temporária* ou *registro de imagem*, em vez de memória operacional (Barnard, 1999), mas, para nossos propósitos, podemos usar esses termos de forma equivalente.

um tipo de informação, assim como cada tipo diferente de informação só pode ser processado em sua própria memória operacional dedicada.

As memórias operacionais de maior interesse para nós são aquelas que processam as duas maneiras de conhecimento da mente.

Memória operacional conceitual

Na memória operacional conceitual, os padrões de informação relacionados com diferentes conceitos e ideias podem ser mantidos juntos ao mesmo tempo. Isso permite que a *relação* entre diferentes ideias seja avaliada de forma que não seria possível se elas fossem processadas separadamente, isoladas umas das outras. Essa capacidade é crucial para um processamento flexível e focalizado em metas (Cap. 2): aqui, a ação é orientada pela *comparação* de uma ideia do estado atual das coisas com uma ideia da meta futura (Fig. 5.3).

Essa comparação permite que a ação seja direcionada para reduzir a distância entre essas duas ideias, o que seria simplesmente impossível se elas fossem consideradas individualmente. Por essa razão, o *envolvimento ativo da memória operacional conceitual é essencial à estratégia conceitual para atingir metas*. Também é essencial a outras estratégias que dependem da comparação de ideias do que é com o que *poderia ser* ou o que *deveria ser* – como as comparações destacadas na teoria da autodiscrepância, discutidas no Capítulo 1.

Memória operacional holístico-intuitiva

Na memória operacional holístico-intuitiva (Fig. 5.4), a capacidade de olhar para diferentes padrões de informações holístico-intuitivas fornece uma maneira de integrar padrões separados em todos mais amplos – para, assim, formar novos modelos mentais.

No espaço de trabalho da memória operacional holístico-intuitiva, fragmentos de informações holístico-intuitivas de uma variedade de fontes – informa-

Ação

Ideia do estado atual   **Ideia** do estado futuro desejado (meta)

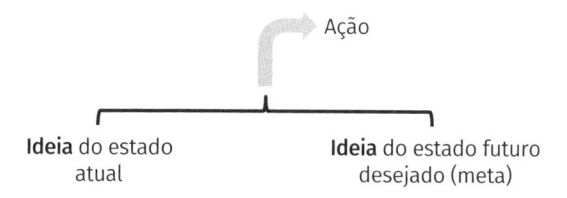

FIGURA 5.3 A memória operacional conceitual proporciona um lugar em que as ideias de estados reais e desejados podem ser comparadas.

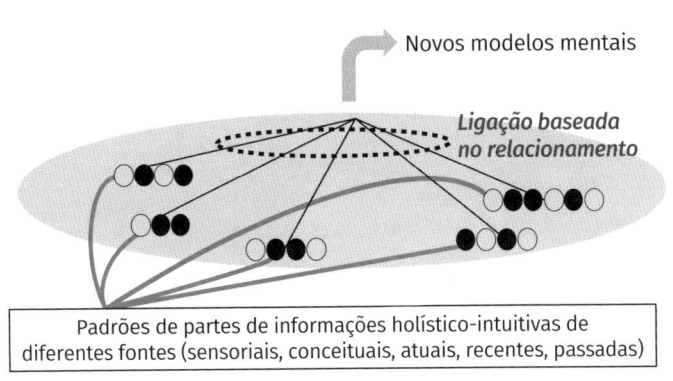

FIGURA 5.4 A memória operacional holístico-intuitiva é essencial para a criação de novos modelos mentais por meio da criação flexível do todo.

ções sensoriais e conceituais atuais, modelos mentais processados recentemente e modelos mentais armazenados acessados a partir da memória de longo prazo – podem ser unidos para criar modelos mentais coerentes que ofereçam o melhor ajuste às informações que chegam a cada momento. É um pouco como sacudir um caleidoscópio até que todos os fragmentos separados de vidro colorido se fixem no padrão integrado mais agradável; aqui, o processo de criação do todo é autoguiado por sentimentos positivos ligados a uma maior coerência (Cap. 4).

O processo de ligar diferentes fragmentos de informações na memória operacional está no cerne da criação de um todo criativo holístico-intuitivo. Como veremos no Capítulo 8, esse processo oferece uma maneira de curar o sofrimento por meio da mudança dos modelos mentais que o criam. Nem a criação do todo holístico-intuitivo flexível nem a cura do sofrimento poderiam ocorrer se os padrões de informações holístico-intuitivos fossem processados separadamente, isolados uns dos outros. *O envolvimento ativo da memória operacional holístico-intuitiva é essencial para o processamento holístico-intuitivo controlado e para a criação de novos modelos mentais por meio da criação de um todo flexível.*

Memória operacional e experiência subjetiva

Muitos psicólogos têm sugerido que a memória operacional está relacionada com a consciência: que, em qualquer momento, estamos muito conscientes das informações que estão sendo processadas naquele momento na memória operacional (p. ex., Baddeley, 2000; Baars & Franklin, 2003). Os ICS sugerem, ainda, que a memória operacional influencia não apenas *do que* estamos conscientes, mas também *como* estamos conscientes: a natureza de nossa experiência subjetiva. Como cada memória operacional processa um tipo diferente de informação, a qualidade da experiência subjetiva em qualquer momento refletirá a memória operacional que está ativa e em controle naquele ponto. As diferentes qualidades da experiência subjetiva do processamento conceitual controlado e do processamento holístico-intuitivo controlado que discutimos anteriormente (ver Fig. 5.2) refletem o fato de que a memória operacional conceitual é ativa e "aberta para os negócios" em um caso, ao passo que a memória operacional holístico-intuitivo é ativa e "aberta para os negócios" no outro.

Essa ideia tem implicações extremamente importantes para nós, pois significa que podemos usar nossa experiência subjetiva em qualquer momento como um ponteiro para a forma subjacente da mente naquele momento. Uma *consciência da experiência atual* clara e rica – visões, sons, cheiros, sabores, sensações corporais, sentimentos, sentidos e pensamentos (como aspectos da experiência) – aponta para o envolvimento de uma memória operacional holístico-intuitiva e para um processamento holístico-intuitivo controlado. Quando uma criação do todo coerente e flexível é sustentada por qualquer período, ela será acompanhada de sentimentos positivos (Cap. 4).

A experiência subjetiva de pensar – sobretudo a sensação de estar imerso ou perdido no pensamento –, por sua vez, sugere que a memória operacional conceitual e o processamento controlado conceitual estão envolvidos. Por razões que discutirei em breve, com a mente nessa forma, é impossível criar um todo holístico-intuitivo flexível.

A sensação de viver no piloto automático, apenas vagamente consciente de aspectos da experiência, quando muito, nos diz que estamos processando informações automaticamente com relação a esses aspectos da experiência.

Podemos usar a história do metrô para ilustrar essas ideias. A reação inicial de Covey ao comportamento tempestuoso das crianças refletiu o processamento controlado por memória operacional conceitual. Os gritos e o comportamento selvagem das crianças, combinados com a aparente indiferença do pai, criaram uma discrepância na memória operacional conceitual: por um lado, havia ideias descrevendo o comportamento da família; por outro, ideias refletindo padrões de como ela "deveria" se comportar.

Essa discrepância ativou automaticamente modelos mentais preexistentes na memória de longo prazo relacionados com a "violação de normas sociais/má competência parental". A ativação desses modelos desencadeou uma sensação de julgamento justo e irritação. Também previu uma ameaça contínua a qualquer desejo de manter um *self* ideal "seguro e pacífico". O processamento conceitual focado em metas em seguida mudou e se concentrou em descobrir como evitar essa ameaça: como Covey poderia fazer a família se comportar como "deveria" e, ao mesmo tempo, não violar as exigências de seu próprio *self*, que exigia que ele mesmo fosse "razoável" e "bem-comportado". Isso significava, por exemplo, que ele tinha de inibir qualquer impulso automático de se levantar e despejar sua ira contra aquele pai.

Após a devida deliberação conceitual, Covey agiu "com o que (ele) sentiu ser uma paciência e contenção incomuns": informou ao pai sobre o erro de seu comportamento e sugeriu que ele fizesse algo a respeito de seus filhos incontroláveis.

Nesse modo conceitualmente dominado, a mente de Covey concentrou-se exclusivamente nas ideias relacionadas com as discrepâncias ideais e reais e o que fazer a respeito delas. Esse foco restrito impediu qualquer consciência de aspectos mais amplos da situação, como pistas sobre a razão pela qual a família poderia estar se comportando da maneira como se comportava. Em vez de criar modelos mentais para entender essa situação única, a mente de Covey baseou-se em antigos modelos mentais relacionados com o julgamento justo e a culpa, já disponíveis na memória.

Tudo isso mudou, é claro, assim que a intervenção de Covey suscitou as novas informações vitais "sua mãe morreu há cerca de uma hora". Essas novas informações motivaram a necessidade imediata da criação de um novo modelo. Isso exigiu uma mudança na configuração da mente: uma mudança para uma configuração com memória operacional holístico-intuitiva no controle. A criação de um todo holístico-intuitivo flexível poderia, então, recorrer a todas as fontes de informação relevantes, presentes e passadas, para criar um novo modelo mental individualizado para as especificidades daquela situação única. Muito provavelmente, essa foi a primeira vez que a mente de Covey criou o modelo particular que surgiu na memória operacional holístico-intuitiva naquele momento. Esse novo modelo resolveu todos os aspectos da situação em um todo coerente. Isso levou diretamente a uma clara consciência de seu significado e a um afloramento espontâneo de sentimentos compassivos, empáticos e de ação: "Não tive de me preocupar em controlar minha atitude ou meu comportamento; meu coração encheu-se da dor do homem. Sentimentos de empatia e compaixão fluíram livremente". A qualidade cuidadosa, mas espontânea, dessa resposta com a memória operacional holístico-intuitiva no controle contrasta com qualquer reação automática impulsiva no "nível instintivo" (enfrentar, com raiva, o pai) e com a abordagem calculada, controladora e resolutiva de problemas com o conhecimento conceitual no comando.

Apenas um tipo de memória operacional de cada vez

Há um último aspecto crucial da perspectiva dos ICS sobre a memória operacional a ser enfatizado. Quando a mente está trabalhando com o conhecimento conceitual encarregado do processamento controlado, ela não pode criar modelos mentais – ela tem de confiar nos modelos existentes já armazenados na memória.

Essa restrição reflete uma suposição básica dentro da visão dos ICS sobre como a mente funciona: a memória operacional conceitual e a memória operacional holístico-intuitiva não podem "operar" ao mesmo tempo. Esse princípio operacional básico é necessário para evitar o problema de ações conflitantes que surgiriam se o processamento controlado conceitual trabalhasse visando metas em uma direção, enquanto o processamento holístico-intuitivo controlado desencadeasse ações em direções concorrentes. Isso significa que, quando a memória operacional conceitual está envolvida no gerenciamento do processamento focado em metas ou no pensamento verbal-conceitual mais amplo, a memória operacional holístico-intuitiva não está disponível para a criação de um todo holístico-intuitivo flexível. Em outras palavras, o *engajamento na abordagem focada em metas para alcançar a felicidade torna impossível a criação do todo holístico-intuitivo flexível*: a abordagem focada em metas não é apenas ineficaz e contraproducente (Cap. 1), mas também impede ativamente a possibilidade de o todo holístico-intuitivo flexível criar novos modelos mentais.

MINDFULNESS: O PROCESSO PRINCIPAL SUBJACENTE

Tendo introduzido os conceitos de processamento controlado e memória operacional, estamos agora em condições de fazer uma declaração mais precisa da perspectiva dos ICS sobre *mindfulness* (Quadro 5.4).

QUADRO 5.4 *Mindfulness*: o processo central

> O processo central em *mindfulness* é a criação flexível de novos modelos mentais individualizados de experiência (ou o ajuste fino dos modelos mentais existentes), momento a momento. Esse processo de criação flexível do todo é baseado em um processamento holístico-intuitivo controlado. Ele está ligado à experiência de atenção consciente e depende de uma configuração subjacente da mente, com a memória operacional holístico-intuitiva ativa e no controle.
>
> Diferentes pontos de vista sobre *mindfulness* refletem aspectos distintos desse mesmo processo central subjacente e da forma da mente – com diferenças nos tipos de modelos mentais criados.

Nos capítulos seguintes, veremos como essa perspectiva central dos ICS ilumina a prática e o uso de *mindfulness*. No Capítulo 6, começaremos explorando as maneiras pelas quais a *mindfulness* é cultivada.

6

Mindfulness
Como acontece

O Capítulo 5 sugeriu que há pouco consenso sobre o que é *mindfulness*. No entanto, há amplo consenso sobre o que *fazemos* para nos tornarmos conscientes. Isso faz do cultivo de *mindfulness* um bom lugar para começarmos a nossa exploração da perspectiva dos subsistemas cognitivos interativos (ICS, do inglês *interacting cognitive subsystems*).

O treinamento em *mindfulness* nos ensina como podemos mudar a forma de nossa mente à vontade. Aprendemos como mudar da forma habitual da mente – em que o processamento conceitual controlado ou o processamento automático dominam – para uma forma em que o processamento holístico-intuitivo controlado é o padrão dominante. Refletindo a íntima ligação entre a configuração de nossa mente e os padrões de atividade em nosso cérebro, as habilidades que aprendemos para mudar a forma de nossa mente também nos capacitam a mudar a atividade de nosso cérebro (p. ex., Farb et al., 2007; Wheeler, Arnkoff, & Glass, 2017).

O treinamento em *mindfulness* nos dá habilidades para suavemente moldar nossa mente para uma forma que apoie o desenvolvimento de novos modelos mentais individualizados. Também oferece uma maneira de cultivar modelos mentais mais saudáveis. Fazemos ambos aprendendo a prestar atenção de uma maneira diferente.

PRESTANDO ATENÇÃO PROPOSITALMENTE, NO MOMENTO PRESENTE E SEM JULGAMENTOS

De maneira célebre, Jon Kabat-Zinn (1994) descreveu *mindfulness* como "prestar atenção de uma maneira particular: propositalmente, no momento presente e sem julgamentos" (p. 4). Um olhar mais atento a essa orientação revela que ela fornece uma receita maravilhosamente concisa e precisa de um método para incentivar o processamento holístico-intuitivo controlado.

A prescrição começa sugerindo que prestemos atenção "propositalmente". Essa palavra aponta imediatamente para o envolvimento do processamento controlado: todas as abordagens psicológicas concordam que o comportamento intencional premeditado depende de tal processamento. No entanto, é o processamento conceitual controlado ou o processamento holístico-intuitivo controlado que está envolvido aqui? O restante da prescrição aponta claramente para o treinamento em *mindfulness* como uma forma de incentivar, especificamente, o processamento holístico-intuitivo controlado.

Primeiro, as instruções de Jon Kabat-Zinn nos convidam a prestar atenção "no momento presente". Por meio de sua estreita ligação com as contribuições sensoriais, o conhecimento holístico-intuitivo é fundamentado e ancorado no aqui e agora. O conhecimento conceitual, em contrapartida, não tem ligação direta com as contribuições sensoriais atuais: ele é livre para envolver-se em viagens no tempo mental, para visitar ideias do futuro e do passado. É por isso que as instruções para prestar atenção "no momento presente" são muito mais propensas a encorajar o processamento holístico-intuitivo controlado do que o processamento conceitual controlado.

O conselho para prestar atenção "sem julgamentos" aponta ainda mais fortemente para o envolvimento de um processamento holístico-intuitivo controlado. Nesse contexto, não julgar significa livre de julgamentos avaliativos que comparam ideias de como as coisas são com ideias de como deveriam ser, ou como gostaríamos que fossem – os tipos de julgamentos baseados em discrepâncias real-deveria ser ou real-ideal que são figuras centrais na teoria da autodiscrepância. Como esses julgamentos são baseados na comparação de uma ideia com outra, eles exigem o envolvimento da memória operacional conceitual. Para prestar atenção sem julgamentos, desligamos a memória operacional conceitual e o processamento conceitual controlado e, em vez disso, trazemos o processamento holístico-intuitivo controlado para o presente.

Vista através das lentes da perspectiva ICS, a descrição seminal sobre *mindfulness* de Jon Kabat-Zinn, de 1994, oferece uma receita precisa para uma maneira de prestar atenção que provavelmente promoverá o processamento holístico-intuitivo controlado, em vez do processamento automático ou do processamento conceitual controlado.

A perspectiva ICS também nos dá uma visão diferente do que muitas vezes é visto como um "problema", enquanto fazemos o nosso melhor para seguir a prescrição de Kabat-Zinn. Instruções para a meditação formal com *mindfulness* em geral nos encorajam a concentrar e descansar nossa atenção em um determinado objeto, como as mudanças nos padrões de sensações físicas, à medida que inspiramos e expiramos. Mais cedo ou mais tarde (geralmente mais cedo), tomamos consciência de que nossa atenção se desviou e estamos divagando ou funcionando de forma não consciente. O mais provável é que isso aconteça repetidamente. Do ponto de vista de uma mente voltada para o processamento de metas conceituais, essas divagações repetidas da mente são "falhas": ficamos aquém da meta de manter nossa atenção na respiração. A análise ICS traz uma visão mais esperançosa. Ela sugere que, cada vez que nossa atenção vagueia, isso nos oferece uma oportunidade preciosa de praticarmos uma mudança na configuração de nossa mente. Essas "falhas" nos dão chances repetidas de desenvolver habilidades para nos desligarmos do processamento conceitual controlado e passarmos para o processamento holístico-intuitivo controlado. Essas são exatamente as habilidades necessárias para transformar o sofrimento (Cap. 8) e seguir os caminhos do despertar interior (Cap. 14).

MANTENDO A CONSCIÊNCIA

O treinamento em *mindfulness* ensina como podemos mudar a configuração de nossa mente de maneira intencional – algo extremamente empoderador e realmente notável. Quanto ao aprendizado dessas habilidades, pode não importar muito onde focalizamos nossa atenção "propositalmente, no momento presente e sem julgamentos". O fundamental é que aprendamos a estar atentos.

Contudo, também há momentos em que precisamos afinar nossa habilidade atencional, quando precisamos saber como aplicar *mindfulness* a áreas específicas da experiência e sustentá-la lá. Podemos, por exemplo, desejar concentrar os poderes curativos e libertadores de *mindfulness* em áreas problemáticas, como a dor física – sensações intensas e penetrantes que podemos sentir nas costas. Ou podemos nos concentrar na dor emocional – a pesada sensação de perda que podemos sentir no peito. É aqui que o aprendizado da habilidade de manter a consciência é reconhecido. Nessa prática, focalizamos deliberadamente uma atenção interessada e cuidadosa (no momento presente e sem julgamentos) em aspectos da experiência problemática e, de maneira gradual, sustentamos esse foco. Fazemos isso, tanto quanto possível, sem qualquer desejo de mudar ou ficarmos livres da experiência desagradável – por mais paradoxal que isso possa parecer.

A perspectiva ICS entende essa prática como uma aplicação hábil da íntima relação entre consciência e memória operacional holístico-intuitiva. Como mencionado no Capítulo 5, os cientistas cognitivos geralmente consideram a consciência de uma experiência um sinal de que informações relacionadas estão sendo guardadas e processadas na memória operacional. Os ICS sugerem, ainda, que o *tipo* de consciência que vivenciamos é determinado pelo tipo particular de memória operacional envolvido; as qualidades subjetivas distintivas da consciência atenta apontam especificamente para o processamento de informações relacionadas na memória operacional holístico-intuitiva.

Dessa perspectiva, podemos ver a consciência atenta de uma experiência como um marcador – um sinalizador, talvez – de que as informações relacionadas com essa experiência estão sendo processadas na memória operacional holístico-intuitiva. Estar atento a uma experiência é uma forma hábil de trazer deliberadamente padrões de informações relacionados com a experiência para o espaço de trabalho da memória operacional holístico-intuitiva. Aí, a capacidade inerente da mente de criar o todo encontra e cria conexões de relacionamento entre padrões parciais de informações, integrando-os aos todos de novos modelos mentais. À medida que temos uma experiência de consciência atenta, a criação do todo desenvolve novos modelos mentais, que podem nos permitir ver experiências difíceis ou indesejadas de novas maneiras – por exemplo, como eventos impermanentes e impessoais que vêm e vão, aumentam e diminuem. Esses modelos nos permitem incorporar tais experiências com maior aceitação e gentileza (Fig. 6.1).

"Nós" não fazemos essa criação do todo. Tudo acontece "por si só", por meio da capacidade inerente da mente de criar o todo. Jon Kabat-Zinn (1994) descreve o mesmo processo da seguinte forma: "A consciência é a panela que contém todos os fragmentos, assim como a panela de sopa contém todas as cenouras, ervilhas, cebolas e similares picados e permite que eles cozinhem em um todo,

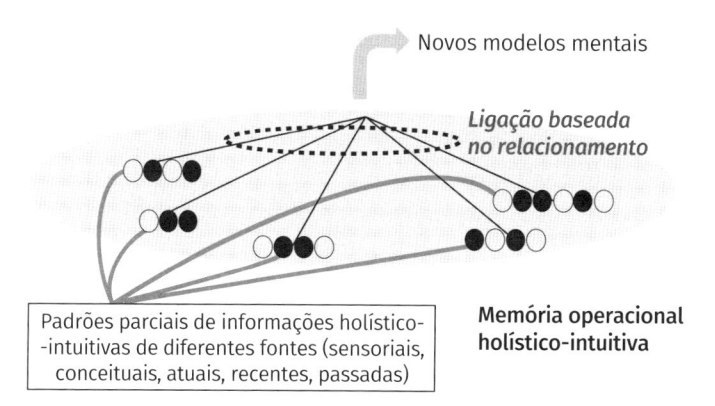

FIGURA 6.1 Mantendo a consciência: a criação de novos modelos mentais na memória operacional holístico-intuitiva.

a sopa em si. Mas é uma panela mágica, muito parecida com a panela de um feiticeiro, porque cozinha coisas sem ter que fazer nada, nem mesmo colocar fogo por baixo dela. A consciência em si faz o cozimento, desde que ele seja sustentado. Basta deixar os fragmentos se agitarem enquanto você os mantêm na consciência. O que quer que venha à mente e ao corpo vai para a panela, torna-se parte da sopa" (pp. 93-94).

Embora "nós" não façamos essa criação do todo, podemos, no entanto, influenciar o tipo de modelos mentais criados na memória operacional holístico-intuitiva. Essa possibilidade nos permite moldar modelos mentais que transformarão o sofrimento (Cap. 8) e despertarão nossos coração e mente (Cap. 13).

Ao manter experiências difíceis ou problemáticas na consciência, muitas vezes somos encorajados a estar atentos à forma como elas se manifestam no corpo. Isso se aplica a muitos outros tipos de experiência. Por que isso acontece?

POR QUE O CORPO?

> Dessa forma, em relação ao corpo, ela permanece contemplando o corpo internamente, ou ela permanece contemplando o corpo externamente, ou ela permanece contemplando o corpo tanto interna quanto externamente. Ela permanece contemplando a natureza de surgir no corpo, ou ela permanece contemplando a natureza de falecer no corpo, ou ela permanece contemplando a natureza de surgir e falecer no corpo. A atenção plena de que "há um corpo" é estabelecida nela na medida do necessário para o mero conhecimento e a atenção plena contínua.
> (de Satipaṭṭhāna Sutta;* Anālayo, 2003, p. 4)

Todas as abordagens para o treinamento e a prática de *mindfulness* colocam a atenção plena do corpo no centro do palco – pelo menos inicialmente. Que vantagens o corpo oferece para que lhe seja dado tal lugar de destaque?

As sensações corporais, em comum com visões e sons, só ocorrem *agora* – neste momento –, oferecendo um foco conveniente para prestar atenção "no momento presente". A esse respeito, o corpo não se diferencia particularmente de outras fontes sensoriais, como os olhos e os ouvidos.

Contudo, a análise dos ICS sugere outra vantagem-chave, única para o corpo, e que surge diretamente da história evolutiva da mente humana. A Figura 6.2 mostra a configuração geral da mente humana.

---

* As instruções originais para cultivar *mindfulness* que Buda deu a seus monges.

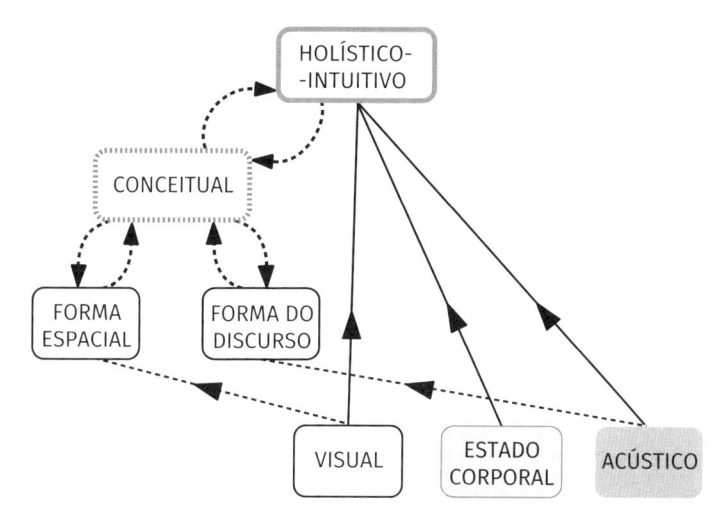

FIGURA 6.2 Um esboço dos ICS da mente humana, mostrando rotas diretas (linhas contínuas) e indiretas (linhas pontilhadas) através das quais as informações podem passar dos subsistemas sensoriais para o subsistema holístico-intuitivo.

Se você olhar cuidadosamente para a figura, verá que as informações corporais têm apenas uma rota – uma rota direta – do subsistema do estado corporal para o subsistema holístico-intuitivo. Por sua vez, as visões e os sons têm duas rotas. Uma delas é uma rota direta, semelhante à do subsistema do estado corporal. A outra é uma rota indireta, passando, primeiro, por níveis intermediários de informação, que tratam da fala ou relações espaciais, depois pelo nível de conhecimento conceitual, antes de finalmente chegar ao subsistema holístico-intuitivo.

Essas rotas indiretas são um legado dos desenvolvimentos da mente que permitiram a nossos antepassados primatas gerenciar ações manuais habilidosas dentro de grupos sociais. Essas tarefas exigiam o desenvolvimento de capacidades refinadas para o processamento de informações visuais e auditivas. Fundamentalmente, essas tarefas não exigiam o desenvolvimento de capacidades correspondentes para o tipo de informações corporais processadas pelo subsistema do estado corporal (Barnard et al., 2007). É por isso que as informações do subsistema do estado corporal, ao contrário das informações dos subsistemas visuais ou acústicos, têm apenas uma rota, direta, para o subsistema holístico-intuitivo. Nesse caso, o processamento de informações corporais retém muito da simplicidade da mente dos mamíferos não primatas.

Esse arranjo indica que as informações corporais, ao contrário das informações relacionadas com o som ou a visão, não passam por um estágio de processamento conceitual antes de chegar ao subsistema holístico-intuitivo. Por essa razão, é menos provável que elas sejam interrompidas, desviadas e enredadas nos laços internos centrados no subsistema conceitual que criam nossos mundos mentais internos de divagação (*mind wandering*, em inglês) e devaneio. Livres dessas influências perturbadoras, podemos considerar corretamente o corpo como a "estrada real" direta para a memória operacional holístico-intuitiva e o processamento atento.

A contribuição das sensações corporais para moldar os significados incorporados em modelos mentais holístico-intuitivos (Cap. 3) é mais uma razão poderosa para enfatizar as sensações corporais no treinamento formal em *mindfulness*. Como exemplo, as instruções de meditação *mindfulness* muitas vezes nos encorajam a adotar uma postura ereta e digna, ou uma expressão facial meio sorridente. Organizando nosso corpo dessa forma, temos uma maneira simples e direta de moldar os tipos de modelos mentais formados em nossa mente: *incorporando* uma atitude digna, incorporamos uma atitude correspondente nesses modelos; sorrindo, cultivamos temas de boa vontade e amizade nos modelos que moldam nossos pensamentos, sentimentos e ações.

A consciência atenta das sensações corporais também pode permitir que nossa mente faça um uso mais consciente e eficaz dessa fonte de informações. No Capítulo 3, vimos a poderosa influência que as informações do corpo podem ter sobre decisões e julgamentos importantes da vida. Elas também desempenham um papel importante nos ciclos de autoperpetuação que mantêm os transtornos emocionais (Cap. 8). Na maioria das vezes, desconhecemos essas influências. Isso nos coloca à mercê de modelos mentais armazenados, acionados a partir da memória pelas sensações corporais por meio da criação automática do todo. Esses modelos muitas vezes não serão úteis. A consciência atenta das sensações corporais pode nos livrar de tal automatização na criação do todo. Ela oferece uma maneira de permitir a criação de um todo criativo e flexível que integra sensações problemáticas com informações conceituais para criar modelos mentais novos e mais adaptáveis – modelos que podem nos livrar de ciclos emocionais autoperpetuadores e nos permitir tomar decisões de vida mais sábias.

A MENTE DO PRINCIPIANTE

O treinamento em *mindfulness* é sobre aprender a prestar atenção de uma maneira diferente. Além de sermos convidados a prestar atenção "propositalmente, no momento presente e sem julgamentos", também somos encorajados a imbuir nossa atenção de certas qualidades atitudinais, as quais influenciam poderosamente os tipos de modelos mentais criados. De maneira menos óbvia, elas também promovem mudanças mais gerais na configuração da mente. O incentivo para adotar a "mente do principiante" é um exemplo do que eu quero explicitar aqui.

A "mente do principiante" fornece uma descrição estranhamente precisa da experiência subjetiva que esperaríamos quando o processamento holístico-intuitivo controlado cria *novos* modelos mentais individualizados, momento a momento. Seria de esperar uma sensação de vida se desdobrando a cada momento, à medida que novos mundos de experiência são criados de um momento para o outro. Essa possibilidade está aberta a todos nós, mesmo àqueles que, tecnicamente, estão longe de serem verdadeiros iniciantes.

A expressão "mente do principiante" vem do mestre zen Shunryu Suzuki (1970): "Na mente do principiante há muitas possibilidades, mas na do especialista há poucas" (p. 21). Suas palavras fornecem uma descrição elegantemente concisa do contraste entre: 1) os novos modelos mentais, criados na mente do "principiante", ligados a formas novas e desconhecidas de responder, constantemente ajustados e refinados à luz de novas informações; e 2) os modelos mentais prontamente disponíveis, ligados a formas habituais e limitadas de reagir, acessados pela criação de um todo automático na mente do "especialista".

As instruções para a prática de *mindfulness* incentivam gentilmente os alunos a se engajarem na criação de novos modelos que a mente do principiante exige. O exercício da uva-passa, que muitas vezes inicia programas de redução do estresse baseada em *mindfulness* (MBSR, do inglês *mindfulness-based stress reduction*) e de terapia cognitiva baseada em *mindfulness* (MBCT, do inglês *mindfulness-based cognitive therapy*), convida os alunos a prestar atenção a uma uva-passa "como se você nunca tivesse visto tal coisa antes". As instruções originais de *mindfulness* oferecidas pelo Buda nos pedem para prestar atenção à experiência muito familiar de respirar – algo que conhecemos durante toda nossa vida – de uma forma inovadora e desconhecida: "Inspirando longamente, ele sabe que 'eu inspiro longamente', expirando longamente, ele sabe que 'eu expiro longamente'. Inspirando rapidamente, ele sabe que 'eu inspiro rapidamente', expirando rapidamente, ele sabe que 'eu expiro rapidamente'" (Anālayo, 2003, p. 4). Em instruções mais recentes, os alunos frequentemente são encorajados a prestar atenção a cada respiração como uma experiência única e irrepetível. Todas essas instruções são desafios sutis que levam nossa mente a se envolver no processamento holístico-intuitivo controlado como a única maneira de criar os novos modelos mentais necessários.

AFETO E MOTIVAÇÃO

> Mindfulness *não é uma presença neutra ou vazia. A verdadeira mindfulness está impregnada de afeição, compaixão e interesse. À luz dessa atenção engajada, descobrimos que é impossível odiar ou temer algo ou alguém que realmente compreendemos.*
>
> Christina Feldman (2001, p. 173)

Nessas palavras sábias e adoráveis, uma das principais professoras de meditação do entendimento (*insight meditation*, em inglês) do Ocidente sublinha a importância central do afeto e da motivação saudáveis em *mindfulness*. Afeição, compaixão e interesse não são apenas extras opcionais agradáveis – são essenciais para a "verdadeira" *mindfulness*. Esse ensinamento contemporâneo ecoa diretamente os ensinamentos oferecidos pelo Buda histórico, Sidarta Gautama, há mais de 2 mil anos. Ele ensinou que a *mindfulness* "correta" faz parte de um caminho integrado mais amplo de treinamento, que também inclui, como ingrediente central, o cultivo de intenções saudáveis ("sábias"): bondade amorosa, compaixão e desprendimento (renúncia). A MBSR e a MBCT também reconhecem a bondade e a compaixão como componentes essenciais, em vez de complementos opcionais. E essa terceira sábia intenção – desprendimento – sustenta as qualidades atitudinais de não almejar (*nonstriving*, em inglês), de aceitar e de desprender-se, três dos sete "pilares da prática de *mindfulness*" destacados por Jon Kabat-Zinn (2013, p. 21).

Afetos e motivações saudáveis são obviamente bons em si mesmos – a maioria de nós gostaria de personificá-los mais do que o fazemos. No entanto, a perspectiva dos ICS oferece um *insight* mais radical da razão pela qual eles são aspectos tão fundamentais da prática de *mindfulness*. Essa visão sugere que nós cultivamos afetos saudáveis não apenas porque eles são bons em si mesmos, mas porque apoiam a mudança para a forma atenta da mente – e nos ajudam a descansar lá.

No Capítulo 3, sugeri que nossa mente trabalha de dois modos radicalmente diferentes. Em um modo, temos: uma constelação interligada de afetos instrumentais (que nos motivam a conseguir o que queremos, ou a fugir ou a nos livrar do que não queremos); um restrito foco de atenção; a forma conceitual de conhecimento no controle; e um mundo mental atomístico de separação. No outro modo, temos: os afetos não instrumentais (que constroem recursos com retornos mais duradouros); uma atenção expansiva, inclusiva e receptiva; a forma holístico-intuitiva de conhecimento no controle; e um mundo mental de inter-relacionamento, tudo isso interligado. Sugeri que, *se mudarmos qualquer um desses elementos interligados, é provável que mudemos os outros*.

Mindfulness envolve uma mudança na configuração da mente, que passa de uma forma controlada pelo conhecimento conceitual para uma forma controlada pelo conhecimento holístico-intuitivo. Podemos apoiar essa mudança 1) *cultivando* os afetos não instrumentais ligados ao conhecimento holístico-intuitivo (como cuidado, compaixão ou divertimento) e 2) *desvinculando* os afetos instrumentais ligados ao conhecimento conceitual. Práticas experimentadas e testadas para cultivar a bondade e a compaixão estão disponíveis para ajudar na primeira dessas estratégias – e incorporar uma abordagem geralmente mais lúdica de *mindfulness* tem uma certa atração óbvia. A segunda estratégia apresenta maiores desafios para a maioria de nós. Nela, somos solicitados a cultivar a aceitação, permitindo, não almejando (ou pleiteando), não julgando, desprendendo-nos, não interferindo, renunciando, e coisas assim. A perspectiva dos ICS pode esclarecer o que está envolvido aqui. Posso ilustrar isso voltando aos três "pilares da prática de *mindfulness*" que mencionei anteriormente – não almejar, aceitar e desprender-se. Cada um deles, de maneiras ligeiramente diferentes, depende do desligamento do processamento conceitual focado em metas.

Não almejar, aceitar e desprender-se

Não almejar

Da perspectiva dos ICS, esforçamo-nos quando nos aproximamos de uma situação impulsionados pelo afeto central BUSCA para atingir uma meta (uma ideia de um estado futuro desejado): "Se você se sentar para meditar e pensar 'Vou relaxar, ou ser iluminado, ou controlar minha dor, ou me tornar uma pessoa melhor', então você terá introduzido uma ideia em sua mente de onde você deveria estar" (Kabat-Zinn, 2013, p. 26). Uma atitude de não almejar é de crucial importância na prática de *mindfulness*, pois o momento em que a meditação se torna uma forma de atingir uma meta, você se propõe a falhar: você colocou a memória operacional conceitual no controle e, assim, criou exatamente a forma da mente que evitará o surgimento de *mindfulness*. Não almejar – abandonar a estratégia conceitual focada em metas, "permitindo que tudo e qualquer coisa que vivenciamos de momento a momento esteja aqui" (Kabat-Zinn, 2013, p. 26) – permite que a mente se reconfigure em uma forma em que a memória operacional holístico-intuitiva esteja no controle e que *mindfulness* possa surgir.

Aceitar

A aceitação pode ser um dos aspectos mais mal compreendidos de *mindfulness*. Com frequência, aceitar (com seus parentes próximos permitir, não interferir e ter paciência) é equiparada a passividade, resignação estoica, aturar as coisas, tolerância rancorosa ou aversão camuflada: estados de espírito em que queremos que as coisas sejam diferentes, mas sentimos que temos de suprimir nossa urgência para que isso aconteça. Ou podemos tentar usar a aceitação como uma forma inteligente de atingir metas: tendo ouvido que devemos aceitar as coisas antes que elas mudem, fazemos nosso melhor para "estar com" experiências difíceis e indesejadas, na esperança secreta de que isso as faça desaparecer – mas essa, é claro, é apenas uma forma mais sutil de lutar para atingir metas.

Para Jon Kabat-Zinn (2013), "aceitar... significa simplesmente que... você se sentiu disposto a ver as coisas como elas realmente são no presente" (2013, p. 27). A palavra-chave aqui é *disponibilidade*: nosso consentimento voluntário de estarmos abertos a todos os aspectos de nossa experiência caracteriza uma mudança crucial na conformação de nossa mente. Ela se reconfigura a partir de uma forma impulsionada pela necessidade de evitar ou escapar para uma forma positivamente motivada para se aproximar e explorar. Com essa mudança, há uma alteração radical na forma como prestamos atenção – passamos do foco instrumental restrito do afeto central BUSCA e do conhecimento conceitual para a receptividade aberta de afetos não instrumentais e o conhecimento holístico-intuitivo. Essa mudança permite que nossa mente responda de maneiras novas e criativas; sendo inteira, e não fragmentada.

Quando olhamos para situações através da lente focada em metas do processamento conceitual controlado, registramos apenas os aspectos diretamente relevantes à meta que estamos perseguindo. Assim como na experiência do gorila descrita no Capítulo 2, simplesmente não vemos o restante da situação. Recebemos informações suficientes apenas para categorizar aspectos da experiência como "coisas boas" a que devemos nos agarrar, ou "coisas ruins" que devemos evitar ou das quais devemos nos livrar, em busca de nossa meta atual – e não temos interesse em mais nada. A mente não tem acesso ao espectro mais amplo de informações de que precisa para criar os modelos mentais novos e individualizados que a tornarão inteira e nos capacitarão a responder mais habilmente a situações desafiadoras.

Essas dificuldades se tornam ainda maiores se os esforços focados em metas nos levarem a evitar, a nos afastarmos ou a deixarmos de nos envolver com informações desagradáveis. Se não acolhemos as informações na memória operacional holístico-intuitiva, elas não podem ser incorporadas à criação dos novos modelos mentais que nos permitiriam estar atentos e responder de forma diferente às situações.

No processamento holístico-intuitivo controlado de *mindfulness*, em contrapartida, o foco da atenção se expande; vemos o quadro completo – "as coisas como elas realmente são no presente"; podemos acolher um espectro mais amplo de informações na memória operacional holístico-intuitiva. Assim, elas podem dar origem a novos modelos mentais e a formas mais saudáveis e apropriadas de resposta.

Podemos, por exemplo, estar sentindo dor no corpo. Se trouxermos nossa atenção para as sensações dolorosas com a mente conceitual no controle (com suas metas de longo prazo de ser um *self* à vontade, livre de dor), receberemos apenas informações suficientes para categorizar essas sensações como uma "coisa ruim", a fim de nos livrarmos delas. Nossa mente, então, ficará presa em ciclos autoperpetuadores de processamento focado em metas que estão condenados ao fracasso, uma vez que não podemos nos livrar da dor por nossa própria vontade, por mais que tentemos. Esses ciclos não só aumentam nosso sofrimento, como também impedem que nossa mente registre a "realidade" da situação de maneiras que levem a modelos mentais mais adaptáveis.

Em contrapartida, se desvincularmos o afeto central BUSCA, se "tentarmos não impor nossas ideias sobre o que 'deveríamos' sentir, pensar ou ver em nossa experiência" (Kabat-Zinn, 2013, p. 28) e, em vez disso, abordarmos as sensações com uma mente aberta, receptiva, holístico-intuitiva, poderemos ter uma visão muito diferente. Poderemos não ver mais a dolorosa experiência como simplesmente uma "coisa ruim" – um aspecto intrínseco de uma identidade duradoura como um "*self* em sofrimento". Ao contrário, nossa mente pode se mover em direção a uma maior plenitude, desenvolvendo modelos mentais nos quais a dor é vivenciada como um padrão complexo e em constante mudança de sensações físicas, sentimentos e pensamentos. Através das lentes oferecidas por esses modelos, podemos ver o sofrimento como "não eu, não meu"; como uma experiência que passará no devido tempo; e como um convite para verificar se precisamos cuidar mais de nós mesmos.

Da perspectiva dos ICS, "você tem que se aceitar como você é antes de poder realmente mudar", pois, sem essa aceitação, é simplesmente impossível criar os novos modelos mentais dos quais dependem a "mudança real" e a maior plenitude.

Desprender-se

Em termos de ICS, desprender-se significa desvincular o processamento conceitual controlado focado em metas: algo como pressionar a embreagem para desacoplar o acionamento em um carro com câmbio manual. Uma atitude de desprendimento – "renúncia", na linguagem mais tradicional – é crucial para o cultivo de *mindfulness*: sem ela, a forma da mente não pode mudar de um processamento conceitual controlado para um processamento holístico-intuitivo controlado. Desprender-se significa liberar a mente tanto de seus esforços para se agarrar a sensações, pensamentos, sentimentos, objetos e situações agradáveis, quanto de seus esforços para evitar e se livrar de sensações, pensamentos, sentimentos, objetos e situações desagradáveis.

Como desprender-se? Nossa mente habitual focada em metas imediatamente sugere que identifiquemos o desprender-se como uma meta a ser alcançada, para, então, nos esforçarmos para alcançá-la. Mas, é claro, essa abordagem está condenada ao fracasso: não podemos usar o processamento focado em metas para nos libertarmos do processamento focado em metas. No entanto, mesmo indivíduos que mais tarde se tornam mestres em meditação – como o altamente reverenciado monge Ajahn Sumedho – começam dessa forma, e podem persistir por semanas com a luta para descobrir como "realmente" desprender-se (ver Quadro 6.1).

QUADRO 6.1 Ajahn Sumedho falando sobre o desprendimento

> Tive meu primeiro *insight* em desprendimento no meu primeiro ano de meditação. Percebi intelectualmente que tinha que me desprender de tudo e depois pensei: "Como me desprender?". Parecia impossível me desprender de qualquer coisa. Eu continuei pensando: "Como me desprender?". Então eu dizia: "Você se desprende se desprendendo". "Bem, então, desprenda-se!" Então eu dizia: "Mas já me desprendi?" e, "Como me desprender?". "Bem, apenas desprenda-se!" Continuei assim, ficando mais frustrado. Mas, no fim das contas, tornou-se óbvio o que estava acontecendo. Se você tentar analisar detalhadamente o desprendimento, você se pega tornando-o muito complicado. Não era algo que você pudesse descobrir por palavras, mas algo que você realmente fez. Por isso, eu só me desprendo em um momento, assim, sem mais nem menos. (Sumedho, 2020, pp. 56-57)

Para nos desprendermos, aprendemos a organizar as condições que permitirão que isso aconteça por si mesmo – assim como fazemos com o adormecer. Da perspectiva dos ICS, essas condições incluirão o cultivo de outros afetos centrais não instrumentais, como cuidado, bondade e um coração leve e brincalhão, assim como *insights* sobre a natureza fugaz e insatisfatória das metas que buscamos atingir (Cap. 1).

A professora contemporânea de sabedoria Cynthia Bourgeault aponta para o papel central do desprendimento em todos os caminhos contemplativos: "Não importa qual caminho espiritual você siga, os aspectos fundamentais da transformação acabam parecendo praticamente os mesmos: rendição, desapego, compaixão, perdão. Quer você seja cristão, budista, judeu, sufi ou *sannyasin*, você ainda passa pelo mesmo buraco da agulha para chegar onde está seu verdadeiro coração" (Bourgeault, 2003, p. xvii). Ajahn Chah, um professor altamente influente na tradição de *insight meditation*, também ecoou a mesma mensagem crucial: "Se você se desprender um pouco, terá um pouco de paz; se você se desprender muito, terá muita paz; se você se desprender completamente, terá paz total" (Chah, 1994, p. 116). Voltaremos ao desprendimento no Capítulo 14.

Nossa exploração da perspectiva dos ICS continua no Capítulo 7. Lá, olhamos para o "O quê?" de *mindfulness*: os ICS podem nos ajudar a entender a própria natureza de *mindfulness*?

7

Mindfulness
O que acontece

Como a perspectiva dos subsistemas cognitivos interativos (ICS, do inglês *interacting cognitive subsystems*) explica as características centrais de *mindfulness*? É consistente com o que já sabemos? Será que isso enriquece nossa compreensão? É capaz de conciliar diversas visões?

Este capítulo explora essas questões em relação a alguns aspectos definidores de *mindfulness*.

CONSCIÊNCIA

Em uma das descrições mais conhecidas de *mindfulness*, Jon Kabat-Zinn (2013) destaca a consciência como sua principal característica: "Uma definição operacional prática de *mindfulness* é: a consciência que emerge do momento presente quando fixamos nele a atenção voluntária, suspendendo qualquer julgamento sobre o que aparece em nosso fluxo de consciência ao longo do tempo".

Para iniciarmos nossa exploração da perspectiva dos ICS sobre a consciência atenta, voltamos à conversa entre Thich Nhat Hanh e seu amigo Jim (Cap. 5). Enquanto Jim estava profundamente imerso pensando em projetos futuros, ele tinha pouca consciência da tangerina que estava comendo. Poucos momentos depois, ele estava vividamente consciente da experiência. Quais foram as diferenças cruciais na mente e no cérebro de Jim que sustentaram esse forte contraste na experiência subjetiva?

Para responder a essa pergunta, cientistas cognitivos e neurocientistas desenvolveram experimentos nos quais os participantes às vezes estão cientes das coisas e às vezes não – assim como Jim. A pesquisa identifica dois fatores-chave que caracterizam as experiências da consciência: 1) elas envolvem processamento controlado (recursos executivos); e 2) há coerência entre diferentes padrões de informações amplamente distribuídos, relacionados com a experiência. Wolf Singer (2013), por exemplo, concluiu que "a experiência consciente surge apenas se a informação que é amplamente distribuída dentro ou através de subsistemas não é apenas processada e passada às estruturas executivas, mas unida em uma metarrepresentação coerente, abrangente, não local, mas repartida". Outros sugeriram visões semelhantes (p. ex., Crick & Koch, 1990).

Essas visões da neurociência cognitiva convergem de forma muito satisfatória com a perspectiva dos ICS, que veem a consciência atenta como um reflexo de um padrão subjacente de processamento holístico-intuitivo controlado. Nesse padrão, holarquias mentais coerentes reúnem informações de fontes muito distintas; os recursos executivos da criação de um todo flexível fazem essas vertentes separadas de informações se unirem em novos modelos mentais; e o padrão total e amplamente distribuído de mudança de informações é mantido unido por uma dinâmica central subjacente que integra partes em todos.

A Figura 7.1 esboça a perspectiva dos ICS sobre como era a mente de Jim ao comer a tangerina com consciência atenta.

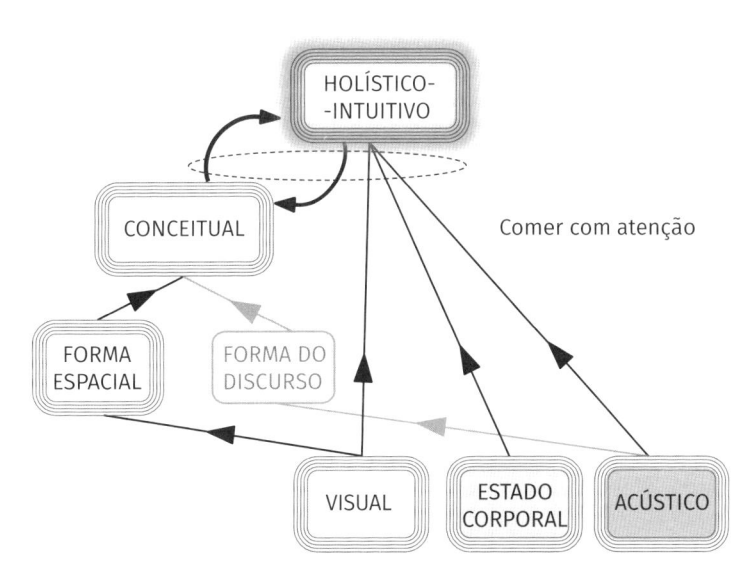

FIGURA 7.1 Consciência atenta (mente unificada). Subsistemas com limites similares estão processando informações relacionadas; o destaque em torno do subsistema holístico-intuitivo indica que sua memória operacional está no controle.

Nesse padrão, holarquias mentais coerentes unem muitos padrões diferentes de informações relacionadas para criar níveis progressivamente mais elevados de todos. No nível mais alto, o *processamento controlado* (o primeiro requisito para a consciência) cria modelos mentais holístico-intuitivos integrados. Nesse padrão, a criação do todo cria coerência entre as informações que refletem muitas facetas da experiência, *amplamente distribuídas* através da mente (a segunda característica da consciência identificada pela pesquisa). Reunir muitas partes separadas para criar um todo coerente (*gestalt*) é, naturalmente, uma característica central das formas *holísticas* de conhecimento.

Em contrapartida, a Figura 7.2 esboça como era a mente de Jim ao comer a tangerina de forma distraída, profundamente imerso em pensar em projetos futuros.

A figura mostra uma mente fragmentada e dividida: três subsistemas suportam o processamento conceitual controlado, criando um mundo mental interno no qual Jim ensaia planos futuros; outro conjunto de subsistemas consegue comer a tangerina; e o restante da mente não está muito envolvido em nenhuma das atividades. Embora essa configuração envolva *processamento controlado* (o primeiro requisito da consciência), falta-lhe a coerência *amplamente distribuída* (a segunda condição da consciência), da qual depende uma consciência clara.

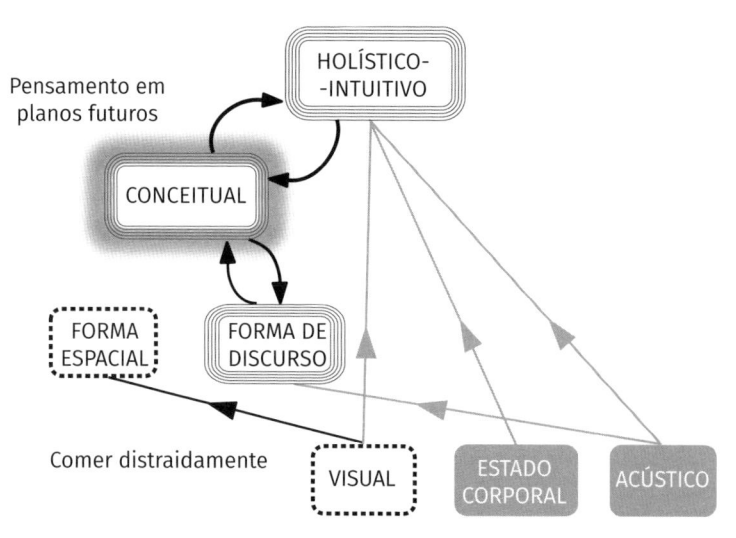

FIGURA 7.2 Comer distraidamente, perdido em um mundo interior de pensamentos (mente dividida). Subsistemas com limites semelhantes estão processando informações relacionadas; o destaque em torno do subsistema conceitual indica que sua memória operacional está no controle.

Aqui, a experiência subjetiva de Jim é pensar, em vez de ter uma consciência atenta. E, como o processamento controlado não está envolvido em nenhum aspecto do consumo da tangerina, Jim não tem conhecimento desse aspecto de sua vida.

UMA CONSCIÊNCIA MULTIDIMENSIONAL RICA

Uma atração imediata dessa perspectiva de consciência atenta é que ela oferece uma maneira de entender como *mindfulness* revitaliza nossa experiência. Os programas de redução do estresse baseada em *mindfulness* (MBSR, do inglês *mindfulness-based stress reduction*) e de terapia cognitiva baseada em *mindfulness* (MBCT, do inglês *mindfulness-based cognitive therapy*) muitas vezes começam com comer atentamente uma uva-passa. Uma resposta comum dos participantes a esse exercício vai no sentido de "Uau! Nunca me dei conta de que algo tão simples como comer uma uva-passa poderia ser tão surpreendente". De modo mais geral, como discutiremos em profundidade no Capítulo 9, *mindfulness* abre nossa mente para o "milagre da vida" que habitualmente não reconhecemos.

Quando estamos conscientes de comer uma tangerina, holarquias mentais unificadas e modelos mentais unem-se em um todo coerente de informações de uma grande variedade de fontes: informações que refletem sua cor, sua forma, sua localização no espaço, seu cheiro, o conceito "tangerina" e o contexto mais amplo de se alimentar. Esse conjunto se estende pelo tempo e é unificado por laços de ressonância. A experiência subjetiva resultante é muito mais rica, multifacetada e com várias camadas do que o processamento de qualquer aspecto isolado da situação em si.

Uma analogia pode ser útil aqui. Os livros de anatomia às vezes incluem transparências, cada uma mostrando um aspecto particular do corpo: esqueleto, sistema digestório, sistema nervoso, musculatura, e assim por diante. Cada transparência individual dá uma visão limitada e parcial do corpo. No entanto, se você as sobrepõe para que as partes correspondentes se alinhem, obtém uma sensação mais rica e completa do corpo como um todo. Da mesma forma, quando Jim comeu a tangerina de forma consciente, a consciência rica, profunda e multifacetada que ele experienciou refletiu o processamento de informações relacionadas com seus muitos aspectos, em sincronia, em toda a holarquia mental. Os padrões de informações ressoaram juntos, criando um todo coerente, amplamente distribuído e harmonioso.

Esses todos dão à experiência subjetiva uma profundidade e uma textura ricas e multidimensionais.

UMA CONSCIÊNCIA AO MESMO TEMPO RESTRITA E AMPLA

A perspectiva dos ICS sobre a consciência também esclarece a diferença entre *mindfulness* e concentração – com a qual *mindfulness* é muitas vezes confundida.

> Um antigo rei indiano era tanto um governante secular exemplar quanto um mestre iogue. Buscando entender essa combinação incomum, um indivíduo pediu para estudar com ele. O rei disse que sim e, então, instruiu o homem a colocar um pote de óleo quente sobre a cabeça e passar por todas as salas do palácio sem derramar uma gota.
> O homem concluiu a tarefa e relatou seu feito. "Maravilhoso!", disse o rei. "Agora, você pode me dizer o que está acontecendo no palácio – intrigas políticas, golpes, casos, tramas de assassinato?" O aluno respondeu que estava muito concentrado em não derramar uma gota de óleo para observar o mundo ao seu redor. Então, o grande rei disse: "Agora, coloque este pote de óleo sobre a cabeça, caminhe pelo palácio, não derrame uma gota e me diga o que está acontecendo".
> (Rosenberg & Zimmerman, 2013)

Os professores de meditação Larry Rosenberg e Laura Zimmerman usaram essa história tradicional para ilustrar a diferença crucial entre *mindfulness* e concentração. Por um lado, a concentração envolve concentrar a atenção de forma restrita e exclusiva em um único objeto. A atenção plena (*mindfulness*), por outro lado, "é única, aberta e receptiva ao mesmo tempo" (Feldman, 2001, p. 177).

Tanto *mindfulness* quanto a concentração envolvem *atenção seletiva*: o processo de focalizar certos aspectos da experiência, em vez de outros. Contudo, o tipo de atenção seletiva envolvido é importante e diferente em ambas as práticas. A concentração alcança uma unidirecionalidade ao se concentrar no objeto escolhido, ao mesmo tempo que exclui todo o resto da consciência ao *suprimir* ou inibir ativamente todas as outras informações – como na experiência clássica de Chabris e Simons com o gorila (Cap. 2). Em contrapartida, em *mindfulness*, as informações de interesse ganham destaque ao *aumentar* sua ativação em relação a outras informações. As holarquias mentais de *mindfulness* amplamente distribuídas e conectadas (Fig. 7.1) permitem que informações-chave sejam destacadas, atentando-se a aspectos particulares das holarquias, ao mesmo tempo que outras informações continuam a ser incluídas na consciência, em segundo plano. O encontro do Dalai Lama com Sharon Salzberg (Cap. 3) ilustra esse estilo de atenção: a ampla e receptiva consciência do ser atento e compassivo do Dalai Lama o alerta para a presença de um indivíduo sofredor no meio de uma vasta multidão – ele aproxima-se desse sofrimento, dando-lhe toda a sua atenção, mas, ao mesmo tempo, permanece consciente e alerta ao que mais está acontecendo ao seu redor.

As diferenças na atenção seletiva entre concentração e *mindfulness* têm importantes consequências para a forma como as usamos na vida cotidiana. Podemos usar as duas em situações difíceis de manter e reunir nossa mente fragmentada: para nos recompormos quando estamos "espalhados por toda parte" – um emaranhado de pensamentos e sentimentos conflitantes, puxando-nos primeiro de uma forma e depois de outra, criando um estado de espírito inquieto, agitado e perturbado. A maneira de chegar à concentração é espremer pensamentos ou sentimentos indesejados para fora da consciência, concentrando intensamente a atenção em algum outro aspecto da experiência, como um determinado tijolo em uma parede. Gunaratana (2002, p. 149) descreve a concentração como "forçar a mente a permanecer em um ponto estático". Isso pode se mostrar eficaz em curto prazo, mas tem um custo. Em primeiro lugar, não podemos fazer mais nada enquanto nossa atenção estiver concentrada dessa forma restritiva. Em segundo lugar, como a concentração exclui à força informações "irrelevantes", ela impede o desenvolvimento de novos modelos mentais que poderiam levar a mudanças mais duradouras nas formas de responder a situações desafiadoras (Cap. 8). Como resultado, assim que relaxamos nosso limitado foco de atenção, os pensamentos ou sentimentos perturbadores provavelmente emergirão de seus esconderijos e continuarão a nos atormentar.

Mindfulness, por outro lado, cria a possibilidade de mudanças mais duradouras. Primeiramente, seu escopo mais inclusivo permite a integração de uma gama mais ampla de informações e o desenvolvimento de modelos mentais mais úteis e adaptáveis (ver Cap. 8). Em segundo lugar, além de mudar o *foco* de atenção para informações menos perturbadoras, *mindfulness* também muda a *configuração* da mente, colocando o processamento holístico-intuitivo controlado no comando. Isso permite que a criação do todo reúna as vertentes separadas de informações na mente para formar um todo ressonante, resiliente e unificado. Embora possamos nos concentrar com atenção em apenas um aspecto de nossa experiência (como a respiração) e voltar repetidamente a esse foco sempre que a atenção vaguear, o efeito é unificar a mente como um todo. Essa integração dá à reunião e à estabilização da mente em *mindfulness* uma qualidade mais robusta, generalizável e duradoura do que na concentração. Ela nos permite continuar com nossa vida, em vez de nos concentrarmos exclusivamente em um único aspecto da experiência.

O Buda comparou o poder estabilizador e de acomodação de *mindfulness* a amarrar o grupo em luta de seis animais selvagens que encontramos no Capítulo 4 a "um forte pilar ou poste": no final, eles abandonam a luta, rendem-se e deitam-se (o Samyutta Nikaya, Capítulo 35, versículo 247, em Bodhi, 2000). Nessa metáfora, o pilar ou poste de ancoragem é especificamente *mindfulness* do *corpo*:

como sempre temos nosso corpo conosco, podemos sempre unir outros aspectos de nossa experiência à consciência do corpo para criar todos os estabilizadores que sejam coerentes. Na prática de "respirar com" (Williams, Teasdale, Segal, & Kabat-Zinn, 2007, p. 133), por exemplo, continuamos a manter a consciência da respiração em segundo plano enquanto nos concentramos em outros aspectos da experiência que requerem atenção naquele momento.

A estabilidade duradoura e a qualidade fundamental da mente atenta é análoga à estabilidade inerente ao sistema de pêndulos ressonantes de Huygens (Cap. 4): "Misturando as oscilações dos pêndulos, descobri que dentro de meia hora eles sempre retornam à consonância e permanecem assim constantemente por quanto tempo eu deixar". Da mesma forma, a ressonância simpática entre diferentes padrões de informação restaura e mantém a unidade na mente atenta. Assim como os laços de corda amarravam os seis animais selvagens a um poste robusto, laços de ressonância acalmam e integram a mente, estabelecendo um estado de harmonia interior e calma.

CONSCIÊNCIA CENTRADA NO PRESENTE OU REMINISCÊNCIA DO PASSADO?

A perspectiva dos ICS também pode reconciliar divergências aparentes entre diferentes visões de *mindfulness* – por exemplo, sobre o período que se considera importante. As visões contemporâneas enfatizam a natureza *atual* da consciência atenta: por exemplo, nas bem conhecidas definições de Jon Kabat-Zinn que discutimos nos Capítulos 5 e 6. A tradição budista, por sua vez, tem sugerido consistentemente que *mindfulness* também reflete influências importantes do *passado*. Por exemplo, o próprio Buda ensinou: "E qual, monges, é a característica de *mindfulness*? Aqui, o nobre discípulo é... aquele que se lembra e tem reminiscência do que foi feito e dito há muito tempo" (Bodhi, 2011). A palavra *mindfulness* muitas vezes também implica lembrar e manter em mente as intenções: falamos de estar "atentos às nossas responsabilidades", ou estar "atentos à necessidade de andar com cuidado".

O acadêmico budista Georges Dreyfus (2011) sugere que a ideia de memória operacional pode reconciliar essas aparentes diferenças. A perspectiva dos ICS leva essa sugestão um passo adiante: ela aponta especificamente para a memória operacional holístico-intuitiva como a forma de resolver a questão. Os ICS sugerem que a consciência atual reflete os modelos mentais ativos na memória operacional holístico-intuitiva em cada momento que passa. Como vimos no Capítulo 5, esses modelos integram informações da situação atual com informações acessadas da memória de um passado imediato, recente e mais distante. Os modelos mentais que moldam nossa experiência consciente *neste momento* refletem influências significativas de informações lembradas do *passado*. Dessa forma, a perspectiva dos ICS reconcilia as diferentes ênfases de narrativas contemporâneas e tradicionais em uma análise enriquecida por ambas.

A memória operacional fornece um espaço de trabalho em que ensinamentos sábios ouvidos no passado e intenções saudáveis elaboradas no passado podem influenciar nossa compreensão e comportamento no presente de maneira poderosa. Entretanto, para desfrutar desses benefícios, temos de fazer mais do que simplesmente recordar os ensinamentos ou as intenções. A transformação exige que nossa mente integre ativamente informações do passado com informações atuais para formar modelos mentais no presente. O processo crucial é a reminiscência *mais a integração em um todo mais amplo*. Posso ilustrar essas ideias com uma história pessoal (Teasdale & Chaskalson, 2011a):

> Eu estava no meio da preparação de uma palestra sobre a ideia de que o sofrimento surge de nossas reações a sentimentos desagradáveis e não dos próprios sentimentos – a ideia das duas flechas que vimos anteriormente no Capítulo 1. Eu tinha pensado muito sobre essa ideia, a ponto de, nas primeiras horas de uma madrugada, encontrar-me deitado na cama com pensamentos sobre a causa do sofrimento sendo nossa relação com o difícil, em vez do difícil em si, flutuando pela minha mente. E então percebi, com algum aborrecimento, que eu tinha ficado bastante desperto. A reação imediata da minha mente foi "Oh não, eu não quero ficar deitado aqui acordado por horas, tenho que encontrar uma maneira de voltar a dormir". Embora eu estivesse apenas pensando na *ideia* de que o problema não é a experiência em si, mas nossa relação com ela, minha reação imediata à minha vigília foi de descobrir como me livrar dela, em vez de olhar para como eu estava me relacionando com ela!
>
> Felizmente, o fato de que eu tinha acabado de pensar sobre essa ideia significou que não demorou muito até que eu me lembrasse: "O problema aqui não é a vigília em si, mas minha necessidade de não ficar acordado – isso é aversão (a necessidade de se livrar de experiências desagradáveis o mais rápido possível)". Guiado pela memória desse ensinamento, eu trouxe a consciência atenta (*mindfulness*) para investigar a tensão e o desconforto em meu corpo naquele momento – e, fundamentalmente, com o conhecimento de que "isso é aversão". O modelo mental criado dessa forma me permitiu sentir muito claramente que a fonte do meu aborrecimento era a minha irritação por estar acordado, e a qualidade acionada da minha necessidade de voltar a dormir – e que essas eram, ironicamente, as principais coisas que me mantinham acordado. A partir dessa visão clara, fluiu muito naturalmente um desprendimento da irritação e da necessidade de resolver o estado de vigília. De maneira consciente, reconciliei-me com minha vigília, e em um ou dois minutos estava dormindo novamente.

Recordar informações conceituais sobre as origens do sofrimento não é, por si só, necessariamente libertador. Contudo, quando, com *mindfulness*, essa compreensão conceitual do passado é integrada com informações do presente – em particular informações do corpo e dos sentimentos –, tudo muda. A informação conceitual torna-se, então, um ingrediente vital na mistura libertadora que cria um novo modelo mental holístico-intuitivo: uma nova lente através da qual podemos ver e experimentar as coisas de maneiras diferentes, mais saudáveis e úteis.

CONSCIÊNCIA SEM JULGAMENTOS *VERSUS* NECESSIDADE DE DISCERNIMENTO

Outra aparente discrepância entre as abordagens contemporânea e tradicional diz respeito ao julgamento. As abordagens contemporâneas muitas vezes descrevem *mindfulness* como uma consciência *sem julgamentos*. No entanto, "uma ênfase irrestrita em *mindfulness* como 'livre de julgamentos' pode ser vista como indicador de que... todos os estados de espírito são de alguma forma de igual valor, que a ganância é tão boa quanto o não apego, ou a raiva em relação à cordialidade" (Gethin, 2011). Da mesma forma, embora Jesus de Nazaré tenha ensinado "Não julgueis para que não sejais julgados" (Mateus 7:1-3), ele também deixou claro que algumas formas de agir e de se relacionar com outras pessoas deveriam ser cultivadas, ao passo que outras deveriam ser abandonadas.

A perspectiva dos ICS oferece uma resolução simples para esse aparente paradoxo. A mente humana tem duas formas de conhecer, e cada uma delas tem sua própria forma de avaliar situações e ações – com consequências que podem ser muito diferentes. O conhecimento conceitual avalia "julgando". Ele usa a memória operacional conceitual para comparar uma ideia de uma pessoa, uma ação, um sentimento ou uma situação "como elas são" com uma ideia de um padrão, alvo ou valor de referência de como elas "deveriam ser", ou como nós queremos que elas sejam. Esse é o processo central da teoria da autodiscrepância, em que as ideias do *self* real são comparadas com as ideias do *self* que deveria ser ou do *self* ideal. As discrepâncias desencadeiam emoções desagradáveis; no Capítulo 1, vimos como esse tipo de julgamento pode ser uma fonte potente e generalizada de sofrimento. As tradições espirituais nos encorajam a nos abstermos desse tipo de julgamento avaliativo, pois inflige danos a nós mesmos, aos outros e às nossas relações com eles.

Igualmente importante, a configuração da mente que cria esse tipo de julgamento avaliativo – uma mente com memória operacional conceitual no controle

– torna impossível alcançar a liberdade interior, a plenitude, a conexão e a paz pelas quais nosso coração anseia. Esses estados saudáveis dependem de uma configuração da mente com memória operacional holístico-intuitiva ativamente engajada: se temos uma "mente julgadora" em funcionamento, simplesmente não podemos prosseguir no caminho para a felicidade e o despertar mais profundos (Cap. 5).

O conhecimento holístico-intuitivo faz avaliações, mas o faz por meio de um processo que poderíamos chamar de discernimento, em vez de julgamento. O conhecimento holístico-intuitivo discerne o significado de situações com modelos mentais que nos permitem antecipar as consequências das ações *com base na experiência passada*. (Essa experiência pode incluir conselhos de fontes respeitadas e confiáveis, assim como a experiência pessoal das consequências reais de diferentes ações e estados de espírito.) Em *mindfulness*, essas consequências antecipadas, em vez de qualquer comparação com ideias socialmente construídas do que é "certo" ou "errado", ou "bom" ou "ruim", fornecem a base para escolhas de ação "sábias".

Escolhas judiciosas, guiadas por modelos mentais bem ajustados, levam a resultados saudáveis, pois, no mundo em que vivemos, essas são as ações que "funcionam" para trazer felicidade a nós mesmos e aos outros. As relações entre as ações e suas consequências se refletem no conhecimento implícito, baseado em experiências passadas, armazenado nos modelos. O Buda expressou o cerne desse conhecimento em um de seus principais ensinamentos:

> Se alguém fala ou age com uma mente impura, o sofrimento segue, assim como a roda da carroça segue o casco do boi (puxando a carroça).
>
> Se alguém fala ou age com uma mente pura, a felicidade segue como uma sombra que nunca se afasta. (o Dhammapada, versos 1-2, em Sangharakshita, 2008)

Os ensinamentos tradicionais nos encorajam a agir de certas maneiras e a não agir de outras, não porque algumas ações sejam inerentemente boas ou más, ou certas ou erradas, mas porque algumas delas levam à felicidade e outras levam à infelicidade: é assim mesmo que as coisas são.

ALÉM DO PILOTO AUTOMÁTICO

Mindfulness é muitas vezes caracterizada como um antídoto a viver em piloto automático: o estado de espírito em que podemos ter pouca consciência do que estamos fazendo ou de onde estamos, e nossas ações são controladas por hábitos repetidos, em vez de por uma escolha consciente deliberada.

(A expressão "piloto automático" vem da experiência comum de dirigir por um caminho familiar, perdido em pensamentos, e depois dar-se conta ou perceber que estivemos dirigindo por quilômetros sem nenhuma consciência da estrada ou do tráfego – como se a mente consciente tivesse entregado o controle da direção a algum outro sistema, muito parecido com o piloto automático em um avião.)

O contraste entre "reagir" e "responder" também é muitas vezes destacado nas discussões sobre *mindfulness*. "Reagir" é comumente utilizado para descrever formas relativamente automáticas, impulsivas e imediatas de comportamento em situações ligadas a emoções; como quando reagimos com raiva quando alguém nos critica, ou sentimos que temos de nos afastar imediatamente de situações que não gostamos ou tememos. "Responder" nesse tipo de situações, em contrapartida, envolveria uma pausa para dar uma resposta mais deliberada e consciente que levasse em consideração o contexto mais amplo e as prováveis implicações e consequências de nossas ações.

É natural ver os contrastes entre piloto automático *versus* consciência e escolha deliberada, ou entre reagir *versus* responder, como reflexos da distinção entre os processamentos automático e controlado que discutimos no Capítulo 5. No entanto, ao reconhecer duas formas distintas de processamento controlado, a perspectiva dos ICS adverte contra qualquer equiparação simples de desatenção com processamento automático e atenção plena (*mindfulness*) com processamento controlado. A perspectiva dos ICS sugere que *mindfulness* é caracterizada *especificamente* pelo processamento holístico-intuitivo controlado. Quando estamos engajados no processamento conceitual controlado – por exemplo, imersos no planejamento dos detalhes de um evento futuro, ou contando para trás de 7 em 7 a partir de 301 –, definitivamente não estamos no piloto automático, nem "reagindo" automaticamente. Mas, da mesma forma, não estamos necessariamente atentos. Para isso, o conhecimento holístico-intuitivo tem de estar "no comando" do processamento controlado.

Os ICS também oferecem uma perspectiva mais rica sobre a diferença entre reagir e responder. Eles sugerem que a reação reflete a criação automática de um todo: alguns fragmentos-chave do padrão de informação total na situação atual acionam a lembrança de um modelo mental relacionado armazenado na memória. Esse processo automático permite uma resposta emocional rápida. Contudo, como se baseia apenas em uma parte do quadro da situação atual, há muita chance de que a reação emocional que desencadeia não seja a resposta mais hábil ou apropriada à complexidade da situação que se apresenta. Esse tipo de criação do todo prevalece quando o processamento conceitual controlado está "no comando", ou quando a mente está "no piloto automático".

Em contrapartida, o responder envolve um processo de criação do todo flexível que permite a criação de novos modelos mentais, individualizados para os detalhes específicos da situação atual (sempre única). Os modelos criados dessa forma podem refletir as sutilezas e as nuances do contexto atual e, assim, permitir uma resposta emocional mais hábil e apropriada, ajustada às necessidades da situação em particular. Essa é a possibilidade que *mindfulness* cria.

Mindfulness é mais do que simplesmente agir de forma consciente e deliberada.

CONHECENDO

Os ensinamentos originais de Buda sobre *mindfulness* (Anālayo, 2003) são a base da prática atual de *mindfulness*. Esses ensinamentos repetem a instrução para conhecer repetidamente: "Inspirando longamente, ele sabe que 'eu inspiro longamente', expirando longamente, ele sabe que 'eu expiro longamente'. Inspirando rapidamente, ele sabe que 'eu inspiro rapidamente', expirando rapidamente, ele sabe que 'eu expiro rapidamente'". Instruções semelhantes, enfatizando a necessidade de saber, são repetidas para cada área de *mindfulness* coberta pelo ensinamento. Essas instruções sempre apontam para um conhecimento baseado em experiência direta imediata.

Essa ênfase no conhecimento *experiencial* é, naturalmente, exatamente o que esperaríamos da ideia de que o conhecimento holístico-intuitivo está no comando em *mindfulness*. Todavia, *mindfulness* envolve um tipo muito particular de conhecimento experiencial: "Saber o que se está fazendo enquanto se está fazendo" (Kabat-Zinn, 2013, p. 16). É um saber em que "a mente se experimenta diretamente dentro de si mesma" (Nhat Hanh, 1987, p. 40).

A perspectiva dos ICS oferece uma maneira útil de entender esse tipo de conhecimento autorreflexivo – descrito de várias maneiras como metaconsciência, repercepção, atenção dupla ou testemunho.

A MENTE CONHECENDO A SI MESMA: METACONSCIÊNCIA

Metaconsciência – a mente conhecendo a si mesma – é uma capacidade exclusivamente humana. Um dos benefícios maravilhosos de ter dois tipos diferentes de conhecimento é que podemos usar uma forma de conhecer para conhecer a outra. O motor central da cognição – a conversa contínua entre o subsistema holístico-intuitivo e o subsistema conceitual (Fig. 7.3) – desempenha um papel fundamental nesse conhecimento autorreflexivo.

Podemos usar *mindfulness* da respiração para ilustrar como isso funciona. O ato de inspirar cria padrões relacionados de informações sensoriais no corpo. Esses padrões se transformam em padrões correspondentes de informações holístico-intuitivas. Eles são, então, passados para a memória operacional holístico-intuitiva. Lá, eles moldam a criação de um modelo mental da respiração atual. Esse modelo será rico em conhecimentos implícitos baseados em experiências passadas. A partir desse conhecimento, o modelo gera significados conceituais – rótulos, digamos – que descrevem o tipo de respiração que o produziu (p. ex., "respirar fundo") (Fig. 7.4, parte A).

A próxima etapa do ciclo (Fig. 7.4, parte B) gera padrões de informações holístico-intuitivas a partir desses significados conceituais e os envia de volta à memória operacional holístico-intuitiva. Lá, a criação do todo os incorpora, com informações recentes do corpo, em um modelo mental revisado e atualiza-

FIGURA 7.3 O motor central da cognição: os conhecimentos holístico-intuitivo e conceitual "em conversa".

A — O modelo mental gera um "rótulo" conceitual (p. ex., "inspirar longamente")

B — Um padrão relacionado de informações holístico-intuitivas é enviado de volta para ser **embutido** como parte inovadora de um novo modelo mental

C — Autoconhecimento atualizado a cada ciclo pela geração de novos modelos mentais

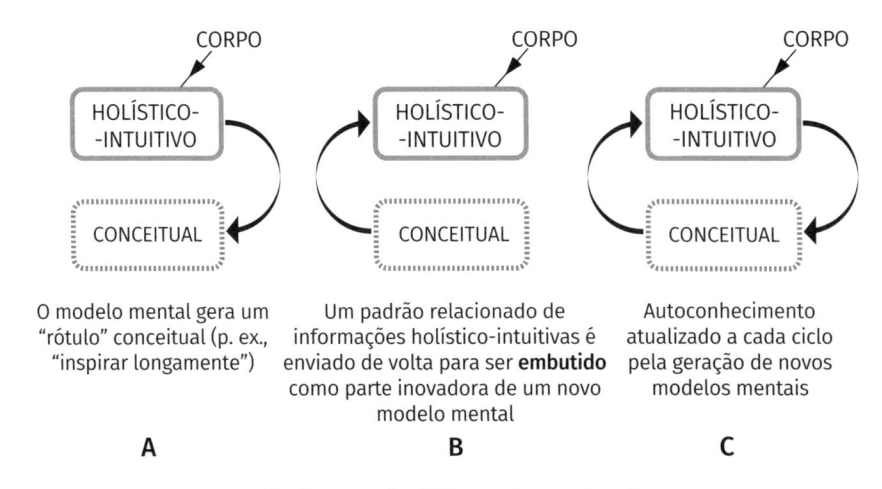

FIGURA 7.4 Metaconsciência em *mindfulness* da respiração.

do do estado atual da respiração. Esse modelo revisado gera rótulos conceituais atualizados; e assim todo o processo cíclico dinâmico continua (Fig. 7.4, parte C). Dessa forma, a troca de informações no motor central mantém o autoconhecimento atualizado com o estado de constante mudança da respiração.

Uma característica importante desse autoconhecimento é que o "sabor" do pensamento explícito das contribuições conceituais é "perdido", uma vez que elas estão ligadas (embutidas) como partes dentro de todos de ordem superior dos modelos mentais holístico-intuitivos. Isso acontece da mesma forma que, ao ler esta frase, você não está mais consciente das identidades das letras individuais que constituem as palavras que a compõem. Quando a informação conceitual está embutida no todo maior de um modelo mental, a qualidade explícita do conhecimento conceitual é transformada em um aspecto implícito "silencioso" do conhecimento holístico-intuitivo. A maneira como experimentamos isso é às vezes descrita como "o conhecimento está na própria consciência".

No entanto, assim como as letras individualmente fazem contribuições cruciais às palavras que compõem, também os padrões conceituais fazem contribuições de vital importância para os modelos mentais formados na memória operacional holístico-intuitiva. Enfatizo esse ponto porque o modo de ver a maneira de os ICS olharem para as coisas lança uma luz diferente sobre a caracterização generalizada da consciência atenta como conhecimento *não conceitual*:

> *Mindfulness* é uma consciência não conceitual... Ela não se envolve com pensamentos ou conceitos... Quando você toma consciência de algo pela primeira vez, há um instante fugaz de pura consciência pouco antes de conceitualizar a coisa, antes de identificá-la... Esse momento fluido e suave de pura consciência é *mindfulness*. (Gunaratana, 2002, pp. 138, 140)

A consciência atenta certamente é bem diferente do pensamento da mente conceitualmente controlada. No entanto, essa consciência de conhecimento é profundamente informada e se beneficia enormemente de informações conceitualmente derivadas – como vimos, por exemplo, em minha experiência de vigília indesejada que discutimos anteriormente.

O conhecimento autorreflexivo – a metaconsciência – pode nos manter informados sobre o estado de nossa mente e nosso corpo a qualquer momento: os pensamentos, os sentimentos, os estados mentais e as sensações corporais que estamos experimentando aqui e agora. A metaconsciência nos dá essas informações vitais. Ainda mais importante, ela envolve uma mudança na relação com esses aspectos de nossa experiência: uma mudança muitas vezes descrita como *descentralização*. Antes de discorrer mais sobre esse aspecto da metaconsciência, será útil dizer algo sobre a perspectiva dos ICS sobre a relação entre o conhecedor e o conhecido em *mindfulness* de forma mais geral.

ESTAR PRESENTE/ENGAJADO COM A EXPERIÊNCIA

Em *mindfulness* (e iluminação, Quadro 7.1), estamos engajados e plenamente presentes com a experiência.

Essas qualidades de engajamento e presença refletem a natureza sobre e com a ressonância do conhecimento holístico-intuitivo (Cap. 4).

Na mente conceitualmente dominada (pensamento), recebemos apenas informações suficientes para adequar os conceitos à experiência. Depois, retiramo-nos para um mundo mental interior, onde trabalhamos com esses conceitos. Nós nos desligamos de nossa experiência do momento e permanecemos separados dos "objetos" que vemos. O tipo de relação entre conhecedor e conhecido é como o de um observador remoto olhando uma vista distante através de um telescópio, da qual ele permanece muito separado.

Todavia, para conhecer experimentalmente – holisticamente e intuitivamente –, temos de manter nossos modelos mentais bem sintonizados e ajustados à experiência em constante mudança. Para isso, engajamo-nos com a experiência em uma relação contínua de influência mútua: estamos "presentes" com ela.

QUADRO 7.1 *Mindfulness*: presença e engajamento

> A natureza de *mindfulness* é o *engajamento*: onde há interesse, segue-se uma atenção natural não forçada. (Feldman, 2001, p. 173)
>
> [*Mindfulness* é] um estado de espírito flexível em que estamos ativamente *engajados* no presente. (Langer, 2000, p. 220)
>
> É a disposição e a capacidade de *estar igualmente presente* com todos os eventos e experiências com discernimento, curiosidade e gentileza. (Feldman, 2015)
>
> Ser iluminado é ter *intimidade* com todas as coisas. (Citação do mestre zen Dogen do século XIII)
>
> (Ênfase acrescentada às citações.)

No Capítulo 4, sugeri que a obra de Escher *Desenhando mãos* oferece uma maneira de ilustrar a relação entre conhecedor e conhecido no conhecimento holístico-intuitivo. Nessa relação, cada parte é continuamente alterada pela outra e pela relação entre elas. Aqui, há menos senso de identidades separadas, mais indefinição de limites rígidos e uma ênfase no *relacionamento*. Da mesma forma, na consciência atenta, o conhecedor e o conhecido estão intimamente ligados em um processo de influência mútua e interação fluida: existe uma relação íntima e engajada entre eles. Momento a momento, a criação de novos modelos mentais mantém o "interior" e o "exterior" em sincronia e harmonia: temos a sensação de estarmos engajados e plenamente presentes com nossa experiência que se desdobra.

DESCENTRAMENTO

A maioria de nós tem uma relação diferente com pensamentos, sentimentos e sensações corporais do que com visões e sons. Experimentamos o que vemos e ouvimos como "lá fora", e não como nosso *self*. Em contrapartida, experimentamos pensamentos, sentimentos e sensações corporais como "aqui", como "eu", como "meu" e "o que eu sou": *identificamo-nos* com esses aspectos da experiência. O descentramento envolve uma mudança fundamental nessa relação: eu deixo de experimentar pensamentos, sentimentos e sensações corporais como o centro do meu ser e me relaciono mais com eles da forma como me relaciono com outros tipos de experiência. Aprendemos a nos relacionar *a* pensamentos e sentimentos, em vez de nos relacionarmos *com* eles. Nós nos relacionamos com pensamentos *como* pensamentos, e sentimentos *como* sentimentos – eventos mentais que vêm e vão –, em vez de como "eu" ou "meu". E não equiparamos pensamentos à "realidade": sabemos que "pensar em sua mãe não é sua mãe" (Cap. 2).

O cultivo da metaconsciência em *mindfulness* proporciona uma oportunidade inestimável para desenvolver o descentramento. O ato de concentrar intencionalmente a atenção em aspectos específicos da experiência e "rotulá-los" (explícita ou implicitamente) envolve necessariamente um pequeno recuo de nossa parte: diferenciamos esses aspectos de nossa experiência de um sentido mais geral e difuso do "eu". E, com instruções apropriadas, podemos apoiar essa mudança para ver pensamentos *como* pensamentos, e sentimentos *como* sentimentos (em vez de "eu") (Quadro 7.2).

QUADRO 7.2 Desenvolvendo a metaconsciência dos pensamentos

> Tirando alguns momentos agora para tomar consciência dos pensamentos que estão surgindo em sua mente, imagine-se sentado em um cinema. Você está observando uma tela vazia, apenas esperando que os pensamentos cheguem. Quando eles vêm, você consegue ver o que exatamente eles são e o que acontece com eles? (Segal, Williams, & Teasdale, 2013, p. 305)
>
> Torne-se um observador das correntes de pensamento que fluem através de sua consciência. Assim como alguém sentado à beira de um rio observando a água passar, sente-se à beira de sua mente e observe. Ou assim como alguém se senta na floresta e observa um bando de pássaros voando, apenas sente-se e observe. Ou à maneira como alguém observa o céu chuvoso e as nuvens em movimento, você apenas testemunha as nuvens de pensamentos em movimento no céu de sua mente, as aves voadoras de pensamentos, o rio de pensamentos fluindo da mesma maneira... Você deve ser simplesmente um observador. (Osho, 1998)

Essas instruções nos convidam a prestar atenção aos pensamentos da mesma forma que prestamos atenção a aspectos da experiência que vemos como "não eu": como imagens projetadas em uma tela de cinema, como um rio fluindo enquanto nos sentamos na margem, como pássaros no céu, e assim por diante. Tais instruções trazem para a mesa fragmentos de memória operacional holístico-intuitiva de modelos mentais (armazenados na memória) que refletem essa perspectiva de "não eu". A criação do todo une esses fragmentos com padrões que refletem outros aspectos da experiência do pensamento atual para criar novos modelos mentais que incorporam uma perspectiva de "pensar como não eu".

As instruções no Quadro 7.2 utilizam palavras como *observador* e *testemunhar*. Tais palavras podem sugerir que a metaconsciência e o descentramento desenvolvem um tipo de relação um tanto distante e indiferente entre o conhecedor e o conhecido. Essa seria uma relação muito diferente do sentido íntimo de "estar engajado e plenamente presente com nossa experiência que se desdobra" que, como anteriormente sugeri, caracteriza o conhecimento holístico-intuitivo e *mindfulness*. O que devemos fazer com essa aparente discrepância?

Por enquanto, podemos observar que pode haver uma mudança progressiva na relação entre o conhecedor e o conhecido ao longo do tempo, à medida que praticamos *mindfulness* – ou outros tipos de consciência contemplativa. Antes de começarmos a praticar, nossa forma de mente habitual é uma forma de processamento controlado conceitual focada em metas, impulsionada por um afeto central de BUSCA instrumental. Nessa forma, vemos através da lente de modelos mentais que dividem o mundo em sujeitos e objetos. Identificamo-nos com nossos pensamentos, sentimentos e sensações corporais como aspectos relativamente indiferenciados do lado do sujeito dessa dualidade: "eu". Nós *somos* nossos pensamentos, sentimentos e afins. E vemos nossos pensamentos como reflexos válidos da "realidade".

No entanto, à medida que começamos a praticar *mindfulness* e cultivar a metaconsciência, o processo de focar em aspectos discretos de nossa experiência e rotulá-los conceitualmente permite-nos diferenciar esses aspectos do restante do "eu". Na forma atenta da mente, o processamento holístico-intuitivo controlado e os afetos não instrumentais dominam. Essa forma da mente nos permite aproveitar a estrutura atomística das informações conceituais sem submergirmos no processamento conceitual controlado: podemos nos relacionar *com* pensamentos e sentimentos como distintos objetos de atenção sem nos perdermos na avaliação, no julgamento ou no pensamento sobre esses objetos como aspectos da "realidade".

A partir dessa perspectiva mais diferenciada, a criação do todo cria modelos mentais que incorporam uma perspectiva mais descentralizada: tomamos consciência dos pensamentos e sentimentos como *aspectos distintos da experiência* em vez de *eu*. Assim como o caráter especificamente "pensante" do conhecimento conceitual se perde à medida que as contribuições conceituais são integradas em modelos mentais holísticos, a sensação de separação e desconexão do conhecimento conceitual também se enfraquece. Nós nos engajamos, relacionamo-nos intimamente e estamos plenamente presentes com nossa experiência de pensamentos, sentimentos e sensações corporais.

Para começar, o descentramento cria modelos mentais que ainda refletem algumas das características dualistas (sujeito-objeto) do conhecimento conceitual. Vemos os pensamentos e sentimentos como *objetos* distintos de consciência, e podemos identificar outros aspectos da experiência – como a consciência em si – como o *sujeito* que os experimenta: "eu". Contudo, com treinamento apropriado, os modelos mentais criados podem perder todo o sentido da relação dualista (sujeito-objeto). Começamos, então, a ver através da lente cada vez mais *não dualista* da mente que desperta. Nesse ponto, "a mente experimenta-se diretamente dentro de si mesma", como diz o mestre zen Thich Nhat Hanh. Ou, como descreve a contemplativa cristã Cynthia Bourgeault (2016), há uma mudança de "atenção sobre" para "atenção *em*" (p. 96).

INTENÇÕES E OBJETIVOS

Mindfulness não é difícil nem complexa; lembrar de estar atento é o grande desafio.

Christina Feldman (2001, p. 167)

Qualquer pessoa que tenha tentado sustentar uma prática de *mindfulness* reconhecerá a verdade dessas sábias palavras. Como, então, sustentar a intenção de estarmos atentos e de mantê-la no topo de nossa mente? Como sustentar as intenções saudáveis de sermos bondosos, compassivos e não agressivos que são fundamentais para todos os caminhos de transformação radical (Cap. 14)?

Antes de responder a essas perguntas-chave, será útil dizer mais sobre a distinção entre intenções e objetivos no quadro dos ICS – e como isso pode ajudar a resolver o que de outra forma poderia parecer um paradoxo intrigante. Por exemplo, Jon Kabat-Zinn (2013) descreve como os participantes dos cursos de MBSR são solicitados a "identificar três objetivos para os quais eles querem trabalhar no programa. Mas, então, muitas vezes, para surpresa deles, nós os encorajamos a não tentar avançar em direção a suas metas durante as oito semanas" (p. 27). Os participantes podem parecer compreensivelmente intrigados: por um lado, lhes é dito para não tentarem trabalhar para atingir objetivos, por outro, lhes é pedido que se comprometam de todo o coração com pelo menos 1 hora por dia de prática de *mindfulness*, em um programa que parece ter um propósito e uma direção claros.

Na vida cotidiana, muitas vezes usamos as palavras *objetivo* e *intenção* de forma intercambiável. Entretanto, os ICS sugerem que é importante fazer uma distinção entre elas – o que resolverá qualquer senso de conflito ou paradoxo entre os dois conjuntos diferentes de instruções que acabei de mencionar.

Nos ICS, um objetivo é uma *ideia conceitual* de um futuro estado de coisas – algo que ainda não aconteceu – pelo qual podemos lutar e diante do qual medimos nosso progresso. As intenções, por sua vez, são *padrões de informações holístico-intuitivas* relacionadas com as tendências de ação que provavelmente nos moverão em direções que escolhemos e valorizamos, ações que podem ser tomadas *agora*. A criação do todo pode unir esses padrões relacionados com a intenção com outros padrões que refletem aspectos mais amplos da situação atual. Os modelos mentais criados podem, então, guiar e motivar o comportamento com sensibilidade aguda para o contexto mais amplo. Onde os objetivos se concentram nos *resultados*, as intenções concentram-se no *processo*: coisas que podemos fazer, ou atitudes que podemos adotar, que, de modo geral, aumentarão as chances de que as coisas funcionem da maneira que valorizamos.

Se eu me sentar para meditar com o objetivo de estar atento a cada respiração e acabar com a minha mente se concentrando em outras coisas, verei esse resultado como um fracasso. E pensamentos sobre por que falhei e o que isso significa me afastarão ainda mais da minha respiração. Ou se eu me sentar com o objetivo de me sentir calmo e relaxado e acabar me sentindo tenso, verei isso como um fracasso. E isso me fará sentir frustrado, desapontado, irritado e menos calmo e relaxado. Contudo, se eu me sentar para meditar com a intenção de descansar minha atenção na respiração "o melhor que puder", essa intenção será incluída como apenas um aspecto do padrão holístico-intuitivo total que molda o que acontece de um momento para outro. Se, então, eu tomar consciência de que não estou mais atento à respiração, isso não será visto como um fracasso, porque eu não criei a ideia de uma desejada situação futura – um objetivo – na memória operacional conceitual. Ao contrário, essa consciência pode agir como um lembrete gentil da intenção de descansar minha atenção da respiração "o melhor que puder" – e, assim, aumentar a chance de que eu realmente o faça no próximo momento.

A história de Peter, um participante de um programa de MBSR (Quadro 7.3), ilustra melhor a distinção entre objetivos e intenções e ressalta a sabedoria de trabalhar a partir de intenções, em vez de objetivos.

QUADRO 7.3 Peter

> Se você tem o pensamento de que deve fazer um certo número de coisas hoje e não o reconhece como um pensamento, mas age como se fosse "a verdade", então você criou naquele momento uma realidade em que você realmente acredita que todas essas coisas devem ser feitas hoje.
>
> Um paciente, Peter, que tinha tido um ataque cardíaco e queria evitar outro, chegou a uma conscientização dramática disso certa noite quando estava lavando seu carro às 22 horas com os faróis acesos na entrada da garagem. Ele percebeu que não precisava estar fazendo aquilo. Foi apenas o resultado inevitável de um dia inteiro gasto tentando encaixar tudo o que ele pensava que precisava fazer naquele dia. Ao ver o que estava fazendo consigo mesmo, ele também viu que não podia questionar a verdade de sua convicção original de que tudo tinha de ser feito naquele dia, porque já estava completamente envolvido para acreditar naquilo.
>
> Entretanto, quando tal pensamento surgir, se você for capaz de se afastar dele e vê-lo claramente, será capaz de priorizar as coisas e de tomar decisões sensatas sobre o que realmente precisa ser feito. Você saberá quando desistir durante o dia. (Kabat-Zinn, 2013, pp. 66-67)

Trabalhando em modo conceitual focado na meta, focado estreitamente e "preso" ao objetivo de "ser o *self* que fez todas as coisas que têm de ser feitas hoje", Peter não foi capaz de colocar essa ideia em um contexto mais amplo, que também incluía o fato de ele estar cansado, de que o tempo estava passando, de que o carro poderia ser lavado outro dia, e assim por diante. Contudo, quando ele foi capaz de "recuar" – mudar de um processamento conceitual controlado para um processamento holístico-intuitivo controlado –, a intenção de lavar o carro tornou-se apenas um elemento de um padrão maior em memória operacional holístico-intuitiva, apenas um fator contribuidor para o modelo mental criado. Com o benefício de uma gama mais ampla de informações, esse modelo poderia produzir a decisão "sábia" de parar naquele dia.

A distinção entre objetivos e intenções nos ICSs fornece uma maneira de entender como o comportamento atento pode ser claramente motivado e direcionado, ao mesmo tempo que é livre do sofrimento que o comportamento direcionado por metas pode criar.

Portanto, voltemos agora ao desafio de entender como podemos sustentar as intenções saudáveis que nos ajudarão a viver felizes e tranquilos – intenções de estarmos atentos, de sermos bondosos, de sermos compassivos, de deixarmos de nos agarrar a objetos de desejo. Aqui, a memória operacional holístico-intuitiva desempenha um papel fundamental.

Na forma mais simples de memória operacional, mantemos viva a memória de um número de telefone, repetindo-o sempre, em voz alta ou baixa. Ao fazer isso, os padrões relacionados com os dígitos circulam pela nossa mente em ciclos autossustentáveis envolvendo informações relacionadas com a articulação, o som e a fonologia – e os recursos executivos mínimos necessários para manter o processo em andamento.

De maneira semelhante, ciclos envolvendo a memória operacional holístico-intuitiva podem nos ajudar a manter vivos padrões de informações de alto nível relacionados com intenções saudáveis. Podemos iniciar e ajudar a sustentar esses ciclos com autoafirmações como "que eu esteja atento", "que eu seja zeloso", "que todos os seres fiquem bem", "que eu me desprenda" e afins, mas é crucial que os ciclos também envolvam padrões relacionados de significado holístico-intuitivo. Caso contrário, esses ciclos podem facilmente se degenerar em algo não muito diferente da repetição de números de telefone. A consciência do corpo – um importante fator contribuidor para o significado holístico-intuitivo (Cap. 3) – oferece uma maneira de se fazer isso. Na oração do coração do cristianismo ortodoxo, por exemplo, a consciência da área física ao redor do coração é mantida à medida que as palavras da oração são repetidas continuamente ao longo do dia (Bourgeault, 2016, p. 100; Savin, 2001). Envolver-se em ações relacionadas com nossas intenções saudáveis – como praticar *mindfulness* das atividades diárias, ou agir com gentileza e compaixão (Cap. 14) – também ajuda a manter os padrões de informações circulando pela mente ancorados na intenção, em vez de repetições sem sentido.

É importante ressaltar que esses ciclos, além de ajudar a nos lembrarmos de ser atentos e gentis, também podem nos *motivar* a sermos atentos e gentis. O acadêmico budista Rupert Gethin (2011, p. 270) explica o que isso envolve:

> É preciso lembrar de que o que se deve fazer é se lembrar da respiração. Há uma outra dimensão nessa lembrança implícita pelo meu uso da expressão "o que se deve fazer". No contexto específico em que a prática de *mindfulness* é prevista pelos textos budistas antigos, ao lembrar de que se deve lembrar da respiração, está-se lembrando de que se deve fazer uma prática de meditação; ao lembrar de que se deve fazer uma prática de meditação, está-se lembrando de que se é um monge budista; ao lembrar de que se é um monge budista, está-se lembrando de que se deve tentar erradicar a ganância, o ódio e a ilusão... antigos textos budistas entendem a presença de *mindfulness* como lembrando-nos de quem somos e quais são nossos valores.

O foco da lembrança em *mindfulness*, então, não é apenas em ações específicas (como lembrar de fazer a prática diária de meditação), mas também no contexto mais amplo que fornece a motivação para essas ações. Para manter nossa motivação vital, fresca e viva, esse contexto mais amplo tem que se refletir nos modelos mentais criados e atualizados nos ciclos que sustentam a intenção. Isso significa, por exemplo, que não é suficiente explorar e esclarecer as razões subjacentes pelas quais poderíamos desejar estar atentos e então assumir um compromisso único e total de estar atentos – algo como uma resolução de Ano Novo. Ao contrário, desenvolvemos modelos mentais que incorporam essas razões e, depois, da melhor forma possível, os mantemos dinamicamente vivos em todos os contextos. As próprias instruções de Buda para cultivar a intenção da bondade amorosa (a Karaniya Metta Sutta), por exemplo, sugerem: "Seja de pé ou caminhando, sentado ou deitado, livre de sonolência, deve-se sustentar essa lembrança (para irradiar bondade sobre o mundo inteiro)" (Amaravati Sangha, 1994).

Quais são, então, as motivações que sustentarão nossa prática de *mindfulness*? Para muitos, a motivação será o desejo de melhorar a qualidade do dia a dia. O Capítulo 9 explora como *mindfulness* oferece uma forma alternativa de ser que melhora a vida. Outros praticarão *mindfulness* para transformar o sofrimento emocional. Esse é o foco do Capítulo 8.

8

Transformando o sofrimento emocional

Era uma vez um homem tão perturbado com a visão de sua própria sombra que resolveu se livrar dela. O método que ele escolheu era simples: ele simplesmente se afastava, deixando-a para trás. Depois de alguns passos, ele virou-se e encontrou sua sombra ainda ali – claramente determinada a segui-lo. Obviamente, ele pensou que não estava andando rápido o suficiente. Então, ele acelerou. Mas a sombra ainda estava atrás dele. Então, ele começou a correr. Mas sempre que olhava de relance, sua sombra ainda estava lá, seguindo-o. Por mais rápido que corresse, sua sombra parecia ser capaz de acompanhar. Reunindo todas as suas energias, ele partiu mais uma vez, determinado a dar tudo de si em uma tentativa final de fuga. Ele correu cada vez mais rápido, sem parar, até que finalmente caiu morto.

Se ao menos ele soubesse que só tinha que parar na sombra para descansar e se refrescar, então sua sombra teria desaparecido sem qualquer esforço.

Essa parábola tradicional sugere que pode não ser uma ideia tão boa tentar fugir ou evitar aspectos de nossa experiência que não nos agradam. Os psicólogos chamam essa forma de se relacionar com a experiência indesejada de *esquiva experiencial*.

ESQUIVA EXPERIENCIAL

A esquiva experiencial é a maneira que abordagens baseadas em conceitos tentam lidar com o sofrimento emocional. A busca conceitual da felicidade trata experiências interiores incômodas da mesma forma que trata objetos dolorosos ou ameaçadores no mundo exterior: como coisas ruins das quais fugir, para se evitar ou se livrar por meio da ação direta da vontade. Essa estratégia tem uma simplicidade atraente: assume uma relação direta entre causa e efeito, identifica uma causa de sofrimento e aponta para ações que podemos tomar que acreditamos que removerão essa causa. Em princípio, devemos ver os efeitos de nossas ações de forma relativamente rápida.

O lado negativo dessa abordagem é que ela geralmente não funciona. Por mais ferozmente que tentemos afastar nossos pensamentos, sentimentos e sensações corporais indesejados, ou por mais rápido que tentemos fugir deles, não podemos escapar. E nossas tentativas de fuga muitas vezes só pioram as coisas.

Steven Hayes e colaboradores descrevem a esquiva experiencial como "o fenômeno que ocorre quando uma pessoa não está disposta a permanecer em contato com determinadas experiências privadas (p. ex., sensações corporais, emoções, pensamentos, memórias, predisposições comportamentais) e toma medidas para alterar a forma ou a frequência desses eventos e os contextos que os ocasionam" (Hayes, Wilson, Gifford, Follette, & Strosahl, 1996). Eles apresentam evidências convincentes de que muitas formas de psicopatologia – abuso de substâncias, transtorno obsessivo-compulsivo, transtorno de pânico, agorafobia, transtorno da personalidade *borderline* e suicídio – refletem tentativas desajeitadas de evitar experiências internas indesejadas dessa forma.

Paradoxalmente, a esquiva experiencial muitas vezes perpetua as experiências internas que procuramos eliminar. Nas famosas experiências de Daniel Wegner com ursos brancos (Wegner, Schneider, Carter, & White, 1987), a instrução de não pensar em um urso branco levou a pensamentos sobre ursos, que vinham à mente com mais frequência. Pesquisas realizadas por Cioffi e Holloway (1993) encontraram efeitos relacionados: os participantes que foram solicitados a eliminar pensamentos sobre a dor enquanto mantinham suas mãos em água desagradavelmente fria voltaram aos níveis normais de conforto mais lentamente do que aqueles solicitados a se concentrar nas sensações em suas mãos. Mais tarde, os participantes que suprimiram também classificaram vibrações inócuas como mais desagradáveis do que aqueles que se concentraram: ao tentar eliminar pensamentos sobre uma fonte de desconforto, os participantes tinham se sensibilizado com outras experiências.

Em curto prazo, tentar fugir ou livrar-se de experiências internas indesejadas simplesmente não funciona, e o tiro pode facilmente sair pela culatra. A esquiva experiencial também prejudica a possibilidade de mudanças mais duradouras. Os médicos há muito tempo têm reafirmado (e uma extensa pesquisa agora confirma) que o processamento emocional bem-sucedido – a transformação das reações emocionais – exige que realmente sintamos e experienciemos as emoções. Temos de "sentir o medo e fazê-lo de qualquer forma", ou "trabalhar" nossos sentimentos de tristeza, por mais desconfortável e desagradável que isso possa ser. A perspectiva dos subsistemas cognitivos interativos (ICS, do inglês *interacting cognitive subsystems*) fornece uma maneira de entender por que isso é necessário.

Nossas reações emocionais são desencadeadas pelos modelos mentais que nossa mente usa para dar sentido aos eventos. Se quisermos fazer mudanças duradouras na maneira como reagimos, esses modelos têm de mudar. Para que isso aconteça, os modelos têm de ser ativados e colocados à mesa da memória operacional holístico-intuitiva. Lá, eles podem ser reformulados. A ativação e a reformulação necessariamente desencadearão, pelo menos parcialmente, alguns dos sentimentos da emoção original. Visto dessa perspectiva, vivenciar esses sentimentos é um marcador de que nossa mente está "funcionando de modo diligente". Se procurarmos evitar sentimentos desagradáveis, podemos acabar impedindo inadvertidamente o trabalho interior do qual depende a cura emocional.

A esquiva experiencial pode nos proporcionar algum alívio em curto prazo, mas tem seu custo em longo prazo. Em outra ocasião, meus colegas e eu comparamos a esquiva experiencial a um motorista que, ouvindo barulhos estranhos vindo do motor de seu carro, simplesmente liga o rádio para que não os ouça, sendo que seu carro estraga completamente um pouco adiante na estrada (Williams, Teasdale, Segal, & Kabat-Zinn, 2007, p. 119).

UMA ABORDAGEM ALTERNATIVA

A análise dos ICS, em comum com as tradições budistas e outras tradições contemplativas, tem uma visão mais complexa. Eles veem sentimentos e estados emocionais desagradáveis persistentes não como coisas ruins autoexistentes, mas sim como reflexos impermanentes de padrões de condições subjacentes. Essas condições criam e recriam ativamente esses sentimentos e emoções momento a momento.

A boa notícia dessa maneira de ver as coisas é que, se o sofrimento for mantido ativamente, momento a momento, por um conjunto particular de condições, então podemos transformar esse sofrimento ao mudar essas condições. Nós nos libertamos de estados de espírito indesejados, não tentando nos livrar deles por meio da ação direta da vontade, mas, ao contrário, mudando as condições que os mantêm. E, como estamos lidando com sistemas complexos não lineares – em vez de simples relações unitárias de causa e efeito –, uma pequena mudança em uma condição pode ter efeitos muito grandes (o conhecido "efeito borboleta").

O lado negativo dessa abordagem é que as relações entre nossas ações e seus efeitos podem ser indiretas, atrasadas e não imediatamente óbvias. Se tivermos de usar várias intervenções em uma série de condições, talvez tenhamos de investir tempo e esforço consideráveis antes de vermos muitas mudanças como resultado de nossas ações: às vezes, podemos simplesmente ter de prosseguir na base da confiança.

Para cultivar essa confiança, será útil uma compreensão mais clara dos estados emocionais com os quais estamos lidando e das maneiras pelas quais *mindfulness* pode transformá-los.

SISTEMAS AUTOPERPETUADORES

Sistemas complexos de laços de *feedback* interligados mantêm estados emocionais persistentes, como estresse, ansiedade ou depressão (Fig. 8.1).

A depressão pode ser um exemplo para ilustrar o modo como esses sistemas funcionam. Uma análise relacionada dos ICS (Teasdale, Segal, & Williams, 1995) desempenhou um papel fundamental no desenvolvimento original da terapia cognitiva baseada em *mindfulness* (MBCT, do inglês *mindfulness-based cognitive therapy*). (Para um relato detalhado do desenvolvimento da MBCT, ver Segal, Williams, & Teasdale, 2013.) Análises correspondentes podem ser desenvolvidas para a ansiedade generalizada e o estresse.

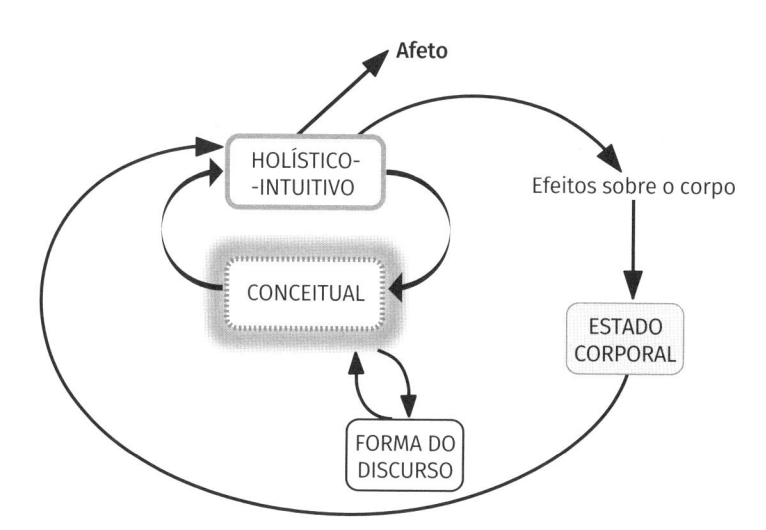

FIGURA 8.1 A visão dos ICS: os ciclos autoperpetuadores agem para manter e intensificar os estados emocionais indesejados (as caixas representam diferentes subsistemas de processamento).

Em indivíduos vulneráveis à depressão recorrente ou persistente, o humor depressivo relativamente leve reativa modelos mentais que incorporam visões profundamente negativas do *self* (Miranda & Persons, 1988; Teasdale, 1988). Através das lentes fornecidas por esses modelos, o *self* é visto como inútil, um fracasso, inadequado, inamável e ineficaz; o autovalor é visto como um elemento crucial para o sucesso, para ser apreciado ou para receber a aprovação de outros.

Uma série de caminhos interligados alimentam e sustentam a contínua ativação desses modelos do *self* globalmente negativos – e a persistência da depressão.

Em um caminho, uma interpretação profundamente negativa da experiência em curso mantém os indivíduos vulneráveis enraizados na depressão. Os modelos reativados pelo humor depressivo nesses indivíduos incorporam uma visão globalmente tão negativa do *self* ("Sou totalmente inútil e não sirvo para nada") que uma ampla gama de experiências atuais é interpretada em termos de fracasso, perda ou rejeição. De maneira ainda mais perniciosa, esses modelos interpretam os próprios efeitos e sintomas da depressão como evidência de fracasso e inadequação: a falta de energia na depressão é vista como um sinal de preguiça; a irritabilidade depressiva é vista como um sinal de que se é um pai ou parceiro ruim; a dificuldade de concentração – uma característica comum da depressão – é interpretada como um sinal de estupidez, e assim por diante.

A tendência de interpretar os altos e baixos normais da vida cotidiana – e os aspectos da depressão em si – como evidência de inadequação pessoal significa que, uma vez que uma pessoa vulnerável se deprime, ela será exposta a um fluxo contínuo de experiências que a manterá enredada na depressão.

As falhas em lidar efetivamente com a depressão fornecem ainda mais "provas" a um indivíduo deprimido de sua inadequação e da desesperança de sua situação. As visões globalmente negativas do *self* reativadas na depressão minam tragicamente a motivação para realizar ações simples que podem melhorar o humor negativo: atividades, por exemplo, que dão uma sensação, por menor que seja, de prazer ou maestria. A aversão e o medo da depressão contínua também levam os indivíduos a tentativas ineficazes de se livrar da depressão, que, ironicamente, só servem para mantê-la.

Além dos efeitos das interpretações negativas na experiência contínua, laços mentais interligados centrados no subsistema de processamento conceitual (Cap. 2) atuam para manter a depressão em uma base puramente interna (ver Fig. 8.2). Esses laços geram as correntes do pensamento negativo sobre o *self* ("Eu simplesmente não sou bom"), o mundo ("Tudo é muito difícil") e o futuro ("É tudo desesperançoso"), tão característico da depressão persistente.

A esquiva experiencial – sob a forma de ruminação – é uma das principais forças que impulsionam esses ciclos negativos internos. A ruminação é "um

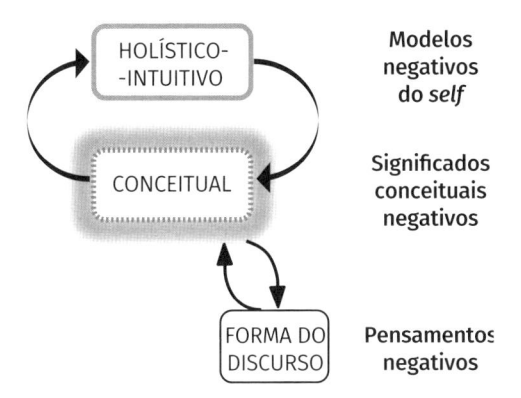

FIGURA 8.2 O motor central travado em ciclos de pensamento negativo (o halo ao redor do subsistema conceitual mostra que a memória operacional conceitual está no controle).

modo de responder à angústia que envolve a concentração repetitiva e passiva nos sintomas de angústia e nas possíveis causas e consequências desses sintomas" (Nolen-Hoeksema, 1991). Há evidências convincentes de que, em indivíduos com um estilo cognitivo negativo, a ruminação pode transformar o que de outra forma seria um humor leve triste e transitório em estados depressivos mais intensos e persistentes (Nolen-Hoeksema, Wisco, & Lyubomirsky, 2008).

Podemos ver a ruminação como o reflexo de uma estratégia conceitual para nos livrarmos de sentimentos desagradáveis: ficamos imersos no pensamento sobre sentimentos depressivos e suas possíveis causas e consequências como uma forma de resolver nossos problemas e sair da depressão. Concentrar-se estritamente nas informações relacionadas com a tarefa em questão é, naturalmente, uma característica central do processamento conceitual baseado em objetivos (Cap. 2). Revisitar memórias de situações anteriores relacionadas e pensar sobre suas implicações atuais também é um aspecto importante e útil dessa estratégia geral: ao colocar a prateleira em minha cozinha, por exemplo, eu pensei em projetos anteriores de "faça você mesmo" para ver que orientação eles tinham a oferecer. A antecipação dos prováveis resultados futuros de possíveis ações me permitiu escolher a abordagem mais eficaz para colocar uma prateleira na parede no momento.

Tragicamente, essas mesmas estratégias podem ser desastrosas quando tentamos usá-las para nos livrarmos da depressão. À medida que resgatamos memórias de fracassos pessoais, rejeições e perdas do passado na esperança de encontrar uma maneira de evitar ou escapar de nos sentirmos deprimidos no presente, os pensamentos e as memórias remexidas são suficientes para desencadear mais modelos negativos do *self* mesmo por meio do processo de conclusão de padrões (Cap. 4). E, à medida que a mente leva em consideração a consequência de possíveis ações, modelos globalmente negativos do *self* geram expectativas desesperançadas e pessimistas, pintando um quadro geralmente sombrio do futuro. No contexto de humor depressivo, essas expectativas, mais uma vez, serão suficientes para ativar outros modelos negativos do *self* por meio do processo de conclusão de padrões.

Os laços de *feedback* funcionando através do corpo reforçam os efeitos dos laços mentais internos (Fig. 8.1). As emoções indesejadas – e nossas reações habituais a elas – geram padrões característicos de sensações corporais relacionadas com postura, expressão facial, excitação corporal, tensão muscular e similares. Na depressão, elas incluem uma sensação de peso, postura inclinada e uma expressão facial triste ou franzida – com sensações de tensão e de contenção enquanto resistimos a sensações de tristeza, dor ou perda. Assim como ocorre com pensamentos e memórias, padrões fragmentados de informações relacionadas com o corpo podem agir para reativar os modelos negativos existentes do *self* por meio da conclusão de padrões, provocando, assim, uma maior depressão.

Os efeitos combinados de laços de *feedback* trabalhando através do corpo e laços de *feedback* puramente internos na mente podem sustentar padrões autoperpetuadores por longos períodos. De um momento para outro, esses ciclos criam e recriam ativamente estados emocionais e paisagens mentais dominadas por temas de medo, perda ou fracasso. Nossa própria mente cria esses mundos de experiência; mas, desconhecendo esse fato, reagimos a eles como se fossem "reais".

ESTRATÉGIAS DE MUDANÇA

Mindfulness nos liberta de estados de espírito indesejados, não tentando nos livrar deles pela ação direta da vontade, mas mudando as condições que os mantêm.

Nessa abordagem, muitas vezes haverá pouca relação óbvia entre aspectos específicos da prática de *mindfulness* e as correspondentes mudanças nos aspectos de sofrimento emocional. Às vezes, esse vínculo poderá ser claro – como quando mudamos de um pensamento negativo, concentrando-nos atentamente em nossa respiração –, mas, muitas vezes, não o será. Nos estágios iniciais da prática, podemos nos surpreender ao responder de forma diferente a eventos que anteriormente nos perturbavam, mesmo que não tenhamos tomado nenhuma ação específica para lidar com eles. O sabor dessas experiências é mais algo como "de alguma forma, estou me sentindo menos perturbado pelas coisas" do que "estou me sentindo menos perturbado porque agora lido com sentimentos desagradáveis de forma mais hábil".

Esse tipo de experiência surge porque *mindfulness* muitas vezes tem seus efeitos ao mudar o padrão total das condições que perpetuam o sofrimento. Nesse nível, as conexões entre as práticas de *mindfulness* que estamos aprendendo e as mudanças que estamos vendo podem não ser imediatamente óbvias. Podemos, então, nos perguntar se o investimento de tempo e esforço que nos é pedido é necessário ou vale a pena. Podemos continuar na base da fé e da esperança – ou podemos desistir. A compreensão de que *mindfulness* funciona para criar um conjunto total de condições que permitem que o sofrimento "se cure" oferece uma abordagem alternativa.

Mindfulness nos dá três estratégias inter-relacionadas para mudar as condições que perpetuam estados indesejáveis (Teasdale & Chaskalson, 2011b): 1) mudar *no que* a mente está trabalhando: o conteúdo da informação envolvida; 2) mudar *como* essa informação está sendo tratada: o modo ou forma de a mente fazer o trabalho; e 3) mudar a *visão* global do que está sendo trabalhado: o modelo mental atualmente ativo.

O uso intencional e deliberado de qualquer uma dessas estratégias, naturalmente, depende de conhecermos o estado de nossa mente e nosso corpo em qualquer momento. Por mais óbvio que possa parecer, é útil lembrar de que o primeiro passo para curar o sofrimento é saber que estamos sofrendo. Aqui, a metaconsciência cultivada em *mindfulness* – saber o que estamos experimentando *enquanto* estamos o experimentando (Cap. 7) – é vital para nos mantermos em contato com o estado de nossa mente e nosso corpo de um momento para outro. A metaconsciência também transforma a maneira como vemos e respondemos às experiências interiores: ela nos permite ver pensamentos, sentimentos e sensações corporais *como* pensamentos, sentimentos e sensações corporais – e não como *eu*.

Considerarei as três estratégias de mudança, uma de cada vez.

MUDANDO *NO QUE* A MENTE ESTÁ TRABALHANDO

Em estados emocionais indesejados, as conversas entre nossas duas formas de conhecer se tornam preocupadas com as histórias infelizes que contamos a nós mesmos – e os planos que fazemos para escapar ou evitar os finais tristes ou temerosos que essas histórias preveem. Mudar intencionalmente as informações que circulam em torno do motor central da cognição nos oferece uma maneira simples de alterar uma das condições mais óbvias que perpetuam o sofrimento emocional.

Uma prática central de *mindfulness* nos convida a: 1) manter nosso foco de atenção nas sensações da respiração; 2) reconhecer quando a mente se afastou desse foco; e 3) gentilmente, liberar nossa atenção e reorientá-la de volta para a respiração. Em um programa de redução do estresse baseada em *mindfulness* (MBSR, do inglês *mindfulness-based stress reduction*) ou MBCT de 8 semanas, os participantes ensaiam essa sequência centenas ou milhares de vezes.

Essa prática nos capacita a saber quando estamos perdidos em pensamentos negativos e a reorientar intencionalmente nossa atenção para aspectos da experiência atual menos suscetíveis de causar mais pensamentos negativos. Aprendemos como mudar o foco da mente do planejamento e das narrativas do pensamento negativo para a consciência atenta da experiência atual. Estudos sistemáticos (Allen, Bromley, Kuyken, & Sonnenberg, 2009) mostraram que os participantes consideram essa habilidade um dos principais benefícios da MBCT. Jane, por exemplo, descreveu o que ela faz quando começa a se sentir para baixo: "Normalmente, eu pego o cachorro e... olho para o padrão nas árvores, a chuva... o som da chuva, o som do vento nas árvores e, na verdade, ouço e olho deliberadamente. Sinto o vento ou a chuva ou o que quer que seja. Ou apenas a maneira como o sol brilha nas gotas de orvalho. E, na verdade, olho e sinto ativamente o meu caminho pelo quarteirão, ou qualquer coisa. E isso é, para mim, minha atitude de *mindfulness*" (Allen et al., 2009, p. 419).

Concentrar-se deliberadamente em qualquer tarefa que exija processamento controlado privará o pensamento negativo dos recursos executivos de que ele precisa para continuar. Em um experimento simples, Melanie Fennell e eu mostramos que a tarefa de descrever em detalhes uma série de imagens levou a reduções significativas no pensamento negativo e no humor depressivo em pacientes clinicamente deprimidos (Fennell & Teasdale, 1984). Contudo, como observamos no Capítulo 7, os efeitos de distrações conceitualmente controladas são geralmente de curta duração: tais tarefas não mudam a configuração geral da mente, tampouco transformam os modelos mentais subjacentes. Como resultado, o pensamento negativo com frequência retorna assim que os indivíduos param de se engajar na distração.

Em contrapartida, se estou consciente de minha respiração, não apenas mudo o *conteúdo* dos fluxos de informação processados pelo motor central, mas também mudo a configuração geral, modo ou *configuração* da mente: a memória operacional holístico-intuitiva, em vez de a memória operacional conceitual, está agora no comando. Dessa forma, *mindfulness* deixa a mente "em um lugar diferente" – agora, ela está em uma forma em que o pensamento negativo tem menor probabilidade de retornar imediatamente; uma forma na qual temos maior probabilidade de viver os próximos momentos com maior consciência e tranquilidade.

A atenção seletiva *inclusiva* de *mindfulness* aumenta a ativação relativa de um fluxo de informações, ao mesmo tempo que inclui outras informações em um foco mais amplo. Podemos estar atentos a um aspecto de nossa experiência – como a respiração, ou as sensações do corpo de forma mais geral – enquanto, ao mesmo tempo, continuamos com o resto de nossa vida. Por exemplo, como mencionei no Capítulo 7, a prática de *mindfulness* de "respirar com" (Teasdale, Williams & Segal, 2014, pp. 48, 128, 138) une uma consciência contínua da respiração com outros aspectos (muitas vezes, difíceis) da experiência atual em uma consciência mais ampla. A respiração, então, age como uma âncora, conectando-nos à experiência presente e fazendo-nos menos propensos a nos desviar para o pensamento negativo, a preocupação e a ruminação.

MUDANDO *COMO* A INFORMAÇÃO É TRATADA

> *Mindfulness*, assim, é a chave mestra infalível para *conhecer* a mente e é, portanto, o ponto de partida; a ferramenta perfeita para *moldar* a mente e é, portanto, o ponto focal; a manifestação elevada da *liberdade* alcançada da mente e é, portanto, o ponto culminante [ênfase acrescentada]. (Nyanaponika, 1962, pp. 24-25)

O treinamento em *mindfulness* nos capacita a mudar intencionalmente o modo, ou a configuração geral, de nossa mente – o que Nyanaponika Thera chama de sua "forma". As habilidades que aprendemos nos dão uma poderosa alavanca para a mudança: alterando o padrão geral das condições na mente, perturbamos os ciclos autoperpetuadores dos quais depende o sofrimento emocional contínuo.

Em *mindfulness*, passamos de um modo de mente dominado pelo processamento automático e pelo conhecimento conceitual para um modo alternativo, no qual o conhecimento holístico-intuitivo domina. Um elemento-chave nessa mudança é uma alteração na memória operacional que está "aberta aos negócios", regulando a atividade mental. O espaço de trabalho conceitual do qual dependem as histórias, o planejamento e os julgamentos avaliativos do pensamento negativo é fechado. Em seu lugar, o espaço de trabalho holístico-intuitivo é aberto, tornando disponível o único lugar na mente que pode alimentar o desenvolvimento dos novos modelos mentais dos quais depende a liberdade do sofrimento emocional em longo prazo.

Vimos no Capítulo 3 que as mudanças no tipo de conhecimento no controle da mente estão muitas vezes ligadas a alterações mais generalizadas no afeto, na atenção e na visão de mundo. À medida que nos tornamos atentos, a motivação muda do afeto central BUSCA, direcionando a esquiva experiencial, para afetos não instrumentais, como cuidar ou brincar, abordagem motivadora e engajamento. A atenção se expande do foco estreito e exclusivo do processamento focado em objetivos para um foco mais amplo e inclusivo. Nosso mundo atomístico experiencial de separação se transforma em um mundo holístico de interconexão e relacionamento.

Esses efeitos mais amplos ligados às nossas diferentes formas de conhecimento significam que, à medida que nos tornamos atentos e mudamos nosso modo de pensar, alteramos toda uma faixa de condições. Muitas dessas condições serão essenciais para os ciclos que se perpetuam e que sustentam o sofrimento emocional: à medida que ficamos atentos, descontinuamos os padrões dinâmicos que nos mantêm presos ao estresse, à depressão e à ansiedade.

Se nosso objetivo principal é mudar a configuração geral, ou o modo, de nossa mente, pode não importar muito ao que estamos atentos: qualquer que seja o foco de nossa atenção plena, a mente trabalhará em um padrão mental atento semelhante. É por isso que os programas baseados em *mindfulness* destinados a aliviar o estresse, a ansiedade ou a depressão nos pedem para dedicar longas horas para ficarmos atentos aos aspectos da experiência cotidiana – como as sensações em nossos pés enquanto caminhamos, ou os sons da cidade ao nosso redor –, que podem parecer ter pouca ou nenhuma relevância para os problemas emocionais. Uma vez que compreendamos que essas práticas fazem parte de um esforço mais amplo e articulado para mudar o padrão geral das condições que mantêm o sofrimento emocional, temos um poderoso incentivo para praticar *mindfulness* de todos os aspectos da vida – para ver *mindfulness* como uma forma geral de ser, uma abordagem da vida como um todo, em vez de apenas uma estratégia para lidar com questões emocionais específicas à medida que elas surgem.

Adotar essa perspectiva mais ampla pode ter efeitos inesperadamente dramáticos, como disse um participante da MBCT: "Isso me mudou em quase todos os sentidos possíveis" (Allen et al., 2009); ou, nas palavras de outro, "Antes de vir para cá, eu não sabia como era viver sem pressão. Eu poderia ter tido alguma ideia quando tinha 5 anos, mas não me lembro muito disso. Foi-me mostrado um caminho diferente, e é tão simples" (Williams et al., 2007, p. 213).

Como vimos no Capítulo 7, *mindfulness* dá à mente uma forma dinamicamente estável, que lhe permite permanecer equilibrada diante das adversidades da vida. Aí, observamos que a robusta qualidade *agrupada* de *mindfulness* reflete as holarquias mentais unificadas, unidas por ressonância, que são sua base dinâmica. *Mindfulness* da respiração, ou do corpo em geral, mantém a mente em uma configuração dinamicamente estável: uma forma mental que se recupera rapidamente de influências perturbadoras ou distrativas. Meditações guiadas cultivam essa qualidade fundamentada, estável e inabalável usando, por exemplo, a imagem de uma montanha maciça que resiste impassível, digna e íntegra – qualquer que seja a passagem de tempestades, mudança de estações ou hordas de turistas descuidados que possam alcançá-la (Kabat-Zinn, 1994).

MUDANDO A *VISÃO* (MODELO MENTAL) DO QUE É PROCESSADO

A cura duradoura do sofrimento emocional depende da criação de novos modelos mentais holístico-intuitivos. Tais modelos oferecem uma lente diferente, permitindo-nos ver e nos relacionarmos com situações problemáticas, pensamentos, sentimentos e sensações corporais de maneiras inovadoras – maneiras que não nos deixarão presos nos ciclos viciosos de sofrimento emocional que se perpetuam. Pesquisas qualitativas sistemáticas fornecem evidências consistentes de tais mudanças: "A maioria dos participantes da amostra disse que a MBCT tinha desenvolvido sua capacidade de colocar as coisas em perspectiva. Desde que fizeram a MBCT, eles disseram que agora são capazes de 'ver as coisas de um ângulo diferente' (Annie) e de 'pensar direito' (Sam), com a consequente sensação de ter 'voltado à realidade' (Daniel)" (Allen et al., 2009, p. 420).

Na maior parte do tempo, em situações cotidianas, a capacidade inerente da mente de criar um todo pode unir os padrões de informações em uma memória operacional holístico-intuitiva para criar modelos mentais coerentes. Contudo, em outras situações – particularmente as que são difíceis, desagradáveis ou que envolvem esquiva experiencial –, o processo de criar o todo pode ser mais desafiador. Na transformação do sofrimento emocional, a criação do todo pode exigir a presença adicional de outros padrões de informações para catalisar a criação de novos modelos mentais, dos quais depende a liberdade emocional. A prática de *mindfulness* faz contribuições significativas para esses padrões catalíticos. E o faz de formas implícita e explícita.

Mindfulness implicitamente desenvolve novos modelos mentais

> Em *mindfulness*, há uma qualidade de aceitação sábia e bem-vinda... *Mindfulness* é ser íntimo de todas as coisas, inclusive daquelas que mais tememos ou odiamos... O caminho mais direto para a transformação e a sabedoria é voltar nossa

atenção para o que quer que seja de que desejamos mais profundamente fugir. Ao fazer isso, libertamo-nos da desconexão, do medo e da impotência. (Feldman, 2001, p. 172)

Com a devida atenção, *aproximamo-nos* deliberadamente de aspectos desagradáveis, difíceis e até mesmo assustadores de nossa experiência com uma atitude de interesse e curiosidade. Nos engajamos e investigamos nossa experiência em constante mudança; da melhor forma possível, desenvolvemos uma familiaridade com o que quer que esteja acontecendo em nossa mente e nosso corpo em cada momento que passa – mesmo que seja doloroso. Em vez de nos *afastarmos* de experiências indesejadas, *voltamo-nos* para elas.

Ao trazermos um foco de atenção intencional ao momento presente, sem julgamentos, para pensamentos, sensações corporais e sentimentos desagradáveis, criamos padrões de informações relacionados com a aproximação, em vez de com a evitação. A criação do todo pode, então, unir esses padrões em novos modelos mentais, que incorporam uma postura radicalmente diferente da aversão e da evitação que sustentam o sofrimento emocional. Richie Davidson e colaboradores (Davidson et al., 2003) mostraram que *mindfulness* altera as medições da atividade cerebral de padrões característicos de evitação para padrões mais característicos de aproximação. Dessa forma, a própria prática de *mindfulness* cria novos modelos mentais com o poder de desfazer os efeitos nocivos da esquiva experiencial.

Mindfulness também cultiva implicitamente modelos mentais que incorporam temas de eficácia pessoal. Ao "tomarmos nosso lugar" na prática formal de *mindfulness*, desenvolvemos a capacidade de manter deliberadamente experiências desagradáveis ou dolorosas na contínua consciência atenta, deixando de lado qualquer desejo de fugir mental ou fisicamente. Assim, a prática de *mindfulness* alimenta implicitamente padrões de informação que incorporam temas de eficácia ("Eu consigo estar envolvido e lidar com isso agora mesmo"), em vez de ineficácia ("Eu não consigo lidar com isso, preciso fugir"). A criação do todo pode, então, integrar esses padrões em modelos mentais mais adaptativos que nos permitem abordar as dificuldades com maior confiança: "Aprendemos algo com isso, e agora está dentro de nós. Sabemos que isso nunca mais nos deixará... É o fato de que agora eu sei que há algo em mim que me dá controle sobre mim mesmo e sobre as coisas que acontecem" (Williams et al., 2007, p. 214). Da mesma forma, Allen et al. (2009) identificaram o controle – "as percepções dos participantes e as avaliações de ações pessoais em relação à depressão e a pensamentos e sentimentos relacionados com a depressão" – como um dos temas abrangentes emergentes de suas entrevistas com os participantes da MBCT.

Como vimos no Capítulo 6, o treinamento em *mindfulness* cultiva as qualidades atitudinais de não almejar, aceitar, desprender-se, não julgar, mente de principiante, paciência e coisas semelhantes. Assim como com a aproximação e a eficácia, a incorporação intencional dessas qualidades acrescenta padrões relacionados com o conjunto de informações presentes na memória operacional holístico-intuitiva. Lá, eles estão prontos e disponíveis para aumentar os poderes de cura dos modelos mentais criados.

O mais importante é que a prática de *mindfulness* também desenvolve implicitamente modelos mentais integrando uma perspectiva *metaconsciente*: que se relaciona com pensamentos e sentimentos como eventos mentais passageiros ("pensamentos *como* pensamentos"), em vez de "a verdade" ou "eu" (Cap. 7). Com *mindfulness* da respiração, sempre que percebo que minha mente divagou, dou um passo para trás, reconheço o pensamento em minha mente naquele momento (em algumas abordagens, também o rotulando levemente de "pensamento") e então volto gentilmente minha atenção para a respiração. Ao fazer isso, relaciono-me *com* meus pensamentos como objetos na consciência, e não a partir *deles* como "eu". Repetido centenas e milhares de vezes, esse movimento central da mente semeia implicitamente uma memória operacional holístico-intuitiva com padrões de informação que incorporam uma perspectiva metaconsciente. Esses padrões estão disponíveis para transformar nossa visão dos pensamentos negativos à medida que eles surgem: vemos o pensamento "eu não presto" como um evento mental passageiro, em vez de "a verdade" sobre mim. O pensamento, então, causa-me menos angústia – e eu posso mais facilmente me desligar dos ciclos viciosos de pensamento negativo que perpetuam a depressão.

Refletindo o papel-chave da metaconsciência em programas baseados em *mindfulness*, metade dos pacientes de um programa de MBCT adquiriu "uma nova perspectiva sobre seus pensamentos e sentimentos relacionados com a depressão que pode ser resumida como 'esses pensamentos e sentimentos não são eu'" (Allen et al., 2009, p. 421). Um participante, Pat, coloca as coisas assim: "Foi realmente importante perceber que seus pensamentos não são necessariamente um reflexo de quem você é. É quase como se você tivesse consciência de que tem esse aspecto de si mesmo... é como ouvir vozes, e nós as chamamos de nossos pensamentos, mas elas não são realmente nós... e acho que isso ajudou de fato".

As práticas formais de *mindfulness* curam implicitamente por meio de seus efeitos sobre o corpo. A postura, a expressão facial e o estado corporal em geral contribuem de forma importante para modelos mentais holístico-intuitivos (Cap. 3). Em geral, as instruções para a prática atenta de sentar-se pedem aos praticantes que comecem adotando "uma postura ereta e digna" e os convidam a liberar qualquer sentimento óbvio de retenção, tensão ou de retesamento corporal. (Alguns vão mais longe e sugerem cultivar uma expressão meio sorridente.) Essas instruções reordenam suavemente o estado de nosso corpo, de modo a substituir padrões de informação ligados a estados emocionais derrotistas, agitados ou resistentes por padrões relacionados com estados mentais mais saudáveis. Esses padrões mais saudáveis fazem suas próprias contribuições para o desenvolvimento de novos modelos mentais, com o poder de curar e transformar o sofrimento emocional.

Mindfulness desenvolve explicitamente novos modelos

Com frequência, a prática formal de *mindfulness* inclui uma série de meditações que ajudam no desenvolvimento de modelos mentais mais saudáveis. Vou me concentrar em apenas três.

Muitas das instruções originais para a prática de *mindfulness* – oferecidas há 2 mil e 500 anos – fomentam o *insight* ao *focalizar deliberadamente a atenção em facetas específicas da experiência*. Por exemplo, as instruções para *mindfulness* do corpo (assim como para todos os outros objetos de consciência) incluem as frases-chave "ele permanece contemplando a natureza de surgir no corpo, ou ele permanece contemplando a natureza de perecer no corpo, ou ele permanece contemplando a natureza tanto de surgir como de perecer no corpo". Concentrando a consciência no surgimento e na passagem da experiência dessa forma, a prática de *mindfulness*, dia após dia, cria novos modelos mentais libertadores de experiência: toda experiência passa a ser vista em termos de padrões impermanentes, em constante mudança, interconectados, em vez de coisas permanentes, existentes de forma independente. Essa mudança de ponto de vista liberta a mente das garras do esforço conceitual que repousa sobre uma visão subjacente de "coisas" e "*selves*" duradouros (Cap. 1). Nas palavras de Diane, uma participante do MBCT: "Você pode simplesmente concordar com o fato de que se sente mal, mas isso não vai durar para sempre... e você sabe que não é o fim do mundo... vai melhorar" (Allen et al., 2009, p. 421).

Outra abordagem para a modelagem explícita de modelos mentais envolve a *integração de informações conceituais incorporadas em ensinamentos sensatos*. No Capítulo 7, usei minha experiência de acordar no meio da noite para ilustrar como a incorporação do conhecimento conceitual em modelos mentais holístico-intuitivos pode transformar o sofrimento emocional. O ponto crucial daquela história era que tal conhecimento somente é terapêutico se for integrado aos modelos mentais que estão sendo formados no momento – em vez de permanecer como informação conceitual isolada. Nesse exemplo, fragmentos de informações holístico-intuitivas derivadas de meu conhecimento conceitual da *aversão* (a motivação fundamental para evitar, escapar, afastar ou destruir experiências indesejadas que sustentam a esquiva experiencial) estavam disponíveis na memória operacional holístico-intuitiva. Lá, eles poderiam estar ligados a outros padrões do momento para criar modelos mentais mais adaptáveis.

As práticas tradicionais de *mindfulness* nos incentivam a usar uma série de rótulos conceituais quando surgem dificuldades correspondentes no decorrer da prática. No caso da aversão, as instruções originais de Buda para a prática de *mindfulness* (o Satipaṭṭhāna Sutta) sugerem: "Se a aversão está presente nele (o praticante), ele sabe que 'há aversão em mim'; se a aversão não está presente nele, ele sabe que 'não há aversão em mim'" (Anālayo, 2003, p. 9). Mantendo vivos os padrões de informação relacionados com esse ensino na memória operacional holístico-intuitiva, eles estão disponíveis para transformar a maneira como nos relacionamos com todas e quaisquer experiências desagradáveis que encontramos. Vemos a aversão como um padrão universal de pensamento, compartilhado por todos os seres humanos – em vez de evidências de minha inadequação pessoal ou de minha necessidade de me defender em um mundo hostil e desinteressado.

O último exemplo diz respeito às meditações formais que não são, em si mesmas, práticas específicas de *mindfulness*. No entanto, elas são frequentemente utilizadas em paralelo com a prática de *mindfulness*. (Muito habilmente, essas práticas relacionadas são integradas à prática de *mindfulness* para criar um todo integrado.) Essas práticas são projetadas para *cultivar sistematicamente estados de espírito saudáveis e terapêuticos*: bondade amorosa, compaixão ou alegria com a felicidade dos outros. Para fazer isso, tais práticas incorporam essas intenções na repetição de frases como "Que todos os seres sejam felizes; que todos os seres sejam pacíficos; que todos os seres vivam com tranquilidade e bem-estar". Repetidas diariamente (como o são frequentemente) e apoiadas pela integração deliberada das intenções que cultivam em nossa vida diária, essas práticas "inclinam" a mente em direções saudáveis: aumentam as chances de responder *espontaneamente* às situações que encontramos na vida com bondade, compaixão e felicidade com a felicidade dos outros. Da perspectiva atual, podemos ver essas práticas de cultivo como formas habilidosas de povoar e manter viva uma memória operacional holístico-intuitiva com padrões saudáveis de informações. Esses padrões estão disponíveis, por exemplo, para transformar modelos mentais que incorporam temas de má vontade, autocrítica e autojulgamento em modelos que incorporam temas de boa vontade, bondade e autoaceitação.

No Capítulo 6, usei as imagens expressivas de Jon Kabat-Zinn da panela de sopa mágica como metáfora para o processo de criação de novos modelos mentais na memória operacional holístico-intuitiva.

Agora, posso usar essa metáfora para ilustrar as interconexões entre as três estratégias de mudança que apresentei. Da perspectiva dos ICS, os vegetais picados são os padrões parciais de informações holístico-intuitivas unidos para criar o todo coerente (sopa) de um novo modelo mental integrado; o cozimento é o processo de criar um todo flexível que une essas partes; e a panela – o lugar onde tudo isso acontece – é a memória operacional holístico-intuitiva. Na primeira estratégia de mudança que consideramos – alterando *o que* a mente processa –, *mindfulness* muda os ingredientes usados para fazer a sopa: os padrões de informações a partir dos quais os modelos mentais são criados. Na segunda estratégia – mudando a forma *como* a informação é processada –, *mindfulness* muda o modo ou a forma mental para criar as condições necessárias para o cozimento. Por fim, na terceira estratégia – criando novos modelos mentais –, os ingredientes e o cozimento são reunidos para formar um novo todo: um todo com propriedades diferentes e maiores do que os padrões parciais que foram unidos para formá-lo.

Neste capítulo, nossa discussão concentrou-se principalmente na transformação de formas mais graves de sofrimento, como a depressão clínica. No entanto, os padrões mentais que nos mantêm presos ao sofrimento emocional são, fundamentalmente, os mesmos padrões mentais que se intrometem entre todos nós e o florescimento de nosso potencial para um modo de ser mais profundamente satisfatório. Então, os processos de transformação que discutimos neste capítulo também são de vital importância para as experiências mais universais de infelicidade cotidiana – a sensação de que as coisas não estão bem, de que estão desequilibradas de alguma maneira. Esses são os pontos centrais do Capítulo 9.

9

Mindfulness
O porquê

> *As pessoas geralmente consideram caminhar sobre a água ou no ar rarefeito um milagre. Mas acho que o verdadeiro milagre não é caminhar sobre a água ou no ar, mas caminhar sobre a Terra. Todos os dias estamos envolvidos em um milagre que nem reconhecemos: um céu azul, nuvens brancas, folhas verdes, os olhos negros e curiosos de uma criança – nossos próprios olhos. Tudo é um milagre.*
>
> Thich Nhat Hanh (1987, p. 12)

> *As pessoas dizem que o que todos nós buscamos é um sentido para a vida...*
> *Penso que o que estamos buscando é uma experiência de estarmos vivos,*
> *para que nossas experiências de vida no plano puramente físico tenham*
> *ressonância com nosso ser mais profundo e nossa realidade interior,*
> *para que realmente sintamos o arrebatamento de estarmos vivos.*
>
> Joseph Campbell (1988, p. 1)

Praticamos *mindfulness* para sermos plenos.

No Capítulo 8, concentramo-nos no poder de *mindfulness* para curar transtornos emocionais óbvios: estresse, ansiedade e depressão. (A palavra *heal* tem suas raízes na antiga palavra inglesa *hælan*: tornar pleno.)* Há, agora, evidências impressionantes de que intervenções baseadas em *mindfulness* podem reduzir o estresse e a ansiedade, prevenir recaídas na depressão maior e oferecer uma série de benefícios relacionados (Keng, Smoski, & Robins, 2011).

---

* N. de R.T.: A palavra *heal*, em inglês, tem essa conotação. Em português, a tradução pode ser *curar* (que vem do latim, com o sentido de cuidar), mas também pode ser *restaurar*, que tem um sentido mais aproximado do que ocorre na língua inglesa.

Neste capítulo, sairemos dos efeitos de *mindfulness* sobre o sofrimento emocional explícito para nos concentrarmos nas formas pelas quais *mindfulness* pode trazer plenitude a todos os aspectos de nossa vida. Vamos explorar como *mindfulness* – reconectando-nos com a capacidade inerente de nossa mente para criar o todo – nos capacita a reconhecer o milagre da vida e a *sentir* o arrebatamento de estarmos vivos. Vamos explorar *mindfulness* como uma forma geral de ser.

Mas por que nossa mente precisa de restauração? Por que ela precisa se tornar plena? De que forma ela está fragmentada e dividida?

MENTE ERRANTE

Quando nossa mente divaga, ela é sutilmente fragmentada e dividida: estamos fazendo uma coisa, mas pensando em outra. Falhamos em experimentar a plenitude de nossa vida porque, na maior parte do tempo, não estamos aqui para isso. Um véu de pensamento fica entre nós e nossa capacidade para a plenitude, para a presença e para um tipo diferente de felicidade.

Em um estudo agora clássico, Killingsworth e Gilbert (2010) contataram 2.250 indivíduos em intervalos aleatórios durante o dia e pediram a eles para relatar o quanto estavam felizes, o que estavam fazendo e se sua mente estava presente ou não no que estavam fazendo. Se estivessem pensando em algo diferente do que estavam fazendo (sua mente tinha divagado), foi-lhes pedido para dizer se era algo agradável, desagradável ou neutro.

As pessoas divagaram com frequência (47% do tempo). Sem surpresas, as pessoas classificaram-se como menos felizes quando sua mente divagou por pensamentos desagradáveis do que quando se concentraram na atividade do momento. De maneira mais surpreendente, as pessoas também ficaram menos felizes quando sua mente divagou por tópicos neutros. Mesmo a mente divagando por tópicos agradáveis não trouxe maior felicidade, em média, do que o envolvimento com a atividade do momento. De modo geral, a extensão e a natureza da mente errante foram responsáveis por muito mais variabilidade na felicidade dos participantes do que os tipos de atividades em que eles se envolveram. Killingsworth e Gilbert resumiram a sua principal descoberta no título de seu relatório de pesquisa: *A wandering mind is an unhappy mind* (*Uma mente errante é uma mente infeliz*, em livre tradução).

Outros estudos confirmaram que nossa mente divaga – ela é fragmentada e dividida – por extraordinários 30 a 50% de nossas horas de vigília. Nesses momentos, simplesmente não estamos presentes para experienciar o desenrolar de nossa vida momento a momento ou o arrebatamento de estarmos vivos – e somos menos felizes.

Mindfulness oferece uma maneira de reduzir a vasta importância da mente errante em nossa vida, de tornar nossa mente plena e de aumentar nossa felicidade. Uma extensa revisão de pesquisa concluiu: "As práticas que incentivam os indivíduos a estarem atentos ao presente são atualmente a técnica mais empiricamente validada para minimizar os efeitos perturbadores da mente errante" (Smallwood & Schooler, 2015). Ao reduzir a divagação, *mindfulness* lança uma tábua de salvação para nos reconectarmos com a experiência real de estarmos vivos.

Para fazer melhor uso dessa tábua de salvação, será útil entender a natureza da mente errante e o modo como *mindfulness* a reduz.

MENTE ERRANTE E *MINDFULNESS*

Os pesquisadores têm usado duas estratégias principais para investigar a mente errante: neuroimagem, para elucidar os mecanismos cerebrais subjacentes (a assim chamada "rede de modo padrão" [RMP]; Buckner, Andrews-Hanna, & Schacter, 2008); e a pesquisa psicológica, que sonda diretamente o conteúdo dos pensamentos (Andrews-Hanna, Smallwood, & Spreng, 2014). Ambas as estratégias convergem e sugerem que a divagação tem duas funções importantes. Uma delas é a simulação: a capacidade de imaginar eventos que ainda não aconteceram. A outra é a criação de nossas narrativas pessoais – as histórias que contamos a nós mesmos para dar sentido à nossa vida: "Em resumo, nossa mente divaga principalmente sobre nós mesmos – *meus pensamentos, minhas emoções, meus relacionamentos, quem gostou do meu novo* post *na minha página do Facebook* –, todas as minúcias da nossa história de vida... Esses devaneios congregam nosso senso de *self* a partir de memórias fragmentárias, esperanças, sonhos, planos, e assim por diante, que se centram no eu, mim e meu. Nosso modo padrão reescreve continuamente um filme em que cada um de nós estrelamos, reproduzindo cenas particularmente favoritas ou perturbadoras repetidas vezes" (Goleman & Davidson, 2017, p. 151).

Os neurocientistas deram o nome de *rede de modo padrão* aos sistemas cerebrais que se tornam ativos nos intervalos de "descanso" nos experimentos de varredura cerebral. O cérebro entra nesses padrões de atividade quando, do ponto de vista do experimentador, nada em particular está acontecendo. Pesquisas posteriores descobriram que esses mesmos sistemas cerebrais sustentam a divagação. A influência da mente errante é normalmente tão grande que, mesmo no estranho e novo ambiente de um aparelho de varredura cerebral, a mente dos participantes entra no padrão de processar narrativas e planos pessoais, em vez de se envolver com sua experiência imediata.

Há boas razões para ver a mente errante como um reflexo da busca conceitual da felicidade, que discutimos no Capítulo 1. Pesquisas sobre a RMP sugerem que as informações conceituais desempenham um papel fundamental na mente errante: "Nossas descobertas... implicam cada componente da RMP em aspectos do processamento conceitual, incluindo o armazenamento, a recuperação e/ou a integração do conhecimento conceitual... os conceitos formam os blocos básicos de construção de pensamentos autogerados mais complexos, incluindo nossas memórias autobiográficas e planos futuros" (Andrews-Hanna et al., 2014).

Pesquisas posteriores, que descreveram o conteúdo dos pensamentos relatados na divagação, descobriram que "os adultos... classificam seus pensamentos como *orientados a metas* e *pessoalmente significativos*... os pensamentos autogerados tendem a ter um foco temporal, sendo caracterizados mais por um *viés prospectivo* do que retrospectivo" (Andrews-Hanna et al., 2014, ênfase acrescentada). O pensamento conceitual que é "orientado a metas", "pessoalmente significativo" e que tem "um foco temporal prospectivo" é, naturalmente, exatamente o que esperaríamos se a mente errante refletisse uma estratégia conceitual para atingir uma meta futura. E o fato de que as narrativas pessoais na divagação "concentram-se no eu, mim e meu" se encaixa perfeitamente na ideia de que a meta em questão é ser um tipo diferente de *self*. A partir dessa perspectiva, a função de simulação da mente errante oferece uma maneira tanto para ensaiar, *off-line*, possíveis cursos de ação para alcançar essa meta quanto para revisitar antigas memórias autobiográficas, reimaginando-as para ver como diferentes formas de resposta poderiam ter levado a diferentes finais.

Os resultados da pesquisa, em geral, apoiam a ideia-chave de que a mente errante reflete a ponta do *iceberg* da busca conceitual subjacente pela felicidade.

Uma vez que vemos a mente errante dessa forma, torna-se claro por que ela realmente nos faz *menos* felizes: a busca conceitual nos prende à esteira da busca constante por metas que são ilusórias, inalcançáveis e, com frequência, em conflito umas com as outras; seu foco nas discrepâncias entre nossos *selves* reais e desejados pode, por si só, criar sofrimento; e a combinação tóxica de desejo e medo que impulsiona essa busca nos prende a padrões autoperpetuadores que *aumentam* a sensação de incompletude, desconexão e falta de plenitude que a busca se destina a satisfazer. Como, então, *mindfulness* ajuda?

MENTE ERRANTE, *MINDFULNESS* E O MOTOR CENTRAL DA COGNIÇÃO

Conversas entre padrões de significado conceitual e padrões de significado holístico-intuitivo – o motor central da cognição (Fig. 5.1) – sustentam todas as formas de processamento controlado: esses padrões cumprem as funções que outras abordagens atribuem aos assim chamados "recursos executivos". Por meio dessas interações, nossa compreensão das situações externas evolui e se desenvolve ao longo do tempo. De maneira semelhante, o desenvolvimento e a continuidade da mente errante dependem desses mesmos recursos executivos (ver Quadro 9.1).

No Capítulo 5, vimos que o motor central da cognição pode operar de dois modos distintos. Em um modo (processamento conceitual controlado), a memória operacional conceitual está no comando; no outro modo (processamento holístico-intuitivo controlado), a memória operacional holístico-intuitiva está no comando (Fig. 9.1). A mente errante reflete o processamento conceitual controlado: a configuração da mente que sustenta a busca conceitual pela felicidade. *Mindfulness*, por sua vez, reflete o processamento holístico-intuitivo controlado.

QUADRO 9.1 A mente errante depende dos recursos executivos

No final da década de 1980 e início da década de 1990, meus colegas e eu demonstramos que a divagação depende de recursos executivos (motor central) em uma série de experimentos que analisaram o quanto diferentes tarefas, conhecidas por fazerem diferentes demandas sobre aqueles recursos, interferem na mente errante (Teasdale et al., 1995). Descobrimos, por exemplo, que realizar uma tarefa desconhecida reduz substancialmente a divagação. No entanto, a prática dessa tarefa – que tornaria o desempenho mais automático e, assim, reduziria a demanda sobre os recursos do motor central – levou à triplicação da divagação. Em outro estudo, pedimos aos participantes que gerassem sequências aleatórias de números de 1 a 10 – uma tarefa que requer processamento controlado para anular intencionalmente a tendência automática de apresentar sequências familiares e não aleatórias, como 4-5-6 ou 3-2-1. Nessa tarefa, a aleatoriedade dos dígitos produzidos é um bom indicador do quanto os recursos executivos estão sendo dedicados à geração de números. Se a divagação comandasse esses recursos, esperaríamos que a aleatoriedade fosse menor quando a mente estivesse divagando do que quando não estivesse. Isso é exatamente o que encontramos. E quando olhamos para os momentos em que os participantes se classificaram como menos conscientes dos números que estavam gerando, o nível de divagação mental foi três vezes maior do que quando eles se classificaram como mais conscientes. Mais uma vez, esse padrão é exatamente o que esperaríamos da ideia de que a mente errante capta os recursos de processamento controlado necessários para o desempenho consciente das tarefas.

As conclusões de nossa pesquisa têm sido apoiadas desde então por muitos outros estudos.

A mente errante e *mindfulness*, então, refletem dois modos distintos de operação do motor central da cognição (Fig. 9.1).

De modo fundamental, esses dois modos são inerentemente incompatíveis entre si: 1) a qualquer momento, apenas um tipo de memória operacional pode estar ativo e no controle; 2) o processamento conceitual controlado e o processamento holístico-intuitivo controlado dependem dos recursos do motor central da cognição – e, de forma decisiva, esses recursos são estritamente limitados (Quadro 9.1).

Mindfulness envolve a criação contínua de novos modelos mentais por meio da criação flexível do todo. Esse processo depende tanto dos recursos executivos quanto do acesso à memória operacional holístico-intuitiva (o único lugar na mente onde novos modelos mentais podem ser desenvolvidos). A mente errante priva a criação flexível do todo desses recursos executivos vitais (Quadro 9.1) e impede o acesso à memória operacional holístico-intuitiva. Não admira, então, que a mente errante (a famosa "mente do macaco", na tradição budista) seja amplamente experienciada como o *maior* desafio de estar atento.

Em *mindfulness*, a criação flexível do todo retoma os recursos executivos do motor central da cognição e impede o acesso à memória operacional conceitual (o único lugar onde a mente pode reunir padrões de informação conceitual em narrativas coerentes). A divagação não pode ser mantida sem esses recursos e esse acesso: nossa mente é limpa dos véus obscuros do pensamento e do devaneio que se interpõem entre nós e a potencial plenitude de nossa experiência de vida. *Mindfulness libera nosso potencial inerente para a plenitude.*

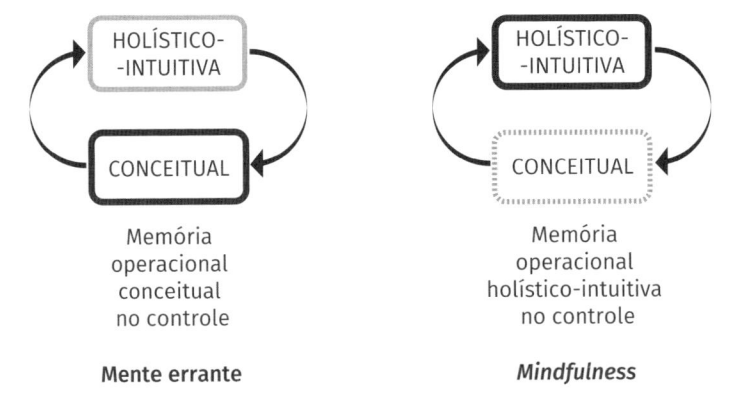

FIGURA 9.1 O "motor central da cognição" funcionando em dois modos (a borda em negrito em torno de um subsistema mostra que a sua memória operacional está "aberta para negócios").

A competição por recursos entre o processamento conceitual controlado (do qual a mente errante depende) e o processamento holístico-intuitivo controlado (do qual *mindfulness* depende) continua ao longo de nossa vida. A extraordinária extensão da divagação (30 a 50% de nossas horas de vigília) sugere que, na vida cotidiana, sem treinamento ou intenção específica, a mente errante normalmente vence essa competição: costumamos "entrar no padrão" dos esforços da mente conceitual para alcançar a felicidade. Isso tem consequências generalizadas para a qualidade da experiência de vida diária.

Lavando a louça

Há duas maneiras de lavar a louça. A primeira é lavar a louça para ter pratos limpos e a segunda é lavar a louça para lavar a louça.

Se, enquanto lavamos a louça, pensamos apenas na xícara de chá que nos espera, apressando-nos, assim, a tirar a louça do caminho como se fosse um incômodo, então não estamos "lavando a louça para lavar a louça". Além disso, não estamos vivendo durante o tempo em que estamos lavando a louça.

Na verdade, somos completamente incapazes de nos darmos conta do milagre da vida enquanto estamos junto à pia. Se não conseguimos lavar a louça, é possível que não consigamos beber nosso chá também. Enquanto bebemos a xícara de chá, estaremos pensando apenas em outras coisas, mal nos damos conta da xícara em nossas mãos. Assim, somos sugados para o futuro – e somos incapazes de realmente viver um minuto de vida. (Nhat Hanh, 1987, pp. 4-5)

A Figura 9.2 (à esquerda) mostra o estado fragmentado da mente quando lavamos a louça pensando na xícara de chá que nos espera. A Figura 9.2 (à direita) mostra o estado de espírito integrado e unificado quando lavamos a louça com atenção.

Por boas razões evolutivas, experimentamos sentimentos positivos quando nossa mente está plena, coerente e integrada (Cap. 4). É por isso que nos sentimos mais felizes quando ela está totalmente focada no que estamos fazendo do que quando está divagando. Na mente errante, apenas parte da mente está focada na experiência presente: o processamento conceitual controlado, por meio de seu poder de viajar no tempo mental, leva o restante da mente para longe, para pensamentos de outros tempos e outros lugares.

Para realizar "o milagre da vida em pé junto à pia", nossa mente tem de ser unificada: os padrões diferentes e em constante mudança de nossa experiência têm de ser unidos em um todo integrado, multicamadas, multidimensional e coerente. Em *mindfulness* – "lavar a louça para lavar a louça" –, a criação, momento a momento, de novos modelos mentais constantemente renovados consegue essa coerência, dando um sentido de vida se desdobrando, de vida "realmente vienciada".

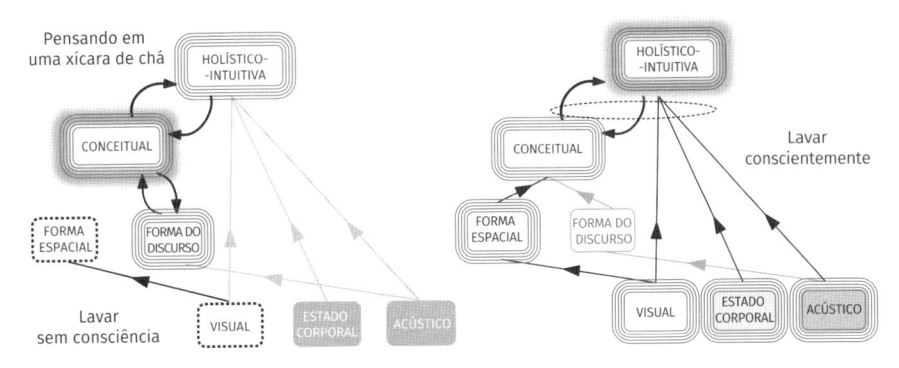

FIGURA 9.2 Fragmentação da mente na divagação (à esquerda). Unificação e plenitude da mente em *mindfulness* (à direita). Bordas similares em torno de subsistemas mostram que eles estão processando informações relacionadas; um halo indica a memória operacional no controle.

Todavia, se lavamos os pratos para nos livrarmos deles, pensando apenas na xícara de chá que nos espera, estamos fazendo uma coisa, mas pensando em outra: nossa mente divagou. Nossa mente fica, então, fragmentada e experimentamos um sutil desassossego. Esse desassossego atenuará qualquer alegria que possamos sentir com a perspectiva da xícara de chá: como Killingsworth e Gilbert descobriram, a mente divagando para um pensamento agradável pode ser experienciada como não mais feliz do que simplesmente estarmos conscientes do que estamos fazendo enquanto o fazemos.

Thich Nhat Hanh sugere que também perdemos a experiência de estarmos totalmente vivos quando nossa *meta* é "lavar a louça a fim de ter pratos limpos". Nessa situação, a mente não está tão obviamente dividida entre dois tipos diferentes de atividade: aqui, estamos lidando com um tipo mais sutil de fragmentação. Quando lavamos a louça para ter pratos limpos, nosso pensamento se concentra em uma ideia de um *futuro* estado de coisas – um estado em que todos os pratos estejam limpos. Se tratarmos essa ideia como uma "realidade", a mente lutará para vinculá-la às informações sensoriais que chegam *agora* para criar um todo coerente. Essa sutil discórdia e desarmonia, inerente à abordagem conceitual focada em metas, levará novamente a uma sensação de desassossego, mesmo quando contemplamos uma meta que desejamos alcançar.

Em contrapartida, em *mindfulness*, nossa *intenção* é "lavar a louça para lavar a louça". Agora, o foco está no que estamos fazendo neste momento – nas *ações* atuais, e não nos *resultados* futuros. Essas ações, como todas as visões, cheiros, sons e sensações corporais da situação imediata de lavar a louça, estão acontecendo *agora*. Essa característica compartilhada proporciona uma ligação entre elas, permitindo que ressoem juntas para criar um todo coerente. Estamos então vividamente conscientes de nossa experiência; desfrutamos dos sentimentos positivos ligados ao sucesso de criar um todo; sentimo-nos plenamente presentes e vivos.

A mente errante controlada conceitualmente fragmenta e divide a mente; *mindfulness* controlada de forma holística e intuitiva restaura a plenitude.

Com essa mudança de controle do conhecimento conceitual para o conhecimento holístico-intuitivo, vem uma mudança radical em nossa experiência do *self*.

O *SELF* NARRATIVO E O *SELF* EXPERIENCIAL

Em *mindfulness*, abandonamos nossos papéis de protagonistas nos filmes da mente errante. Em vez disso, experimentamos o *self* de uma maneira diferente: uma maneira que cria a possibilidade de que "nossas experiências de vida no plano puramente físico tenham ressonância com nosso próprio ser e realidade interior mais profundos, de modo que realmente sintamos o arrebatamento de estarmos vivos", como diz Joseph Campbell.

Desde pelo menos o tempo de William James, os psicólogos reconheceram dois aspectos distintos do *self*. O próprio James distinguiu o "*self* como conhecido" ("mim") do "*self* como conhecedor" ("eu"). Por um lado, "mim" é a *ideia* do *self* que é o personagem central no "filme em que cada um de nós aparece". "Eu", por outro lado, descreve algum aspecto de minha *experiência* subjetiva sentida que parece persistir de um momento para outro, de uma experiência para outra.

Ao longo dos anos, outros psicólogos propuseram distinções semelhantes: temos, por exemplo, o *self* narrativo *versus* o *self* experiencial (ver a seguir), e lembrar o *self versus* experienciar o *self* (ver Quadro 9.2).

Os dois aspectos distintos do *self*, reconhecidos pelos psicólogos (e na linguagem cotidiana), refletem nossas duas formas de conhecimento. O *self* "mim" – o personagem-chave nas histórias que contamos a nós mesmos, o foco central de muito do nosso pensamento – é uma ficção do pensamento conceitual. Esse *self* narrativo domina nossa experiência na mente errante conceitualmente controlada. A experiência subjetiva do "eu", em contrapartida, é a sensação que temos ao processarmos modelos mentais holístico-intuitivos relacionados com o *self*. É assim que experienciamos o *self* em *mindfulness*.

QUADRO 9.2 Os dois *selves* de Kahneman

As ideias do vencedor do Prêmio Nobel Daniel Kahneman de *self* recordativo e *self* experiencial foram estimuladas por estudos sobre a dor experienciada durante o procedimento médico de colonoscopia (agora normalmente realizado sob anestesia). Os pacientes classificaram a intensidade imediata de sua dor (a experiência real sentida pelo *self* experiencial) a cada 60 segundos. Depois que o procedimento terminou, eles também classificaram "a quantidade total de dor" que haviam experienciado em classificações globais retrospectivas (feitas pelo *self* recordativo). Para surpresa de Kahneman, essas classificações retrospectivas não foram afetadas pela duração total da dor realmente sentida. Ao contrário, elas refletiram, em grande parte, a média do nível de dor relatado no pior momento do procedimento e no seu final. Descobertas similares surgiram de experimentos nos quais voluntários foram solicitados a manter as mãos na água dolorosamente fria. Esses estudos demonstraram, por exemplo, que os voluntários preferiram a experiência de 60 segundos de dor moderada seguida de mais 30 segundos de dor um pouco menor do que a experiência dos mesmos 60 segundos de dor moderada sozinhos – em outras palavras, eles escolheram sofrer um maior desconforto geral para que toda a experiência pudesse ter um "final feliz".

Kahneman explicou esse comportamento em termos do apego do *self* recordativo a finais felizes nas histórias que ele tece. Esse apego parece ter muito mais influência sobre as decisões que tomamos na vida do que a qualidade de vida momento a momento que o *self* experiencial realmente encontra. Da mesma forma, Kahneman sugere que um tema comum em grandes óperas e dramas é a ideia de que o valor de toda a vida de uma pessoa depende do que acontece nos poucos minutos finais dessa vida: será que a heroína moribunda descobrirá que o amante que foi obrigado a abandoná-la ainda a ama, ou morrerá acreditando que todos os seus momentos de felicidade compartilhada, tão genuinamente encantadores na época, foram uma farsa? Em estudos experimentais relacionados, os voluntários classificaram a felicidade total da vida de uma pessoa como substancialmente maior se ela vivesse por 30 anos muito felizes e depois morresse repentinamente em um acidente automobilístico do que se ela vivesse por 30 anos muito felizes, seguidos de mais 5 anos ligeiramente menos felizes, mas ainda assim definitivamente agradáveis – mesmo que tivesse experimentado ainda mais 5 anos de felicidade!

Esses julgamentos, feitos pelo *self* recordativo, parecem bastante ilógicos da perspectiva do *self* experiencial, que realmente experiencia a vida que está sendo avaliada. Kahneman (2012) conclui: "Sou meu *self* recordativo, e o *self* experiencial, que vive a minha vida, é como um estranho para mim" (p. 390).

A distinção entre o *self* narrativo e o *self* experiencial reflete-se em diferentes padrões de atividade cerebral subjacente. Um estudo por neuroimagem realizado por Farb e colaboradores (Farb et al., 2007) investigou dois grupos de participantes; um recebeu 8 semanas de treinamento em *mindfulness*, o outro não recebeu nenhum. Enquanto seu cérebro era escaneado, os participantes liam uma lista de palavras com traços de personalidade (como *confiante* ou *melancólico*). Algumas vezes, eles adotavam uma focalização narrativa do *self* (isso envolvia pensar se as palavras descreviam seu *self*, trabalhar o que elas significavam para eles e "deixar-se prender em uma determinada linha de pensamento"). Outras vezes, eles adotavam uma focalização experiencial do *self* (isso envolvia sentir diretamente a experiência real de "pensamentos, sentimentos e estado corporal, sem propósito ou objetivo, a não ser perceber como as coisas são de um momento para o outro").

O estudo revelou diferenças claras entre as redes neurais subjacentes às focalizações narrativa e experiencial do *self*. Mais importante, as varreduras cerebrais também mostraram que os participantes treinados em *mindfulness* tinham "uma capacidade aprimorada de representar uma consciência não linguística do psicológico presente na memória operacional... e um aumento do controle inibitório... necessário para reduzir uma tendência padrão de referência ao *self* narrativo" (Farb et al., 2007, p. 319). Em outras palavras, o treinamento em *mindfulness* aumentou a consciência do *self* momento a momento, como experiência vivida, e enfraqueceu o domínio do *self* narrativo da mente errante.

VIDAS EMPOBRECIDAS

A mente errante nos faz menos felizes. A sua focalização narrativa do *self* também empobrece gravemente nossa qualidade de vida.

Nosso senso de "mim" depende da construção do *self*. O processamento conceitual controlado pelo qual procuramos nos tornar o tipo *self* que desejamos ser e pensamos que devemos ser na verdade dá um sentido de substância à ficção de "mim", a estrela das histórias de nossa mente errante. Contudo, esse mesmo processamento também restringe consideravelmente nossa experiência de vida.

O afeto central BUSCA, que impulsiona a procura conceitual pela felicidade (e a mente errante), traz consigo uma visão de mundo no qual vemos objetos, pessoas e a nós mesmos como coisas separadas, independentes, que existem com qualidades intrínsecas. Vemos essas coisas, sua segmentação e suas qualidades como "reais". O afeto central BUSCA também restringe nosso foco de atenção, excluindo tudo o que não é imediatamente relevante à tarefa em questão: a mente concentra-se nas ideias do *self* real, em *selves* possíveis e em ações para diminuir as lacunas entre eles. Esse foco exclusivo em ideias relacionadas a "mim e às minhas necessidades", combinado com a percepção da "realidade" dos conceitos de *self* envolvidos, dá uma ilusão de substância à ficção do "mim" criado.

No entanto, trata-se de um sentido unidimensional do *self*. As informações do corpo – o que Campbell chama de "nossas experiências de vida no plano puramente físico" – são (erroneamente) vistas como irrelevantes à meta de se tornar o tipo certo de *self*. Por esse motivo, as informações relacionadas com as sensações corporais físicas, como as informações dos outros sentidos, são em grande parte ocultadas da consciência; nossa experiência de vida se estreita à medida que nos concentramos apenas em informações diretamente relevantes a nossa busca; nossa vida é despojada de fontes vitais de riqueza e significado. Acabamos, como o Sr. Duffy, um dos personagens de *Dublinenses*, de James Joyce, vivendo "a uma pequena distância" de nosso corpo (ver Quadro 9.3).

A história do Sr. Duffy ilustra como a esquiva experiencial pode começar como uma tentativa de lidar com "qualquer coisa que provoque distúrbio físico ou mental", mas pode acabar prejudicando toda a nossa experiência de vida.

Em nossa mente errante, "vivemos em nossa cabeça"; não somos mais que uma ideia de nós mesmos, "mim", um personagem em uma história que contamos a nós mesmos, um pensamento conceitual. Como Kahneman coloca tão pungentemente, "sou meu *self* recordativo, e o *self* experiencial, que vive a minha vida, é um estranho para mim" (p. 390).

Em geral, a mente errante segue padrões familiares e rotinas bem desgastadas. As histórias pessoais que criamos geralmente são variações sobre alguns

QUADRO 9.3 Sr. Duffy

> O Sr. Duffy era caixa em um banco e "abominava qualquer coisa que provocasse distúrbios físicos ou mentais". Essa repulsa levou a uma esquiva experiencial, que veio a permear a sua vida. Joyce pinta um quadro sombrio de uma vida tragicamente limitada e solitária: "um conto sem aventura", no qual o Sr. Duffy "não tinha companheiros nem amigos". Ele habitava um mundo de mente errante, "a uma pequena distância de seu corpo", isolado de toda a riqueza potencial, multidimensional e multicamadas da "experiência de estar vivo" de Campbell. A única vez que o Sr. Duffy por acaso desenvolveu uma amizade social com uma mulher, ele a terminou abruptamente assim que ela começou a demonstrar interesse em uma relação mais íntima. Quatro anos depois, lendo seu jornal noturno, soube que ela havia morrido ao jogar-se à frente de um trem.

temas limitados. Embora nossa mente possa divagar para milhares de pensamentos por dia, poucos deles são genuinamente novos ou criativos. Em nossa divagação, temos de confiar em modelos mentais antigos já armazenados na memória, pois, no processamento conceitual controlado, não podemos criar modelos novos na memória operacional holístico-intuitiva. Tendemos a preferir tocar peças antigas, familiares e bem ensaiadas – o mesmo "mim antigo" – do que improvisar de maneira criativa, agir espontaneamente ou seguir roteiros novos que melhoram a vida. Nossa experiência de realmente viver a vida é diminuída ainda mais.

No entanto, nossa mente muitas vezes parece preferir uma focalização narrativa do *self* a uma focalização experiencial do *self*. Do ponto de vista narrativo, experienciar de fato a "catástrofe total" de nossa vida (Kabat-Zinn, 2013) pode parecer assustador demais. Então, procuramos divagar como uma forma de escapar ou evitar estar totalmente vivos e abertos à nossa experiência.

Mindfulness proporciona um caminho de volta. É um antídoto poderoso para a esquiva experiencial (ver Cap. 8). Ela estabiliza e agrega nossa mente diante das dificuldades. Libera seu potencial inato para a criação do todo e a plenitude. Cria as condições para desenvolver os novos modelos mentais que nos permitirão experienciar sentimentos e emoções indesejáveis sem a necessidade de escapar ou de evitá-los. Em *mindfulness*, nossa mente processa padrões de informações de fontes amplas e variadas – principalmente o corpo. Esses diversos padrões são unidos em modelos ricos, novos e multidimensionais. Coerência e ressonância entre diferentes tipos e camadas de informação criam uma experiência ricamente texturizada, multifacetada e multicamadas. Sentimos o "arrebatamento de estarmos vivos", experienciando a "mente de principiante", continuamente renovada, momento a momento. Nossa vida se desdobra em novas e inesperadas direções à medida que respondemos a cada momento que chega.

Mindfulness torna nossa mente plena, cura o sofrimento emocional e nos conecta com as alegrias de simplesmente estarmos vivos. Entretanto, há sempre o risco inerente de que, sem uma compreensão sábia, *mindfulness* seja simplesmente incorporada como apenas um novo conjunto de técnicas dentro do programa mais amplo de "autoaperfeiçoamento" conceitualmente conduzido que em geral molda nossa vida. Valorizamos essas práticas como formas de nos tornarmos os *selves* calmos, os *selves* pacíficos ou os *selves* conscientes que desejamos ser, e *mindfulness* acaba desempenhando um papel terceirizado no projeto de felicidade conceitualmente conduzido. Enquanto estivermos atentos a fim de nos tornarmos os *selves* que gostaríamos de ser ou pensamos que deveríamos ser, o conhecimento conceitual permanece no controle final de nossa mente. Tragicamente, a busca de tornar-se um "*self* melhor" que o conhecimento conceitual orquestra nunca poderá proporcionar a felicidade duradoura e a plenitude que promete (Cap. 1).

Em contrapartida, se integrarmos as práticas de *mindfulness* a caminhos mais abrangentes que também promovam mudanças radicais em nossos pontos de vista e na forma como nos relacionamos com nós mesmos, uns com os outros e com o mundo, podemos experienciar a felicidade maior da mente desperta.

PARTE III
Despertar interior

10
A mente que desperta

Nos Capítulos 5 a 9, apresentei uma compreensão de *mindfulness* a partir da perspectiva da estrutura dos subsistemas cognitivos interativos (ICS, do inglês *interacting cognitive subsystems*). Agora, vamos ampliar nossa exploração para ver até que ponto essa mesma perspectiva pode nos ajudar a compreender o despertar interior.

Nosso primeiro desafio é descrever a mente desperta – muitas vezes caracterizada como não tendo uma descrição possível – de uma forma que honre a sua natureza e forneça um foco para uma investigação essencialmente psicológica. As descrições tradicionais, naturalmente, não foram expressas em termos psicológicos. Neste capítulo, mudo para uma linguagem mais tradicional, não psicológica, para descrever o que procuramos entender. Os capítulos seguintes desenvolverão, passo a passo, uma compreensão psicológica da mente que desperta.

As tradições religiosas muitas vezes diferem fundamentalmente em suas crenças e doutrinas. No entanto, as transformações decorrentes de ser estimulado pelos caminhos contemplativos incorporados nessas tradições são surpreendentemente semelhantes. Em geral, essas transformações incluem mudanças profundas nas formas como vemos e nos relacionamos com nós mesmos e com os outros – mudanças que nos despertam das histórias e dos sonhos do *self* narrativo, nos libertam do transe de separação que essas histórias tecem e nos conectam com a realidade e a riqueza da vida à medida que ela acontece.

Por meio das tradições espirituais e religiosas, três temas repetem-se nas descrições da mente desperta:

- A mente desperta *transcende as percepções de dualidade e separação.*
- A mente desperta é *altamente valorizada.*
- A mente desperta incorpora o *cuidado incondicional, a compaixão e a boa vontade para com todos os seres.*

Na tradição cristã e em outras tradições teístas, há pouca menção a palavras como *despertar* ou *iluminação*. Contudo, os ensinamentos de Jesus de Nazaré referem-se frequentemente ao reino dos céus ou ao reino de Deus (o reino dos céus é mencionado 29 vezes somente no Evangelho de Mateus). Os contemplativos cristãos contemporâneos, como Cynthia Bourgeault e Richard Rohr, sugerem que Jesus usou os termos *reino dos céus* e *reino de Deus* para apontar para o estado de consciência radicalmente alterado, chamado de "despertar", em vez de para um lugar onde possamos residir após a morte ou para uma futura utopia que surgirá na Terra. Consistente com essa sugestão, o próprio Jesus ensinou que "o reino de Deus está dentro de vós" (Lucas 17:21) e "o reino dos céus está próximo" (Mateus 4:17). Aceitando essa interpretação, incluo as descrições, histórias e parábolas de Jesus sobre o reino na exploração atual.

A MENTE DESPERTA TRANSCENDE PERCEPÇÕES DE DUALIDADE E SEPARAÇÃO

Podemos distinguir três aspectos dessa característica da mente desperta:

1. A mente desperta transcende a dualidade *sujeito-objeto*: a percepção de que nossa consciência está dividida em um "sujeito" que "tem" experiências de "objetos" (esses objetos podem ser internos – pensamentos, sentimentos, sensações e coisas semelhantes – ou externos – "coisas do lado de fora").
2. A mente desperta transcende a dualidade *self-outro*: a percepção de um *self* que está separado dos outros (dualidade "mim-você/eles": "eu" estou "aqui", e "você" e "eles" são seres separados "lá").
3. (Dentro das tradições teístas) a mente desperta transcende a dualidade de *self-Deus*: a percepção de um *self* que é separado de Deus (dualidade "Deus lá em cima e eu aqui embaixo").

Um fio comum percorre todas essas dualidades percebidas: a (má) percepção fundacional do *self* como uma entidade separada existindo de forma independente.

TRANSCENDENDO A DUALIDADE SUJEITO-OBJETO

Essa dualidade é abordada em detalhes nos seguintes ensinamentos, oferecidos pelo Buda a Bahiya, um aspirante ao despertar:

No visto, há apenas o que foi visto.
No ouvido, há apenas o que foi ouvido.
No sentido, há apenas o que foi sentido.
No conhecido, há apenas o que foi conhecido.
Então você deveria ver que
realmente não há nada aqui;
isso, Bahiya, é como você deveria treinar a você mesmo.
Como, Bahiya, você vê que não há nada aqui,
você verá, portanto, que,
de fato, não há nada lá.
Como você vê que não há nada lá,
você verá que
você não está, portanto, localizado no mundo disso, nem no mundo daquilo,
nem em nenhum lugar
entre os dois.
Isso somente é o fim do sofrimento. (Udana, Capítulo 1, versículo 10, em Amaro, 2003)

Ao ouvir essas palavras, Bahiya foi imediatamente iluminado. Isso foi uma sorte, pois, momentos depois, ele foi morto por uma vaca desembestada. Na tradição budista, ele recebe o título de "O discípulo que entendeu o ensinamento mais rapidamente".

Embora claramente esclarecedor para Bahiya, é provável que a maioria de nós ache essas palavras bastante difíceis de entender. O monge budista inglês contemporâneo Ajahn Amaro (2003) oferece os seguintes esclarecimentos:

O que significa dizer "Não há nada lá"? Trata-se do âmbito do objeto; implica que reconhecemos que "o visto é apenas o visto". É isso. Há formas, modelos, cores, e assim por diante, mas não há nada lá. Não há substância real, não há solidez e não há realidade autoexistente. Tudo o que existe é a própria qualidade da experiência em si. Nem mais, nem menos. Há apenas ver, ouvir, sentir, conhecer. E a mente nomeando tudo isso também é apenas mais uma experiência: "O espaço do salão do Dharma", "A voz de Ajahn Amaro", "Aqui está o pensamento, 'Estou entendendo isso?', agora outro pensamento, 'Não estou entendendo isso?'".

Há o que é visto, ouvido, provado, e assim por diante, mas não há nada, nenhuma entidade sólida e independente a que essa experiência se refere.

À medida que esse *insight* amadurece, não só percebemos que não há nada "lá fora", mas também que não há nada sólido "aqui dentro", nenhuma entidade independente e fixa que seja a experimentadora. Isso diz respeito ao âmbito do sujeito.

A prática do não palpável é um processo de esvaziamento dos domínios objetivo e subjetivo, vendo verdadeiramente que tanto o objeto quanto o sujeito estão intrinsecamente vazios. Se podemos ver que tanto o subjetivo quanto o objetivo estão vazios, se não há um "aqui dentro" ou "lá fora" real, onde poderia se localizar o próprio sentimento de "eu" e "mim" e "meu"? Como Buda disse a Bahiya, "Você não será capaz de encontrar a si mesmo nem no mundo deste (sujeito) nem no mundo daquele (objeto) ou em qualquer lugar entre os dois". ...Essa visão das coisas retira o plugue da tomada, retira os adereços e, acima de tudo, reestrutura nossos padrões de referência. (p. 20)

Um poema de Li Po, um poeta chinês do século VIII, dá uma ideia do que se sente quando a dualidade e a separação entre sujeito e objeto cai (Hamill, 1987):

> Os pássaros desapareceram no céu,
> e agora a última nuvem se esvazia.
> Nós nos sentamos juntos, a montanha e eu,
> até que só a montanha permanece.

Outra maneira de descrever a superação da dualidade sujeito-objeto é em termos de *intimidade*. Já nos deparamos com esta declaração contundente do mestre zen Dogen do século XIII:

> Ser iluminado é ter intimidade com todas as coisas.

Meditadores mais experientes não raro vislumbram o desvanecimento da dualidade sujeito-objeto em retiros silenciosos:

> Uma percepção da consciência como um espaço vasto e claro no qual todas as aparências estão contidas pode naturalmente começar a surgir. Em contraste com o sentido habitual da consciência como de alguma forma "aqui" (talvez na cabeça) dirigida para algum objeto "lá", a consciência pode agora parecer menos localizada, mais penetrante, como o espaço aberto do céu. ...A quietude e o espaço de consciência também podem começar a penetrar e permear tudo o que surge, de modo que *todas as coisas parecem ser feitas das mesmas "coisas", da mesma "substância" etérea, como a consciência.* ...Assim, com menos distinção sendo percebida entre interior e exterior e entre fenômenos e consciência, pode naturalmente haver *um senso de unicidade*, de unidade de todas as coisas, que emerge, talvez gradualmente, nesse ponto. (Burbea, 2014, pp. 193-194).

TRANSCENDENDO A DUALIDADE *SELF*-OUTRO

Em nosso modo usual de consciência, podemos ter a sensação de que cada um de nós é uma unidade humana autocontida, existindo de maneira independente ("mim"), existindo ao lado, mas essencialmente separada, de outras unidades humanas autocontidas e existindo de maneira independente ("você", ou "ele", ou "ela", ou "eles"). Podemos interagir com essas unidades, mas permanecemos, fundamentalmente, separados. Essa forma habitual de ver as coisas está tão profundamente enraizada que a maioria de nós, na maior parte do tempo, não a considera um hábito perceptivo – como apenas uma das várias formas possíveis de ver as coisas. Ao contrário, tomamos como certo que estamos apenas vendo as coisas "como elas são".

Albert Einstein apontou a natureza ilusória dessa percepção e visão centrais em um de seus escritos mais citados (ver também Calaprice, 2005):

> Um ser humano é uma parte do todo chamado por nós de "universo", uma parte limitada no tempo e no espaço. Ele experiencia a si mesmo, seus pensamentos e sentimentos como algo separado do resto, uma espécie de ilusão de óptica de sua consciência. Essa ilusão é uma espécie de prisão para nós, restringindo-nos aos nossos desejos pessoais e ao afeto por algumas poucas pessoas mais próximas de nós. Nossa tarefa deve ser nos libertarmos dessa prisão, ampliando nosso círculo de compaixão e abraçando todos os seres vivos e toda a natureza em sua beleza. (Sullivan, 1972)

Thomas Merton (1966), um dos mais conceituados contemplativos cristãos do século XX, descreveu sua própria experiência quando o sentimento de separação entre o *self* e os outros desapareceu. Isso mudou sua visão sobre sua conexão com todos os seres humanos para o resto de sua vida:

> Em Louisville, na esquina da Fourth com a Walnut, no centro do bairro comercial, fiquei subitamente impressionado com a percepção de que amava todas aquelas pessoas, que elas eram minhas e eu delas, que não podíamos ser alheios uns aos outros, mesmo sendo totalmente estranhos. Foi como acordar de um sonho de separação, de falso autoisolamento...
> Essa sensação de libertação de uma diferença ilusória foi para mim um alívio e uma alegria tão grandes que quase ri bem alto... É um destino glorioso ser um membro da raça humana, embora seja uma raça dedicada a muitos absurdos e que comete muitos erros terríveis: no entanto, com tudo isso, o próprio Deus deleitou-se ao se tornar um membro da raça humana. Um membro da raça humana! E pensar que uma realização tão comum poderia de repente parecer como a notícia de que se detém o bilhete vencedor em um sorteio cósmico...
> É porque sou um com eles que lhes devo estar sozinho, e quando estou sozinho, eles não são "eles", mas meu próprio *self*. Não há estranhos! (p. 153)

A epifania de Merton sublinha o extraordinário poder de cura liberado quando transcendemos a sensação de separação que sustenta nossa sensação crônica de desalento sutil (Cap. 1).

As referências dessa sensação de não dualidade do *self* e dos outros – em que, deliciosamente, nosso sentimento de separação desaparece e sentimos uma conexão íntima, uma não separação, com os outros – não são incomuns. Na mente desperta, essa percepção de não separação se torna a norma, e não a exceção.

TRANSCENDENDO A DUALIDADE *SELF*-DEUS

Assim como costumamos experienciar um senso de separação do *self*-outro em nossos relacionamentos com outras pessoas, nas religiões teístas, o relacionamento com Deus muitas vezes incorpora uma dualidade fundamental: "Deus lá em cima e eu aqui embaixo".

Na experiência do despertar interior, os contemplativos religiosos transcendem esse senso de separação *self*-Deus. O místico cristão mestre Eckhart, do século XIII, foi explícito e enfático sobre esse ponto (Huxley, 1985):

> O conhecedor e o conhecido são um só. As pessoas simples imaginam que deveriam ver Deus como se Ele estivesse lá e elas aqui. Isso não é assim. Deus e eu, nós somos um em conhecimento. (p. 29)

De maneira mais dramática, Santa Catarina de Gênova (1447-1510), tendo um dia de repente sentido sua não separação de Deus quando viu seu reflexo em uma poça, correu pela rua gritando para qualquer um que quisesse ouvir:

> Meu eu mais profundo é Deus!

Uma perspectiva não dual altera radicalmente a natureza do relacionamento com Deus. Em vez de um anseio por algo "outro, lá fora", o buscador agora percebe que o processo significa mais "Deus buscando a Deus". Um ensinamento atribuído a São Francisco de Assis expressa esse sentimento de não separação com elegante brevidade:

> Quem você está procurando
> É quem está procurando.

E mestre Eckhart (citado em Bourgeault, 2008) ecoa a mesma mensagem:

> O olho com o qual você vê Deus é o olho com o qual Deus o vê. (p. 44)

Dessa forma, místicos e contemplativos fizeram o melhor que podiam para expressar em linguagem convencional a inefável e inexprimível experiência de não separação de Deus. Tragicamente, ao longo da história, essas tentativas foram mal interpretadas pela ortodoxia religiosa, literalmente, como reivindicações de identidade com Deus. Da perspectiva ortodoxa e dualista "Deus lá em cima e eu aqui embaixo", essa é, naturalmente, a suprema blasfêmia. Tanto na tradição cristã como na islâmica, tal (mal) percebida blasfêmia tem sido cruelmente punida. A poesia – a linguagem do conhecimento holístico-intuitivo – oferece um veículo alternativo para transmitir a intimidade do relacionamento não dual com Deus. Em seu poema *O panteísmo superior*, Lord Alfred Tennyson o colocou dessa forma:

> Mais perto está Ele do que o respirar
> E mais perto do que as mãos e os pés.

O místico e santo poeta do século XV, Kabir, voltou-se para uma imagem semelhante:

> Diz Kabir: Discípulo, diga-me, o que é Deus?
> Ele é o sopro dentro da respiração. (Mitchell, 1993a, p. 72)

O que poderia ser mais próximo?

TRANSCENDENDO A EXPERIÊNCIA DO *SELF* COMO UMA ENTIDADE INDEPENDENTE E SEPARADA

O fio comum que percorre todas as dualidades percebidas que discutimos – a dualidade *self*-objeto, a dualidade *self*-outro e a dualidade *self*-Deus – é a (má) percepção fundamental de um *self* que é uma entidade separada e independente. Todos os caminhos espirituais reconhecem que o despertar envolve a necessidade de transcender essa má percepção fundamental de uma forma ou de outra.

No budismo, o discernimento da natureza essencialmente "vazia" de nossas ideias sobre o *self* é o principal veículo por meio do qual a percepção de um *self* separado duradouro é transcendida. O caminho budista cultiva o discernimento sobre *anattā* – a natureza "não *self*" de todos os aspectos da experiência: "Isto não é meu, isto não sou eu, isto não é meu *self*" (Samyutta Nikaya, Capítulo 22, versículo 59, em Bodhi, 2000, p. 902). O grande mestre zen Dogen o colocou assim:

> Estudar o caminho de Buda é estudar o *self*,
> estudar o *self* é esquecer o *self*,
> e esquecer o *self* é ser iluminado por dez mil coisas.

Nas tradições contemplativas teístas, por sua vez, a ênfase não é tanto na libertação por meio do discernimento, mas sim na libertação por meio do cultivo direto da vontade de se desapegar. O *self* é abandonado pelo amor a Deus, a fim de tornar a mente e o coração totalmente disponíveis para Deus – como quer que se interprete essa palavra.

Tal disposição envolve a completa submissão, ou rendição, do *self*. Isso é o autossacrifício em seu sentido mais verdadeiro de *tornar sagrado* – das raízes latinas *sacer*, sagrado, e *facere*, fazer.

Na tradição sufi dentro do Islã (palavra que, na verdade, significa *submissão* em árabe), a submissão toma a forma de autoabandono por meio de um caminho de *rendição amorosa*: o pequeno e falso *self* é absorvido e transcendido ao rendê-lo a algo maior e abrangente – "Como o açúcar que se dissolve na água, o *self* não desaparece realmente, mas é absorvido" (Helminski, 1992, p. 179).

O processo de abandono do apego ao *self* começa com o cultivo da humildade radical, discutido aqui por Abdullah Ansari de Herat em Huxley (1945/1985):

> Você seria um peregrino no caminho para o amor?
> A primeira condição é que você se torne humilde como poeira e cinzas. (p. 119)

E culmina na libertação do *self* em unificação com Deus, descrita por Abu Yazid:

> Eu me desprendi de mim mesmo como uma cobra se desprende de sua pele. Depois olhei para mim mesmo e vi que eu sou Ele (Mitchell, 1993b, p. 75)

Os mesmos temas de morrer para si mesmo e a necessidade de humildade radical são centrais nos ensinamentos de Jesus:

> Se alguém deseja me seguir, ele deve se deixar para trás. (Mateus 16:24)

> Quem quiser salvar sua vida, perde-la-á,
> e quem perder sua vida... a salvará.* (Lucas 9:24)

Um "esvaziamento radical de si mesmo" (*kenosis*) é fundamental para o caminho de libertação incorporado por Jesus em sua vida e em seus ensinamentos. O estado resultante é descrito como sendo de *pobreza espiritual* ou de *espírito pobre* (pobreza, aqui, significa uma diminuição e eventual eliminação do sentido de um *self* separado, em vez de qualquer coisa como baixa autoestima). Nesse

---

* Ao omitir a frase "por minha causa", que a maioria das versões desse ditado inclui nesse ponto, concordo com Cynthia Bourgeault (2003, p. 127), que cita a opinião de muitos estudiosos bíblicos de que essa expressão foi acrescentada posteriormente e não faz parte do ensinamento original.

estado de pobreza, a ausência do *self* permite total abertura e receptividade à mente desperta:

> Abençoados são os pobres de espírito, pois deles é o reino dos céus. (Mateus 5:3)

A MENTE DESPERTA É ALTAMENTE VALORIZADA

A mente desperta (reino dos céus) é recorrentemente comparada com um tesouro – geralmente, um tesouro escondido –, como em duas miniparábolas contadas por Jesus (Mateus 13:44-46):

> O reino dos céus é como um tesouro escondido em um campo. Quando um homem o encontrou, ele o escondeu novamente, e então, pela sua alegria, foi e vendeu tudo o que tinha e comprou aquele campo.
> Mais uma vez, o reino dos céus é como um comerciante à procura de pérolas finas. Quando encontrou uma de grande valor, ele foi embora e vendeu tudo o que tinha e a comprou.

Essas metáforas sublinham o valor supremo dado à mente desperta. Elas também apontam para outra característica: talvez tenhamos de renunciar a outras coisas de menor valor a fim de ganhar um prêmio maior.

Rumi, o sufi do século XIII, usa a mesma imagem de tesouro escondido no "The Pickaxe: alguns comentários sobre 'eu era um tesouro escondido e desejava ser encontrado'" (Barks, 1996, p. 114). Ele compara a condição humana com ter uma pequena loja alugada onde mal ganhamos a vida costurando remendos em tecidos rasgados – ainda assim, sob o piso, correm dois veios de cornalina preciosa. Se arrancássemos apenas uma tábua do chão, veríamos um tesouro brilhando no escuro.

Aqui, Rumi destaca uma mensagem crucial implícita na metáfora do tesouro escondido: o potencial do despertar interior está, e sempre esteve, imediatamente disponível para nós; simplesmente desconhecemos esse potencial latente inerente ao nosso ser.

Essa mesma mensagem é recorrente na parábola com a qual Eckhart Tolle começa seu *bestseller O poder do agora* (Tolle, 1999/2005), dirigido a um público amplamente secular. Sob o título "Iluminação: o que é isso?", ele escreve:

> Um mendigo estava sentado à beira de uma estrada há mais de 30 anos. Um dia, um desconhecido passou. "Tem algum trocado?", murmurou o mendigo, segurando mecanicamente seu velho boné de beisebol. "Não tenho nada para lhe dar", disse o desconhecido. Então ele perguntou: "O que é isso em que você está sentado?". "Nada", respondeu o mendigo. "Apenas uma caixa velha. Estou sentado

sobre ela há tanto tempo quanto me lembro." "Já olhou dentro dela?", perguntou o desconhecido. "Não", disse o mendigo. "Para quê? Não há nada dentro dela." "Dê uma olhada lá dentro", insistiu o desconhecido. O mendigo conseguiu abrir a tampa com uma alavanca. Com espanto, incredulidade e euforia, ele viu que a caixa estava cheia de ouro.

Eu sou o desconhecido que não tem nada para lhe dar e que lhe diz para olhar para dentro. Não dentro de qualquer caixa, como na parábola, mas em algum lugar ainda mais próximo: dentro de você mesmo. (p. 9)

Na tradição budista, o próprio Buda surpreendentemente tinha pouco a dizer sobre como era realmente a mente desperta. Parece que ele considerava a discussão e o debate sobre a natureza do despertar uma distração e um desvio do verdadeiro propósito do caminho que ele ensinou: ensinar as práticas e a compreensão que capacitariam seus ouvintes a liberar sua própria mente e descobrir por si mesmos.

A tradição budista posterior teve menos reservas sobre esse ponto. Em um ensinamento clássico da tradição Mahayana, o monge/estudioso Shantideva (1998) do século VIII usou novamente a metáfora do tesouro perdido para descrever a *bodhicitta* (a mente desperta):

> Assim como um homem cego
> Descobrindo uma joia em um monte de lixo,
> Da mesma forma, por alguma coincidência,
> Uma mente desperta nasceu dentro de mim.
> É a ambrosia suprema
> Que supera a soberania da morte,
> É o tesouro inesgotável
> Que elimina toda a pobreza no mundo. (p. 23)

O uso da metáfora do tesouro por Shantideva acrescenta o tema-chave adicional de que *recebemos* a mente desperta como um presente por meio da "graça" – "por alguma coincidência" –, em vez de como resultado direto de nossa própria ação voluntária. Despertar não tem o sentido de "*fiz* isso acontecer por *meus próprios* esforços". (Embora, naturalmente, tenhamos de criar as condições nas quais estejamos mais abertos à possibilidade de receber o presente e a graça que estão sempre disponíveis.)

Entre tradições e professores, a mente desperta é altamente valorizada. E isso não acontece simplesmente porque essa forma de ser e ver proporciona encontros mais intensos, frequentes ou duradouros com fontes de sentimentos positivos do cotidiano – como o prazer de experiências sensoriais agradáveis, o brilho do orgulho quando somos elogiados pelos outros ou os prazeres da amizade. Ao contrário, a positividade da mente desperta é *qualitativamente* diferente dos prazeres passageiros oferecidos por tais experiências. Há algo *intrinsecamente* positivo nesse estado de consciência radicalmente transformado que não depende do conteúdo particular da experiência passageira do momento.

O CORAÇÃO DESPERTO INCORPORA O CUIDADO INCONDICIONAL, A COMPAIXÃO E A BOA VONTADE PARA COM TODOS OS SERES

Sam Harris começa seu livro (explicitamente ateu) *Waking up* (2014) com a descrição de uma experiência que iria mudar sua vida. Com 19 anos, ele e seu melhor amigo haviam tomado a (na época pouco conhecida) droga MDMA (*ecstasy*) e estavam conversando:

> Fiquei subitamente impressionado com o conhecimento de que amava meu amigo... Eu pude *sentir* que o amava, e esse sentimento tinha implicações éticas que de repente pareciam tão profundas quanto agora soam como algo comum de se dizer: Eu queria que ele fosse feliz.
> ...O *insight* pareceu reestruturar minha mente. Minha capacidade de inveja, por exemplo, parecia ser um sintoma de doença mental que havia desaparecido sem deixar rastro. ...Querer *verdadeiramente* que ele fosse feliz fez a felicidade dele ser a minha...
> E então veio o *insight* que transformou irrevogavelmente meu senso de como a vida humana poderia ser boa. Eu estava sentindo um amor *sem limites* por um de meus melhores amigos e de repente percebi que, se um estranho tivesse entrado pela porta naquele momento, ele teria sido totalmente incluído nesse amor. O amor era no fundo impessoal – e mais profundo do que qualquer história pessoal pudesse justificar. De fato, uma forma transacional de amor – eu te amo *porque...* – não fazia mais nenhum sentido.
> O interessante dessa mudança de perspectiva foi que ela não foi impulsionada por nenhuma mudança na maneira como eu me sentia. ...O *insight* tinha mais o caráter de uma prova geométrica: era como se, tendo vislumbrado as propriedades de um conjunto de linhas paralelas, de repente eu entendesse o que deve ser comum a todas elas...
> Era simplesmente óbvio que o amor, a compaixão e a alegria pela alegria dos outros se estendia sem limites. A experiência não foi de amor crescendo, mas de ele não ser mais obscurecido. O amor era – como anunciado pelos místicos e os excêntricos através dos tempos – um estado de ser. (pp. 4-5)

Escolhi essa passagem para introduzir esta seção porque, embora descreva uma experiência farmacologicamente assistida, ela apresenta uma descrição eloquente e detalhada de aspectos-chave do coração desperto em uma linguagem que não é específica de nenhuma tradição religiosa ou espiritual em particular. Vou me concentrar em três aspectos do amor que Sam Harris descreve que ecoam poderosamente os ensinamentos dessas tradições ao longo dos tempos:

- O amor é *infinito* – ele se estende a todos os seres (Harris o descreve como "infinito", e como se ele se estendesse "sem limites").
- O amor é *incondicional* – não importa quem são as pessoas ou o que elas fizeram (Harris: "uma forma transacional de amor – eu te amo *porque*... – não fazia mais nenhum sentido").
- O amor é tanto sobre *conhecimento* e *percepção* quanto como (ou mais) sobre sentimento (Harris: "Essa mudança final de perspectiva não foi... impulsionada por nenhuma mudança na maneira como eu me sentia. ...O *insight* tinha mais o caráter de uma prova geométrica").

UM AMOR INFINITO, INCONDICIONAL, SÁBIO

A qualidade infinita e ilimitada do amor do coração desperto é amplamente atestada em todas as tradições.

No budismo, compaixão (amor) e sabedoria (*insight*) são amplamente consideradas como as duas asas do coração e da mente despertos: ambas são necessárias se quisermos voar livres. O Dalai Lama afirma a posição fundamental do amor em um de seus dizeres favoritos: "Minha religião é a bondade". A natureza sem restrições e incondicional desse amor é enfatizada nas instruções do próprio Buda para cultivar a bondade amorosa, a Karinaya Metta Sutta (Amaravati Sangha, 1994):

> Desejo: em alegria e em segurança,
> Que todos os seres estejam à vontade.
> Quaisquer que sejam os seres vivos que existam;
> Sejam fracos ou fortes, não omitindo nenhum,
> Os grandes ou os poderosos, médios ou pequenos,
> Os visíveis e os invisíveis,
> Os que vivem perto e longe,
> Os que nasceram e os que vão nascer –
> Que todos os seres estejam à vontade!

> Assim como uma mãe protege com sua vida
> Seu filho, seu único filho,
> Assim, com um coração infinito
> Deve-se valorizar todos os seres vivos;
> Irradiando bondade pelo mundo inteiro:

Espalhando-se para cima, para os céus,
E para baixo, até as profundezas;
Para fora e sem restrições,
Livres de ódio e má vontade.
... Diz-se que essa é a aceitação sublime.

Jesus cristalizou a essência de todos os seus ensinamentos nessas instruções centrais:

> Amarás ao Senhor teu Deus de toda a tua alma, de todas as tuas forças e de todo o teu entendimento, e ao teu próximo como a ti mesmo. (Lucas 10:27)

A frase-chave para nós aqui é "e ao teu próximo como a ti mesmo". Quando perguntado "Quem é meu próximo?", Jesus respondeu com a parábola do bom samaritano. A mensagem central dessa parábola, como veremos no Capítulo 13, é que nosso próximo é quem quer que nós cuidemos nesse momento – mesmo que ele seja de uma cultura que consideramos nosso inimigo natural.

Em outros ensinamentos, Jesus tornou ainda mais explícita a natureza incondicional e infinita do amor do qual ele falou:

> Amai vossos inimigos e rezai por aqueles que vos perseguem, para que sejais filhos de vosso Pai que está nos céus; pois Ele faz o sol se levantar sobre o mau e o bom, e envia chuva para o justo e o injusto. (Mateus 5:44)

A *sabedoria* é um aspecto-chave desse amor. A partir de sua ampla revisão da experiência contemplativa, Aldous Huxley (1945/1985) concluiu:

> O amor é um modo de sabedoria, e, quando o amor é suficientemente desinteressado e suficientemente intenso, a sabedoria torna-se sabedoria unitiva. (p. 110)

É crucial que esse amor sábio inclua o *insight* de não separação. Na epifania de Merton na esquina da Fourth com a Walnut, um amor por todos aqueles que ele via – nenhum dos quais ele conhecia – estava ligado, quase inerentemente, parece, ao seu senso inicial de não separação. Esse amor e essa conexão pareciam inextricavelmente relacionados com uma mudança radical e transformadora da vida, da sua visão dos outros – não mais estranhos, cada um era visto como de valor e beleza infinitos da forma como eram. Seu relato sugere que a transcendência da separação entre o *self* e o outro e o amor infinito e incondicional pelo "outro" estão intimamente ligados: a mudança na visão tem de ocorrer para que possamos amar dessa forma, mas, igualmente, temos de amar dessa forma para que a mudança na visão ocorra. Talvez, transcender a dualidade entre amor do *self* e do outro e o amor incondicional seja simplesmente dois lados da mesma moeda.

Os ensinamentos dos mestres espirituais parecem se encaixar nessa visão. A instrução central de Jesus para "Amai ao próximo como a ti mesmo" (Marcos 12:31, Mateus 22:39) é frequentemente entendida como "Amai ao próximo *tanto quanto* a ti mesmo". Contudo, como aponta Cynthia Bourgeault (2008, p. 31), "na verdade não há 'tanto quanto' ali. É apenas 'Amai ao próximo *como* a ti mesmo' – como uma continuação de seu próprio ser. É uma visão completa de que seu próximo é você".

O relato de Merton (1966) sobre a sua epifania sugere que a experiência desse amor-sabedoria unitivo também foi acompanhada, talvez até mesmo sustentada, por um senso de algo de infinita beleza e valor em cada pessoa que ele via:

> Então foi como se, de repente, eu visse a beleza secreta de seu coração, o íntimo de seu coração, onde nem o pecado, nem o desejo, nem o autoconhecimento podem alcançar, o núcleo de sua realidade, a pessoa que cada um é aos olhos de Deus. Se ao menos todos eles pudessem se ver como realmente são. Se ao menos pudéssemos nos ver sempre assim. Não haveria mais guerra, não haveria mais ódio, não haveria mais crueldade, não haveria mais ganância... Suponho que o grande problema seria que cairíamos e nos adoraríamos uns aos outros. (p. 153)

George Fox, o fundador do Quakerismo, chamou a mesma beleza secreta de "a de Deus". Escrevendo a seus seguidores enquanto estava na prisão de Launceston (Nickalls, 1952), ele os incitou a:

> caminhar alegremente sobre o mundo, respondendo à vontade de Deus em cada um deles. (p. 263)

Como cristãos, Merton e Fox usaram a linguagem de Deus para descrever o precioso núcleo que percebiam em todas as pessoas que viam. No entanto, encontramos o mesmo tema expresso em linguagem diferente nas tradições não teístas. Shunryu Suzuki (1970), um mestre do século XX na tradição Sōtō Zen, usou a *natureza de Buda* para descrever esse aspecto da mente desperta, ampliando o *insight* e incluindo todos os aspectos da natureza:

> E quando ele (Buda) se encontrou, descobriu que tudo o que existe tem a natureza de Buda. Essa foi a sua iluminação. (p. 28)

As palavras de Suzuki ressoam poderosamente com as de mestre Eckhart (1260-c.1328):

> Quando é que um homem está em mera compreensão? Eu respondo: "Quando um homem vê uma coisa separada da outra". E quando um homem está acima da mera compreensão? Isso eu posso lhe dizer: "Quando um homem vê Tudo em todos, então um homem está além da mera compreensão". (Huxley, 1945/1985, p. 84)

Elas também ressoam com as palavras de Mechtild de Magdeberg (1212-1282; de Rohr, 2019):

> O dia do meu despertar espiritual foi o dia que eu vi e soube que vi todas as coisas em Deus e Deus em todas as coisas. (p. 203)

Para concluir essa visão geral, três aspectos do coração e da mente despertos repetem-se em descrições apresentadas em diferentes tradições religiosas e espirituais: a mente desperta transcende as percepções de dualidade e separação; a mente desperta tem valor intrínseco; e a mente desperta incorpora amor e cuidado infinitos e incondicionais. Esses três aspectos estão inter-relacionados, e podem estar todos ligados de alguma forma a um núcleo comum – talvez a capacidade de ver "Tudo em todos".

Os ICS apresentam uma maneira de entender essas características da mente desperta em um relato integrador e unificador. O Capítulo 11 inicia nossa exploração dessa abordagem.

11

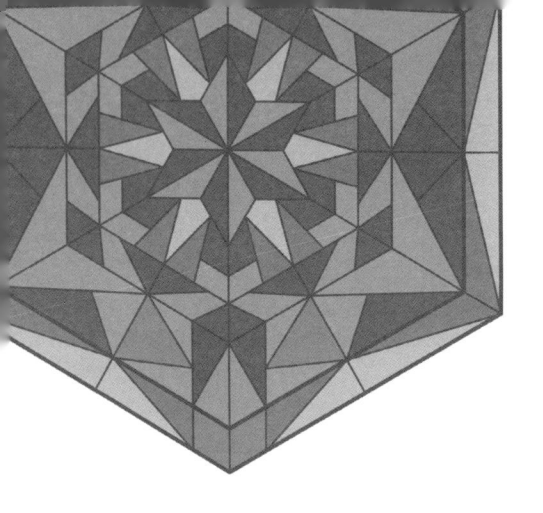

Lições do fluxo

> *Em um mundo supostamente governado pela busca de dinheiro, poder, prestígio e prazer, é surpreendente encontrar certas pessoas que sacrificam todas essas metas sem razão aparente: pessoas que arriscam sua vida escalando rochas, que dedicam sua vida à arte, que gastam suas energias jogando xadrez. Ao descobrir por que elas estão dispostas a abrir mão de recompensas materiais pela experiência fugaz de realizar ações agradáveis, esperamos aprender algo que nos permita tornar a vida cotidiana mais significativa.*
>
> Mihaly Csikszentmihalyi (1975, p. 1)

Essas palavras formam a introdução do livro pioneiro de Csikszentmihalyi, *Beyond Boredom and Anxiety* (1975). A obra descreve sua pesquisa sobre *fluxo** – "estar na sua" –, uma experiência conhecida há séculos, mas não estudada anteriormente de forma sistemática ou que tenha recebido um nome especial.

O fluxo não é (obviamente) o mesmo que o despertar interior, mas oferece *insight*s sobre certos aspectos-chave da mente desperta, particularmente sua alegria intrínseca. É também uma área de experiência relativamente familiar e bem pesquisada, o que o torna um ponto de partida útil para nossa futura exploração.

FLUXO

Csikszentmihalyi estava estudando o processo criativo nos artistas quando lhe ocorreu que, quando o trabalho em uma pintura estava indo bem, o artista persistia com determinação, desconsiderando a fome, o cansaço e o desconforto – ainda assim, rapidamente perdia o interesse na criação artística uma vez que ela estivesse concluída. Nesse modo de pensar, a experiência da pintura era valoriza-

---

* N. de R.T.: No original, em inglês, *flow*, termo mantido sem tradução em muitos textos publicados sobre o tema em língua portuguesa.

da *em função da atividade em si*. Fontes históricas sugerem que Michelangelo pode ter pintado o teto da Capela Sistina em um estado semelhante de determinação. Ele pintava durante dias de cada vez, absorto em seu trabalho, não parando para comer ou dormir até desmaiar. Ao despertar descansado, ele retomava imediatamente a pintura, entrando novamente em um estado de completa absorção.

Após seus estudos iniciais sobre pintores, Csikszentmihalyi (1975) ampliou a pesquisa e incluiu pessoas envolvidas em outras atividades intrinsecamente gratificantes: alpinistas, jogadores de xadrez, compositores profissionais, dançarinos, jogadores de basquete e cirurgiões. Assim, surgiu um consenso impressionante:

> Com quase unanimidade, os entrevistados (mesmo aqueles que receberam recompensas extrínsecas por sua atividade: compositores, campeões de xadrez e cirurgiões) afirmaram que dedicavam tempo e esforço à sua atividade porque dela adquiriam um estado peculiar de experiência, uma experiência que não é acessível na "vida cotidiana". Em cada caso, as recompensas intrínsecas pareciam ofuscar as extrínsecas como os principais incentivos para a realização da atividade. (p. 35)

Foi ao "estado peculiar de experiência" que Csikszentmihalyi (1975) deu o nome de "fluxo":

> No estado de fluxo, a ação segue a ação de acordo com uma lógica interna, que parece não precisar de intervenção consciente por parte daquele que age. Ele o experimenta como um fluir unificado de um momento para o outro, no qual ele está no controle de suas ações, e no qual há pouca distinção entre *self* e ambiente, entre estímulo e resposta, ou entre passado, presente e futuro. (p. 36)

O QUE TORNA O FLUXO INTRINSECAMENTE GRATIFICANTE?

O objetivo do fluxo é continuar fluindo, não procurar por um pico ou uma utopia, mas permanecer no fluxo.

Mihaly Csikszentmihalyi (1975, p. 54)

O objetivo do fluxo é continuar fluindo; e a razão para continuar fluindo é que ele nos faz sentir intrinsecamente bem. Para Csikszentmihalyi (1991), essa alegria intrínseca está enraizada na *ordem interna* e na *harmonia* da mente:

> A ordem na consciência produz um estado experiencial muito específico, tão desejável que se deseja repeti-lo com a maior frequência possível. A esse estado, demos o nome de "fluxo"...

> O *fluxo*... é obtido quando todos os conteúdos da consciência estão em harmonia uns com os outros... Essas são as condições subjetivas que chamamos de prazer, felicidade, satisfação, divertimento. (pp. 24, 29)

A ideia de que ordem e harmonia na consciência criam "prazer, felicidade, satisfação, divertimento" mapeia bem a ideia-chave da análise dos subsistemas cognitivos interativos (ICS, do inglês *interacting cognitive subsystems*) de que a criação flexível do todo bem-sucedida gera sentimentos positivos (Cap. 4). No entanto, a alegria intrínseca do fluxo (e, como veremos, da própria mente desperta) envolve um tipo de plenitude diferente do tipo que discutimos até agora.

Até agora, nosso foco tem sido principalmente a plenitude em um determinado momento: diferentes padrões de informação que se unem para criar um todo coerente *no momento*. Vimos isso, por exemplo, no exercício "John estava a caminho da escola": como a mente faz sentido de todas as quatro frases com um modelo mental personalizado, podemos experienciar sentimentos positivos leves e dar uma risadinha tranquila. E a criação flexível do todo que envolve o processo termina aí.

O fluxo e o despertar interior, por outro lado, envolvem um tipo mais prolongado de plenitude: uma plenitude que se estende *no tempo*, momento após momento após momento. Essa plenitude sustenta a maneira como o comportamento se desenrola no fluxo.

CONTINUIDADE NA MUDANÇA

Na estratégia conceitualmente controlada para obter o que queremos, a ideia de uma meta futura impulsiona a ação (Cap. 2). Por contraste, no fluxo, modelos mentais e intenções holístico-intuitivas moldam o comportamento.

Alguns exemplos ilustrarão a diferença entre as formas conceituais (focadas em objetivos) e holístico-intuitivas de moldar a ação. Cynthia Bourgeault (2001) descreve o contraste entre o "pensamento egoico" (processamento conceitual focado em metas) e a "consciência espiritual" (processamento holístico-intuitivo controlado) por meio de uma analogia com a diferença entre velejar em um dia claro e velejar com nevoeiro:

> Em um dia claro e ensolarado, você pode estabelecer sua rota até um local a cinco milhas de distância e navegar direto até ele. Contudo, no nevoeiro, você percorre o caminho prestando muita atenção a todas as coisas imediatamente ao seu redor: a ondulação profunda do mar quando você está em mar aberto, o cheiro pungente dos ramos de abeto, ou o ritmo mais vivo das ondas quando você se

aproxima da terra. Você acha o caminho estando sensível e sensorialmente conectado exatamente onde você está, ao deixar o "aqui" alcançá-lo e conduzi-lo.

Se o pensamento egoico é como velejar em relação a onde você não está – em relação ao que está lá fora e à frente –, a consciência espiritual é como velejar em relação a onde você *está*. É uma forma de "pensar" em um nível muito mais visceral de si mesmo – respondendo a sutis sugestões de presença demasiado delicadas para serem captadas em seu nível normal de consciência, mas que emergem como uma ondulação do mar a partir do chão de seu ser uma vez que você relaxa e se permite pertencer profundamente ao quadro. (pp. 49-50)

Csikszentmihalyi (1991) aponta para um contraste semelhante quando descreve a diferença entre artistas altamente originais (que experimentam o fluxo enquanto pintam) e artistas menos originais (que não o fazem):

A distinção entre artistas mais e menos originais é que os primeiros começam a pintar com uma ideia geral e muitas vezes vaga do que querem realizar, ao passo que os segundos tendem a começar com uma imagem claramente visualizada em mente. Assim, os artistas originais devem descobrir o que farão à medida que avançam, usando o *feedback* do trabalho em desenvolvimento para sugerir novas abordagens. Os artistas menos originais acabam pintando o quadro em sua cabeça, que não tem chance de crescer e se desenvolver. (pp. 252-253)

O fluxo não envolve as ideias claras dos resultados finais desejados – a "terra a cinco milhas de você" ou a "imagem claramente visualizada na mente" – que desempenham papéis-chave na estratégia conceitual de alcançar metas. No fluxo, a ação é controlada pelos padrões de informação na memória operacional holístico-intuitiva a cada momento. Esses padrões estão em constante mudança e evolução: o padrão de informação em um momento desencadeia uma ação; os efeitos dessa ação criam imediatamente um padrão adicional; esse padrão adicional estabelece as condições para a ação seguinte, e assim por diante. Um pintor dá uma pincelada, criando uma nova e ligeiramente diferente versão de um quadro; ele então responde à nova versão com outra pincelada. Um cirurgião faz uma incisão, revelando a primeira visão de um órgão subjacente; essa nova visão, em seguida, desencadeia uma nova ação. Uma alpinista se agarra a um novo apoio, trazendo à vista a próxima parte da rocha, à qual ela responde sentindo a próxima base de apoio. Esses ciclos se repetem continuamente.

A estratégia utilizada para guiar a ação no fluxo reflete a tendência inerente da mente à coerência e à plenitude (Cap. 4). A cada momento, a mente antecipa os efeitos imediatos de uma série de possíveis respostas à situação atual, usando o conhecimento implícito armazenado em modelos mentais relacionados. Em seguida, ela seleciona as ações que prevê que irão otimizar a plenitude no futuro imediato. Na prática, isso geralmente significa selecionar ações intimamente alinhadas às intenções atuais: caso contrário, haverá uma falta de coerência entre a intenção e os efeitos previstos. Ao procurar *maximizar a plenitude futura imediata* dessa forma, a mente guia as rotas de ação na direção da viagem inerente às intenções gerais (tendências de ação) guiando o comportamento: subir a montanha com segurança, para um alpinista; criar maior beleza e harmonia estética, para um pintor; e, acima de tudo, manter a experiência do fluxo.

Essa estratégia para controlar a ação depende do conhecimento implícito de modelos mentais holístico-intuitivos. Modelos armazenados, baseados em centenas ou milhares de horas de escalada, pintura ou cirurgia (qualquer que seja a tarefa de fluxo), capacitam a mente a antecipar as consequências em curto prazo das ações e a selecionar, então, a ação apropriada. Uma característica fundamental dessa forma de ação é que as antecipações têm de ser razoavelmente precisas. O *feedback* claro e imediato sobre a eficácia das ações intencionais é uma característica essencial das tarefas de fluxo (Csikszentmihalyi, 1991, p. 54).

Esse *feedback* diz à mente se os modelos mentais atualmente ativos estão ou não antecipando e gerenciando resultados de forma eficaz: se eles são adequados para o duplo propósito de orientar o desempenho eficaz da tarefa e sustentar o fluxo; e se, devidamente afinados e ajustados, eles podem continuar a ser usados para as tarefas em questão. Quando os modelos estão funcionando adequadamente, haverá uma coerência contínua entre os resultados previstos e os resultados realmente observados. Haverá, também, pouca necessidade de grandes mudanças nos modelos mentais. Nessa situação, os modelos mentais formados de um momento para o outro mostrarão um padrão de *continuidade na mudança*: modelos sucessivos refletirão variações sobre um tema central comum.

A continuidade na mudança reflete uma plenitude que continua ao longo do tempo – mesmo quando a própria atividade de fluxo cria novas situações: o alpinista sobe a montanha; a pintura prossegue em direção à sua conclusão. Essa plenitude contínua transmite à mente a mensagem implícita de que "tudo está funcionando bem, o sistema está no controle, a mente consegue lidar com essa tarefa". Por boas razões evolutivas (Cap. 4), a criação do todo que gera esse padrão de continuidade na mudança enquanto se engaja em ações intencionais está ligada à experiência de sentimentos positivos.

Podemos encontrar imagens e metáforas relacionadas com a continuidade na mudança nos ensinamentos das tradições contemplativas, espirituais e religiosas. Ajahn Chah (uma influência formativa sobre muitos dos professores que trouxeram a meditação *mindfulness* para o Ocidente), por exemplo, incorporou o paradoxo implícito da continuidade na mudança na imagem de "água parada corrente":

> Você já viu água corrente? Água corrente: você já a viu? Você já viu água parada? Se sua mente está tranquila, é mais ou menos como água corrente parada. Você já viu água corrente parada? (Risos) Isso! Você só viu água parada e água corrente. Você nunca viu água corrente parada. Bem ali, bem onde seu pensamento não pode levá-lo: onde a mente está tranquila, mas pode desenvolver o discernimento. Quando você olhar para a sua mente, será semelhante à água corrente e, mesmo assim, estará parada. Parece que está parada, parece que está fluindo, então é chamada de água corrente parada. É assim que é. É aí que pode surgir o discernimento.
>
> Portanto, experimente. (Chah, 2013)

O encontro de Moisés com um arbusto ardente que manteve sua forma, mesmo quando queimava (Êxodo 3:1-17), fala sobre esse mesmo padrão.

GENERALIZANDO A PARTIR DO FLUXO

A continuidade de modelos mentais diante da mudança é uma figura central na compreensão do despertar interior. O fluxo pode oferecer valiosos *insights* sobre essa continuidade. Contudo, a experiência do fluxo depende de um conjunto especial de condições (Nakamura & Csikszentmihalyi, 2002). A natureza restritiva dessas condições significa que o próprio fluxo não pode criar o amplo escopo de continuidade envolvido no despertar interior. O pronunciamento do mestre zen Dogen de que "ser iluminado é ser íntimo de todas as coisas" requer que, no despertar interior, a continuidade na mudança continue em todas as muitas e variadas situações de nossa vida.

Discutiremos em breve como os modelos mentais de ordem superior desempenham um papel vital para expandir a continuidade dessa forma. Primeiro, há duas outras lições importantes a serem extraídas do fluxo.

No Capítulo 4, sugeri que a evolução associa bons sentimentos especificamente à coerência e à plenitude que resultam da construção flexível e criativa do todo, em vez de uma construção automática do todo. Consistente com essa ideia, a continuidade na mudança que vemos no fluxo – emergindo das próprias ações flexíveis da mente, de processos criativos e de trabalho mental interno – está ligada a sentimentos intensamente positivos. Em contrapartida, quando ouvimos passivamente uma peça de música familiar, nossa mente registra de modo relativamente automático a continuidade dos temas escritos pelo compositor. Podemos sentir prazer, mas não será o mesmo que a intensa alegria do fluxo. Olhando para nosso estudo sobre a alegria intrínseca da mente desperta no Capítulo 12, podemos antecipar que lá também a alegria relacionada com a continuidade na mudança dependerá do próprio trabalho interno flexível e criativo da mente.

A linha de raciocínio que temos seguido sugere que todas as formas de continuidade na mudança flexivelmente criadas serão experimentadas positivamente. No entanto, a alegria intrínseca do fluxo está em uma categoria qualitativamente diferente de outras formas. O fluxo envolve dois tipos distintos – mas interconectados – de intenção. Um está relacionado com a intenção geral de escalar a montanha, criar beleza, realizar uma cirurgia com habilidade – qualquer que seja a tarefa óbvia de fluxo. A outra intenção geral menos óbvia, mas primordial, é experimentar um estado de fluxo contínuo *por si só*. E é essa segunda intenção que faz do fluxo um "estado experiencial muito específico" (Csikszentmihalyi, 1991, p. 29); "um estado de experiência peculiar"; uma experiência que não está acessível na 'vida diária'" (Csikszentmihalyi, 1975, p. 35).

No fluxo, a forma como a mente percebe a intenção de escalar a montanha, criar beleza e coisas semelhantes cria um padrão subjacente de plenitude e coerência contínuas na mente. Esse padrão de continuidade na mudança, por sua vez, cria os sentimentos positivos que são o foco da intenção de experienciar o fluxo. Nessa situação, a *intenção* escolhida por uma pessoa para experienciar o fluxo coincide e converge precisamente com o *processo* de criar o todo e otimizar a plenitude através da qual a tarefa de fluxo em si é realizada. Aqui, temos uma fusão total do resultado e do processo – de como você chega lá e onde você chega. A situação ecoa a famosa expressão de A. J. Muste: "Não há caminho para a paz, a paz é o caminho".

Onde o resultado e o processo se fundem dessa forma, os laços de *feedback* positivo amplificam-se e aumentam rapidamente até mesmo o menor indício de bons sentimentos ligados à plenitude, criando uma condição de intensa alegria intrínseca. Essa condição reflete tanto a "antecipação empolgada e eufórica" associada ao *processo* de aproximação de um resultado desejado quanto a satisfação calma experimentada uma vez alcançado o *resultado* desse processo (ver Quadro 3.3). O resultado é uma condição de alegria dinâmica pacífica. Notavelmente, foi para descrever essa condição, em particular, que Ajahn Chah ofereceu a impressionante imagem paradoxal citada anteriormente: "Se sua mente está em paz, ela é semelhante à água parada corrente".

Um olhar mais detido sobre a relação entre processo e resultado no fluxo oferece uma mensagem extremamente importante: *Quando amamos o que buscamos (a experiência do fluxo) e o processo de nossa busca em si cria o que amamos, processo e resultado fundem-se em uma experiência de alegria intrínseca autossustentada.* Essa alegria intrínseca terá grande importância quando chegarmos a compreender a mente desperta no Capítulo 12.

MODELOS MENTAIS DE ORDEM SUPERIOR

Anteriormente, sugeri que modelos mentais de ordem superior desempenham um papel vital na criação da continuidade na mudança da mente desperta. Agora, é hora de explorar melhor essa sugestão. Como as ideias envolvidas podem não ser familiares, vou apresentá-las gradualmente, passo a passo.

No Capítulo 4, vimos que, por boas razões evolutivas, a mente humana tem a tendência inerente de buscar e criar conexões de afinidade (ordem) em níveis cada vez mais altos de complexidade. Essa tendência inerente a uma maior plenitude leva à criação de modelos mentais de ordem superior. Esses modelos refletem as conexões de afinidade entre modelos mentais mais simples. Modelos mentais ainda mais complexos (supramodelos) refletem as conexões de afinidade entre modelos de ordem superior.

Para iniciar a nossa exploração dos modelos de ordem superior, iremos nos concentrar nos modelos mentais que refletem a continuidade na mudança no fluxo. Esses modelos de ordem superior proporcionam uma maneira para a mente "olhar para" os modelos mentais criados a intervalos sucessivos na tarefa de fluxo e avaliar a relação entre eles (Fig. 11.1). Para o pintor, por exemplo, eles refletiriam a coerência entre os efeitos previstos e observados de sucessivas pinceladas e a coerência dos modelos que orientam essas ações ao longo do tempo.

Quando a atividade de fluxo se desdobra de forma suave e eficaz, os modelos de ordem superior refletem um padrão de continuidade na mudança através dos modelos de ordem inferior. À medida que esses modelos superiores são processados, temos uma experiência subjetiva correspondente – a experiência do fluxo.

Para ampliar essas ideias, será útil revisitar o esboço que introduziu a ideia geral de holarquias mentais (reproduzido na Fig. 11.2).

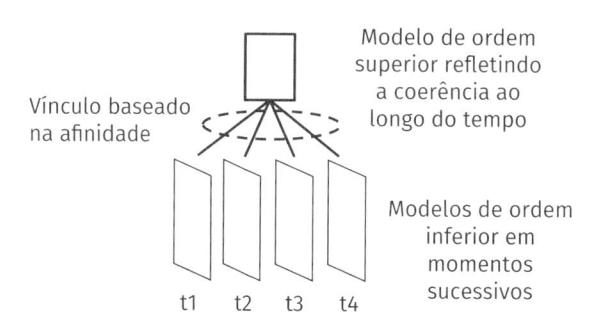

FIGURA 11.1 Modelos mentais de ordem superior que refletem as relações ao longo do tempo entre modelos de ordem inferior.

A figura ilustra uma característica importante das holarquias mentais: níveis superiores refletem campos de informação progressivamente mais amplos em padrões mais complexos. No que diz respeito aos modelos mentais, isso significa que cada modelo mental de ordem superior integra informações de vários modelos diferentes de ordem inferior – como na Figura 11.1. Contudo, como os modelos de ordem superior refletem o que os modelos de ordem inferior têm em comum, eles deixam de refletir as formas em que diferem: tudo o que torna cada modelo de ordem inferior único se perde no processo de criação do todo.

Essa característica dos modelos mentais de nível superior se revelará de importância central para a compreensão da mente desperta. Posso ilustrar isso voltando ao exercício *Takete-Ulumoo* que encontramos no Capítulo 3. Lá, a dimensão de ordem superior da taxa de mudança refletia uma característica comum compartilhada pelos padrões muito diferentes das informações visuais de ordem inferior relacionadas com a forma dentada e as informações auditivas ligadas ao som *Takete*. Contudo, ao refletir o que eles têm em comum, essa dimensão de ordem superior não refletia mais o fato de que um era um padrão visual e o outro um padrão auditivo – e, de fato, como vimos, essa dimensão de ordem superior poderia se aplicar igualmente bem às mudanças nos padrões olfativos (cheiros) ao longo do tempo.

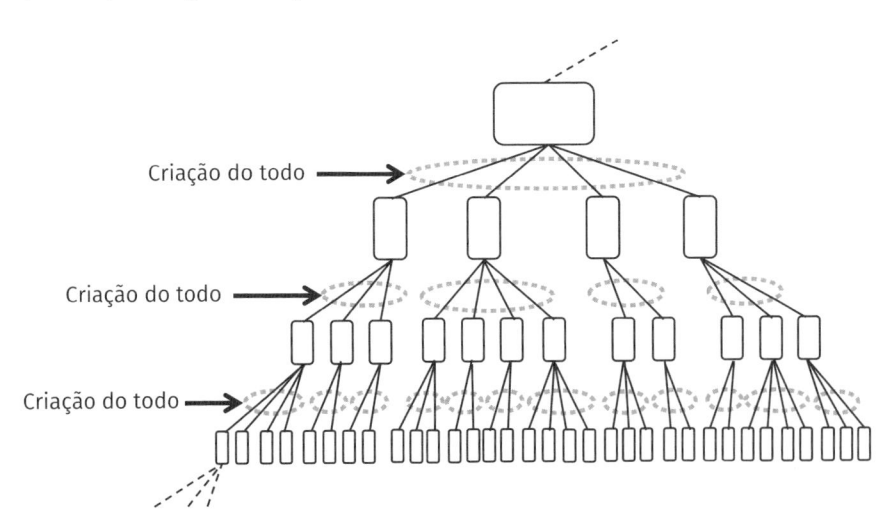

FIGURA 11.2 Uma holarquia mental. Os retângulos representam padrões de informação: retângulos menores refletem padrões mais simples, retângulos maiores, padrões mais complexos. O escopo e a complexidade das informações que cada retângulo representa aumentam à medida que se sobe na holarquia.

Se aplicarmos essas ideias aos modelos mentais e aos modelos de ordem superior envolvidos em atividades de fluxo, teremos uma maneira de entender a sensação de intemporalidade frequentemente relatada nas experiências de fluxo e na mente desperta – uma sensação de que o tempo não está mais passando, que existe apenas o "agora". Cada um dos modelos de ordem inferior da Figura 11.1 está ancorado a um período específico (t1, t2, t3, etc.). Em contrapartida, os modelos de nível superior que fundamentam a experiência subjetiva do fluxo se concentram na *afinidade* entre esses modelos – uma qualidade que por si só é *independente* de tempos específicos. Ao focar nessa qualidade *atemporal*, esses modelos de nível superior não estão ancorados em *nenhum* momento específico. À medida que esses modelos são processados, podemos experimentar uma sensação de *intemporalidade*.

Podemos ir ainda mais longe se voltarmos a um aspecto das holarquias mentais que discutimos em relação à consciência atenta no Capítulo 7. Lá, sugeri que a natureza interligada, integrada e distribuída das holarquias mentais que sustentam *mindfulness* significa que podemos estar essencialmente conscientes da dimensão de uma experiência, ao mesmo tempo que também estamos conscientes de outras dimensões. (Dei como exemplo a história do sábio rei que convidou um estudante a andar pelo palácio equilibrando um pote de óleo quente em sua cabeça, enquanto também escutava fofocas da corte.) Se passarmos agora à Figura 11.1, poderemos ver que, dependendo do nível do modelo para o qual a atenção é direcionada, o sistema mostrado pode ser experienciado como limitado no tempo, atemporal ou *ambos*, limitado no tempo e atemporal – uma sensação da interseção do atemporal com o tempo.

Até agora, nossa discussão tem se concentrado principalmente na forma como modelos mentais de ordem superior podem *refletir* a afinidade de modelos de ordem inferior. Nosso próximo passo é olhar para o modo como modelos de ordem superior também podem *criar* ativamente esses padrões de afinidade. Como nosso objetivo final é compreender a mente desperta na qual nos tornamos "íntimos de todas as coisas", começaremos nossa exploração do papel criativo dos modelos mentais de ordem superior olhando para o seu papel nas relações pessoais íntimas.

RELAÇÕES ÍNTIMAS

A qualidade do relacionamento é diferente em amizades íntimas e em outras relações. Nós nos aproximamos de muitas relações com modelos ou "roteiros" já em mente de como nós e os outros participantes iremos nos comportar. Então, a relação segue basicamente esses roteiros, e há pouca necessidade de a mente ajustar seus modelos à medida que a interação prossegue. De outras relações, aproximamo-nos com uma ideia definitiva do que queremos obter delas: queremos mudar o pensamento de alguém; fazê-lo gostar de nós ou pensar bem de nós; vender-lhe algo. Embora essas relações não possam ser roteirizadas, pelo menos um participante tem uma agenda ou meta subjacente de para onde deseja que a relação se desenvolva. Tais relações têm uma qualidade *instrumental* subjacente (Cap. 3).

Em contrapartida, assim como o fluxo, as relações íntimas não são roteirizadas nem orientadas por metas. Os participantes se engajam nelas para *seu próprio bem*, para o prazer intrínseco de "ter conversas casuais" – engajando-se em uma troca despreocupada, desenvolvendo organicamente uma troca *não instrumental*. A qualidade distinta de tais relações reflete o estreito *inter-relacionamento* dos comportamentos dos participantes: quando um parceiro fala ou age de uma certa maneira, o outro responde de uma forma delicada e sensível "não roteirizada" a essa ação específica naquele momento; e o mesmo se aplica ao primeiro parceiro. Esse padrão, no qual, momento a momento, as ações de cada parceiro dependem e suscitam as ações do outro, é similar à forma como a ação evolui no fluxo.

A qualidade evolutiva das relações íntimas não pode ser criada ou representada por modelos mentais separados de ordem inferior de cada parceiro, tampouco por modelos preexistentes de sua interação. Ao contrário, a mente cria modelos de ordem superior do sistema dinâmico de *inter-relacionamento* entre as ações dos participantes. Esses modelos dinâmicos de sistema refletem e *moldam* a relação entre os envolvidos. Tais modelos são continuamente revisados e atualizados à medida que as ações dos participantes, que eles estimulam e orientam, evoluem ao longo do tempo (Fig. 11.3).

Nas relações íntimas, a conexão entre o *self* e os outros depende de seu *envolvimento* ativo compartilhado no mesmo sistema dinâmico (todo). Esse tipo de conexão é importante e diferente das conexões decorrentes de um senso de *identidade* comum compartilhada – por exemplo, sermos torcedores do mesmo time de futebol.

As percepções de identidade têm uma qualidade relativamente estática e duradoura. Em contrapartida, as conexões baseadas no engajamento compartilhado têm uma qualidade mais dinâmica, rápida e informal – elas têm de ser ativamente criadas e recriadas, momento a momento, à medida que a relação entre os participantes se desenvolve ao longo do tempo. O poeta espanhol Antonio Machado (1973) descreve-as nestas palavras (ver também Varela, Thompson, & Rosch, 1993, cap. 11):

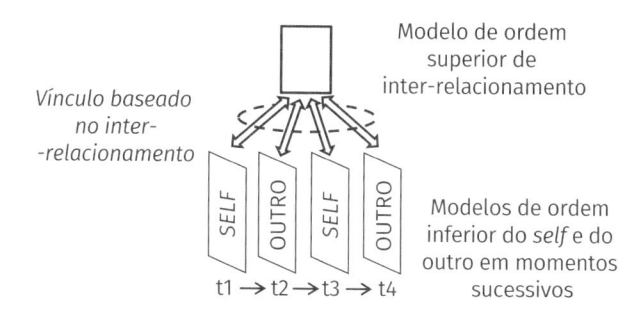

FIGURA 11.3 Inter-relacionamento dinâmico nas relações íntimas. As setas de dupla direção que ligam os modelos de ordem superior e inferior mostram que o modelo superior *reflete* e *cria* o inter-relacionamento entre o *self* e o outro.

> Caminhante, são tuas pegadas o caminho
> e nada mais;
> Caminhante, não há caminho,
> se faz caminho ao andar.
> Ao andar se faz o caminho
> e ao voltar a vista atrás
> se vê a senda que nunca
> se há de voltar a pisar.
> Caminhante não há caminho
> apenas rastros no mar.

Ao caminhar, você faz um caminho; ao se relacionar intimamente, você faz – e refaz – as conexões de uma relação íntima contínua.

Assim como no fluxo, o engajamento contínuo em relações íntimas requer um ajuste momento a momento dos modelos mentais de ordem superior para mantê-los em sincronia com a situação em evolução dinâmica. Tanto na intimidade quanto no fluxo, a continuidade na mudança (plenitude contínua) indica que os modelos mentais estão sendo aperfeiçoados com sucesso e orientando a ação efetivamente. Nas atividades de fluxo, a experiência subjetiva reflete essa plenitude contínua. Nas relações íntimas, a continuidade na mudança leva a uma agradável sensação de proximidade e intimidade.

Sob certas condições, podemos tomar consciência de uma dimensão ainda mais sutil de relacionamento que é subjacente a essa sensação de proximidade:

> Quando você se abre em meditação, deixe a mente relaxar sem qualquer sentido ou controle. À medida que a mente relaxa cada vez mais e à medida que a abertura se torna muito ampla e familiar, é possível que você se encontre em uma consciência que é tanto interna quanto externa. Se você estiver com outra pessoa, po-

> derá notar que não há uma divisão tão rígida entre o que essa pessoa está dizendo e o que você está pensando: ambos simplesmente surgem e são conhecidos. Aqui ou lá fora não importa muito. À medida que você se sente confortável com isso, pode começar a notar o meio-termo, a própria relação como ela se manifesta entre você e os outros. O sujeito, eu, e o objeto, você, ou ele, estão unidos no momento relacional. Que a pausa revele essa qualidade *eu-você* do abrir. (Kramer, 2007, pp. 135-136)

"Abrir" e "pausar" são passos na prática do "diálogo de *insight*" desenvolvido por Kramer.

"Uma consciência que é tanto interna quanto externa"; "o sujeito, eu e o objeto, você, ou ele, estão unidos no momento relacional". Essas experiências refletem o modelo de ordem superior do próprio sistema de *inter-relacionamento* dinâmico. Como mencionei anteriormente, níveis mais altos de holarquias mentais descartam características específicas de padrões específicos para focar no que eles têm em comum. Ao focalizar a *relação* entre participantes em relações íntimas, modelos de ordem superior são "purificados" de características específicas de cada pessoa: ao representar o *sistema* dinâmico de inter-relacionamento, esses modelos transcendem qualquer senso de separação, individualidade ou dualidade. Em geral, não temos conhecimento desses modelos de ordem superior: eles permanecem "escondidos". Contudo, se, como na meditação do diálogo de *insight* anterior, nós silenciamos a mente conceitualmente impulsionada e reajustamos a atenção para um nível mais elevado de holarquia mental, podemos ter uma sensação deles: experienciamos o intrigante e levemente misterioso senso de "entre", ou "eu-você". Algo semelhante ocorre no fluxo:

> No estado de fluxo... o ator... experiencia... um fluxo unificado... no qual há pouca distinção entre o *self* e o ambiente, entre estímulo e resposta, ou entre passado, presente e futuro (Csikszentmihalyi, 1975, p. 36).
>
> Nos níveis mais desafiadores, as pessoas realmente relatam ter experimentado uma *transcendência* do *self*. (itálico no original)... O alpinista se sente um com a montanha, as nuvens, os raios do sol e os pequenos insetos que entram e saem da sombra de seus dedos que seguram a rocha; o cirurgião se sente um com os movimentos da equipe operacional, compartilhando a beleza e o poder de um harmonioso sistema transpessoal. (Csikszentmihalyi, 1991, p. 33)

Tanto no fluxo como nas relações íntimas, a sensação de não separação – de ser parte de um todo maior – reflete os modelos de ordem superior dos *sistemas dinâmicos integrados* que os sustentam. À medida que a atenção se concentra nesses modelos, experimentamos a nós mesmos como partes *integrantes* de um todo dinâmico mais amplo: um sistema auto-organizador, auto-orientador, autocontrolador. Sentimo-nos "um", experienciando o sistema *a partir de dentro* – como um aspecto intimamente envolvido dele –, em vez de *a partir de fora*, como um observador interessado, mas fundamentalmente separado.

COLHER-ARMAZENAR-INTEGRAR

Não nos aproximamos de novas relações pessoais como de um quadro totalmente em branco, trabalhando em como desenvolver a intimidade a partir do zero. Ao contrário, a tendência inerente de nossa mente de buscar, criar e representar conexões de relacionamento detecta padrões centrais comuns a todas as experiências de relacionamento íntimo. Ela, então, faz surgir essas características em geral, modelos mentais de ordem mais elevada dos sistemas que mantêm essas relações. Os modelos gerais de sistemas guiam o desenvolvimento de novos modelos de sistemas, personalizados, que moldam e motivam cada nova relação íntima específica. Da mesma forma, no fluxo, os modelos dinâmicos que guiam e motivam a ação em cada nova situação são adaptações de modelos gerais dos sistemas, derivados de muitas experiências relacionadas encontradas ao longo da aquisição de experiência em atividades de fluxo: escalada, pintura, cirurgia e similares.

Os modelos gerais dos sistemas permitem que nossa mente aproveite os benefícios colhidos da experiência anterior, os armazenem na memória em modelos mentais relacionados e, quando apropriado, os integrem em novas situações relacionadas. Modelos gerais, devidamente ajustados a cada situação, criam os sistemas dinâmicos que ligam elementos dessas situações, rápida e informalmente, para criar um novo todo dinâmico. Esse padrão fundamental de colher-armazenar-integrar forma a base para a contínua consciência e a plenitude da mente desperta.

No Capítulo 12, veremos que modelos gerais dos sistemas como esses desempenham um papel crucial na compreensão da mente desperta. O escopo desses *supra*modelos é muito mais amplo do que os modelos de inter-relação que vimos até agora no fluxo e nas relações íntimas: esses modelos dos sistemas nos capacitam a nos envolvermos intimamente com *toda* a experiência e a mantermos a continuidade da mudança ao longo de nossa vida.

12

Um tesouro escondido

Matthieu Ricard (2017) descreve uma troca modificadora da vida entre Nyoshul Lungtok e seu professor Patrul Rinpoche:

> Com frequência, Patrul e Lungtok subiam a encosta em direção a Nakchung, um prado alto acima do mosteiro Dzogchen, até chegar à base de um grande pinheiro. A cada dia, Patrul partia para um novo local isolado e realizava uma prática solitária. Lungtok ficava ao pé do pinheiro e praticava lá. Eventualmente, ele fazia chá, e Patrul voltava e se sentava com ele...
> Uma noite, depois de terminar de praticar, Patrul disse: "Diga, caro Lungtok, você não me disse que ainda não foi capaz de reconhecer a natureza da mente?"
> "Sim, eu disse."
> "Não há nada a não saber. Venha até aqui."
> Lungtok fez isso.
> "Deite-se assim e olhe para o céu."
> Patrul se deitou de costas, e Lungtok fez o mesmo.
> "Você vê as estrelas brilhando no céu?", perguntou Patrul.
> "Sim."
> "Você ouve os cães latindo no mosteiro de Dzogchen?"
> "Sim."
> "Você ouve nós dois conversando?"
> "Sim."
> "Bem, *é isso!*"
> Lungtok diria mais tarde a seus próprios alunos: "Naquele exato momento, fui apresentado diretamente à sabedoria da consciência vazia e nua! Uma certeza inabalável surgiu das profundezas do meu ser, libertando-me de qualquer dúvida". A presença de seu mestre e seus próprios muitos anos de prática meditativa criaram uma coincidência auspiciosa naquele momento, produzindo uma profunda percepção da sabedoria primordial, de consciência-vacuidade inseparavelmente unidas. (pp. 39-40)

O que aconteceu nesse encontro? Como isso teve efeitos tão profundos e duradouros sobre a vida de Lungtok? A perspectiva dos subsistemas cognitivos interativos (ICS, do inglês *interacting cognitive subsystems*) pode nos ajudar a entender?

O primeiro passo para responder a essas perguntas é nos lembrarmos das principais mensagens aprendidas no capítulo anterior:

- Quando a atividade flexível na mente leva à continuidade da plenitude interior (continuidade na mudança), isso é bom. Quando esses sentimentos agradáveis se tornam a principal razão para se envolver nessa atividade, a continuidade da plenitude traz uma alegria pacífica. Como eu disse antes: *Quando amamos o que buscamos e o processo de nossa busca cria o que amamos, o processo e o resultado fundem-se em uma experiência de alegria intrínseca autossustentada.*
- A mente tem uma tendência inerente de buscar, descobrir, criar e representar conexões de relacionamento em níveis cada vez mais altos de complexidade. Essa tendência leva ao desenvolvimento de modelos mentais de ordem superior.
- Esses modelos de ordem superior abrangem uma gama mais ampla de experiências do que padrões de ordem inferior e focam na *relação* entre esses padrões. Ao focalizar as relações *entre* os padrões de ordem inferior dessa forma, os modelos de ordem superior deixam de refletir as maneiras em que eles diferem. Em vez disso, os modelos de ordem superior refletem a "essência" comum compartilhada pelos padrões de ordem inferior.
- Modelos mentais de ordem superior de sistemas dinâmicos – como fluxo ou relações pessoais íntimas – não apenas *refletem* as inter-relações entre padrões de ordem inferior, mas também *criam* ativamente essas inter-relações rápida e informalmente.
- A continuidade na mudança mostra que os modelos de sistemas de ordem superior estão sendo efetivamente aperfeiçoados e integrados na experiência momento a momento.
- Podemos aprender a ouvir as reflexões dessa plenitude contínua na experiência subjetiva: no fluxo, experienciamos "um fluir unificado de um momento para o outro"; nas relações pessoais íntimas, experienciamos uma sensação de "eu-você" e de "entre".
- Por meio do padrão colher-armazenar-integrar, modelos de sistemas de ordem superior podem nos capacitar a cultivar a continuidade na mudança em situações novas relacionadas.

A ideia-chave que exploraremos neste e nos capítulos seguintes é que, na mente desperta, a atividade mental flexível cria modelos mentais que incorporam um padrão de plenitude contínua na mudança – continuidade na mudança – que abrange *todos* os aspectos de nossa vida. Essa continuidade reflete a integração de *supra*modelos de ordem muito superior na experiência momento a momento por meio do padrão colher-armazenar-integrar. Como veremos, os supramodelos refletem uma característica central compartilhada por todos os aspectos do mundo que encontramos e incorporam uma dinâmica integradora abrangente. Tais modelos capacitam a mente desperta a criar um fio comum que une *todas* as muitas facetas da experiência que se desdobra – como pérolas finamente colocadas juntas, durante intemporalmente através do tempo.

Neste e nos próximos dois capítulos, desembalaremos e exploraremos as ideias daquele breve resumo com mais detalhes. Para começar, voltaremos ao prado de Nakchung onde Patrul Rinpoche e Nyoshul Lungtok estão conversando. No devido tempo, vamos explorar como a perspectiva dos ICS nos ajuda a entender o que encontramos.

CONSCIÊNCIA?

Patrul pergunta a Lungtok se ele vê as estrelas no céu, se ele ouve os sons distantes dos cães latindo e se ele ouve os sons muito mais próximos de sua conversa. Por meio dessas perguntas, Patrul cria as condições que permitem a Lungtok tomar consciência de uma qualidade compartilhada por todas essas experiências. Patrul então aponta diretamente para essa qualidade – e Lungtok experimenta uma transformação radicalmente libertadora da consciência.

Para onde Patrul está apontando? Nosso primeiro pensamento pode ser que a qualidade destacada por ele seja a consciência, que é um aspecto de cada uma dessas experiências. Podemos, pelo menos em teoria, estar cientes de qualquer aspecto de nossa experiência. A consciência pode fornecer o fio condutor que liga todas as experiências na mente desperta. Veremos em breve que isso é apenas metade do quadro. No entanto, a consciência é um bom lugar para começar nossa exploração do que muitas vezes são ideias bastante sutis.

Uma distinção entre a própria consciência e o *conteúdo* em constante mudança da consciência, de fato, figura de forma proeminente em uma série de caminhos contemplativos. Por exemplo, o professor Ajahn Chah teve um *insight* dessa distinção vital quando era um jovem monge em um breve encontro com o venerado monge mais velho Ajahn Mun. Esse *insight* transformou a vida de Ajahn Chah e sua abordagem da prática. Ele teve uma influência formativa sobre muitos dos professores que inspiraram o recrudescimento do interesse por *mindfulness* no Ocidente.

Em seus ensinamentos, Chah usou a imagem de óleo e água – misturados na mesma garrafa, mas sempre permanecendo separados e distintos – como uma simples metáfora para a natureza separada, mas inextricavelmente misturada, da consciência e de seu conteúdo. Outros usaram a relação entre o céu e as aves, as nuvens e as condições meteorológicas que podem passar por ele: o que quer que o atravesse, o céu permanece céu, imutável. Da mesma forma, a metáfora sugere, a consciência permanece constante, mesmo que seu conteúdo esteja sempre mudando. Com a prática, podemos aprender a estar atentos a essa qualidade sutil e imutável da consciência: tomar consciência da própria consciência. Essa qualidade será a mesma para todas as experiências das quais estamos conscientes: o canto de um pássaro, os padrões de luz e sombra de uma uva-passa, o cheiro de café, nossos pensamentos e sentimentos interiores.

Todavia, a consciência por si só não é a qualidade destacada por Patrul Rinpoche. A consciência por si só não é suficiente – como enfatiza U Tejaniya em seu livro (Tejaniya, 2008): "A consciência por si só não é suficiente! Você também precisa conhecer a qualidade dessa consciência e precisa ver se existe ou não sabedoria". Refletindo essa mesma necessidade de sabedoria, Nyoshul Lungtok também descreveu o despertar para "a *sabedoria* da consciência vazia e nua" (ênfase acrescentada) no alto do prado acima do mosteiro Dzogchen.

A SABEDORIA DA CONSCIÊNCIA-VACUIDADE

Matthieu Ricard descreveu a qualidade percebida por Nyoshul Lungtok como "sabedoria primordial, consciência-vacuidade inseparavelmente unidas". Aqui, a palavra *vacuidade* aponta para o que o Buda via como uma característica universal da existência: a ausência de quaisquer entidades separadas e independentes ("coisas"). Nada do que vemos, ouvimos ou somos existe sozinho. Ao contrário, tudo faz parte de um todo integrado, em constante mudança, interligado e interdependente. A sabedoria da mente desperta "vê" essa interconexão e interdependência fundamentais e a ausência de identidade separada intrínseca.

A ideia de coisas "reais" separadas com propriedades duradouras inerentes é, naturalmente, o próprio fundamento do modo conceitual de conhecimento e da estratégia conceitual para alcançar metas (Cap. 2). A sabedoria, que nos permite ver a vacuidade essencial das coisas de maneira profunda, imediatamente interrompe a busca conceitual da felicidade: uma vez que a mente vê claramente que a meta desejada de se tornar o tipo certo de *self* é baseada na ilusão, por que continuar nessa busca inútil?

A sabedoria da consciência-vacuidade engloba *insight*s sobre o que são, efetivamente, dois lados de uma mesma moeda: a vacuidade que acabamos de discutir e, intimamente relacionada com ela, a originação dependente. "Quando o Buda despertou, ele despertou para algo. Com o silêncio de sua mente e o abandono de seus apegos, ele acordou para a originação dependente e alcançou a libertação. Esse *insight* é a base de tudo o que ele ensinou posteriormente" (Fronsdal, 2009).

O próprio Buda descreveu a originação dependente (também conhecida como cocriação dependente) de forma muito simples:

> Quando isto é, aquilo é.
> Da criação disto deriva a criação daquilo.
> Quando isto não é, aquilo não é.
> A partir da cessação disto, vem a cessação daquilo. (Udana, Capítulo 1, versículo 3, em Ṭhānissaro, 2008, p. 9)

Isso parece tão simples a princípio que o primo de Buda e fiel atendente Ānanda ficou emocionado ao exclamar: "É incrível, senhor, é impressionante, o quão profunda é essa cocriação dependente, e quão profunda é sua aparência, e ainda assim para mim parece tão claro quanto pode ser". Ele foi imediatamente admoestado pelo Buda: "Não diga isso, Ānanda. Não diga isso. Profunda é esta cocriação dependente, e profundo o seu aspecto. É por não entender e não penetrar neste Dhamma que esta geração é como uma meada emaranhada, uma bola de fios com nós, como juncos e bambus emaranhados" (Mahanidana Sutta, Digha Nikaya, Capítulo 15, versículo 1, em Ṭhānissaro, 2013a).

Como aponta o monge estadunidense Ajahn Ṭhānissaro (2008, p. 20), o ensinamento de Buda aqui, longe de ser uma declaração simples de causalidade linear, reflete a interação de dois princípios em um sistema não linear complexo. (O clima constitui um exemplo familiar de um sistema não linear complexo. Gleick [1988] descreve outros exemplos.) Um princípio conecta os eventos ao longo do tempo: "Da criação disto vem a criação daquilo; da cessação disto vem a cessação daquilo". O outro princípio conecta os eventos no momento presente: "Quando isto é, aquilo é; quando isto não é, aquilo não é". O *insight* fundamental do Buda foi que, juntos, esses dois princípios sustentam o vasto sistema complexo, interligado, interdependente e em constante mudança de tudo o que é.

Thich Nhat Hanh (1993) dá voz a esse todo dinâmico universal interdependente em seu poema "Por favor, me chame pelos meus verdadeiros nomes":

> Olhe profundamente: a cada segundo estou chegando
> para ser um botão num ramo de primavera,
> para ser um passarinho, com asas ainda frágeis,
> aprendendo a cantar em meu novo ninho,
> para ser uma lagarta no coração de uma flor,
> para ser uma joia escondida em uma pedra.

...O ritmo de meu coração é o nascimento e a morte
de tudo o que vive.

Eu sou a libélula em metamorfose
na superfície do rio.
E eu sou o pássaro
que se precipita para engolir a libélula.

Eu sou o sapo nadando feliz
nas águas claras de um lago.
E eu sou a cobra d´água
que silenciosamente se alimenta do sapo.

...Minha alegria é como a primavera, tão quente
que faz se abrirem flores por toda a Terra.
Minha dor é como um rio de lágrimas,
tão vasto que enche os quatro oceanos.

Por favor, me chame pelos meus verdadeiros nomes,
para que eu possa ouvir todos os meus choros e risadas de uma só vez,
para que eu possa ver que minha alegria e minha dor são uma só.

Por favor, me chame pelos meus verdadeiros nomes,
para que eu possa acordar,
e para que a porta do meu coração
possa ser deixada aberta,
a porta da compaixão. (p. 72)

Ver a vacuidade essencial e a interdependência de todas as coisas pode não soar imediatamente inspirador. Contudo, como nos diz John Brehm (2017), "viver com o pleno conhecimento de que tudo muda, muda tudo. Isso solta nosso entendimento e permite que o mundo se torne o que realmente é, uma fonte de espanto e diversão" (p. xvii). Ele continua e cita Han Shan (em Hinton, 2002):

> Uma vez que você percebe que esta vida flutuante é a miragem perfeita da mudança, isso é de tirar o fôlego – uma alegria selvagem de vaguear sem limites e livre. (verso 205)

Podemos ver a "fonte interior de água (viva) de Jesus que se eleva até a vida eterna" (João 4:10, 14) como um sentimento de envolvimento íntimo com aquele todo dinâmico constantemente renovado, em constante mudança, abraçando tudo – uma experiência, digamos, de um "fluxo" universal do qual somos parte integrante.

Como a natureza fundamental de toda a existência é a vacuidade/cocriação dependente, a sua percepção oferece um fio comum para conectar tudo o que encontramos em um todo sempre em desdobramento, que inclui tudo.

Embora a consciência por si só não seja suficiente, ela tem um papel a desempenhar aqui. No despertar de Nyoshul Lungtok, Matthieu Ricard apontou para "a *consciência*-vacuidade, inseparavelmente unidas" (ênfase acrescentada). Da mesma forma, U Tejaniya enfatizou que, se conhecêssemos sua qualidade e houvesse sabedoria dentro dela, a consciência teria um papel vital a desempenhar.

Em particular, as formas *não instrumentais* de consciência oferecem uma base para despertar a mente.

CONSCIÊNCIAS INSTRUMENTAL E NÃO INSTRUMENTAL

Na discussão sobre as relações pessoais no Capítulo 11, distinguimos as relações *instrumentais* (em que pelo menos um participante tem uma meta ou agenda subjacente para a relação) das relações *não instrumentais* (em que os participantes se envolvem em relações por si mesmos). Da mesma forma, podemos distinguir a consciência instrumental, em que a consciência serve como meio para um fim, da consciência não instrumental, em que valorizamos as experiências de consciência contínua *por si mesmas*. (Kabat-Zinn, 2005, faz uma distinção relacionada entre a meditação instrumental e a não instrumental.)

Um assaltante que invade uma casa para roubar, procurando objetos preciosos e cuidando para não fazer barulho, pode ter uma consciência contínua ainda maior. No entanto, essa consciência instrumental faz parte de um padrão mais amplo e conceitualmente controlado de atividade mental voltado para uma única meta: ser o *self* que escapa e sai da casa com um saco cheio de mercadorias roubadas. De maneira semelhante, podemos ter sensações dolorosas ou desagradáveis em uma consciência atenta como parte de um plano instrumental subjacente para nos livrarmos delas. Mais sutilmente, podemos cultivar a consciência atenta como parte de um projeto de autoaperfeiçoamento conceitualmente conduzido: uma busca para nos tornarmos o *self* calmo, o *self* relaxado ou o *self* atento – até mesmo o "*self* plenamente desperto" –, que, acreditamos (erroneamente), finalmente viverá feliz para sempre (ver Quadro 12.1).

QUADRO 12.1 Luciana: um caso de consciência instrumental

Durante grande parte de sua vida adulta, Luciana havia trabalhado muito para se tornar o tipo de pessoa que ela queria ser: madura, calma, respeitada, equilibrada, sem se deixar abalar pelos altos e baixos da vida. Ela monitorava cuidadosamente seu estado de espírito durante todo o dia; todas as noites, ela revia e refletia sobre como o dia havia passado e que lições ele tinha a oferecer. Ela tinha aprendido a identificar preocupações, indicações sutis de pânico, memórias intrusivas de coisas que ela dizia que eram embaraçosas e os "e se" ansiosos sobre suas finanças. Ela estava determinada a identificar tais áreas de "fraqueza", a isolá-las e a descobrir maneiras de erradicá-las.

Com esforço contínuo, ela havia visto mudanças na direção "certa" ao longo dos anos – mas havia sempre a sensação de que elas não eram suficientes. Então, ela descobriu *mindfulness*. Finalmente, uma nova abordagem – um novo conjunto de ferramentas, como ela via – que oferecia estratégias diferentes para lidar com os problemas que haviam atormentado sua vida. Ela estabeleceu para si mesma a meta de estar constantemente atenta, inteira, inalterada. Ouvindo diferentes aplicativos sobre *mindfulness*, ela foi capaz de alcançar estados cada vez mais profundos de calma e relaxamento. Mais amplamente, os amigos comentaram que ela parecia menos insatisfeita e mais motivada.

Contudo, o que foi frustrante, Luciana achava impossível manter *mindfulness* e consciência ininterruptas em grande parte de sua vida "real": ela ainda sentia os velhos padrões de reatividade não muito abaixo da superfície.

Então, ela descobriu retiros de *mindfulness* – momentos em que, em ambientes rurais idílicos de paz e tranquilidade, livres das exigências e pressões da vida cotidiana, ela conseguia praticar *mindfulness*, hora após hora, sem ser perturbada. Assim, finalmente pôde experimentar a paz e a calma pelas quais ansiava. Mas, mesmo então, os belos estados de espírito que tanto valorizava pareciam evaporar lentamente cada vez que ela voltava ao mundo "real". Os professores haviam advertido que isso aconteceria e que uma mudança duradoura exigia algo mais do que estados mais profundos e longos de *mindfulness* relaxante. Entretanto, Luciana achava tudo isso um pouco complicado demais e desnecessário – se ela pelo menos pudesse se esforçar mais para estar atenta e relaxada, certamente isso acabaria "colando" e ela se tornaria o *self* calmo e pacífico que ansiava ser.

Eventualmente, Luciana atingiu um grau de aceitação e de autoperdão e aprendeu a se afastar de seus pensamentos intrusivos e preocupações com o futuro. Ela sentia certo orgulho de que, por seus próprios esforços e trabalho árduo, havia conseguido algo: atingir um estágio superior. Sua abordagem permaneceu sempre baseada em tarefas e focada em metas. E, enquanto seguia esse tipo de abordagem, permanecia sutilmente insatisfeita, de alguma forma enganada quanto às verdadeiras recompensas por seus anos de esforço.

A consciência instrumental é geralmente seletiva e limitada no tempo: ela só está interessada em aspectos da experiência diretamente relacionados com a meta que se apresenta – como deixar o local do crime com um roubo lucrativo. Uma vez atingida essa meta, há pouca motivação para continuar a estar atento. A consciência instrumental também está em constante perigo de ser desviada pelos outros planos de uma mente focada em metas de longo prazo: quando as coisas ficam difíceis, mudamos para a resolução conceitual de problemas e a esquiva experiencial como formas de tentar nos livrarmos do desagradável; ansiando por experiências agradáveis, usamos a estratégia conceitual para alcançar metas para "entrar no caso" e tentar alcançá-las; e, quando nada de mais está acontecendo, a mente errante movida conceitualmente e o devaneio tomam conta de nossa mente (Cap. 9).

A consciência instrumental reflete uma mente que ainda está orientada principalmente para a busca de metas. A estratégia conceitual para alcançar metas que discutimos nos Capítulos 1 e 2 repousa nas suposições de que os conceitos – particularmente as ideias de metas – são, de alguma forma, "reais" e de que eles refletem entidades separadas com suas próprias propriedades duradouras e existência independente. Essas suposições são, é claro, diametralmente opostas aos *insights* da vacuidade essencial dos conceitos e da natureza interdependente da cocriação dependente. Isso torna a integração da sabedoria da vacuidade em formas instrumentais de consciência formidavelmente desafiadora, se não simplesmente impossível.

Em contrapartida, formas *não instrumentais* de consciência não só permitem essa integração, mas a apoiam ativamente de tal modo que a atividade mental da consciência possa ser incluída em uma plenitude contínua, inclusiva e em evolução dinâmica.

A consciência instrumental estará muitas vezes a serviço de metas da busca conceitual da felicidade: tornar-se o *self* que desejamos ser; evitar que nos tornemos o *self* que tememos; e proteger o *self* que nos tornamos (Cap. 1). Esses objetivos muitas vezes provocarão um desejo ou uma necessidade de controle, uma intolerância à ambiguidade ou à incerteza, um sentimento subjacente de medo ou falta de confiança.

Ao contrário da qualidade subjacente confrontadora e temerosa da consciência instrumental focada em metas, a consciência não instrumental que surge espontaneamente quando contemplamos um belo pôr do sol, uma cachoeira fantástica ou alguém que amamos é gerada em nós mesmos sem esforço e deliciosamente pela visão de uma maravilha ou do ser amado. Essa consciência não instrumental é sustentada em uma relação contínua e intrinsecamente gratificante entre o que a mente traz e o que ela encontra: a cena "convida" a atenção da mente; conforme a mente explora, o foco da exploração revela novas facetas de si mesma; estas, então, convidam a uma maior exploração; e, assim, uma "conversa" íntima se desenvolve entre elas (ver "Ressonância, engajamento e criação do todo", no Cap. 4). A consciência de uma criança segura e feliz, absorvida em suas brincadeiras ou explorando as maravilhas do novo mundo no qual chegou recentemente, tem uma qualidade semelhante. (À medida que a criança desenvolve o conhecimento conceitual, esse sentimento de deslumbramento e engajamento tende a ser substituído por uma "rotulação" mais superficial da experiência, seguida pelo desvinculamento dos detalhes da realidade em constante mudança. Esta última forma de conhecimento carece do olhar e de olhar de novo da forma relacional mais "dialogadora" anterior: "olhar de novo" é um dos significados do radical da palavra *respeito*.)

O "suave fascínio" (Kaplan, 1995) de todas essas situações é convidativo de maneira contrastante com o "duro fascínio" mais exigente de eventos esportivos, filmes ou televisão que chamam a atenção que serve a metas da consciência instrumental. A teoria da restauração da atenção de Kaplan e Kaplan (1989) sugere que é especificamente o suave fascínio que é crucial para os efeitos restauradores e curativos da natureza (agora amplamente documentados). Na consciência não instrumental, valorizamos a consciência por si só – pelos sentimentos positivos intrínsecos à plenitude contínua. Nossa mente está aberta a todos os aspectos da experiência continuamente: "A natureza de *mindfulness* é o envolvimento: onde há interesse, segue-se uma atenção natural, não forçada" (Feldman, 2001, p. 173).

Em experiências de fluxo e relações pessoais íntimas, os modelos de sistemas criam os padrões de inter-relacionamento dinâmico que sustentam a plenitude contínua. Em ambos os casos, as principais características recorrentes desses modelos de sistemas serão detectadas e surgem em modelos de sistemas de ordem superior, os quais estão disponíveis para moldar o desenvolvimento de novos modelos de sistemas de ordem inferior em situações novas relacionadas.

Algo semelhante ocorre com as experiências de consciência contínua não instrumental. Como veremos em breve, modelos dinâmicos de sistemas sustentam essas experiências. Veremos, também, que os modelos de sistemas que sustentam todas essas experiências compartilham certas qualidades essenciais. A capacidade inerente de nossa mente de buscar, criar e representar a ordem em níveis cada vez mais altos detecta essa essência comum e a faz surgir em modelos de sistemas de ordem superior relacionados. Esses modelos mentais se baseiam em um vasto panorama de experiências de consciência contínua de todos os aspectos de nossa vida. Refletindo seu escopo extraordinário e a centralidade do conhecimento holístico-intuitivo na consciência, chamamos esses modelos de ordem superior de supramodelos dos sistemas holístico-intuitivos – HOL-IS-SMs (do inglês *holistic-intuitive system supra-models*).

SUPRAMODELOS DOS SISTEMAS HOLÍSTICO-INTUITIVOS (HOL-ISSMS)

Embora os supramodelos derivados de experiências da consciência não instrumental desempenhem um papel fundamental na compreensão do despertar interior, eles não são fáceis de descrever. Podemos razoavelmente nos perguntar como podemos até mesmo começar a colocar em palavras a essência surgida e purificada de todas as experiências de consciência não instrumental contínua de uma vida inteira – todas as experiências que *realmente* vimos e conhecemos, e o conhecimento que as viu. Lembro-me da metáfora da poeta Kathleen Raine (2019) de verter as areias do deserto através de uma ampulheta, ou o mar através de um relógio d'água.

Para nós, por enquanto, a maneira mais fácil de ter uma noção desses supramodelos é ver como eles moldam as características da mente desperta; os Capítulos 13 e 14 oferecerão muitas oportunidades para conhecê-los dessa maneira. Aqui, delinearei algumas de suas características gerais.

Na consciência não instrumental, o conhecimento holístico-intuitivo, em vez do conhecimento conceitual, é o mais importante. Da perspectiva dos ICS, a consciência contínua não é algum tipo de "coisa" (como petróleo ou água), tampouco é um espaço ou lugar onde as coisas acontecem (como o céu). Ao contrário, os ICS veem a consciência como um reflexo subjetivo de um padrão da mente subjacente (Cap. 7). Nesse padrão, o conhecimento holístico-intuitivo une as vertentes de experiência separadas e amplamente distribuídas em todos coerentes e que se desdobram, estendendo-se ao longo do tempo: experimentamos uma continuidade integrada da consciência, em vez de uma série de "calmarias" fragmentadas e desconectadas.

Na consciência *instrumental*, embora o conhecimento holístico-intuitivo forme uma experiência atenta momento a momento, a direção de longo prazo da mente ainda repousa no conhecimento conceitual e em sua busca focada em metas para tornar-se um *self* diferente (Cap. 1). Por sua vez, e o mais importante, em experiências de consciência contínua *não* instrumental, o conhecimento holístico-intuitivo forma tanto a experiência momento a momento *quanto* a direção global em longo prazo da mente – como no fluxo. Nesse padrão da mente – também central para o seu despertar –, o conhecimento holístico-intuitivo tem, digamos, uma influência dupla.

Nas relações pessoais íntimas, os modelos de sistemas refletem e formam os padrões de inter-relacionamento entre as ações dos parceiros. Assim como o caminho de Machado "feito ao caminhar", esses modelos de sistemas são feitos de forma rápida e informal: as conexões que eles forjam entre os participantes são feitas e refeitas dinamicamente, momento a momento. Em qualquer conversa em particular, modelos de sistemas de ordem superior – baseados em muitas relações íntimas anteriores – orientam o desenvolvimento de modelos de sistemas mais específicos, que dão forma à relação momento a momento (Quadro 12.2).

Na consciência contínua não instrumental, a criação do todo apoia uma relação dinâmica entre o que a mente traz e o que ela encontra (Cap. 4). Assim como nas conversas íntimas, essas relações são moldadas, momento a momento, por modelos de sistemas de inter-relacionamento, feitos de forma rápida e informal. Novamente, assim como nas relações íntimas, modelos de sistemas de ordem superior, baseados em muitas experiências anteriores relacionadas, orientam o desenvolvimento desses modelos de sistemas. Esses HOL-ISSMs são a pedra angular da estrutura para compreender a mente desperta que apresentarei nos Capítulos 13 e 14.

Os HOL-ISSMs derivados de inúmeras instâncias de conhecimento holístico-intuitivo contínuo incorporam todos os poderes que surgem na mente e estratégias de criação do todo. Eles refletem a dinâmica integradora compartilhada por todos os modelos de sistemas de inter-relacionamento subjacentes a essas experiências – "purificados" e despojados das particularidades de qualquer experiência específica. Os HOL-ISSMs também refletem as qualidades mais amplas que permitiram a essa dinâmica integradora criar essas experiências. Dessas qualidades, as mais importantes são a sabedoria da vacuidade, a originação dependente e a compaixão.

Como vimos no Capítulo 4, o conhecimento holístico-intuitivo contínuo envolve o saber com e pela ressonância: conhecedor e conhecido compartilham uma relação íntima contínua, na qual cada um deles é alterado pelo outro e pela relação entre eles. Para a criação do todo manter o conhecedor e o conhecido em sincronia e harmonia ao longo do tempo, os modelos mentais que a mente cria refletirão necessariamente a vacuidade e a cocriação concomitante dependente, que são características centrais de todos os padrões de informações que a mente recebe (vacuidade e cocriação dependente são características *universais* da existência). A vacuidade e a cocriação dependente são, então, um fio comum que liga todos os modelos mentais que a mente cria ao longo do tempo em experiências de consciência contínua não instrumental.

QUADRO 12.2 Ben e Fred

Ben não vê seu velho amigo Fred há algum tempo. Eles combinaram de se encontrar para tomar um café e colocar a conversa em dia. Imediatamente, Ben pôde ver, pela expressão de Fred, que nem tudo está bem. Guiado por um modelo de sistema geral de relacionamento com amigos que parecem perturbados, Ben pergunta como estão as coisas. A resposta de Fred dizendo "Tudo bem" leva a mente de Ben a ajustar seu modelo de relacionamento a um de relação com um amigo que está preocupado, mas relutante em falar sobre isso: Ben se afasta por um tempo e atualiza Fred sobre as notícias de sua própria família. Ben nota que Fred parece preocupado e desinteressado até que ele (Ben) menciona algumas dificuldades que seu filho mais velho, Bill, está tendo na faculdade – de repente, Fred fica muito atento e ansioso para saber mais. A mente de Ben atualiza seu modelo de relacionamento destacando a possibilidade de que tudo pode não estar bem com o próprio filho de Fred, Josh: os modelos de sistemas que orientam as contribuições de Ben à conversa se tornam mais específicos. Com base na experiência passada, os modelos de sistemas em sua mente – formados pela conversa que se desenrola, ao mesmo tempo que a formam – antecipam as consequências de uma série de respostas possíveis. Eles selecionam a resposta antecipada como a mais provável naquele momento para sustentar e aprofundar a conexão acontecendo entre eles: Ben começa a questionar sobre outros membros da família de Fred, preparando o cenário para perguntar, no final, sobre Josh. À medida que a conversa se desenrola, a mente de Ben cria modelos de sistemas de uma relação cada vez mais aberta e confiante com Fred: no final, esses modelos preveem que pode ser útil perguntar gentilmente sobre Josh. As perguntas exploratórias de Ben levaram Fred a revelar que ele está profundamente preocupado com o fato de Josh passar cada vez mais tempo na faculdade com um grupo que é conhecido por estar fortemente ligado às drogas. Integrando essas informações em um modelo de sistema atualizado e enriquecido de sua inter-relação, a mente de Ben antecipa o tipo de resposta simpática que, para Fred, é mais provável que alimente a proximidade contínua e profunda entre eles – e a conversa evolui passo a passo para um território novo e inexplorado. (Modelos complementares da inter-relação, refletindo a de Ben, se desenvolvem dentro da mente de Fred e guiam seu lado da interação em evolução dinâmica.)

A vacuidade e a cocriação dependente também são características intrínsecas da troca mútua entre o conhecedor e o conhecido que cria esses modelos mentais. Como nas relações pessoais íntimas, a falta de apego a qualquer senso de identidade fixo e duradouro ("vacuidade") é essencial para que cada parceiro seja aberto para ser moldado pelo outro e pela relação entre eles. A formação e o constante ajuste mútuo entre si são, por si só, uma incorporação de cocriação dependente.

Dessa forma, a vacuidade e a cocriação dependente serão características centrais recorrentes dos sistemas, sustentando todas as experiências de consciência não instrumental contínua. Modelos de suprassistemas (HOL-ISSMs) que surgem dessas experiências incorporarão, então, a sabedoria iluminadora da vacuidade e a dinâmica da criação codependente – "consciência-vacuidade inseparavelmente unidas" – como características centrais. Com a dinâmica integradora da criação do todo também surgida dessas experiências, essa sabedoria capacita os HOL-ISSMs a moldarem modelos de sistemas que forjarão laços dinâmicos que se estenderão no tempo entre todos os aspectos de nossa experiência: a percepção da vacuidade e da cocriação dependente identifica o fio comum que todas essas experiências compartilham; e a dinâmica integradora forma sistemas de inter-relação que, momento a momento, mantêm todos juntos em um todo dinâmico contínuo.

Nos Capítulos 13 e 14, exploraremos duas outras características que permitem aos HOL-ISSMs criarem um todo coerente por meio de uma variedade de situações: compaixão e amor. A qualidade da compaixão incorporada nos HOL-ISSMs capacita a mente a se aproximar do sofrimento, envolver-se com ele e incluí-lo em um todo mais amplo – em vez de tentar escapar dele ou evitá-lo. A qualidade do amor incorporado nos HOL-ISSMs motiva a criação do todo a alcançar *ativamente* e a aceitar incondicionalmente todos os aspectos da experiência em sua abrangência.

E nós poderíamos continuar: os HOL-ISSMs refletem o senso básico de segurança e proteção que permite que a consciência não instrumental continue sem uma constante necessidade de mudar de uma consciência expansiva, interessada e intrinsecamente recompensadora para um modo defensivo de proteção para verificar se tudo está bem; os HOL-ISSMs refletem a sabedoria que vê os pensamentos *como* pensamentos – permitindo, assim, que eles sejam tidos como apenas mais um aspecto da *experiência*, em vez de permanecerem isolados e distintos como declarações da "verdade". Os HOL-ISSMs refletem as atitudes gerais (discutidas no Cap. 6) que facilitam a construção flexível e criativa do todo: não se esforçar, paciência, aceitação, desprendimento.

CONSCIÊNCIA PURA: UM TESOURO ESCONDIDO

Em seu despertar no alto do mosteiro de Dzogchen, Nyoshul Lungtok experimentou "uma profunda percepção da sabedoria primordial, a consciência-vacuidade inseparavelmente unidas". Outros chamam essa sabedoria primordial de "consciência pura". Matthieu Ricard descreve a consciência pura como uma "pepita de ouro": "Um pedaço de ouro que permanece profundamente enterrado em uma rocha ou na lama". O ouro não perde sua pureza intrínseca, mas seu valor não é totalmente concretizado. Da mesma forma, para ser plenamente expresso, nosso potencial humano precisa atender às condições adequadas" (Ricard & Singer, 2017, p. 5).

Os supramodelos armazenados – HOL-ISSMs – refletem a essência que surge, a consciência pura, colhida dos modelos dos sistemas subjacentes a uma enorme gama de experiências de consciência contínua não instrumental. Os tesouros escondidos dos HOL-ISSMs, trazidos à luz, com seu valor totalmente concretizado, conferem uma base dinâmica para a plenitude abrangente da mente desperta.

Os HOL-ISSMs *já* estão presentes em nossa mente. Ao longo de nossa vida, sem nosso conhecimento ou intenção, nossa mente tem constantemente descoberto, nutrido e representado conexões de relacionamento em níveis cada vez mais altos. Os HOL-ISSMs refletem a fruição natural desse processo. Eles incorporam a dinâmica integradora e a sabedoria da vacuidade e da cocriação dependente, inerente a todas as experiências nas quais temos desfrutado da consciência por si só. Embora nascidos de apenas partes de nossa vida, os HOL-ISSMs estão sempre disponíveis para trazer seus poderes de criação do todo (curativos) e integrar *todos* os aspectos da experiência em um todo contínuo. É como se tivéssemos coletado e armazenado uma pétala de cada flor que encontramos no caminho, extraído seus óleos essenciais e fragrâncias em um perfume e armazenado esse perfume em um frasco precioso. Levamos o frasco sempre conosco, e ele está sempre disponível para ser aberto, permitindo que sua fragrância permeie a atmosfera aonde quer que estejamos, transformando e revitalizando qualquer situação ou experiência.

Os HOL-ISSMs são um aspecto vital do potencial humano não expresso ao qual Ricard se referiu anteriormente. Todos nós temos esse "pedaço de ouro profundamente enterrado", mas poucos de nós o *percebemos* – seja no sentido de saber que o temos dentro de nós, seja no sentido de torná-lo real. Ricard sugere que, a fim de ser plenamente expresso, nosso potencial não realizado precisa satisfazer "condições adequadas". Vamos explorar essas condições no Capítulo 14.

Por enquanto, o ponto importante a enfatizar é que a dinâmica integradora incorporada nos HOL-ISSMs oferece um modelo geral de sistema com ampla aplicação. Trabalhando com o padrão colher-armazenar-integrar, que discutimos anteriormente, os HOL-ISSMs podem capacitar a produção do todo em *todas* as situações. Qualquer que seja a experiência que encontremos, os HOL--ISSMs podem perceber a vacuidade e a cocriação dependente que são características universais de toda experiência. Então, eles usam esse fio comum e sua dinâmica integradora para alimentar modelos de sistemas que ligarão todos os aspectos da experiência em um todo dinâmico unificado, contínuo e em constante evolução.

Quando me envolvo intimamente com um amigo, modelos gerais de sistemas de relações íntimas moldam os modelos de sistemas que, momento a momento, criam laços de intimidade entre nós. De maneira semelhante, na mente desperta, os HOL-ISSMs orientam o surgimento de modelos de sistemas que, momento a momento, criam laços de interconexão entre todos os aspectos da experiência que se desdobra. Dessa forma, os HOL-ISSMs fornecem a base para a plenitude contínua – a continuidade na mudança universal – que buscamos. No despertar interior, os HOL-ISSMs forjam laços de inter-relacionamento dinâmico que abrangem todos os aspectos da experiência e unificam a mente: nas palavras do mestre Zen Dogen, do século XIII (Quadro 7.1), minha mente torna-se "íntima de todas as coisas".

O Capítulo 13 explora as principais características dessa mente integrada e desperta.

13

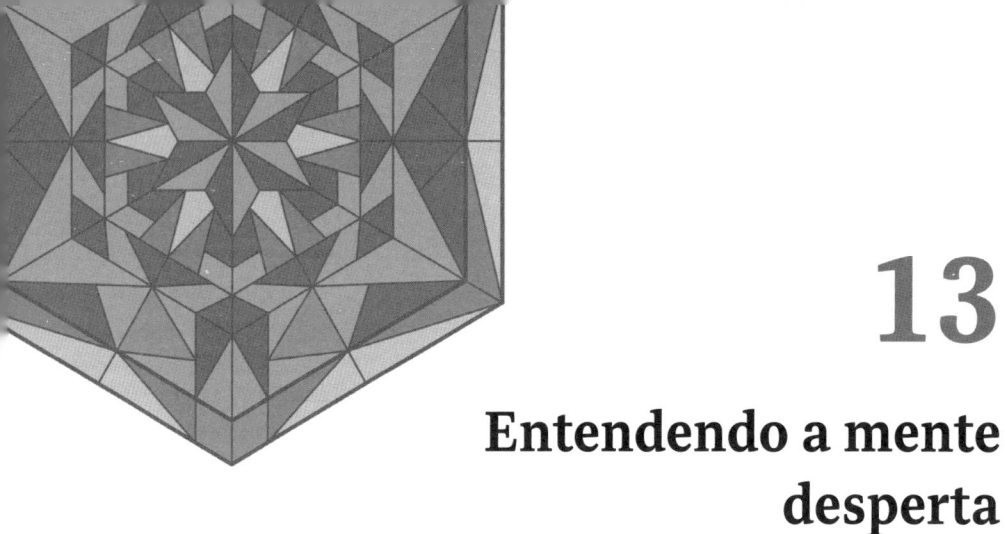

Entendendo a mente desperta

O despertar conduz a uma plenitude contínua da mente: um padrão de continuidade constante na mudança ao longo das experiências ricas, diversas e desafiadoras da vida.

Os supramodelos dos sistemas holístico-intuitivos (HOL-ISSMs, do inglês *holistic-intuitive system supra-models*) são a base dessa plenitude. Neste capítulo, exploraremos como eles trazem à vida as principais características da mente desperta destacadas no Capítulo 10: não dualidade, valor intrínseco, boa vontade incondicional e compaixão.

Para começar, nos concentraremos em uma característica geral da mente desperta que está subjacente a cada um desses aspectos mais específicos.

O MESTRE REINTEGRADO

O livro de Iain McGilchrist, *The Master and His Emissary* (2009), toma seu título de uma parábola atribuída a Nietzsche. Parafraseio a história aqui:

> Um sábio mestre espiritual governou uma vez um pequeno, mas próspero, território e era conhecido por sua devoção abnegada ao povo. Com o tempo, seu povo prosperou e cresceu em número, e as fronteiras de seu pequeno território se expandiram. Isso criou uma necessidade de delegar a responsabilidade por suas partes cada vez mais distantes a emissários de confiança. E assim o mestre cuidou e treinou cuidadosamente esses emissários. Eventualmente, seu oficial mais inteligente e ambicioso começou a se ver como o mestre, usando sua posição para fazer avançar sua própria riqueza e influência. Cada vez mais, em suas missões, ele adotava o manto de seu mestre como seu próprio manto, e começou a desrespeitar seu mestre. No final, o emissário usurpou o poder do mestre, o povo foi enganado, o território tornou-se uma tirania e acabou desmoronando em ruínas.

McGilchrist conta essa história como uma alegoria para a mudança na relação entre os dois hemisférios do cérebro que ocorreu no Ocidente, particularmente nos últimos 500 anos ou mais: "Eu sustento que, como o mestre e seu emissário na história, embora os hemisférios cerebrais devam cooperar, eles têm estado há algum tempo em estado de conflito. As batalhas subsequentes entre eles são registradas na história da filosofia e se desenrolam nas mudanças sísmicas que caracterizam a história da cultura ocidental. Atualmente, o território – nossa civilização – encontra-se nas mãos do oficial que, por mais talentoso que seja, é efetivamente um ambicioso burocrata regional com seus próprios interesses no coração. Enquanto isso, o mestre, aquele cuja sabedoria deu ao povo paz e segurança, é levado embora acorrentado. O mestre é traído por seu emissário" (McGilchrist, 2009, p. 14).

A relevância dessa história para nós é que, como mencionei nos Capítulos 2 e 3, McGilchrist estabelece conexões entre os hemisférios cerebrais e duas maneiras diferentes de conhecimento. Ele sugere que a atividade do hemisfério esquerdo (o emissário na parábola) sustenta uma forma predominantemente conceitual de conhecimento, ao passo que a atividade do hemisfério direito (o mestre na parábola) sustenta uma forma predominantemente holístico-intuitiva de conhecimento. A partir dessa perspectiva, o sofrimento infligido pela busca da felicidade conceitualmente impulsionada (discutida no Cap. 1) é análogo à ruína causada pelo oficial no território anteriormente feliz. A salvação e a cura desse sofrimento – e o retorno à paz, felicidade e plenitude da vida anteriormente desfrutada sob o governo do líder sábio – depende de uma mudança que restabeleça a influência principal ao conhecimento holístico-intuitivo. Tanto *mindfulness* quanto o despertar interior incorporam essa mudança. Nesses modos da mente, o conhecimento holístico-intuitivo, mais do que o conhecimento conceitual, domina: o mestre é restabelecido em sua posição de direito, a relação entre as duas formas de conhecimento é reequilibrada e a harmonia é restaurada em nossa mente e mundo.

Ao longo da vida, o conhecimento conceitual e o conhecimento holístico-intuitivo competem pelo controle do centro executivo da mente: o motor central da cognição. Em todas as experiências de consciência não instrumental contínua, o conhecimento holístico-intuitivo vence a competição: essa forma de conhecimento controla tanto a atividade mental momento a momento quanto a direção da mente em longo prazo (ver Cap. 12). Os HOL-ISSMs derivados dessas experiências incorporarão esse mesmo padrão de influência primária holístico-intuitiva. Quando esses supramodelos moldam a experiência momento a momento na mente desperta, esse padrão é refletido em uma mente liberada do processamento conceitual controlado. Nessa mente, o *self* narrativo e a mente errante – ambos dependem do processamento conceitual controlado – estão em grande parte ausentes (Quadro 13.1).

QUADRO 13.1 Sobre não ter cabeça

> O melhor dia da minha vida – meu renascimento, por assim dizer – foi quando descobri que não tinha cabeça. Isso não é um estratagema literário, um gracejo destinado a despertar o interesse a qualquer custo. Falo com toda a seriedade: eu não tenho cabeça.
>
> Foi quando eu tinha 33 anos que fiz a descoberta. Embora isso certamente tenha saído do nada, ocorreu em resposta a uma dúvida urgente; eu tinha estado absorto por vários meses na pergunta: *o que sou eu*? O fato de eu por acaso estar no Himalaia na época provavelmente não teve muito a ver com isso, embora se diga que os estados de espírito incomuns aparecem mais facilmente naquele país. Qualquer que seja o caso, um dia claro e tranquilo e uma vista do cume onde eu estava, sobre os vales azuis enevoados até a mais alta cadeia de montanhas do mundo, tornava o cenário digno da mais grandiosa visão.
>
> O que aconteceu foi algo absurdamente simples e nada espetacular: só por um momento, eu parei de pensar. A razão e a imaginação e todas as conversas mentais morreram. Só dessa vez, as palavras realmente me faltaram. Esqueci meu nome, minha humanidade, minha magreza, tudo o que poderia ser chamado de mim ou meu. O passado e o futuro desapareceram. Foi como se eu tivesse nascido naquele instante, novinho em folha, descuidado, inocente de todas as lembranças. Só existia o agora, aquele momento presente e o que nele foi claramente dado. Olhar era o suficiente. E o que encontrei foram calças cáqui terminando em um par de sapatos marrons, mangas cáqui terminando lateralmente em um par de mãos cor-de-rosa e uma camisa cáqui terminando para cima em – absolutamente nada! Certamente não em uma cabeça.
>
> Levei pouco tempo para perceber que esse nada, esse buraco onde uma cabeça deveria estar, não era um espaço vago comum, não era um mero nada. Pelo contrário, estava muito ocupado. Era um imenso vazio vastamente preenchido, um nada que encontrava espaço para tudo – espaço para grama, árvores, colinas sombrias distantes e, muito acima delas, picos nevados como uma fileira de nuvens angulosas cavalgando no céu azul. Eu tinha perdido uma cabeça e ganhado um mundo.
>
> Era tudo deslumbrante. Parecia que eu parara de respirar por completo, absorto naquilo que era dado. Ali estava, essa cena soberba, brilhando no ar claro, sozinha e sem suporte, misteriosamente suspensa no vazio e (e este foi

(Continua)

QUADRO 13.1 Sobre não ter cabeça (*continuação*)

o verdadeiro milagre, a maravilha e o deleite) totalmente livre do "eu", sem ser manchada por qualquer observador. Sua presença total era minha ausência total, de corpo e alma. Mais leve que o ar, mais claro que o vidro, totalmente liberado de mim mesmo, eu não me encontrava em nenhum lugar por perto.

No entanto, apesar da qualidade mágica e assombrosa dessa visão, não era um sonho, nenhuma revelação esotérica. Muito pelo contrário: parecia um despertar repentino do sono da vida comum, um fim para o sonhar. Era uma realidade autoluminosa só que dessa vez limpa de todo um obscurecimento da mente. *Era a revelação, finalmente, do perfeitamente óbvio.* Foi um momento lúcido em uma história de vida confusa. Foi um cessar de ignorar algo que (desde a infância, de qualquer forma) eu sempre estive muito ocupado ou era muito esperto para ver. Foi uma atenção nua e acrítica ao que sempre me encarou de frente – minha total anonimidade. Em resumo, tudo era perfeitamente simples e direto, além de argumentos, pensamentos e palavras. Não surgiram dúvidas, nenhuma referência além da experiência em si, mas apenas paz e uma alegria tranquila, e a sensação de ter me libertado de um fardo intolerável.

Fonte: Harding (2000, pp. 1-3).

"Eu parei de pensar"; "todas as conversas mentais morreram"; "passado e futuro desapareceram"; "só existia o agora": essas características marcantes do primeiro encontro dramático de Douglas Harding com a mente desperta (Quadro 13.1) refletem uma ausência da mente errante e a viagem no tempo mental tão característico de nosso *self* narrativo habitual (Cap. 9). "Só existia o agora" também ecoa, é claro, a sensação de presença imediata, a "integralidade" e a "existência", destacado por Eckhart Tolle (2000) no famoso livro *O poder do agora*.

O *self* narrativo depende, para sua própria existência, do processamento conceitual controlado da busca para se tornar o "tipo certo de *self*". Na mente desperta, liberada desse modo de processamento conceitual, experimentamos "o verdadeiro milagre, a maravilha e o deleite" de uma mente "totalmente livre do 'eu', não manchada por qualquer observador... Eu não estava em nenhum lugar por perto".

Como vimos nos Capítulos 1 e 9, nosso senso de "eu" depende do "*selfing*". O processamento conceitual controlado pelo qual procuramos nos tornar o tipo de *self* que desejamos ser e pensamos que devemos ser na verdade cria o sentido de um "eu" separado. Esse sentido dá credibilidade à ideia (totalmente fabricada) do *self* narrativo, que está por trás dessa busca. Em uma mente desperta, liberada do domínio do processamento conceitualmente controlado, nosso senso de ser um "eu" separado é transformado em algo maior e abrangente, "como açúcar dissolvido na água" (Cap. 10).

A constante avaliação, comparação com julgamentos padrão, tão central para a busca conceitual da felicidade, também desaparece: a mente desperta é radicalmente não julgadora. Harding descreveu uma "atenção nua e acrítica" (Quadro 13.1). Seng-ts'an (2001), terceiro patriarca chinês do zen, coloca as coisas assim:

> O grande caminho (a mente desperta) não é difícil para aqueles que não têm preferências (julgamentos avaliativos). Quando o amor e o ódio estão ambos ausentes, tudo se torna claro e não disfarçado. Faça a menor distinção, no entanto, e o céu e a terra são colocados infinitamente separados. Se você deseja ver a verdade, então não tenha opiniões a favor ou contra nada. Colocar o que você gosta contra o que você não gosta é a doença da mente. Quando o significado profundo das coisas não é compreendido, a paz essencial da mente é perturbada em vão.

No entanto, é importante enfatizar que, embora a mente desperta seja liberada do *controle* pelo conhecimento conceitual (o emissário na parábola), essa forma de conhecimento ainda faz contribuições cruciais para a plenitude da vida no despertar. No Capítulo 2, sugeri que, embora as espadas pudessem nos ferir acidentalmente, isso não era, por si só, razão suficiente para nos livrarmos delas: nosso desafio é aprender a usá-las com destreza. Da mesma forma, ao despertar, a mente não é despojada de conhecimento conceitual – o que nos privaria de um dos dons mais preciosos conferidos à espécie humana pela evolução. Pelo contrário, ao despertar, restabelecemos uma relação mais saudável entre nossas duas formas de conhecimento: o emissário (conhecimento conceitual) retorna ao serviço do mestre (conhecimento holístico-intuitivo), e eles continuam a trabalhar juntos.

Um aspecto importante dessa nova relação é a capacidade de nos comprometermos sinceramente com a ideia de algo, enquanto, ao mesmo tempo, continuamos a ver que se trata apenas de uma ideia. Ajahn Amaro (2003, p. 9) sugere que essa capacidade é algo que achamos particularmente difícil no Ocidente: ou nos agarramos a algo e nos identificamos com ele, ou achamos que ele não tem sentido, pois não é real, e por isso o rejeitamos. A alternativa sábia é a capacidade de tratar algo "como se" fosse real, ao mesmo tempo sabendo que, no fundo, lhe falta identidade inerente, independentemente da identidade existente. Essa mudança de ver os pensamentos e ideias como "realmente reais" para vê-los de forma mais flexível reflete uma liberdade mais ampla de uma perspectiva rigidamente dualista na mente desperta, que discutiremos na próxima seção.

Um incidente em uma conferência budista, descrito por Ajahn Amaro (2003), ilustra tanto as perspectivas rígidas quanto as flexíveis:

> Um lama tibetano estava lá, e um membro do público era um estudante extremamente sério. O Rinpoche (venerado lama) vinha ensinando visualizações de Tara (uma deusa na tradição tibetana) e o puja (prática de oração) às 21 Taras. Durante o ensinamento, esse estudante, com muita sinceridade, colocou as mãos juntas e fez a pergunta: "Rinpoche, Rinpoche, eu tenho essa grande dúvida. Veja, durante todo o dia, fazemos o puja às 21 Taras e, sabe, estou muito comprometido com essa prática. Quero fazer tudo certo. Mas eu tenho essa dúvida: Tara, ela existe ou não? Realmente Rinpoche, ela está lá ou não? Se ela estiver lá, eu ficarei com o coração pleno. Mas se ela não estiver lá, então eu não quero fazer o puja. Então, por favor, Rinpoche, de uma vez por todas, diga-nos, ela existe ou não?". O lama fechou os olhos por um tempo, depois sorriu e respondeu: "Ela sabe que ela não é real". Não se sabe como o estudante respondeu. (pp. 9-10)

A MENTE DESPERTA TRANSCENDE PERCEPÇÕES DE DUALIDADE E SEPARAÇÃO

> *Você vive na ilusão e na aparência das coisas. Há uma realidade. Você é essa realidade. Quando você entender isso, verá que você não é nada. E sendo nada, você é tudo. Isso é tudo.*
>
> Kalu Rinpoche (em Goldstein, 1983, p. 32)

Na seção anterior, vimos como a construção da mente da sensação de um "eu" separado cessa no despertar da mente. À medida que essa sensação de identidade separada se enfraquece, também enfraquece a sensação de desconexão fundamental para a dualidade sujeito-objeto, *self*-outro e *self*-Deus.

Outras mudanças na mente desperta também prejudicam profundamente as percepções de dualidade e separação. O despertar interior envolve uma mudança radical nos supramodelos que moldam a forma como vemos e nos relacionamos com o mundo. Supramodelos fornecem os modelos de base profundos que moldam as lentes através das quais percebemos a experiência: eles fundamentam o mundo que vemos. Se mudamos nossos supramodelos predominantes, criamos mundos e realidades experienciais radicalmente diferentes. O despertar interior envolve uma mudança de supramodelos conceitualmente dominados para supramodelos holística e intuitivamente dominados. Como resultado, vemos o mundo através de lentes muito diferentes – uma mudança dramática na percepção que Jon Kabat-Zinn chama de uma rotação ortogonal na consciência. Vivenciamos um mundo de não dualidade, não separação, interconexão e plenitude – é como se finalmente estivéssemos vendo "as coisas como elas são". Nesse mundo, "livre de ilusões", você não é *coisa alguma* (nenhuma entidade separada, autoexistente) – e assim, como veremos no devido tempo, você é tudo.

A forma conceitual de conhecimento controla nosso modo mental habitual padrão: um modo dominado pelo pensamento e pela mente errante (Cap. 9). Essa forma de conhecer analisa o mundo em entidades separadas (coisas, sujeitos, objetos e afins) com qualidades intrínsecas inerentes; vemos esses conceitos como "reais", e, com esse mundo, temos uma relação de *uso*. Modelos mentais conceitualmente dominados refletem essa maneira de estruturar a experiência. Supramodelos derivados desses modelos mentais incorporam temas centrais de separação, "coisificação", "realidade" de conceitos e utilidade.

Para a maioria de nós, esses são os supramodelos que normalmente "brilham através" dos modelos mentais que nossa mente cria à medida que dão sentido às diferentes situações que encontramos. Eles criam mundos experienciais de desconexão, separação e dualidade (Caps. 1 e 2). Essa maneira de estruturar a experiência se torna tão habitual que presumimos que esses mundos são "exatamente como são" – que o que vemos é a "realidade". Esses são os mundos da "ilusão e da aparência das coisas" destacados por Kalu Rinpoche.

No entanto, nossa mente também cria modelos mentais e supramodelos das vezes em que o conhecimento holístico-intuitivo é dominante (Cap. 12). Em tais momentos, engajamo-nos com nossa experiência em uma dança de influência mútua. Nosso mundo experiencial é, então, como o "mundo do hemisfério direito" de Iain McGilchrist (Quadro 13.2; ver Cap. 3).

(Embora McGilchrist fale aqui de "um mundo com o qual... um mundo no qual... um mundo onde", como se fosse um mundo experiencial duradouro, é importante lembrar que a criação do todo holístico-intuitiva está repetidamente criando e recriando esses mundos de experiência momento a momento. Certamente, há continuidade nesses mundos – mas são criações dinâmicas, em vez de novas revelações de um "mundo" preexistente totalmente formado.)

Os supramodelos holístico-intuitivos extraem as características centrais dos mundos criados pelo conhecimento holístico-intuitivo. Esses supramodelos ficam em nossa mente, prontos, quando "satisfazem às condições adequadas", para moldar e "brilhar através" dos modelos mentais criados para dar sentido a determinadas situações. Em seguida, eles recriam mundos holístico-intuitivos de conexão e não separação, sintonizados e adaptados a essas situações específicas. Nesses mundos, "nós também nos sentimos ligados ao que experienciamos, *parte desse todo*" (Quadro 13.2). Em breve, os exploraremos com mais profundidade.

QUADRO 13.2 O mundo do hemisfério cerebral direito de Iain McGilchrist

> Uma rede de interdependências, formando e reformando "todos", um mundo com o qual estamos profundamente conectados... um mundo no qual o que mais tarde passou a ser pensado como subjetivo e objetivo é mantido em uma suspensão que abraça cada "polo" potencial, e sua união, juntos... um mundo onde há "entrelaçamento". (McGilchrist, 2009, p. 31)
>
> As coisas (estão) *presentes* para nós em toda sua particularidade incorporada com toda sua mutabilidade e impermanência e sua interconexão, como parte de um todo que está sempre em fluxo. Nesse mundo, também nós nos sentimos ligados ao que experienciamos, parte desse todo, não confinados ao isolamento subjetivo de um mundo que é visto como objetivo... o hemisfério direito presta atenção ao outro, seja ele qual for, que existe fora de nós mesmos, com o qual se vê em profunda relação. Ele é profundamente atraído e recebe vida pela relação, pelo entrelaçamento que existe com esse outro. (p. 93)
>
> Para esse mundo, ele existe em uma relação de cuidado. (p. 174)
>
> _____
>
> *Observação.* "Cuidado", como utilizado por McGilchrist, aponta não tanto para o tipo de relações de zelo, de acolhimento com parentes e colegas que discutimos no Capítulo 1, mas para uma preocupação mais geral de zelo e respeito por *todos* os aspectos da vida (comunicação pessoal, Iain McGilchrist, setembro de 2016): uma vontade de aceitar, prestar atenção e envolver-se com o "outro". Sem esse tipo de cuidado e preocupação – quando "não nos importamos" ou não temos respeito pelo mundo apresentado a nós –, nossa atenção se desvia do processamento controlado necessário para sustentar a consciência; voltamo-nos às formas automáticas de processamento; e *não estamos mais presentes.*

A MENTE DESPERTA É ALTAMENTE VALORIZADA

No Capítulo 10, vimos que a metáfora do tesouro escondido é frequentemente usada para transmitir o valor intrínseco da mente desperta. No Capítulo 12, citei a descrição de Matthieu Ricard da consciência pura como uma "pepita de ouro... que permanece profundamente enterrada em uma rocha ou na lama..., mas seu valor não é totalmente concretizado".

Podemos reconhecer várias facetas diferentes desse tesouro – essa pepita de ouro – e das formas pelas quais seu valor intrínseco é revelado e expresso.

Amor do despertar

A alegria intrínseca da mente desperta, como a do fluxo, reflete a plenitude contínua – continuidade na mudança – na mente. Contudo, assim como com o fluxo, a intensidade e a qualidade particular dessa alegria dependem de a experiência de fluxo ou de despertar ser amada e valorizada por si mesma. No Capítulo 11, resumi a maneira como isso funciona da seguinte forma: "Quando amamos o que buscamos e o processo de nossa busca cria o que amamos, o processo e o resultado fundem-se em uma condição de autossustentação de alegria intrínseca".

Para realizar todo o potencial do tesouro enterrado no fundo de nós, devemos reconhecê-lo e, o mais importante, valorizá-lo intensamente – *amá-lo* por si mesmo. Assim como no fluxo, esse amor é o principal ingrediente extra que transforma sentimentos agradáveis ligados à plenitude contínua na alegria intrínseca da mente desperta. Curiosamente, o amor pelo que buscamos parece ser necessário para a realização de algo verdadeiramente digno de nosso amor. Sem esse amor, jamais poderemos ganhar a "pérola de grande preço" (uma das metáforas de Jesus para o reino dos céus: Mateus 13:45-46):

> Uma pérola vai para leilão. Ninguém tem o suficiente, então a pérola compra a si mesma. (Rumi, em Salzberg, 1995, p. 33)

A suprema importância da devoção ao que buscamos é bastante explícita nas tradições religiosas abraâmicas. Por exemplo, Jesus e um especialista na lei judaica que desejava testá-lo compartilharam um acordo inquestionável de que o primeiro e maior mandamento era "amar ao Senhor teu Deus com todo o teu coração, com toda a tua alma e com todo o teu entendimento" (Mateus 22:35-40; ver Quadro 13.3, mais adiante neste capítulo). Da mesma forma, o autor anônimo medieval de *A nuvem do desconhecido* – um clássico da prática contemplativa cristã – considerava tal amor como a chave essencial para a realização:

> Pelo amor pode Ele ser apreendido e segurado; mas pelo pensamento, nunca.

Na tradição budista, uma forma de desejo saudável, o *chanda* – semelhante ao que tenho chamado de *amor* aqui – tem um papel igualmente crucial:

> As apresentações ocidentais dos ensinamentos budistas têm muitas vezes levado à compreensão de que o sofrimento surge por causa do desejo, portanto não se deve desejar nada. Enquanto Buda, na verdade, falou de dois tipos de desejo: o desejo que surge da ignorância e da ilusão, que é chamado de *taṇhā* – anseio –, e o desejo que surge da sabedoria e da inteligência, que é chamado de *kusala-chanda*, *dhamma-chanda* ou simplesmente *chanda*. *Chanda* não significa isso exclusivamente, mas, nesse caso

particular, estou usando *chanda* significando desejo e motivação sábia e inteligente, e o Buda enfatizou que isso é absolutamente fundamental para qualquer progresso no caminho óctuplo. (Jayasāro, 2014)

Sem amor à plenitude ou à união mais profunda por si só, as experiências iniciais da mente desperta podem nunca amadurecer até o despertar interior como uma forma contínua de ser. Douglas Harding (2000, p. 48), por exemplo, desenvolveu um método que permitia que muitos outros ("seu número chega agora aos cinco dígitos") tivessem experiências semelhantes ao seu próprio encontro inicial com o despertar (Quadro 13.1). Ele descobriu, então, para sua consternação, que a maioria deles não tinha qualquer interesse em prosseguir com essa experiência: "E assim *ele não tem praticamente nenhum efeito*" (ênfase de Harding).

Além de ser o elixir que transforma sentimentos agradáveis em alegria intrínseca, o amor pelo despertar – ou a possibilidade de despertar – é importante para motivar o trabalho interno necessário para desenvolver e sustentar a mente desperta. A consciência pura, como o fluxo, é muitas vezes experienciada como "graça": algo que encontramos "como um cego descobrindo uma joia em um monte de lixo" (Cap. 10), ou como um presente dado livremente. No entanto, podem ser necessários tempo e esforço substanciais para criar as condições nas quais estamos abertos para receber essa graça, ou para transformar essa experiência em um despertar interior sustentado. Antes de chegarmos ao ponto em que a mente desperta surge como um presente aparente, podemos precisar dedicar muitas horas para desenvolver as condições da mente e as maneiras de nos relacionarmos com a experiência, que nos permitirão reconhecer, fazer amizade e cultivar o despertar. Como vimos no Capítulo 12, o despertar de Nyoshul Lungtok exigiu a presença de seu mestre e os frutos acumulados de muitos anos de prática de meditação antes que ele estivesse pronto para reconhecer a consciência pura.

Para que experiências de consciência pura sejam algo mais do que maravilhas passageiras, a mente tem de encontrar uma maneira de sustentá-las e transformá-las em estados mais duradouros de despertar interior. O amor pela possibilidade de despertar motiva e recompensa o trabalho interno necessário para estabelecer os sistemas de autossustentação e autorreforço da mente desperta. O coração desse trabalho interior é a integração contínua dos HOL-ISSMs, que moldam a experiência de despertar de um momento para o outro.

Esse trabalho interno pode exigir, a princípio, um esforço consciente contínuo. Todavia, eventualmente, um "ponto de não retorno" pode ser alcançado, em que a necessidade de tal esforço desaparece e o processo adquire vida própria. A situação do contemplativo é então como a de um astronauta deixando a Terra e indo para a Lua: a princípio, é preciso gastar energia para libertar-se do campo gravitacional da Terra; mas, eventualmente, chega-se a um ponto em que a atração gravitacional da Lua supera a da Terra, e o viajante é atraído sem esforço, cada vez mais próximo e mais rapidamente da Lua.* Sentimentos positivos, ligados à coerência na mente por nossa história evolutiva, guiam e reforçam os padrões de atividade interna que sustentam sem esforço o despertar interior: a mente desperta é gerada e regenerada como uma experiência contínua e uma forma de ser, um todo integrado, cultivado e mantido pela paz intrínseca e a alegria de ciclos interligados de *feedback* positivo.

A alegria do retorno e da reconexão

Como vimos anteriormente, o despertar interno envolve uma mudança dos supramodelos que refletem aspectos centrais do conhecimento conceitual para os supramodelos que refletem aspectos do conhecimento holístico-intuitivo. Com essa mudança, entramos em um mundo de experiência no qual agora nos sentimos como partes integrantes de um todo mais amplo – um sistema dinâmico auto-organizado, autoguiado e autorregulado. Vimos algo semelhante no fluxo, em que o alpinista se sente "um com a montanha, as nuvens, os raios do sol e os pequenos insetos se movendo para dentro e para fora da sombra dos dedos segurando a rocha", e o cirurgião se sente "um com os movimentos da equipe operacional, compartilhando a beleza e o poder de um sistema transpessoal harmonioso". Essencialmente, o alpinista ou o cirurgião experiencia esses sistemas *por dentro,* como um aspecto ativamente envolvido, em vez de *por fora,* como um observador interessado, mas fundamentalmente separado.

No fluxo, podemos tomar consciência de nossa participação íntima em um todo mais amplo, uma parte integrante de um sistema dinâmico de inter-relações. Contudo, o escopo desse conjunto não se estende para além do domínio da tarefa de fluxo – a montanha ou o bloco cirúrgico. Em contrapartida, como vimos no Capítulo 12, na mente desperta, tomamos consciência de nossa participação e interconexão com o sistema dinâmico de tudo o que é: "O ritmo do meu coração é o nascimento e a morte de *tudo* o que está vivo" (Thich Nhat Hanh, ênfase acrescentada). Essa sensação de unidade com todos os seres e todas as coisas – de ser parte integrante de um vasto todo dinâmico interligado que se

---

* Sou grato a Ciaran Saunders (conhecido como Ruchiraketu) por chamar minha atenção para esse ensinamento de Sangharakshita.

estende pelo espaço e pelo tempo – aumenta a sensação intrínseca de bem-estar da mente desperta de várias maneiras.

De maneira mais óbvia, tal sensação de conexão e relacionamento dissolve, de uma só vez, a sensação corrosiva de separação e desconexão que alimenta nossa sensação crônica de desassossego e dor sutil (Cap. 1). Isso, por sua vez, desconecta a busca conceitual da felicidade e todo o sofrimento desnecessário que ela gera: a força motriz por trás da busca para se tornar um *self* diferente e melhor é o medo da separação ou a rejeição de nosso grupo social. Com a consciência de nós mesmos como parte integrante de um todo dinâmico mais amplo, sentimo-nos conectados e seguros: não há mais a necessidade da busca conceitual pela felicidade – descobrimos que já somos plenamente aceitos e estamos "em casa". Com essa descoberta de nosso pertencimento inerente e o fim da busca conceitual, experimentamos uma sensação de alívio sincero, uma liberdade do medo da separação e a alegria de "ter deixado para trás um fardo intolerável" (Quadro 13.1).

No Capítulo 11, vimos que podemos voltar nossa atenção para tomar consciência da qualidade eu-você – o "entrelaçamento" – de nosso inter-relacionamento com outra pessoa em relações pessoais íntimas. De maneira semelhante, no despertar interior, podemos aprender a tomar consciência de nosso inter-relacionamento com todos os seres e coisas. O breve poema "O cavalo branco", de D. H. Lawrence (1994), pode dar um vislumbre do que descobrimos então:

> O jovem caminha até o cavalo branco para colocar seu cabresto
> e o cavalo olha para ele em silêncio.
> Eles estão tão silenciosos que estão em outro mundo.

Tendo sentido o profundo inter-relacionamento refletido nos HOL-ISSMs já presentes em nossa mente, podemos aprender a nos reconectar com essa sensação de unicidade e com a tranquilidade que ela traz a qualquer momento. Como descobriu Thomas Merton (Cap. 10), podemos sentir nosso pertencimento inerente mesmo quando estamos fisicamente distantes dos outros:

> É porque sou um com eles que lhes devo estar sozinho, e quando estou sozinho, eles não são "eles", mas meu próprio *self*. Não há estranhos!

Esperança incondicional

> *Embora a figueira não brote*
> *e não haja uvas nas videiras,*
> *embora a cultura da azeitona falhe*

> *e os campos não produzam alimentos,*
> *embora não haja ovelhas no cercado*
> *e nenhum gado nos estábulos,*
> *ainda assim me alegrarei no Senhor,*
> *serei alegre em Deus, meu Salvador.*
>
> Habacuque (3:17-18, em Bourgeault, 2001)

Com esse cenário extraordinário de alegria intrínseca não diminuída pelo desastre total, descrito no Livro de Habacuque, do Antigo Testamento, Cynthia Bourgeault introduz sua discussão sobre o que ela chama de esperança mística. Essa qualidade, ela sugere, "tem algo a ver com a presença – não um bom resultado futuro, mas a experiência imediata de ser encontrado, mantido em comunhão, por algo intimamente próximo. ...Ela dá frutos dentro de nós no nível psicológico nas sensações de força, alegria e satisfação: uma 'insustentável leveza do ser'" (2001, pp. 9-10).

A mística medieval Julian de Norwich expressou esse mesmo otimismo fundamental em suas palavras (mais conhecidas pelo poema de T. S. Eliot "Little Gidding"): "Tudo ficará bem, e tudo ficará bem, e todos os tipos de coisas ficarão bem". Tal otimismo não é uma crença ingênua de que as coisas sempre vão ser como gostaríamos. Ao contrário, reflete a confiança de que a plenitude intrínseca, a tranquilidade e a alegria da mente desperta estão sempre disponíveis, em todas as situações. Julian experienciou essa confiança como uma sensação de ser abraçada em um todo benéfico mais amplo.

Da perspectiva dos subsistemas cognitivos interativos (ICS, do inglês *interacting cognitive subsystems*), a esperança incondicional da mente desperta repousa na sensação de que somos parte integrante de um todo maior e na confiança na robusta equanimidade da mente desperta. Juntas, elas nos conferem uma confiança profunda de que podemos enfrentar as tempestades e as vicissitudes da vida de forma calma e estável. A mente desperta tem uma estabilidade dinâmica inerente, análoga aos efeitos "milagrosos" que Christiaan Huygens observou em seus relógios de pêndulo (Cap. 4).

Ali, a ressonância simpática vinculava (entrelaçava) os relógios em um sistema que "sempre voltava à consonância e permanecia assim constantemente depois", mesmo após qualquer perturbação que ocorresse. Na mente desperta, os padrões de ressonância simpática entrelaçam seus diversos elementos em um todo coerente e contínuo (Cap. 12; ver também Singer, 2013). Assim como com os relógios de Huygens, esse sistema se recupera rapidamente de qualquer perturbação, transmitindo equilíbrio e equanimidade inerentes à mente desperta.

Além disso, como os HOL-ISSMs da mente desperta incorporam dimensões de compaixão e aceitação incondicional, seu equilíbrio e equanimidade inerentes são infundidos com uma qualidade subjacente de solicitude. A constatação da sempre presente disponibilidade dessa plenitude dinâmica profundamente enraizada dá uma sensação fundamental de tranquilidade e bem-estar à mente desperta. No despertar, tomamos consciência de um recurso integrador interno que é bem diferente de mim e dos meus esforços conceitualmente baseados. Esse recurso está sempre disponível para unificar a mente, para reconectar-nos com uma plenitude mais ampla da qual somos parte integrante e para trazer uma sensação de paz interior. Temos a confiança de que, quaisquer que sejam as dificuldades desagradáveis que o mundo possa nos apresentar, podemos sempre nos sentirmos amparados em um todo amoroso mais amplo, um sempre presente "refúgio e fortaleza, uma ajuda muito presente nas tribulações" (Salmo 46).

CUIDADO INCONDICIONAL, COMPAIXÃO E BOA VONTADE (AMOR)

A palavra *amor* tem muitos matizes de significado. No nível mais geral, aponta para uma relação de valorização de uma forma não gananciosa: algo parecido com as relações de "cuidado" e "entrelaçamento" que sustentam todo o mundo holístico-intuitivo da experiência (Quadro 13.2). Aqui, vou me concentrar mais especificamente no amor por outros seres: o desejo e a intenção de que outro ser esteja bem, seguro e feliz – uma relação que valoriza e respeita esse ser. No contexto da dor ou do sofrimento do outro, o amor assume a forma de compaixão: o desejo e a intenção de que o outro esteja livre do sofrimento.

O Capítulo 10 focalizou três características-chave do amor na mente desperta:

- É *infinito*.
- É *incondicional*.
- Trata-se de *conhecer* e *perceber* tanto quanto (ou mais do que) sentir.

Na resposta do bom samaritano ao judeu ferido (Quadro 13.3), temos uma ilustração marcante de amor e cuidado incondicionais e infinitos – mesmo para um completo estranho de uma cultura estrangeira.

QUADRO 13.3 A parábola do bom samaritano

> Então um advogado confrontou Jesus, testando-o. "Professor", disse ele, "o que devo fazer para herdar a vida eterna?". Ele disse: "O que está escrito na lei? O que você lê na lei?". Ele respondeu: "Amarás o Senhor teu Deus com todo o teu coração, com toda a tua alma, com todas as tuas forças e com toda o teu entendimento; e a teu próximo como a ti mesmo". E ele lhe disse: "Você deu a resposta certa; faça isso, e viverá". Mas, querendo se justificar, ele perguntou a Jesus: "E quem é meu próximo?". Jesus respondeu: "Um homem descia de Jerusalém para Jericó e caiu nas mãos de ladrões, que o despiram, bateram nele e foram embora, deixando-o meio morto. Então, por acaso, um sacerdote ia por esse caminho, e, quando o viu, desviou pelo outro lado. Assim também um levita, quando chegou ao local e o viu, desviou pelo outro lado. Mas um samaritano viajante se aproximou dele, e, quando o viu, ficou comovido e com pena. Ele foi até o homem e enfaixou suas feridas, tendo derramado óleo e vinho sobre elas. Depois, colocou-o sobre seu próprio animal, levou-o para uma hospedaria e cuidou dele. No dia seguinte, ele pegou dois denários, deu-os ao proprietário da hospedaria e disse, 'Cuide dele, quando eu voltar, irei lhe pagar o que o senhor tiver gastado'. Quais desses três, você acha, era o próximo do homem que caiu na mão dos assaltantes?". Ele disse: "Aquele que mostrou misericórdia por ele". Jesus disse: "Vá e faça o mesmo". (Lucas 10:25-37, Nova Versão Padrão Revisada).
>
> ---
>
> *Observação*. Para apreciar plenamente o significado dessa história, é útil saber que samaritanos e judeus haviam se tratado com repúdio mútuo e desprezo por várias gerações – e que o sacerdote, o levita e a vítima dos assaltantes eram todos judeus.

A mensagem essencial da parábola do bom samaritano é que o próximo é aquele que "mostra misericórdia". Cynthia Bourgeault assinala que, de acordo com o *American Heritage Dictionary*, a palavra *misericórdia* (*mercy*, em inglês, assim como as palavras comércio e comerciante) deriva da antiga raiz etrusca *merc*, que significa troca ou transação (Bourgeault, 2001, p. 23). Então, podemos ver "mostrar misericórdia" como engajar-se no tipo de interação dinâmica entre pessoas, que cria e sustenta relações íntimas. Assim como fazemos um caminho caminhando e criamos e recriamos um senso de intimidade ao nos relacionarmos intimamente, tornamo-nos próximos um para o outro demonstrando misericórdia para com o outro.

Então, qual foi a diferença crucial que permitiu ao bom samaritano – mas não ao sacerdote ou ao levita – envolver-se com o sofrimento do viajante ferido e tornar-se o próximo para ele?

Como veremos no Capítulo 14, por sólidas razões evolutivas, todos nós chegamos ao mundo com tendências inatas de boa vontade, cuidado e compaixão incondicionais e sem limites conectadas em nosso cérebro. Por razões evolutivas igualmente boas, esse amor por todos logo se torna mais seletivo, em sua maioria limitado àqueles que fazem parte do mesmo grupo próximo que nós: aqueles que vemos como "nós".

Os HOL-ISSMs fornecem uma maneira de nos reconectarmos com nossa capacidade inerente latente de amor *indiferenciado* e sem limites. Os HOL-ISSMs ampliam nosso círculo de "nós" e incluem todos os seres (ver a seguir). Esses supramodelos capacitaram o bom samaritano a se envolver em uma relação de cuidado com o viajante ferido desconhecido.

Os HOL-ISSMs *já* estão presentes: eles são "tesouros ocultos" que nossa mente tem criado silenciosamente ao longo de nossa vida. No entanto, a maioria de nós, como o sacerdote e o levita, não costuma agir com a compaixão incondicional do bom samaritano. Embora modelos mentais de ordem superior – como os HOL-ISSMs – estejam sempre potencialmente disponíveis, só nos damos conta de seus efeitos quando eles são ativados e refletidos em nossa percepção e comportamento em cada momento que passa. Os modelos de ordem superior devem ser trazidos para o presente de uma forma ou de outra para afetar nossos sentimentos e ações (ver Quadro 13.4).

Nas experiências do bom samaritano (Quadro 13.4), a ativação dos modelos mentais de ordem superior de torcedores de futebol destacou a identidade comum compartilhada pelos torcedores do Manchester e do Liverpool. Esse vínculo e senso de conexão catalisaram a oferta de ajuda. No Experimento 1, os torcedores do Manchester viram o ator vestindo uma camisa do Liverpool como um rival e se recusaram a ajudá-lo. No Experimento 2, após a ativação do modelo de torcedor de futebol, ele não foi mais visto como um rival, mas como um entusiasta de futebol que precisava de ajuda.

Os experimentos de Mark Levine sugerem que podemos estender nosso senso de relacionamento com os outros – e nossa disposição de responder compassivamente ao seu sofrimento – mudando a atenção para níveis mais altos e mais inclusivos de holarquias mentais. Lá, encontraremos os modelos mentais de ordem superior que refletem o que nós e eles temos em comum. Quando esses modelos são ativados (*primed*), sua integração na experiência momento a momento destaca aquela qualidade compartilhada, ligando-nos como partes de um todo mais amplo. Esse todo pode ser uma identidade compartilhada (como ser um torcedor de futebol), pode ser o sistema de inter-relacionamento em uma relação íntima ou de proximidade (Quadro 13.3), ou, como veremos em breve, pode ser todo o nosso mundo de experiência consciente nesse momento.

QUADRO 13.4 Os experimentos do "bom samaritano"

Em 2005, os psicólogos Mark Levine, Amy Prosser, David Evans e Stephen Reicher relataram um estudo de pesquisa baseado na parábola do bom samaritano. No primeiro de dois experimentos, seguidores do clube de futebol inglês Manchester United responderam a questionários perguntando-lhes sobre ser um torcedor do Manchester. Podemos supor que esses questionários ativaram ("*primed*", em linguagem psicológica) modelos mentais relacionados com a sua identidade como torcedores do Manchester. Os participantes então caminharam até outro prédio. No caminho, eles assistiram a um episódio cuidadosamente encenado no qual um ator escorregou e caiu, agarrando seu tornozelo e gritando de dor.

Quando o ator vestia uma camisa do Manchester United, 92% dos participantes (eles próprios torcedores do Manchester) ofereceram ajuda. Quando o ator usou uma camisa do Liverpool (na época, o arquirrival de futebol do Manchester) ou uma camisa sem marca, apenas cerca de 30% fizeram alguma coisa para ajudar.

Em um segundo experimento, os torcedores do Manchester responderam novamente a questionários. Mas, dessa vez, os questionários enfatizaram seu amor pelo futebol em geral (algo que eles compartilhariam tanto com outros torcedores do Manchester quanto, fundamentalmente, com os torcedores do Liverpool). Nesse caso, os participantes ofereceram ajuda 80% do tempo quando o ator usava uma camisa do Manchester, 70% do tempo quando usava uma camisa do Liverpool, mas apenas 22% do tempo se ele usasse uma camisa lisa.

O padrão de resultados observados nesses experimentos sugere que a conexão de ajuda entre participante e "vítima ferida" dependia da disponibilidade de modelos mentais que poderiam incluir ambos. No Experimento 1, os modelos de torcedor do Manchester poderiam incluir tanto o participante quanto outro torcedor do Manchester; no Experimento 2, o modelo mais geral do torcedor de futebol poderia também incluir torcedores do Liverpool. Contudo, se as dimensões inclusivas refletidas nesses modelos fossem forjar vínculos de conexão, elas deveriam ser ativadas e integradas na forma como os participantes viam e respondiam à situação do momento: os modelos de torcedor de futebol já estavam presentes na mente dos participantes do Experimento 1, mas somente quando esses modelos foram ativados por questionários apropriados no Experimento 2 é que eles levaram a que torcedores do Liverpool e torcedores do Manchester fossem incluídos no círculo de ajuda.

Poderíamos dizer que os modelos de torcedor de futebol estavam "escondidos" até que seu nível mais alto e mais inclusivo de holarquia mental estivesse

(Continua)

QUADRO 13.4 Os experimentos do "bom samaritano" *(continuação)*

ativamente engajado na resposta à situação imediata do momento (compare isso com o dizer de Ricard e Singer "para ser plenamente expresso, nosso potencial humano precisa atender às condições adequadas", no Cap. 12).

No Capítulo 11, vimos como modelos gerais surgidos de relações íntimas anteriores fornecem modelos que orientam o desenvolvimento de modelos de sistemas mais específicos em cada nova relação. Embora eles desempenhem esse papel formativo vital, normalmente não estamos cientes de sua atividade: eles permanecem muito no fundo da consciência. No entanto, *podemos* aprender a prestar atenção neles – como na fase aberta do diálogo de *insight* que discutimos no Capítulo 11. E, quando o fazemos, tomamos consciência da qualidade eu--você do relacionamento – uma mudança perceptível na experiência à medida que o sentimento de separação do outro se dissolve e o relacionamento passa por uma mudança qualitativa para um nível mais profundo de conexão.

Podemos ver um padrão semelhante com experiências de consciência contínua. Os HOL-ISSMs refletem as características essenciais surgidas de todas as nossas experiências anteriores de consciência não instrumental contínua. Eles fornecem padrões muito gerais que guiam e fortalecem os sistemas mais específicos da criação do todo que cultivam e sustentam cada nova experiência da consciência. Mais uma vez, em geral não estamos conscientes de sua atividade ou das dimensões de integração dinâmica, sabedoria e compaixão que eles incorporam. Contudo, em condições adequadas e com orientação apropriada, podemos aprender a atender aos mais altos níveis de holarquias mentais em que elas habitam (terei mais a dizer sobre essas condições adequadas no Cap. 14). Ativadas dessa forma, elas estão intimamente integradas à criação do todo que molda a experiência de consciência a cada momento. A experiência é então permeada com uma qualidade inefável, à qual nomes como "consciência pura", "presença", "o agora", "tranquilidade" e "silêncio" são indicadores.

A ativação e a integração dos HOL-ISSMs nos sistemas que cultivam e sustentam a consciência de um momento para o outro mudam profundamente nossa relação com todos os aspectos da experiência – incluindo outros seres que possamos encontrar. Os HOL-ISSMs ativados destacam o que é comum a todos os aspectos da experiência do momento: cada um deles é parte integrante do mesmo sistema mais amplo de inter-relacionamento e interconexão dinâmica ("entrelaçamento") que molda nossa experiência consciente contínua. Essa participação compartilhada forja laços *universais*, que nos conectam com todos os seres e com todos os outros aspectos da experiência. Pressentimos e *sentimos* diretamente essas conexões: *todos* os seres se tornam "um de nós". Dessa forma, tornamo-nos familiarizados com nosso dom inato de amor indiferenciado e sem limites – um amor que nos move a incluir e acolher todos os seres que nos precedem em nosso círculo de cuidado e compaixão. (A situação aqui é análoga à situação nas relações íntimas em que a consciência de seu envolvimento compartilhado no mesmo sistema dinâmico une estreitamente os parceiros na experiência eu-você, e o sentimento de separação se dissolve.)

No mundo experiencial da mente desperta, eu e outros estão intimamente conectados como partes integrantes do mesmo todo maior – assim como minha mão e meu pé também estão intimamente conectados como partes integrantes do todo maior do meu corpo. E, da mesma forma que minha mão "naturalmente" cuidará de meu pé – esfregando-o suavemente e aliviando a dor que possa existir –, também cuidarei "naturalmente" de outros seres quando os vejo como partes do mesmo mundo mais amplo de experiência que eu.*

Nessa perspectiva, o enigmático "não sendo nada você é tudo" de Kalu Rinpoche faz perfeito sentido: na mente desperta, somos tudo porque, com o desaparecimento de um observador separado que me observa (Quadro 13.1), nosso eu é todo o mundo interligado e indivisível de experiência de cada momento. Eu me preocupo com esse mundo e seus habitantes pelo *meu próprio bem* – só posso ser feliz se os outros nesse mundo (que é minha experiência total) também forem felizes, se estiverem bem e sem sofrimento. Desejo-lhes tranquilidade e bem-estar para que eu também possa desfrutá-los. Amamos a nosso próximo *como* a nós mesmos porque, nesse mundo de experiência, nosso próximo *somos* nós mesmos. E, enquanto oferecemos cuidados ao outro – assim como demonstramos misericórdia –, então, como na parábola do bom samaritano, essa própria oferta cria e fortalece, no momento, mais laços dinâmicos de ligação atenciosa entre nós.

VENDO "TUDO EM TODOS"

> *Quando é que um homem está em mera compreensão? Eu respondo: "Quando um homem vê uma coisa separada da outra". E quando um homem está acima da mera compreensão? Isso eu posso lhe dizer: "Quando um homem vê tudo em todos, então um homem está além da mera compreensão".*
>
> Mestre Eckhart (em Huxley, 1945/1985, p. 84)

---

* Metáforas similares são amplamente usadas em ensinamentos tradicionais (p. ex., Shantideva, 1979).

No Capítulo 10, sugeri que todos os aspectos da mente desperta poderiam depender de uma capacidade de ver o mesmo "algo" acarinhado no coração de toda a experiência. Às vezes chamado de tudo, o ponto imóvel do mundo que se transforma, o de Deus em todos, ou a natureza de Buda, este algo (que não é uma coisa) é de grande beleza e valor.

Os HOL-ISSMs fornecem uma maneira de começar a entender o que "Tudo o que está em tudo" pode ser. Para explicar melhor, será útil voltar ao exercício *Takete-Ulumoo* que encontramos no Capítulo 3. Lá, a dimensão subjacente da taxa de mudança forneceu uma maneira de entender como nossa mente pode rápida e facilmente julgar se uma forma denteada é mais similar ao som *Takete* ou ao som *Ulumoo*. Ao focalizar em um nível mais alto e inclusivo de holarquia mental, foi possível encontrar semelhanças "escondidas" entre padrões auditivos e visuais que, em um nível mais baixo, pareciam ser bem diferentes.

Em cada nível de uma holarquia mental, o todo de nível superior reflete e incorpora algum aspecto compartilhado pelas partes de nível inferior que contribuem para esse todo. Os HOL-ISSMs se encontram nos mais altos níveis de holarquias mentais. Eles incorporam a essência dinâmica quintessencial compartilhada por todos os modelos de sistemas subjacentes a uma vasta gama de experiências anteriores de consciência não instrumental contínua. Como a dimensão da taxa de mudança no exercício *Takete-Ulumoo*, essa qualidade comum – o tudo – está "escondida" e se revela de formas que podem parecer muito diferentes nos níveis inferiores das holarquias mentais. Rilke (1997) aponta para esse mesmo padrão fundamental:

> Você é a interioridade profunda de todas as coisas,
> a última palavra que nunca pode ser dita.
> Para cada um de nós, você se revela de maneira diferente:
> para o navio como costa, para a costa como um navio. (p. 119)

No entanto, e o mais importante, todos os modelos de sistemas de nível inferior e a grande variedade de experiências que eles sustentam incorporam as mesmas características essenciais que as refletidas nos HOL-ISSMs. Como diz Rumi:

> Cada ramo da floresta se move de forma diferente
> na brisa, mas à medida que balançam,
> eles se conectam nas raízes. (Barks, 2001, p. 32)

A ativação dos HOL-ISSMs destaca essa semelhança familiar subjacente – o "tudo em todos" – como um fio comum que percorre todas as experiências da consciência contínua. Esse fio une as muitas facetas diferentes da experiência em um vasto conjunto dinâmico interdependente. Tivemos vislumbres desse todo no poema de Thich Nhat Hanh "Por favor, me chame pelos meus verdadeiros nomes", citado no capítulo anterior – na realidade, podemos ver o "eu" desse poema como a própria voz do tudo.

E, ao reconhecermos a presença universal do tudo, também passamos a ver a consciência não instrumental de *qualquer* tipo de experiência como uma porta de entrada potencial para o tudo – como uma oportunidade para nos conectarmos e revelarmos HOL-ISSMs subjacentes "escondidos". A Figura 13.1 ilustra a posição dos HOL-ISSMs no topo das holarquias mentais envolvidas em todas as experiências de consciência contínua.

Todas as experiências de consciência não instrumental refletem os padrões dinâmicos centrais incorporados nos HOL-ISSM em seus níveis mais elevados. Todas essas experiências – mesmo as pouco atraentes, desconfortáveis e desagradáveis – oferecem um caminho possível, uma escada de Jacob, para a consciência pura. Como Thomas Merton (1966, p. 158) descobriu, "o portão do céu está em toda parte": por mais que nossa experiência seja má, dolorosa ou

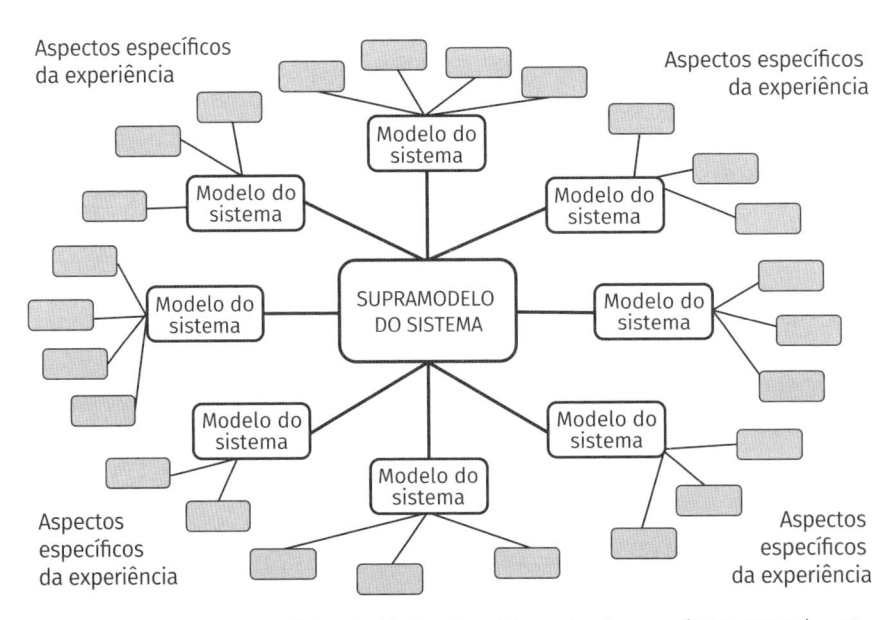

FIGURA 13.1 Os supramodelos holístico-intuitivos do sistema (HOL-ISSMs) estão no topo de todas as holarquias mentais, criando experiências de consciência não instrumental. Para maior clareza, níveis inferiores de holarquias mentais não são mostrados.

mundana, nosso tesouro escondido está enterrado nela. O mestre Chan Layman P'ang encontrou seu portão na "maravilhosa atividade" de "retirar água e cortar madeira" (Watts, 1957, p. 133); Nyoshul Lungtok encontrou o seu em ver as estrelas no céu, ouvir o som de cães latindo e ouvir a voz de seu mestre.

Mas essa não é a nossa experiência habitual.

Nas relações íntimas, normalmente não experimentamos o sentido sutil do eu-você ligado à atividade de modelos relacionais de ordem superior. No entanto, podemos aprender a prestar atenção nesses modelos – então, descobrimos um nível mais profundo de comunhão dentro da relação. Nos experimentos do bom samaritano (Quadro 13.4), os modelos de ordem superior dos torcedores de futebol já estavam presentes na mente dos torcedores do Manchester United. Contudo, eles só levaram à oferta de ajuda aos torcedores do Liverpool quando foram ativados. Só então eles ajustaram as lentes que permitiram aos torcedores do Manchester ver um torcedor do Liverpool como um entusiasta do futebol, e não como um rival.

Da mesma forma, os HOL-ISSMs permanecerão em segundo plano, tendo apenas efeitos limitados em nossa vida, até que aprendamos a integrá-los na experiência momento a momento. Então, com o coração e a mente despertos, tomamos consciência das qualidades mais sutis da experiência refletidas nesses níveis mais altos de holarquias mentais; sentimos os padrões dinâmicos incorporados nos HOL-ISSMs; vemos tudo em todos; e, com alegria, nos unimos à dança universal de tudo o que é.

Embora possamos falar de *ver* tudo em todos, esse ver é, em si, um reflexo dinâmico da dança – um envolvimento ativo com o outro como parte de um todo em evolução, em vez de um testemunho passivo de "algo diferente lá fora". Os HOL-ISSMs refletem a essência surgida das experiências de consciência contínua. A base dessa consciência é, naturalmente, o conhecimento por ressonância com o conhecimento holístico-intuitivo. Essa é uma forma essencialmente relacional de conhecimento, em que o conhecedor e o conhecido são alterados um pelo outro e pela relação entre eles. De modo significativo, George Fox encorajou seus companheiros Quakers a "caminhar alegremente pelo mundo, *respondendo* ao mundo de Deus em cada um" (ênfase acrescentada): a maneira de conhecer o tudo em todos é se relacionar com ele. Ressonância simpática, engajamento e interação unem diferentes reflexões do tudo como "semelhante fala com semelhante". É mais um caso de *sentir* – do que de *ver* – o tudo em todos desse momento.

Para a maioria de nós, os HOL-ISSMs permanecem adormecidos. Acordá-los (ativá-los) para o estado desperto está no centro do despertar interior. À medida que os HOL-ISSM são trazidos para o presente e são integrados na experiência momento a momento, eles alteram radicalmente as lentes (modelos mentais) através das quais percebemos e nos relacionamos com cada experiência. Então, vemos o valor interior e a beleza do outro diante de nós neste momento – o tudo em todos. A mente da maioria de nós, não preparada dessa forma, não consegue ver a preciosa "interioridade profunda de todas as coisas".

A perspectiva dos ICS sugere que o objetivo fundamental dos caminhos para despertar a mente deve ser o de ativar os HOL-ISSMs, trazê-los para o presente e incorporar seu potencial libertador na forma como vemos e nos relacionamos com o mundo ao nosso redor e dentro de nós em cada momento. O Capítulo 14 explora caminhos para o despertar interior a partir dessa perspectiva.

14

Caminhos para o despertar

> *No centro de nosso ser está um ponto de nada que é intocado pelo pecado e pela ilusão, um ponto de pura verdade... inacessível às fantasias de nossa própria mente ou às brutalidades de nossa própria vontade. Esse pequeno ponto do nada... é como um diamante puro, brilhando com a luz invisível do céu. Está em todos, e, se pudéssemos ver isso, veríamos esses bilhões de pontos de luz se juntando no rosto e no brilho de um sol que faria desaparecer completamente toda a escuridão e crueldade da vida. ...Não tenho programa para ver isso. Ele é dado apenas. Mas o portão do céu está em toda parte.*
>
> Thomas Merton (1966, p. 158)

> *Não importa qual caminho espiritual você siga, o básico da transformação acaba parecendo praticamente o mesmo: rendição, desapego, compaixão, perdão. Seja você um cristão, um budista, um judeu, um sufi ou um sannyasin, você ainda passa pelo mesmo buraco da agulha para chegar até onde está seu verdadeiro coração.*
>
> Cynthia Bourgeault (2003, p. xvii)

Essas duas citações parecem nos apresentar duas mensagens bem diferentes. Por um lado, Thomas Merton sugere que não há nenhum programa pelo qual possamos chegar a ver o diamante puro no centro de nosso ser: essa visão é apenas "dada". Cynthia Bourgeault, por outro lado, aponta para o "básico da transformação" – rendição, desapego, compaixão, perdão – comum a todas as tradições espirituais. Isso oferece um caminho, sugere ela, através do buraco da agulha até onde está nosso verdadeiro coração.

Os subsistemas cognitivos interativos (ICS, do inglês *interacting cognitive subsystems*) apresentam uma maneira de conciliar essas duas posições aparentemente contraditórias. Merton, ao sugerir que não existe um *programa* para ver o diamante puro no centro do nosso ser, sublinha o fato de que é impossível perceber o despertar por meio de nossas estratégias habituais focadas em metas. Essas estratégias – muitas vezes impulsionadas pela luta e pelas "brutalidades de nossa própria vontade" – dependem de um programa passo a passo cuidadosamente traçado, levando-nos de uma submeta para a próxima, enquanto trabalhamos os itens de nossa lista de afazeres. Essa abordagem, tão poderosa em outras áreas de nossa vida, está condenada ao fracasso nessa área pela simples razão de que depende do conhecimento conceitual – e confiar nessa forma de conhecimento é o maior obstáculo para o despertar interior.

Em contrapartida, embora não possamos chegar ao despertar como meta a ser alcançada, podemos, como jardineiros, cultivar pacientemente as condições adequadas – "rendição, desapego, compaixão, perdão" – que permitirão que nosso precioso potencial humano floresça em seu próprio tempo. Os caminhos para o despertar nos guiam nas formas mais habilidosas de fazer isso.

NOSSO CAMINHO

> *Um ser humano... experimenta a si mesmo... como algo separado do resto, uma espécie de ilusão de óptica de sua consciência. Essa ilusão é uma espécie de prisão. ...Nossa tarefa deve ser nos libertarmos dessa prisão, ampliando nosso círculo de compaixão para abranger todos os seres vivos e toda a natureza em sua beleza.*
>
> Albert Einstein (em Sullivan, 1972)

Nós nos libertamos da ilusória prisão da separação nutrindo o despertar interior. A perspectiva dos ICS sugere que, na prática, isso significa despertar suavemente supramodelos dos sistemas holístico-intuitivos (HOL-ISSMs, do inglês *holistic-intuitive system supra-models*) adormecidos e, fazendo o melhor que podemos, apoiar sua integração na formação da experiência momento a momento.

Normalmente, os HOL-ISSMs têm pouca influência na maneira como vivemos e nos relacionamos com o mundo ao nosso redor. Contudo, eles estão lá no fundo de todas as experiências de consciência não instrumental contínua, apenas aguardando serem descobertos. Qualquer uma dessas experiências – mesmo as mundanas, pouco atraentes, desconfortáveis ou desagradáveis – oferece uma rota de entrada potencial para o despertar interior: "O portão do céu está em toda parte". Não há necessidade de se retirar para uma caverna em uma montanha para despertar a mente: a princípio, toda e qualquer experiência, se abordada com sabedoria, oferece uma oportunidade para despertar HOL-ISSMs latentes, libertar nossa mente e abrir nosso coração.

Quais são, então, as condições nas quais os HOL-ISSMs dormentes despertam? No exercício "John estava a caminho da escola", no Capítulo 4, vimos que fragmentos de informações relacionadas com um modelo mental armazenado podem despertar todo o modelo por meio de um processo de conclusão de padrões. Da mesma forma, nos experimentos do bom samaritano, o envolvimento com as informações em questionários relacionados foi suficiente para ativar os modelos mentais na memória de torcedores de futebol. Esses modelos, então, moldaram a resposta ao corredor "ferido".

De maneira semelhante, situações que refletem apenas aspectos parciais do padrão total de informação incorporado nos HOL-ISSMs podem criar condições que apoiarão seu envolvimento mais ativo em nossa vida. Tais situações podem incluir, por exemplo, aquelas em que o conhecimento holístico-intuitivo, em vez do conhecimento conceitual, é a influência predominante; situações em que os temas de amor, compaixão, conexão e não separação são proeminentes; e situações em que há pouco esforço para metas, mente errante ou autopreocupação. Essas situações oferecem possibilidades para que os HOL-ISSMs latentes despertem e se engajem mais ativamente na formação de nossa experiência momento a momento.

Dessa perspectiva, uma mente reunida, compaixão, amor e sabedoria não são apenas características centrais da mente desperta: elas também oferecem maneiras de realizar o potencial oculto para o despertar interior já presente dentro de nós – elas são tanto meios como fins. A relação entre os caminhos para o despertar e a mente desperta aqui é importante e diferente, digamos, da relação entre o treinamento para ser um cirurgião e ser um cirurgião competente. Para o cirurgião, anos passados adquirindo conhecimentos e habilidades relacionadas progressivamente desenvolvem um conjunto abrangente de modelos mentais para orientar o desempenho eficaz: o processo é de construção passo a passo do conjunto de habilidades relevantes. Em contrapartida, no despertar, os HOL-ISSMs *já* existem em nossa mente. Cultivamos a compaixão, por exemplo, não como parte de um programa passo a passo para "construir" uma mente desperta fragmentada a partir de seus componentes, mas, ao contrário, como uma forma hábil de ativar o acesso aos HOL-ISSMs *preexistentes*. A aceitação amorosa, a compaixão e a sabedoria também desempenham papéis-chave na integração dos HOL-ISSMs na forma como respondemos ao amplo e variado espectro de situações que encontramos.

A análise dos ICS sugere que o processo fundamental no despertar é o de *revelar* uma dinâmica de integração que já está presente – em vez de construir com eficácia uma mente desperta, passo a passo. Ainda precisamos aprender como sustentar o despertar interior integrando os HOL-ISSMs em todas as situações da vida. Contudo, o processo-chave é descobrir um presente preexistente e explorar a melhor forma de utilizá-lo em cada nova situação. Esse processo parece mais leve, mais alegre e cheio de gratidão do que trabalhar com afinco nas listas de afazeres de qualquer programa passo a passo para a construção de uma mente desperta.

A análise dos ICS também nos ajuda a entender como as formas de ver e relacionar-se com a mente desperta podem, às vezes, surgir sem treinamento: o primeiro encontro de Douglas Harding com "estar sem cabeça"; a experiência de Sam Harris de amor sem limites após tomar a droga MDMA; experiências de quase-morte (Pennachio, 1986; Singh, 1998); ou mesmo como efeitos secundários de acidente vascular cerebral do lado esquerdo (Taylor, 2008). Nessas situações, por uma razão ou outra, os HOL-ISSMs preexistentes tornam-se ativados e moldam a experiência de formas que se assemelham a aspectos da mente desperta. No entanto, esses tipos de experiências tendem a ser de curta duração ou a não generalizar para o resto da vida de uma pessoa – e, é claro, ingerir substâncias psicodélicas, sofrer lesões cerebrais ou sobreviver a outras experiências nocivas ou potencialmente nocivas dificilmente são formas ideais de libertar a mente e o coração. Para experimentar um despertar interior duradouro e abrangente, a maioria de nós precisará promover intencionalmente condições nas quais os HOL-ISSMs latentes sejam mais ativos e integrados à experiência cotidiana. Aprender maneiras de cultivar essas condições está no centro de todos os caminhos para o despertar.

Caminhos diferentes podem enfatizar facetas distintas dos HOL-ISSMs: alguns enfatizarão a compaixão, outros, a sabedoria, outros, ainda, a devoção. Da mesma forma, os indivíduos podem ver-se naturalmente atraídos por caminhos que enfatizam qualidades com as quais eles sentem maior afinidade pessoal, ou com as quais eles ressoam mais fortemente. Todavia, certas características-chave tendem a se repetir em todos os caminhos. Aqui, iremos nos concentrar em quatro elementos comuns: comportamento ético, desprendimento, compaixão e amor. Para cada um deles, vamos explorar como a perspectiva dos ICS nos ajuda a entender a sua contribuição para o surgimento e a presença contínua da mente desperta.

COMPORTAMENTO ÉTICO

> *Caríssimos amigos, estas coisas não vos impomos como regra ou forma de andar, mas para que todos, com a medida da luz que é pura e santa, possam ser guiados; e assim na luz andar e permanecer, estas coisas podem ser cumpridas no Espírito, não a partir da letra, pois a letra mata, mas o Espírito dá vida. (Pós-escrito a uma epístola aos "irmãos do norte" emitida por uma reunião de anciãos Quaker em Balby, 1656)*
>
> *Quaker Faith and Practice* (2013, Capítulo 1.01)

As experiências são precedidas pela mente, lideradas pela mente e produzidas pela mente. Se alguém fala ou age com uma mente impura, o sofrimento segue da mesma forma como a roda da carroça segue o casco do boi (puxando a carroça). As experiências são precedidas pela mente, lideradas pela mente e produzidas pela mente. Se alguém fala ou age com uma mente pura, a felicidade segue como uma sombra que nunca se afasta.*

De The Dhammapada (Sangharakshita, 2008, versos 1-2)

Podemos distinguir l dois aspectos do comportamento ético. Um deles é se o comportamento explícito de um indivíduo – o que ele diz e faz – está de acordo com um conjunto de diretrizes éticas. Diretrizes éticas acordadas culturalmente nos ajudam a conviver de modo harmonioso; elas também protegem os indivíduos das ações nocivas de outros. A ética nesse nível é tão relevante para aqueles que buscam o despertar interior quanto para todos os outros – particularmente à luz do bem-documentado abuso por parte de alguns carismáticos professores "espirituais".

No entanto, uma ênfase exclusiva e o foco na "letra da lei" criam seus próprios problemas: "pois a letra mata", como os anciãos da reunião Quaker em Balby sabiamente observaram em 1656. O apego a normas e convenções arbitrárias, aliado a julgamentos severamente valorativos daqueles que não se conformam, muitas vezes leva a uma presunção estupidificante. Isso prejudica o desenvolvimento espiritual e nos desconecta dos que nos rodeiam.

É aqui que entra o segundo aspecto do comportamento ético – a intenção subjacente. Se pudermos abordar as diretrizes éticas com consciência sensível das intenções que motivam nosso comportamento a cada momento, elas oferecem um poderoso caminho de prática. Agirmos, ou desejar agir, de maneiras contrárias a diretrizes ou preceitos éticos pode ser uma chamada poderosa para o despertar e para olhar mais de perto para o que está se passando em nossa mente.

Ações antiéticas – como prejudicar os outros pela fala ou ação, tomar o que não nos pertence ou dizer inverdades – muitas vezes serão indicadores de intenções subjacentes de ganância ou má vontade, ou de percepções autoilusórias sobre o que realmente estamos fazendo. Estas, por sua vez, provavelmente refletem as exigências da busca conceitual focada em metas para tornar-se um tipo diferente de *self* (Cap. 1). Essas exigências podem nos impulsionar – qual-

---

* Na tradição budista, uma mente "pura" é uma mente livre das "impurezas" da ganância, do ódio e da ilusão; uma mente pura incorpora intenções saudáveis de amor – bondade, compaixão e renúncia (desprendimento); ela vê as coisas claramente: "como elas são".

quer que seja o custo – para nos livrarmos dos obstáculos que nos separam de nossa meta, ou para nos esforçarmos para ter e segurarmos objetos de desejo que oferecem falsas promessas de felicidade duradoura. Uma vez perdidos nessa busca conceitual, nossa mente lutará para mudar a forma para o conhecimento holístico-intuitivo, que é a base essencial de *mindfulness* e do despertar interior.

Se pudermos manter constantemente as diretrizes éticas de forma leve, "no fundo da nossa mente", e seguir o "espírito da lei" – as intenções saudáveis subjacentes relacionadas com cada preceito –, elas podem apoiar nossa prática de maneira poderosa. A consciência atenta dos impulsos e das tendências de ação fora de sincronia com os preceitos éticos aceitos oferece, então, um sistema de alerta antecipado de intenções subjacentes prejudiciais. Essas intenções colocam grandes desafios ao cultivo da liberdade interior e da verdadeira felicidade: o sofrimento segue-os "como a roda da carroça segue o casco do boi". Advertidos de sua presença, podemos tomar as medidas apropriadas para lidar com o desafio.

As diretrizes éticas também podem nos alertar para oportunidades de cultivar intenções mais saudáveis. Ter em mente a ideia de que é "bom" ser gentil, generoso ou compassivo pode nos sensibilizar para as oportunidades de cultivar essas intenções e incorporá-las na ação. Essas intenções saudáveis podem, então, desempenhar seu papel na criação das "condições apropriadas" para a criação e a manutenção dos HOL-ISSMs – e, assim, despertar a felicidade que, "como uma sombra que nunca se afasta", atende a mente "pura". O Buda sublinhou o notável poder da generosa ação ética em um de seus ensinamentos mais marcantes:

> Se os seres soubessem, como eu sei, os resultados de dar e compartilhar, não comeriam sem ter dado, nem a mancha do egoísmo superaria sua mente. Mesmo que fosse sua última dentada, sua última mordida, eles não comeriam sem ter compartilhado se houvesse alguém para receber seu presente. (o Itivuttaka,* Capítulo 26, em Ṭhānissaro, 2013b)

A disciplina de seguir as diretrizes éticas explicitadas nos caminhos tradicionais fornece lembretes constantes sobre o valor de cultivar intenções saudáveis e de renunciar a intenções prejudiciais – e, acima de tudo, da necessidade de *incorporá-las* em ações práticas. Embora seja útil manter as intenções saudáveis frescas e vivas na mente por meio de práticas como a meditação da bondade

---

* O Itivuttaka é parte do Pali Canon do budismo Theravada.

amorosa (que discutiremos em breve), de fato, colocá-las em ação cria padrões mais extensos, duradouros, de informações relacionadas no corpo e na mente. Com as intenções saudáveis, esses padrões mais amplos têm maior poder para ativar e sustentar os HOL-ISSMs do que apenas as intenções.

Sem um compromisso disciplinado com a ação ética, podemos nunca trazer intenções saudáveis, a cada momento, nas realidades de nossas relações com os outros: podemos nunca ir além da *ideia* geral de que isso seria uma coisa boa de se fazer. O Dalai Lama, notadamente, começa cada dia comprometendo-se com uma *ação* ética ao longo do dia: "Que cada uma de minhas ações ao longo deste dia seja para o benefício de todos os seres".

Finalmente, é importante ressaltar que, assim como com *mindfulness*, o compromisso com a ação ética pode ser facilmente sequestrado pela busca conceitual para se tornar o "tipo certo de *self*" (Cap. 1). Esse risco é inerente a todas as práticas envolvidas em caminhos para o despertar – mas o perigo pode ser particularmente insidioso no uso de diretrizes éticas como formas habilidosas de cultivar intenções saudáveis. Nossa prática pode se aproximar perigosamente de uma busca para se tornar o "bom *self*" prescrito pelos autoguias da teoria da autodiscrepância – com todo o sofrimento que isso cria (Cap. 1).

O cumprimento das diretrizes éticas como parte de um projeto de "autoaperfeiçoamento" proporciona um terreno fértil para o desenvolvimento da autorretidão moralista e presunçosa daqueles que se orgulham de observar as diretrizes éticas "ao pé da letra". Eles podem, então, olhar para os seres "menores" que, por uma razão ou outra, não conseguem cumprir essas normas. Uma antipatia saudável por essa autorretidão, aliada a uma compreensão limitada do poder potencial do uso hábil das diretrizes éticas, pode levar a uma falta de interesse pelas dimensões éticas da prática. Comentadores notaram essa falta entre alguns defensores contemporâneos de *mindfulness* – particularmente aqueles interessados sobretudo em suas aplicações mais pragmáticas e práticas (Stanley, Purser, & Singh, 2018).

DESPRENDIMENTO

> *Desista da tua própria vontade, desista da tua própria corrida, desista de teu próprio desejo de saber ou ser qualquer coisa, e mergulha na semente que Deus semeia no coração, e deixe que ela cresça em ti, e esteja em ti, e respire em ti, e aja em ti; e descobrirás por doce experiência que o Senhor sabe disso e ama e possui isso e o conduzirá à herança da vida que é sua porção.*
>
> Isaac Penington (em *Quaker Faith and Practice*, 2013, Capítulo 26.70)

O desprendimento e suas relações próximas – desapego, renúncia, rendição e perdão – envolvem a mesma mudança fundamental na forma da mente: liberamos intencionalmente o controle do processamento conceitual controlado e passamos para o conhecimento holístico-intuitivo. No desapego e na renúncia, o foco principal é desprender a mente de sua busca motivada para se tornar um *self* mais feliz: deixamos de lado nosso esforço para conseguirmos o que queremos, ou nos livramos do que tememos. No perdão, o foco está em nos libertarmos da dolorosa ruminação obsessiva do *self* narrativo sobre dor, traição ou negligência do passado: "Viver uma vida impregnada de amargura e ódio é como estar trancado em uma casa em chamas..., [perdão é] lembrar que você segura a chave da porta em sua mão" (Feldman, 2005, p. 64). Na rendição, o "eu" do processamento conceitual controlado "cede" voluntariamente o controle a um "outro": nas tradições teístas, esse outro será algum tipo de ser superior; nas tradições não teístas, o outro é alguma forma de amor ou sabedoria mais profundos.

À medida que praticamos o desprendimento, o perdão e a rendição, cultivamos intenções e habilidades que oferecem uma rota de fuga imediata das exigências da luta conceitual e compulsiva de contar histórias. Libertamos os recursos executivos internos essenciais para *mindfulness* e o despertar interior. E descobrimos uma forma de aprimorar os HOL-ISSMs, cultivando uma forma da mente semelhante à de uma consciência não instrumental. Esse método de ativação dos HOL-ISSMs está disponível para nós a qualquer momento em que deixamos de ansiar por algo.

Os caminhos para a libertação incluem tanto o treinamento direto quanto o indireto na renúncia. O comportamento ético muitas vezes exige que deixemos de lado metas que parecem atraentes do ponto de vista da busca conceitual da felicidade. O compromisso de renunciar a padrões de comportamento antiético proporciona oportunidades infindáveis para aprimorar as intenções de desapego, de renúncia e similares. O treinamento indireto para o desprendimento também está embutido no próprio tecido de *mindfulness*. Essa prática nos pede, sempre de novo, para liberar a mente de seu encantamento com a mente errante e para reorientar intencionalmente a consciência para um objeto de atenção escolhido, como a respiração. Cada vez que fazemos essa mudança de atenção, fortalecemos nosso "músculo renunciatório": nossa vontade e capacidade de libertar a mente mudando o controle do conhecimento conceitual para o conhecimento holístico-intuitivo.

Enquanto *mindfulness* cultiva o desprendimento indiretamente, outras formas de meditação o fazem mais diretamente, treinando habilidades para liberar o controle do processamento conceitual controlado e passá-lo para o conhecimento holístico-intuitivo. A prática contemplativa cristã contemporânea de oração centrada, por exemplo, treina a *intenção* de remodelar a mente, em vez da *atenção* a objetos específicos:

> Em vez de envolver os poderes da atenção focada (na respiração, em um mantra), ela (a oração centrada) parece estar mais interessada em cultivar duas qualidades que envolvem essencialmente a *liberação* da atenção (ou, talvez, mais precisamente, sua reconfiguração). A primeira dessas qualidades foi descrita extensivamente no ramo ortodoxo do cristianismo sob o nome de "atenção do coração" – um estado estável de atenção... que emana do coração, não da cabeça, e assim está livre de intrusão daquele "observador interior" mental pesado que parece nos separar do imediatismo de nossa vida. ...A segunda..., a *consciência sem objeto*: presente e alerta, mas... sua atenção... não é focada em nenhuma coisa em particular. (Bourgeault, 2016, pp. 2, 38-39, 129)

A consciência sem objeto é mais conhecida por seu cultivo em meditações na tradição budista tibetana e na prática Sōtō Zen de *shikantaza*: "apenas sentado". É uma condição da mente na qual conhecemos, holístico-intuitivamente, um mundo de experiência não dual sem objetos conceitualmente separados: um mundo sem "coisas" nas quais a atenção pode se assentar; um mundo unificado, conectado, moldado por supramodelos holístico-intuitivos.

A grande escala e a amplitude do desprendimento envolvido no despertar interior exige uma mudança radical nas prioridades da mente. Como vimos no Capítulo 10, parábolas falam do despertar da mente como um tesouro escondido. Elas também apontam para a necessidade de nos separarmos de coisas de menor valor para ganhar o prêmio maior; nas parábolas de Jesus, temos de vender tudo o que temos para comprar a pérola valiosa, ou o campo onde está o tesouro; Rumi nos exorta a demolir nossa pequena loja para revelar e recuperar os veios da preciosa cornalina abaixo situada.

Uma história tradicional do sábio tibetano Milarepa ilustra a coragem que pode ser necessária para abandonar hábitos profundamente enraizados de aversão e evitação, para enfrentar nossos medos com clareza e bondade, e para deixar as decepções e tristezas da vida suavizarem e abrirem nosso coração:

> Ao voltar um dia à sua caverna, Milarepa encontra-a tomada por demônios. Imediatamente, ele tenta afugentá-los. Mas quanto mais ele os persegue, mais os demônios parecem determinados a ficar. Milarepa então tenta persuadi-los a ir, oferecendo ensinamentos budistas de "aprimoramento". Isso os deixa completamente indiferentes. Eventualmente, Milarepa aceita que não pode induzi-los a sair, e percebe que pode até ter algo a aprender com eles. Ele se curva para cada demônio de uma vez, olha-os nos olhos e diz: "Vamos ter que viver aqui juntos. Eu aceito sua presença e o que quer que tenham que me ensinar". Todos, exceto um demônio – o maior, mais feroz e mais aterrorizante –, desaparecem imedia-

tamente. Aproximando-se desse demônio, Milarepa finalmente se rende completamente: "Devora-me se quiser". Ele chega a colocar sua cabeça na boca do demônio. E ao fazê-lo, o feroz demônio se curva e se dissolve no espaço.

No Capítulo 11, vimos como o amor ao fluxo, por si só, como uma forma preciosa de ser, leva "as pessoas a sacrificar... a busca de dinheiro, poder, prestígio e prazer... a arriscar sua vida escalando rochas..., dedicar sua vida à arte, ...gastar suas energias jogando xadrez". Da mesma forma, o amor à mente desperta, por si só, fortalece a mudança radical nas prioridades necessárias ao despertar interior. Renunciamos a padrões profundamente enraizados de hostilidade, vingança ou retribuição e aprendemos, em vez disso, a "amar nossos inimigos, abençoar aqueles que nos amaldiçoam e fazer o bem àqueles que nos odeiam" (Lucas 6:27). E fazemos isso não tanto porque essas ações são moralmente "boas", mas porque são as formas mais eficazes de sustentar nossa intenção global de cultivar a plenitude da mente desperta *por si só*.

Todavia, algumas descrições da mente desperta podem nos fazer parar e nos perguntar se os frutos do despertar interior realmente valem a mudança radical nas prioridades mentais necessárias. A tradição budista primitiva às vezes iguala *nibbana* (também conhecido como *nirvana*, a mente desperta) com *nirodha*: a cessação ou ausência do anseio. O professor de meditação Doug Kraft declara que isso pode parecer "como descrever um belo dia como a ausência de tempestades de areia ou uma maravilhosa viagem de acampamento como a ausência de estupro e pilhagem. A ausência de ganância, aversão e ilusão nos diz o que não é *nirodha*, mas não o que é" (Kraft, 2017).

A cessação do anseio conceitual certamente oferece a calma e a tranquilidade de uma mente liberada do sofrimento causado pela busca constante da felicidade (Cap. 1). Contudo, a perspectiva dos ICS também sugere que a ausência de "ganância, aversão e ilusão" oferece um portal sempre disponível para as alegrias *positivas* da mente desperta, que exploramos no Capítulo 13. Ao longo de nossa vida, as experiências de consciência não instrumental *contínuas* têm sido associadas à ausência de anseio: quando a luta pela meta conceitual assume o controle da mente, não temos mais consciência não instrumental. Refletindo essa relação consistente, a ausência de anseio torna-se incorporada como uma característica central dos HOL-ISSMs. O reconhecimento ativo de que a mente está livre do anseio pode, então, agir para ativar os HOL-ISSMs latentes e desencadear as alegrias positivas da mente desperta.

A palavra crucial aqui é o reconhecimento *ativo*. Sem a consciência atenta – *mindfulness* – de uma mente livre de "ganância, aversão e ilusão" e da calma, paz e facilidade que a acompanham, haverá pouca ativação dos HOL-ISSMs, menos ainda o florescimento da mente desperta. O ingrediente vital nessa ativação é a criação de padrões relacionados de informações *holístico-intuitivas*: elas têm o poder de despertar HOL-ISSMs, que são, eles mesmos, padrões mais amplos de informações holístico-intuitivas. Observar cognitivamente que a mente está livre de ganância, aversão e ilusão pode envolver apenas padrões relacionados de informações *conceituais*. A menos que esses padrões também estejam associados a padrões correspondentes de informações holístico-intuitivas, eles não serão capazes de ativar os HOL-ISSMs por meio de um processo de conclusão de padrões. Professores de meditação, como Jon Kabat-Zinn, sublinham esse ponto-chave ao falar da importância do *r*econhecimento: a consciência atenta implica um engajamento mais profundo com a experiência do que a mera cognição.

As próprias instruções de Buda para a prática enfatizam essa necessidade de reconhecer ativamente a cessação de ganância, aversão e ilusão. Em sua terceira Verdade Enobrecedora,* a instrução-chave é que o *nirodha* deve ser *concretizado*. Podemos tomar isso como apenas uma forma de dizer "fazer o *nirodha* acontecer". Contudo, o ensinamento na verdade nos diz para entender (perceber) que a cessação aconteceu e para "torná-la real" por meio do saborear ativo e do aprofundamento, Doug Kraft explica:

> Quando falamos em concretizar o *nirodha* nesse contexto, "concretizar" significa "torná-lo real" como em "torná-lo conhecido por meio da experiência direta".
> Há várias profundidades para a realização do *nirodha*. Algumas só aparecem na prática avançada. ...A experiência mais leve do *nirodha* vem de saborear momentos de silêncio. Quando abandonamos a tensão, ela diminui. A tranquilidade restante pode ser tão silenciosa que não percebemos isso. A mente é atraída pela tensão. *Nirodha* não tem nenhuma tensão. Assim, a consciência pode deslizar sobre ela. Sentado em meditação ou caminhando na floresta, às vezes minha mente se torna suave e luminosa sem que eu saiba. Estou mais familiarizado com o esforço e com a descoberta de coisas. A tranquilidade não salta para cima e para baixo e acena com os braços chorando: "Repare em mim! Repare em mim!". Às vezes, não me lembro do silêncio brilhante e adorável.
> O *nirodha* mais leve vem de notar o silêncio e saboreá-lo – não se apegando a ele ou segurando-o, mas relaxando e desfrutando-o. Isso nos ajuda a saber que ele é real – nós percebemos o *nirodha*.
> No início, saborear o *nirodha* significa apenas absorver o encanto do silêncio relativo. (Kraft, 2017)

---

* Os ensinamentos centrais do Buda são geralmente descritos como as Quatro Nobres Verdades. Aqui, sigo Stephen Batchelor (1997, p. 4), que as descreve como as Quatro Verdades *Enobrecedoras*, para enfatizar que elas nos pedem *ações*.

Kraft prossegue descrevendo o desenvolvimento e o aprofundamento dessa prática: visão clara das origens do desejo e de seu subsequente desvanecimento; consciência crescente da sensação de bem-estar disponível a nós a todo momento; e, finalmente, o relaxamento e o desvanecimento da percepção, dos sentimentos e da própria consciência. Ele conclui: "Se não tivermos consciência das qualidades da mente-coração, não perceberemos as profundezas que são possíveis – as profundezas e alturas que estão aqui o tempo todo apenas esperando para serem saboreadas".

COMPAIXÃO

Uma vaquinha fantoche esforça-se para remover a tampa de uma caixa contendo um brinquedo atraente. Ela falha quatro vezes. Na quinta tentativa, um porquinho fantoche entra em cena, e atua em um dos quatro cenários diferentes. O porquinho ajudante bem-sucedido consegue ajudar a vaquinha a remover a tampa e a pegar o brinquedo. O porquinho ajudante malsucedido tenta ajudá-la a tirar a tampa da caixa, mas seus esforços combinados falham, e a vaquinha acaba sem o brinquedo. O porquinho importuno bem-sucedido pula em cima da caixa e impede que a vaquinha pegue o brinquedo. O porquinho importuno malsucedido salta sobre a caixa e impede que a vaquinha pegue o brinquedo – mas depois sai, e a vaquinha aproveita a oportunidade para levantar rapidamente a tampa e pegar o brinquedo.

Hamlin (2013) apresentou diferentes pares desses quatro minidramas para crianças de 8 meses. Os bebês, então, fizeram uma escolha entre os dois fantoches de porco que tinham visto. Dos 32 bebês, 28 preferiram o fantoche com a intenção positiva de ajudar, em vez do fantoche com a intenção de dificultar, independentemente de a vaca ter ficado com o brinquedo. As chances de uma diferença tão grande surgir apenas por acaso são inferiores a 1 em 20 mil.

Essas descobertas notáveis mostram que os bebês que ainda não podem falar não só *reconhecem* as intenções dos outros, mas também *privilegiam a intenção*, e não o resultado, em suas avaliações dos outros: eles valorizam aqueles que tentam ajudar, mesmo que seus esforços falhem. Pesquisas relacionadas (Hamlin, Wynn, & Bloom, 2007) sugerem que, em comparação com os personagens neutros, os ajudantes são valorizados positivamente, ao passo que os importunos são valorizados negativamente.

Os experimentos sobre compaixão em adultos complementam esse tipo de pesquisa em bebês. Klimecki, Leiberg, Lamm e Singer (2013) pediram a dois grupos de jovens mulheres que assistissem a vídeos de pessoas em dificuldade, antes e depois de um período de treinamento. Um grupo recebeu treinamento destinado a aumentar a compaixão, baseado em formas tradicionais de meditação da bondade amorosa (Salzberg, 1995). O outro grupo recebeu treinamento projetado para melhorar a memória. Não houve diferença entre os dois grupos nos sentimentos negativos evocados pelos vídeos: ambos compartilharam a angústia das pessoas que eles testemunharam em igual medida, antes e depois do treinamento. Em contrapartida, os dois tipos de treinamento diferiram em seus efeitos sobre os sentimentos *positivos*. O treinamento da memória teve pouco efeito sobre esses sentimentos. O treinamento da compaixão, por sua vez, *aumentou* significativamente o efeito positivo. Enquanto as participantes viam a dor dos outros com o desejo de que eles estivessem livres do sofrimento, elas experimentaram sentimentos agradáveis: "um sentimento de calidez"; "um sentimento maravilhoso e gratificante de desejar o bem aos outros"; "sentimentos de amor, segurança, abrigo"; "pensar nas outras pessoas e... demonstrar-lhes bondade"; "um sentimento de felicidade que surge".

Os sentimentos positivos ligados à compaixão revelados por essa pesquisa servem a uma função social vital: eles moldam a forma como respondemos aos seres humanos em dificuldade. Quando nos relacionamos com a intenção de aliviar o sofrimento, sentimentos positivos nos levam a *nos aproximarmos* daqueles que sofrem e oferecer ajuda: em certo sentido, a compaixão torna-se sua própria recompensa. Sem essa intenção, os sentimentos negativos evocados por nossa resposta empática ao sofrimento muitas vezes nos levarão a *evitá-los* e, portanto, a colocá-los em risco de dano adicional.

Esses experimentos e estudos relacionados com bebês e adultos são parte de um corpo crescente de pesquisas que sugere que os seres humanos têm uma tendência inata a oferecer ajuda a outros em dificuldade, a se sentirem bem quando agem dessa maneira e a mostrar uma consideração positiva pelas pessoas que agem compassivamente (Warneken & Tomasello, 2009; Warneken, Hare, Melis, Hanus, & Tomasello, 2007; ver Ricard, 2015; Gilbert, 2009). Biólogos evolucionistas, primatólogos e antropólogos sugeriram que essas e outras formas de comportamento "moral" evoluíram para sustentar a ação coletiva e a cooperação dentro de grupos sociais (Alexander, 1987; Cosmides & Tooby, 1992; de Waal, 2006; Henrich & Henrich, 2007; Joyce, 2006; Katz, 2000; Price, Cosmides, & Tooby, 2002). Tais ações morais, argumentam eles, ofereceram a nossos primeiros ancestrais grandes vantagens de sobrevivência, motivo pelo qual foram incorporadas como tendências herdadas em nossa mente.

Compaixão: abraçando o difícil

A compaixão capacita nossa mente a permanecer plena e consciente diante do nosso sofrimento e o dos outros.

As exigências prementes da busca conceitual da felicidade para os recursos executivos da mente representam grandes obstáculos à experiência da plenitude contínua. No caso de experiências positivas, o anseio de ter e agarrar-se a pensamentos, sentimentos, objetos ou situações agradáveis facilmente nos seduz e faz nossa mente se desviar. A renúncia, o desprendimento e o desapego oferecem maneiras hábeis de liberar os recursos executivos ligados por esse anseio. Esses recursos estão disponíveis para a construção criativa do todo que fundamenta *mindfulness* e o despertar interior.

A compaixão tem uma função crucial semelhante em relação a situações desagradáveis. Os sentimentos positivos ligados à compaixão nos motivam a *nos aproximarmos* e a *nos engajarmos* no sofrimento, em vez de *evitá-lo* física ou mentalmente (como na história do Dalai Lama, no Capítulo 3). Em vez de sermos levados a nos concentrarmos no desagradável sofrimento e nas maneiras de nos livrarmos dele, a compaixão permite que nossa mente inclua o sofrimento em um todo mais amplo. Essa perspectiva cultiva a ação compassiva, a plenitude, a ordem e a harmonia na mente – mesmo diante do sofrimento extremo. A plenitude interior, quando nos envolvemos compassivamente com o sofrimento, contrasta fortemente com a fragmentação da mente quando tentamos resistir, evitar ou escapar dele. E, ao contrário do medo, da raiva ou da má vontade que alimentam a aversão, a compaixão gera uma alegria muitas vezes inesperada. Há muito tempo, os poetas têm notado esse paradoxo. Rumi (Akṣapāda, 2019) o expressa dessa forma:

> Essa dor que abraçamos se torna alegria. Chame-a para os seus braços, onde ela pode mudar. (p. 62)

Rashani Rea (2009) escreve:

> Há uma fragilidade
> do qual sai o inquebrável,
> uma destruição
> da qual desabrocha o indestrutível.
> Há uma tristeza
> além de todo sofrimento que leva à alegria.

A compaixão, como um afeto que nos motiva a responder à dor do outro com o desejo e a intenção de que ele esteja livre do sofrimento, é uma das mais belas qualidades da mente desperta. Também oferece uma maneira altamente eficaz de despertar os HOL-ISSMs latentes em nossa mente. Em nossa experiência de vida, os padrões de informação holístico-intuitiva relacionados com sensações corporais, sentimentos, tendências de ação e intenções de compaixão terão sido consistentemente associados a uma continuidade da consciência diante do sofrimento. De modo crucial, eles também terão sido associados de forma consistente aos modelos de sistemas holístico-intuitivos que suportam essa consciência. Por meio dessa ligação e do processo de conclusão de padrões, esses padrões fragmentados adquirem o potencial de despertar os padrões mais amplos de informações holístico-intuitivas nos HOL-ISSMs.

Como vimos, a cessação do anseio, da aversão e da ilusão também está ligada à continuidade do conhecimento holístico-intuitivo e, por essa razão, pode atuar para ativar os HOL-ISSMs. Contudo, como Doug Kraft observou, o problema com a cessação é que "a tranquilidade restante pode ser tão silenciosa que não a percebemos". Sem o apoio de uma percepção consciente, podemos não registrar a cessação o suficiente para ativar os HOL-ISSMs ou despertar a mente. Em contrapartida, na mente compassiva, a atenção é naturalmente atraída para o sofrimento, particularmente quando este é intenso. Os prazerosos sentimentos positivos ligados à nossa resposta compassiva ao sofrimento também atuam como outros ímãs de atenção. Dessa forma, é mais provável que estejamos cientes do sofrimento do que da cessação – fazendo da compaixão muitas vezes uma forma mais eficaz de engajar os HOL-ISSMs latentes do que as experiências mais sutis de tranquilidade ligadas à cessação.

Essa pode ser a razão pela qual o foco no sofrimento é uma característica proeminente de uma série de caminhos para a transformação. Com base em seus muitos anos de serviço, estudo e contemplação, Richard Rohr concluiu que, para a maioria das pessoas, "Grande amor e grande sofrimento (tanto curativo quanto ferido) são os caminhos universais, sempre disponíveis de transformação, pois são as únicas coisas fortes o suficiente para tirar as proteções e pretensões do ego. Grande amor e grande sofrimento nos trazem de volta a Deus" (2019, p. 112). Em seu adorável poema "Bondade", Naomi Shihab Nye (1998) coloca-o assim:

> Antes de conhecer a bondade como a coisa mais profunda dentro de você, você deve conhecer a tristeza como a outra coisa mais profunda.

A compaixão engloba tanto o amor quanto o sofrimento.

Compaixão: uma janela sobre os supramodelos dos sistemas holístico-intuitivos

Os HOL-ISSMs oferecem à nossa mente uma maneira de recuperar aspectos de nosso patrimônio evolutivo – como nossas capacidades inatas de cuidado, compaixão e criação do todo – de maneiras que nos permitem *conhecer* esses dons e usá-los como quisermos. Posso usar a compaixão para ilustrar o que quero dizer aqui de forma mais geral.

Os supramodelos surgem como consequência natural da tendência inerente da mente de descobrir e representar a ordem em níveis cada vez mais altos de complexidade. Os HOL-ISSMs refletem características que têm figurado repetidamente em experiências de conhecimento e consciência holístico-intuitiva contínua. Muitas dessas características refletirão aspectos de nossa dotação genética.

Começamos a vida com uma tendência inata e indiferenciada de ajudar outros seres e reduzir seu sofrimento. Aprendemos a *quem* demonstrar compaixão *após* o nascimento. Como disse Jaak Panksepp em relação ao medo: "Ao nascer, os seres humanos e os animais têm respostas afetivas incondicionais ou instintivas a apenas alguns poucos estímulos específicos. ...todo sistema emocional nasce essencialmente 'sem objetivos'. ...eles se tornam conectados ao mundo real por meio do aprendizado. ...A evolução criou a capacidade para sentirmos medo no cérebro, mas não nos informou (e não pôde fazê-lo) sobre as coisas que talvez precisássemos temer e evitar. Praticamente tudo isso tem que ser aprendido" (Panksepp & Biven, 2012, pp. 21, 176).

Começamos, então, nossa vida como "altruístas bastante indiscriminados" (Warneken & Tomasello, 2009, p. 466). No entanto, uma perspectiva evolutiva sugere que, à medida que a compreensão das crianças se desenvolve e elas adquirem mais experiência, "isso não deve apenas levar cegamente a mais ajuda, mas a uma ajuda mais seletiva" (Warneken & Tomasello, 2009). Em particular, essa ajuda seletiva favorecerá os parentes em detrimento dos não parentes, e os dentro do grupo em detrimento dos fora do grupo (Wynn, Bloom, Jordan, Marshall, & Sheskin, 2018). E isso, é claro, é o que vemos no estado normal das relações humanas diárias dos adultos.

Os HOL-ISSMs fornecem uma maneira de nossa mente se reconectar com a capacidade de ajuda e compaixão sem limites, "indiscriminada", construída em nosso cérebro. Os níveis superiores de holarquias mentais se concentram no que os elementos dos níveis inferiores têm em comum, em vez de se concentrarem nas formas em que diferem. Nos experimentos do bom samaritano (Quadro 13.4), por exemplo, os modelos mentais do torcedor do Manchester

United refletem a devoção a esse clube compartilhada por milhares de torcedores: homens e mulheres, jovens e idosos, ricos e pobres, pessoas com e sem deficiência, e assim por diante. Ao mesmo tempo que refletem o que todos esses diferentes indivíduos têm em comum, esses modelos ignoram as muitas maneiras em que são diferentes: eles refletem a essência que surge – o núcleo comum – da "torcida do Manchester".

De maneira semelhante, modelos mentais de compaixão de ordem superior refletem o que é comum às experiências nas quais eu respondo de modo simpático às preocupações dos outros, gentilmente enfaixo o joelho ferido de uma criança ou solto um animal preso e amedrontado. Ao mesmo tempo, esses modelos de ordem superior descartam informações relacionadas com as identidades específicas dos diferentes seres envolvidos. Os HOL-ISSMs continuam essa tendência: eles refletem dimensões de compaixão "pura", completamente destituídos de qualquer referência aos tipos de indivíduos envolvidos. Dessa forma, os HOL-ISSMs recuperam algo da natureza incondicional e sem limites da disposição inata à compaixão que trazemos conosco na chegada ao mundo.

Os HOL-ISSMs me permitem redescobrir, reconectar e *conhecer* diretamente meu potencial inato original de compaixão sem limites. Eles me permitem, então, integrar essa capacidade na forma como respondo ao sofrimento que me aguarda nesse momento. O mesmo se aplica a outros elementos dos HOL-ISSMs, que refletem os dons inatos do cérebro graças à evolução: a capacidade de amar incondicionalmente e sem limites (que discutiremos em breve), e a capacidade de descobrir e representar o relacionamento, que sustenta a criação do todo em todos os níveis da mente.

Ao tornar a compaixão incondicional e sem limites conhecida e disponível para a mente *agora*, nesse momento – em vez de deixá-la permanecer uma relíquia vestigial não utilizada da mente infantil –, os HOL-ISSMs permitem que a sabedoria (conhecimento holístico-intuitivo) expanda o escopo de nossos cuidados e compaixão. A tradição budista reconhece a compaixão e a sabedoria como as duas "asas do despertar" e insiste que precisamos de ambas para voarmos livremente.

Assim, por exemplo, minha resposta habitual a um certo político pode ser a alienação e o preconceito: muito semelhante à resposta do sacerdote e do levita ao viajante ferido (Quadro 13.3). A memória operacional holístico-intuitiva proporciona um espaço de trabalho em que posso tecer elementos da compaixão "pura" refletida nos HOL-ISSMs com outros elementos conceitualmente derivados e, assim, fomentar uma resposta mais sábia. Sabendo algo das condições que podem levar às opiniões que condeno, posso ver o sofrimento inerente à "ignorância" de meu "inimigo". Esse olhar pode, então, despertar as sementes da compaixão dentro de mim – levando-me a responder de maneiras que me causam menos raiva e agitação, bem como pode, eventualmente, levar a uma atividade mais construtiva e reconciliadora no mundo.

A sabedoria oferece uma maneira de estender a *todos* os seres que sofrem minha capacidade inata de responder à dor com cuidado e um desejo de aliviá-la. Através dos olhos da sabedoria, posso ver que todos os seres desejam ser felizes, mas que (quase) todos buscam essa felicidade de maneiras que só lhes causam mais sofrimento (Cap. 1). Sensivelmente consciente desse sofrimento universal, tenho a possibilidade de responder compassivamente ao sofrimento oculto de todos que encontro. Posso, pelo menos em teoria, seguir o Dalai Lama e abordar cada momento de cada dia com a intenção de beneficiar todos os seres com as minhas ações.

AMOR

> *Uma vez perguntei ao bispo de Genebra (François de Sales) o que se deve fazer para atingir a perfeição. "Você deve amar a Deus com todo o seu coração", respondeu ele, "e ao seu próximo como a si mesmo".*
>
> *"Eu não perguntei onde está a perfeição", respondi, "mas como alcançá-la". "Caridade", disse ele, novamente, "esse é tanto o meio como o fim, a única maneira pela qual podemos alcançar essa perfeição, que é, afinal de contas, a própria caridade".*
>
> *"Sei tudo isso", eu disse, "mas quero saber como se deve amar a Deus com todo o coração e ao próximo como a si mesmo".*
>
> *"A melhor maneira, a maneira mais curta e fácil de amar a Deus com todo o coração é amá-lo totalmente e com sinceridade! Há muitos além de você que querem que eu lhes diga os métodos e sistemas e maneiras secretas de se tornar perfeito, e só posso lhes dizer que o segredo é um amor sincero a Deus, e a única maneira de alcançar esse amor é amando... Você aprende a falar, falando... a correr, correndo; e só assim você aprende a amar a Deus e ao homem, amando... Comece como um mero aprendiz, e o próprio poder do amor o levará a se tornar um mestre na arte."*
>
> Jean Pierre Camus (em Huxley, 1945/1985, p. 120)

Nessas palavras, François de Sales (1567-1622) ecoa a ideia-chave de que os caminhos para o despertar são "tanto o meio como o fim". Dito de outra forma: "Não há como amar; o amor é o caminho", ou, nas palavras do poeta Philip Booth, "Como você chega lá, é onde você vai chegar". O amor, como meio, ativa os HOL-ISSMs latentes; eles, então, guiam o florescimento da mente desperta mais ampla, a qual incorpora o amor como um fim, como uma de suas qualidades mais belas e preciosas. E assim como estamos preparados de maneira inata para aprender a falar, ou para correr, também somos inatamente dotados de afetos centrais que nos preparam para amar (Quadro 3.2; Fredrickson, 2013). Felizmente, ao cultivarmos o amor, não começamos do zero: com "condições adequadas", nosso potencial inato se tornará conhecido.

Os caminhos tradicionais para o despertar cultivam essas condições adequadas. A meditação da bondade amorosa budista (*metta*) (Salzberg, 1995), por exemplo, oferece uma "aprendizagem" estruturada em amor. A prática usa frases como "Que você esteja seguro e protegido, que você seja pacífico, que você viva com tranquilidade e bem-estar" como uma forma prática de incorporar intenções de boa vontade. O aprendizado começa tendo em mente e direcionando intenções amorosas para as pessoas de quem já gostamos (incluindo nós mesmos – se nos gostamos). Em seguida, passa para indivíduos para os quais nos sentimos relativamente neutros; depois, concentra-se nas pessoas que achamos difíceis; finalmente, a prática estende as intenções de boa vontade a todos os seres, em todos os lugares. Práticas paralelas no "mundo real" complementam essas práticas meditativas baseadas em imagens e imaginação.

A perspectiva dos ICS oferece maneiras de entender tanto o poder da meditação da bondade amorosa como também, o que é importante, por que, como comumente ensinado, ela é muitas vezes ineficaz. Meu amigo Ruchiraketu ensina essa meditação a milhares de homens e mulheres há quase 40 anos. Assim como outros, ele descobriu que uma proporção substancial dos alunos experimenta dificuldades consideráveis. Ele percebeu que essas dificuldades decorriam do modo de pensar deles: "Embora você esteja pensando na qualidade que deseja desenvolver, para identificar uma qualidade a desenvolver, você presta atenção em alguma falta em sua experiência, o que pode ser desencorajador. Além disso, a qualidade desejada é apenas uma possibilidade futura, ao passo que a falta é experimentada como uma realidade no presente" (Ruchiraketu, 2004).

Para contornar essa dificuldade, Ruchiraketu concebeu uma maneira diferente de introduzir a prática. Em vez de convidar imediatamente os alunos a cultivarem sentimentos ou intenções positivas, ele começa pedindo a eles que se lembrem de coisas que apreciam em alguém que valorizam. Os alunos acham que isso os faz sentir mais abertos, felizes e expansivos. Essa mudança de humor destaca a mensagem de que os alunos *já* têm a capacidade de desenvolver esses tipos de sentimentos positivos. Conscientes desse recurso interior que já possuem, os alunos ficam mais confiantes em sua capacidade de desenvolver e manter esse potencial, em vez de se preocuparem em criar algo a partir do zero.

As frases utilizadas na primeira fase da meditação da bondade amorosa, centrada nas pessoas que conhecemos e de quem gostamos, são modelos mentais preexistentes de boa vontade baseados em nossas experiências passadas com essas pessoas. É crucial que o núcleo desses modelos retenha algo da capacidade de boa vontade *indiferenciada* que trazemos conosco ao chegarmos ao mundo: esse núcleo, ligado pela experiência com esses indivíduos em particular, dá a esses modelos seu poder. Uma vez que esses padrões centrais são reativados por frases focalizadas nas pessoas de quem já gostamos, a prática de *metta* fornece uma estrutura na qual a criação flexível do todo pode integrá-los a novos modelos mentais. Esses modelos se concentram, primeiro, nas pessoas pelas quais nos sentimos neutros; depois, nas pessoas pelas quais temos sentimentos negativos; e, finalmente, nas pessoas que absolutamente não conhecemos. Dessa forma, nossa mente e nosso coração aprendem a estender a bondade amorosa a todos os seres: a prática nos reconecta com a qualidade indiferenciada de nossa capacidade inata original de boa vontade. Vale observar que essa abordagem gradual da prática da bondade amorosa foi originalmente desenvolvida por seguidores do Buda muitos anos após a sua morte. A orientação original do próprio Buda encorajava os praticantes, desde o início, a irradiar um cuidado indiferenciado para todos os seres "em todo o mundo. ...Para o exterior e sem limites". Assim, sua orientação ressoava mais diretamente com a natureza inerente de nossa dotação genética.

Os ICS também nos ajudam a entender as dificuldades que as pessoas experimentam com a meditação da bondade amorosa. Muitos de nós trazem essa perspectiva de esforço para metas como padrão a essa prática, assim como a outros aspectos dos caminhos para o despertar: abordamos uma meditação da bondade amorosa como uma "tarefa" para alcançar a "meta" de nos tornarmos um *self* mais bondoso, mais amoroso. Mas, claro, assim que nos aproximamos da prática dessa forma instrumental, encontramos todos os problemas que Ruchiraketu observou: preocupação de que podemos não alcançar a meta; nos sentirmos *menos* amorosos à medida que nos concentramos nas discrepâncias entre nossas ideias de como somos *realmente* amorosos e nossas ideias de quando *queremos* ser amorosos ou pensamos que *devemos* ser (como discutimos no Cap. 1).

Em contrapartida, quando nos concentramos em saborear e nutrir capacidades de boa vontade que *já* estão presentes em nossos coração e mente, recuperamos um clima afetivo acolhedor e *não* instrumental. Esse clima desliga o processamento conceitual controlado, diminuindo as exigências da busca conceitual e permitindo que nos tornemos um *self* mais bondoso, mais amoroso. Da mesma forma, esse clima nos motiva a nos engajarmos na meditação da bondade amorosa como um ato de bondade em si mesmo.

Ao discutir o amor na mente desperta no Capítulo 13, concentrei-me principalmente no amor *pessoal* pelos outros seres: o desejo e a intenção de que eles estejam bem, seguros e felizes. Também sugeri que, em um nível mais geral, o amor envolve uma relação não gananciosa, que valoriza tudo o que se apresenta à nossa mente a cada momento. Essa relação mais geral reflete as dimensões de "cuidado" e "entrelaçamento" que subjazem a todo o mundo holístico-intuitivo da experiência (Quadro 13.2).

O entrelaçamento, como vimos anteriormente, descreve "uma relação reverberativa 'ressonante', 'responsável', na qual cada parte é alterada pela outra e pela relação entre as duas" (McGilchrist, 2009, p. 170). Ele requer um engajamento ativo e uma interação dinâmica com o outro ("o que quer que seja que exista além de nós mesmos"): uma abertura e uma sensibilidade de resposta ao que quer que o outro ofereça.

O cuidado, nesse contexto, descreve uma vontade de dar atenção sincera e de nos engajarmos em qualquer aspecto da vida que se apresente à nossa mente a cada momento (McGilchrist, comunicação pessoal, setembro de 2016). Se não há cuidado ou preocupação – quando "não nos importamos" ou somos indiferentes ao mundo apresentado a nós –, nossa atenção se desprende, não estamos mais conscientes, nossa mente volta às formas automáticas de processamento e *não estamos mais presentes*. O cuidado envolve necessariamente valorizar e aceitar plenamente o outro: dar uma atenção sincera e acolhedora a *todos* os aspectos da experiência para que nossa mente possa desenvolver os modelos mentais totalmente inclusivos dos quais depende a plenitude.

Ver o entrelaçamento e o cuidado dessa forma é um pequeno passo para descrever a sua combinação dinâmica como amor *impessoal* (impessoal, aqui, significa não focalizado em nenhuma pessoa em particular, em vez de frio ou distante). Essa forma de ver também sugere paralelos interessantes entre "entrelaçamento reverberativo, *ressonante*" e o que Barbara Fredrickson (2013) chama de "ressonância da positividade". O entrelaçamento nos torna um com todos os aspectos de nossa experiência no amor impessoal; a ressonância da positividade nos conecta a outros seres em um todo dinâmico e interativo no amor pessoal. Em ambos,

o amor é o que nos torna plenos.

Todas as experiências de conhecimento holístico-intuitivo que surgem em HOL-ISSMs incluem uma combinação de cuidado e entrelaçamento: amor impessoal. Por essa razão, uma dinâmica do amor impessoal é uma característica central dos HOL-ISSMs. Contudo, essa dinâmica, assim como outros aspectos dos HOL-ISSMs, permanece em grande parte desconhecida e irreconhecível até que esses supramodelos sejam despertados. Então, podemos tomar consciência de uma sensação de estarmos imersos e envolvidos em um campo de amor impessoal. À medida que sustentamos esse amor em uma consciência amorosa, encontramo-nos dentro de um espaço de amor autossustentável.

Sam Harris (2014) descreveu assim seu primeiro encontro com esse espaço:

> O amor no fundo era impessoal – e mais profundo do que qualquer história pessoal poderia justificar ...o amor, a compaixão e a alegria pela alegria dos outros se estendia sem limites. A experiência não foi de amor crescendo, mas de não sendo mais obscurecido. (pp. 4-5)

Para Eckhart Tolle (1999/2005), a experiência foi da luz em si incorporando esse amor:

> Eu abri meus olhos. A primeira luz do amanhecer se infiltrava através das cortinas. Sem pensar, eu sentia, eu sabia, que há infinitamente mais para iluminar do que imaginamos. Aquela suave filtragem de luminosidade através das cortinas era o próprio amor. (p. 2)

E Mark, um experiente praticante budista que havia sido recentemente diagnosticado com câncer, descreveu-o como "invisível como o espaço" neste relato (escrito, e compartilhado comigo, por meu amigo Michael Chaskalson em uma comunicação pessoal, em setembro de 2020):

> Deitado em uma cama na ala de emergência com soro no braço e barulho, confusão e drama ao redor, todos os limites de repente caíram, deixando apenas o amor.
> Não o amor no sentido pessoal. Não tinha nada a ver com "ele". Barulhento, confuso e disfuncional como aquele espaço pode ter sido, ele mesmo era um espaço de amor. Isso não teve nada a ver com o fato de as pessoas no espaço serem "simpáticas" – os médicos muitas vezes não são simpáticos, e os pacientes podem ser difíceis. Mas o que poderia parecer um lugar de sofrimento, até mesmo infernal, era uma espécie de paraíso cuja natureza era o amor...
> Como disse Mark, essa experiência veio com seu reconhecimento de que uma pessoa é sempre apenas um conjunto de imagens e sensações mentais. Não há pessoa, apenas pensamentos sobre uma pessoa. O amor do qual ele falou não era, disse ele, algo que ele tinha desenvolvido.
> "Já está aqui, agora, no momento, invisível como o espaço e apenas esperando para ser notado. Está sempre disponível. Não é algo que possa ser conjurado ou manipulado pelo *self*, é simplesmente o que resta quando se deixa de lado a preocupação consigo mesmo."

A perspectiva dos ICS sobre o amor *im*pessoal amplia significativamente a gama de situações nas quais podemos "aprender a amar, amando". Ela sugere que podemos aprender a amar abordando todos os aspectos de nossa vida com a presença de coração aberto que Jon Kabat-Zinn chama de "consciência com o coração" (que ele também vê como sinônimo de *mindfulness* [Kabat-Zinn, 2018, p. 59]): com cuidado, aceitação, respeito, compromisso, paciência, generosidade e boa vontade. Abordadas dessa forma, até mesmo atividades mundanas tornam-se nosso caminho para o despertar e uma fonte de inspiração para os outros. Esse caminho era central no início do judaísmo hassídico (Borowitz, 2002):

> Enquanto o chassidismo considerava importantes as pregações de seu rabino, mais importante era estar com ele. Não era tanto o que ele dizia, mas o que ele era; não tanto seu ensinamento, mas seu ser, que teve seu efeito. Como disse o rabino Leib, o filho de Sara: "Eu não fui ao rabino Dov Ber de Metzritch para ouvir a Torá dele, mas para vê-lo amarrar os laços de seus sapatos". Não é tão importante ensinar a Torá quanto ser a Torá. O homem verdadeiramente religioso é religioso em tudo o que faz, porque é religioso em tudo o que ele é, e, às vezes, a centelha salta dele para mim. (p. 23)

O amor pessoal pode ser bastante desafiador; às vezes, podemos duvidar de que temos a capacidade de aprofundá-lo e estendê-lo ainda mais como um caminho de prática. É mais fácil confiar que *já* temos uma capacidade de amor impessoal – com todas as vantagens que a confiança traz. Podemos verificar isso a qualquer momento: podemos explorar a possibilidade de virar a página de um livro (mesmo *esta* página *deste* livro) com todo o cuidado e consciência com que lidaríamos com um objeto frágil e precioso que amamos; ou podemos explorar a possibilidade de colocar um livro de lado ao terminar um capítulo (mesmo *este* livro e *este* capítulo) de forma tão suave e amorosa quanto podemos colocar na cama um bebê recém-nascido que acabou de adormecer em nossos braços.

As possibilidades são infinitas.

CONSIDERAÇÕES FINAIS

Um dos objetivos deste livro foi apresentar uma estrutura para compreender *mindfulness* e o despertar interior que nos ajudará a nos relacionarmos mais efetivamente com o que é bom nas tradições existentes. Neste capítulo, segui a estratégia que utilizamos no desenvolvimento da terapia cognitiva baseada em *mindfulness* (MBCT, do inglês *mindfulness-based cognitive therapy*). Nela, em vez de "reinventar a roda", Mark Williams, Zindel Segal e eu incluímos práticas experimentadas e testadas dos caminhos tradicionais em um programa integrado para reduzir a recidiva da depressão. Fomos guiados por uma compreensão psicológica do problema com o qual estávamos lidando, por um lado, e dos processos pelos quais cada prática teve seus efeitos, por outro.

Neste capítulo, exploramos uma abordagem semelhante em relação ao comportamento ético, ao desprendimento, à compaixão e ao amor. Essa exploração sugeriu que, longe de serem vestígios irrelevantes de culturas e sistemas religiosos ultrapassados, essas práticas tradicionais fazem muito sentido dentro da estrutura dos ICS. Da mesma forma, nossa exploração apoia a contínua relevância dessa estrutura de entendimento para refinar e ampliar o uso de práticas tradicionais nos contextos contemporâneos.

Em alguns aspectos, a situação aqui ecoa a relação entre os medicamentos fitoterápicos tradicionais e a medicina contemporânea. A casca de salgueiro e as adoráveis ulmárias selvagens há muito tempo têm sido usadas como medicamentos para uma variedade de condições, incluindo o alívio da dor. A identificação do ácido salicílico como um de seus ingredientes eficazes levou ao desenvolvimento do ácido acetilsalicílico – a aspirina. A produção em massa de comprimidos de aspirina permite que os benefícios do alívio da dor com o ácido salicílico sejam compartilhados de forma muito mais ampla, eficiente e eficaz do que se cada um de nós tivesse de caminhar até o prado úmido local, coletar casca de salgueiro ou ulmária e processá-las em nossa cozinha.

Em contrapartida, a história da ulmária e da aspirina também sugere cautela em nossas tentativas de isolar e purificar os "ingredientes eficazes" nos caminhos tradicionais do despertar. A aspirina pode fazer sangrar o revestimento do estômago, mas a ulmária contém naturalmente outros compostos que evitam a irritação por ácido salicílico: a mistura de ingredientes no remédio tradicional revela-se mais segura do que o "ingrediente ativo" purificado identificado pela pesquisa. De maneira semelhante, os caminhos tradicionais normalmente integram uma variedade de vertentes: o nobre caminho óctuplo de Buda, por exemplo, abrange, sim, oito vertentes. A sinergia entre os diferentes elementos dos caminhos tradicionais faz o seu efeito combinado ser maior do que a soma de seus efeitos separados, utilizados isoladamente. E, como no caso da ulmária, a presença de outros ingredientes na mistura tradicional pode reduzir quaisquer efeitos potencialmente prejudiciais de elementos individuais. A sabedoria e as intenções saudáveis cultivadas no caminho óctuplo, por exemplo, podem nos salvar de tentativas mal orientadas de usar *mindfulness* a serviço de projetos de autoaperfeiçoamento conceitualmente dirigidos – como o esforço para tornar-se um *self* melhor, mais calmo, mais relaxado, ou o *self* justo que se conforma estritamente à "letra da lei".

A abordagem dos ICS utiliza linguagem e conceitos bastante diferentes daqueles dos caminhos tradicionais espirituais ou religiosos. Esperamos que isso possa facilitar para que pessoas fora dessas tradições vejam a relevância dessas práticas para elas. Da mesma forma, a abordagem dos ICS pode fornecer uma linguagem e um modo de pensar comuns – o que Jon Kabat-Zinn (2011) chama de "*dharma* universal" – que pode ajudar indivíduos de diferentes tradições a trabalharem juntos em áreas em que têm pontos em comum.

A estrutura dos ICS se beneficia da precisão e da generalidade dos significados conceituais em que é expressa. Contudo, em comparação com imagens, símbolos, histórias, mitos, poesia e música das tradições religiosas carregadas de afeto, ela fica muito aquém de comunicar significados holístico-intuitivos transformadores. Embora o conceito de HOL-ISSMs possa ser um poderoso dispositivo explicativo, falta-lhe o poder inspirador da "beleza secreta de seu coração, do fundo de seu coração, onde nem o pecado, nem o desejo, nem o autoconhecimento podem alcançar, o cerne de sua realidade, a pessoa que cada um é aos olhos de Deus", ou da "suprema ambrosia de Shantideva, que supera a soberania da morte ...o tesouro inesgotável que elimina toda a pobreza no mundo".

Nosso desafio é combinar as diferentes forças e qualidades de nossos dois tipos de conhecimento de forma a nos permitir responder com mais eficácia aos imensos problemas, tanto individuais quanto coletivos, que cada vez mais enfrentamos. A partir de sua revisão acadêmica da cultura ocidental da Grécia Antiga, Iain McGilchrist (2009) identificou os períodos de maior criatividade e riqueza cultural como aqueles em que os conhecimentos conceitual e holístico estavam em harmonia – com o conhecimento holístico no controle final. Ele também documentou uma mudança progressiva na influência relativa dessas formas de conhecimento ao longo do tempo, com o conhecimento conceitual exercendo poder cada vez maior. Muitos dos imensos problemas que enfrentamos hoje, sugere McGilchrist, refletem esse desequilíbrio. Há uma necessidade urgente de corrigir a relação entre nossas duas formas de conhecimento: entregar as rédeas do controle ao conhecimento holístico-intuitivo, em uma relação na qual ambas as formas de conhecimento sejam respeitadas e valorizadas.

Mindfulness e o despertar interior nos proporcionam as maneiras de como fazer exatamente isso.

> Em você, como em cada ser humano, existe uma dimensão de consciência muito mais profunda do que o pensamento. É a própria essência de quem você é. Podemos chamar isso de presença, consciência, a consciência incondicionada. Nos ensinamentos antigos, é o Cristo interior, ou sua natureza de Buda.
>
> Encontrar essa dimensão liberta você e o mundo do sofrimento que você inflige a si mesmo e aos outros quando o "pequeno eu" feito pela mente é tudo o que você conhece e dirige sua vida. Amor, alegria, expansão criativa e paz interior

duradoura não podem entrar em sua vida a não ser por meio dessa dimensão incondicionada da consciência.

Se você pode reconhecer, mesmo ocasionalmente, os pensamentos que passam por sua mente como simples pensamentos, se você pode testemunhar seus próprios padrões mentais e emocionais reativos à medida que eles acontecem, então essa dimensão já está emergindo em você como a consciência em que os pensamentos e as emoções acontecem – o espaço interior atemporal no qual o conteúdo de sua vida se desdobra. (Tolle, 2003/2011, pp. 13-14)

Para finalizar, deixe-me abordar uma última questão. Vivemos em tempos de grandes desafios mundiais, e os especialistas preveem que continuaremos a enfrentar um desafio atrás do outro no futuro próximo. Nessa situação, podemos nos perguntar se virarmos nossa atenção para dentro para nos concentrarmos atentamente nas minúcias de nossa experiência interior é um ato de fuga individual autoindulgente: não é agora o momento para uma ação coletiva urgente no mundo exterior para salvar a vida do planeta? Em resposta, só posso dizer que, pelo que sei, uma ação eficaz é *mais* do que *menos* provável de surgir de mente e coração libertos da ilusória prisão da separação, prontos para incluir todos os seres vivos e toda a natureza em seus círculos ampliados de compaixão. A forma que essa ação pode assumir é empolgante e imprevisível. Que uma compreensão mais clara de *mindfulness* e do despertar interior possa fazer sua própria contribuição para a sabedoria e a boa vontade de que necessitamos.

Referências

Akṣapāda. (2019). *The analects of Rumi.* Self-published.

Alexander, R. D. (1987). *The biology of moral systems.* Piscataway, NJ: Transaction.

Allen, M., Bromley, A., Kuyken, W., & Sonnenberg, S. J. (2009). Participants' experiences of mindfulness-based cognitive therapy: "It changed me in just about every way possible." *Behavioural and Cognitive Psychotherapy, 37*(4), 413–430.

Amaravati Sangha. (1994). *Chanting book: Morning and evening puja and reflections.* Hemel Hempstead, UK: Amaravati Publications.

Amaro, B. (2003). *Small boat, great mountain.* Redwood Valley, CA: Abhayagiri Buddhist Monastery.

Anālayo, B. (2003). *Satipaṭṭhāna: The direct path to realization.* Birmingham, UK: Windhorse Publications.

Andrews-Hanna, J. R., Smallwood, J., & Spreng, R. N. (2014). The default network and self-generated thought: Component processes, dynamic control, and clinical relevance. *Annals of the New York Academy of Sciences, 1316*(1), 29–52.

Baars, B. J., & Franklin, S. (2003). How conscious experience and working memory interact. *Trends in Cognitive Sciences, 7*(4), 166–172.

Baddeley, A. (2000). The episodic buffer: A new component of working memory? *Trends in Cognitive Sciences, 4*(11), 417–423.

Barks, C. (1996). *The essential Rumi* (paperback edition). San Francisco: HarperSanFrancisco.

Barks, C. (2001). *The soul of Rumi.* San Francisco: HarperSanFrancisco.

Barnard, J. (Ed.). (1988). *John Keats: The complete poems* (Penguin Classics, 3rd ed.). Harmondsworth, Middlesex, UK: Penguin Books.

Barnard, P. J. (1985). Interacting cognitive subsystems: A psycholinguistic approach to short term memory. In A. Ellis (Ed.), *Progress in the psychology of language* (Vol. 2, pp. 197–258). London: Erlbaum.

Barnard, P. J. (1999). Interacting cognitive subsystems: Modeling working memory phenomena within a multiprocessor architecture. In A. Miyake & P. Shah (Eds.), *Models of working memory: Mechanisms of active maintenance and executive control* (pp. 298–339). Cambridge, UK: Cambridge University Press.

Barnard, P. J. (2012). What do we mean by the meanings of music? *Empirical Musicology Review*, 7, 69–80.

Barnard, P. J., Duke, D. J., Byrne, R. W., & Davidson, I. (2007). Differentiation in cognitive and emotional meanings: An evolutionary analysis. *Cognition and Emotion*, 21, 1155–1183.

Barnard, P. J., & Teasdale, J. D. (1991). Interacting cognitive subsystems: A systemic approach to cognitive-affective interaction and change. *Cognition and Emotion*, 5, 1–39.

Batchelor, S. (1997). *Buddhism without beliefs*. London: Bloomsbury.

Bishop, S. R., Lau, M., Shapiro, S., Carlson, L., Anderson, N.D., Carmody, J., . . . Devins, G. (2004). Mindfulness: A proposed operational definition. *Clinical Psychology: Science and Practice*, 11 230–241.

Bodhi, B. (Trans.). (2000). *The connected discourses of the Buddha*. Somerville, MA: Wisdom Publications.

Bodhi, B. (2011). What does mindfulness really mean? A canonical perspective. *Contemporary Buddhism*, 12, 19–39.

Borowitz, E. B. (2002). *Studies in the meaning of Judaism* (JPS Scholar of Distinction Series). Philadelphia: Jewish Publication Society.

Bourgeault, C. (2001). *Mystical hope: Trusting in the mercy of God*. Boston: Cowley Publications.

Bourgeault, C. (2003). *The wisdom way of knowing: Reclaiming an ancient tradition to awaken the heart*. San Francisco: Wiley.

Bourgeault, C. (2004). *Centering prayer and inner awakening*. Lanham, MD: Cowley Publications.

Bourgeault, C. (2008). *The wisdom Jesus*. Boston: Shambhala.

Bourgeault, C. (2016). *The heart of centering prayer: Nondual Christianity in theory and practice*. Boulder, CO: Shambhala.

Brehm, J. (Ed.) (2017). *The poetry of impermanence, mindfulness, and joy*. Somerville, MA: New Directions Publishing.

Buchanan, G. M., & Seligman, M. E. P. (Eds.). (1995). *Explanatory style*. Mahwah, NJ: Erlbaum.

Buckner, R. L., Andrews-Hanna, J., & Schacter, D. L. (2008). The brain's default network: Anatomy, function and relevance to disease. *Annals of the New York Academy of Sciences*, 1124, 1–38.

Burbea, R. (2014). *Seeing that frees*. West Ogwell, UK: Hermes Amara.

Burns, R. (1786). *Poems, chiefly in the Scottish dialect*. Kilmarnock, Scotland: John Wilson.

Calaprice, A. (2005). *The new quotable Einstein*. Princeton, NJ: Princeton University Press.

Campbell, J. (1988). *The power of myth*. New York: Anchor.

Chah, A. (1994). *No Ajahn Chah: Reflections* (Dhamma Garden, Comp. and Ed.). Chungli, Taiwan, R. O. C.: Yuan Kuang Publishing House.

Chah, A. (2013). *Still, flowing water.* Valley Center, CA: Metta Forest Monastery.

Cioffi, D., & Holloway, J. (1993). Delayed costs of suppressed pain. *Journal of Personality and Social Psychology, 64,* 274–282.

Cosmides, L., & Tooby, J. (1992). Cognitive adaptations for social exchange. In J. Barkow, L. Cosmides, & J. Tooby (Eds.). *The adapted mind: Evolutionary psychology and the generation of culture* (pp. 165–238). New York: Oxford University Press.

Covey, S. R. (1989). *The 7 habits of highly effective people* (pp. 30–31). New York: Simon & Schuster.

Crick, F., & Koch, C. (1990). Towards a neurobiological theory of consciousness. *Seminars in the Neurosciences, 12,* 263–275.

Crook, J. (1980). *The evolution of human consciousness.* Oxford, UK: Oxford University Press.

Csikszentmihalyi, M. (1975). *Beyond boredom and anxiety.* San Francisco: Jossey Bass.

Csikszentmihalyi, M. (1991). *Flow: The psychology of optimal experience.* New York: Harper & Row.

Damasio, A. (1994). *Descartes' error: Emotion, reason, and the human brain.* New York: Putnam Publishing.

Davidson, R. J., Kabat-Zinn, J., Schumacher, J., Rosenkranz, M., Muller, D., Santorelli, S. F., . . . Sheridan, J. F. (2003). Alterations in brain and immune function produced by mindfulness meditation. *Psychosomatic Medicine, 65*(4), 564–570.

Davis, R. (1961). The fitness of names to drawings. *British Journal of Psychology, 52,* 259–268.

de Waal, F. (2006). *Primates and philosophers: How morality evolved.* Princeton, NJ: Princeton University Press.

Depue, R. A., & Morrone-Strupinsky, J. V. (2005). A neurobehavioral model of affiliative bonding: Implications for conceptualizing a human trait of affiliation. *Behavioral and Brain Sciences, 28,* 313–395.

Dickinson, A. (1980). *Contemporary animal learning theory.* Cambridge, UK: Cambridge University Press.

Domachowska, I., Heitmann, C., Deutsch, R., Goschke, T., Scherbaum, S., & Bolte, A. (2016). Approach-motivated positive affect reduces breadth of attention: Registered replication report of Gable and Harmon-Jones (2008). *Journal of Experimental Social Psychology, 67,* 50–56.

Dreyfus, G. (2011). Is mindfulness present-centred and non-judgmental? A discussion of the cognitive dimensions of mindfulness. *Contemporary Buddhism, 12*(1), 41–54.

Farb, N. A., Segal, Z. V., Mayberg, H., Bean, J., McKeon, D., Fatima, Z., & Anderson, A. K. (2007). Attending to the present: Mindfulness meditation reveals distinct neural modes of self-reference. *Social Cognitive and Affective Neuroscience, 2*(4), 313–322.

Feldman, C. (2001). *The Buddhist path to simplicity: Spiritual practice for everyday life.* London: HarperCollins.

Feldman, C. (2005). *Compassion: Listening to the cries of the world.* Berkeley, CA: Rodmell Press.

Feldman, C. (2015). *Contemporary mindfulness: The long view. Perils and possibilities in the path of mindfulness teaching.* Keynote talk, Mindfulness in Society International Conference, Chester, UK, July 3–7, 2015. Available at *https://christinafeldman.co.uk/the-long-view-perils-and-possibilities.*

Feldman, C. (2017). *Boundless heart: The Buddha's path of kindness, compassion, joy and equanimity.* Boulder, CO: Shambhala.

Feldman, C., & Kuyken, W. (2019). *Mindfulness: Ancient wisdom meets modern psychology.* New York: Guilford Press.

Fennell, M. J., & Teasdale, J.D. (1984). Effects of distraction on thinking and affect in depressed patients. *British Journal of Clinical Psychology, 23*(1), 65–66.

Fredrickson, B. L. (2001). The role of positive emotions in positive psychology: The broaden-and-build theory of positive emotions. *American Psychologist, 56*(3), 218–226.

Fredrickson, B. L. (2009). *Positivity: Top-notch research reveals the 3-to-1 ratio that will change your life.* New York: Three Rivers Press.

Fredrickson, B. L. (2013). *Love 2.0: How our supreme emotion affects everything we feel, think, do, and become.* New York: Penguin.

Friston, K. J., Stephan, K. E., Montague, R., & Dolan, R. J. (2014). Computational psychiatry: The brain as a phantastic organ. *Lancet Psychiatry, 1*(2), 148–158.

Fronsdal, G. (2009, September 18). Awakening to dependent origination. Retrieved February 1, 2021, from *www.insightmeditationcenter.org/2009/09/*awakening-to-dependent-origination.

Gable, P. A., & Harmon-Jones, E. (2008). Approach-motivated positive affect reduces breadth of attention. *Psychological Science, 19*(5), 476–482.

Gable, P. A., & Harmon-Jones, E. (2010a). The motivational dimensional model of affect: Implications for breadth of attention, memory, and cognitive categorisation. *Cognition and Emotion, 24,* 322–337.

Gable, P. A., & Harmon-Jones, E. (2010b). The blues broaden, but the nasty narrows: Attentional consequences of negative affects low and high in motivational intensity. *Psychological Science, 21*(2), 211–215.

Gethin, R. (2011). On some definitions of mindfulness. *Contemporary Buddhism, 12*(1), 263–279.

Gleick, J. (1988). *Chaos: The amazing science of the unpredictable.* London: William Heinemann.

Gilbert, P. (2009). *The compassionate mind.* London: Constable. Goldstein, J. (1983). *The experience of insight.* Boulder, CO: Shambhala.

Goleman, D., & Davidson, R. (2017). *The science of meditation: How to change your brain, mind and body.* London: Penguin Life.

Goren, C. C, Sarty, M., & Wu, P. Y. (1975). Visual following and pattern discrimination of face-like stimuli by newborn infants. *Pediatrics, 56*(4), 544–549.

Grossberg, S. (2013). Adaptive Resonance Theory: How a brain learns to consciously attend, learn, and recognize a changing world. *Neural Networks, 37,* 1–47.

Gunaratana, H. (2002). *Mindfulness in plain English* (rev. ed.). Boston: Wisdom. Hamill, S. (1987). *Banished immortal: Visions of Li T'ai Po.* Buffalo, NY: White Pine Press.

Hamlin, J. K. (2013). Failed attempts to help and harm: Intention versus outcome in preverbal infants' social evaluations. *Cognition, 128,* 451–474.

Hamlin, J. K., Wynn, K., & Bloom, P. (2007). Social evaluation by preverbal infants. *Nature, 450,* 557–559.

Hanson, R. (2009). *Buddha's brain: The practical neuroscience of happiness, love and wisdom.* Oakland, CA: New Harbinger.

Harari, Y. N. (2011). *Sapiens: A brief history of humankind.* New York: Random House.

Harding, D. E. (2000). *On having no head: Zen and the rediscovery of the obvious.* London: Shollond Trust

Harris, S. (2014). *Waking up: A guide to spirituality without religion.* New York: Simon & Schuster.

Hayes, S. C., & Wilson, K. G. (2003). Mindfulness: Method and process. *Clinical Psychology: Science and Practice, 10*(2), 161–165.

Hayes, S. C., Wilson, K. G., Gifford, E. V., Follette, V. M., & Strosahl, K. (1996). Experiential avoidance and behavioral disorders: A functional dimensional approach to diagnosis and treatment. *Journal of Consulting and Clinical Psychology, 64*(6), 1152–1168.

Helminski, K. E. (1992). *Living presence.* New York: Tarcher/Penguin.

Henrich, N., & Henrich, J. (2007). *Why humans cooperate: A cultural and evolutionary explanation.* Oxford, UK: Oxford University Press.

Higgins, E. T. (1987). Self-discrepancy: A theory relating self and affect. *Psychological Review, 94,* 319–340.

Hinton, D. (Trans.). (2002). *Mountain home: The wilderness poetry of ancient China.* New York: New Directions.

Homer-Dixon, T. (2020). *Commanding hope.* Toronto: Knopf

Huxley, A. (1985). *The perennial philosophy.* London: Triad Grafton. (Original work published 1945)

James, W. (1982). *The varieties of religious experience.* Harmondsworth, Middlesex, UK: Penguin Books. (Original work published 1902)

Jayasāro, A. (2014). Skilful desires. *Forest Sangha Newsletter,* pp. 10–12.

Joyce, R. (2006). *The evolution of morality.* Cambridge, MA: MIT Press.

Kabat-Zinn, J. (1994). *Wherever you go, there you are: Mindfulness meditation in everyday life.* New York: Hyperion.

Kabat-Zinn, J. (2003). Mindfulness-based interventions in context: Past, present, and future. *Clinical Psychology: Science and Practice, 10,* 144–156.

Kabat-Zinn, J. (2005). *Coming to our senses: Healing ourselves and the world through mindfulness.* New York: Hyperion.

Kabat-Zinn, J. (2011). Some reflections on the origins of MBSR, skillful means, and the trouble with maps. *Contemporary Buddhism, 12*(1), 281-306.

Kabat-Zinn, J. (2013). *Full catastrophe living* (rev. ed.). New York: Bantam Books.

Kabat-Zinn, J. (2018). *Meditation is not what you think: Mindfulness and why it is so important.* London: Piatkus.

Kahneman, D. (2012). *Thinking, fast and slow.* New York: Penguin.

Kaplan, S. (1995). The restorative benefits of nature: Toward an integrative framework. *Journal of Environmental Psychology, 15,* 169-182.

Kaplan, R., & Kaplan, S. (1989). *The experience of nature: A psychological perspective.* New York: Cambridge University Press.

Katz, L. D. (2000). *Evolutionary origins of morality: Cross-disciplinary perspectives.* Thorverton, UK: Imprint Academic.

Keng, S-L., Smoski, M. J., & Robins, C. J. (2011). Effects of mindfulness on psychological health: A review of empirical studies. *Clinical Psychology Review, 31,* 1041-1056.

Killingsworth, M. A., & Gilbert, D. T. (2010). A wandering mind is an unhappy mind. *Science, 330,* 932.

Klimecki, O. M., Leiberg, S., Lamm, C., & Singer, T. (2013). Functional neural plasticity and associated changes in positive affect after compassion training. *Cerebral Cortex, 23*(7), 1552-1561.

Kraft, D. (2017). *Meditator's field guide.* Carmichael, CA: Easing Awake Books.

Kramer, G. (2007). *Insight dialogue: The interpersonal path to freedom.* Boston: Shambhala.

Laird, J. D., & Lacasse, K. (2014). Bodily influences on emotional feelings: Accumulating evidence and extensions of William James's theory of emotion. *Emotion Review, 6,* 27-34.

Landauer, T. K., & Dumais, S. T. (1997). A solution to Plato's problem: The latent semantic analysis theory of acquisition, induction, and representation of knowledge. *Psychological Review, 104*(2), 211-240.

Langer, E. J. (2000). Mindful learning. *Current Directions in Psychological Science, 9*(6), 220-223.

Langer, E., Russel, T., & Eisenkraft, N. (2009). Orchestral performance and the footprint of mindfulness. *Psychology of Music, 37*(2), 25-136.

Lawrence, D. H. (1994). *The complete poems* (Penguin Classics; V. de Sola Pinto & W. Roberts, Eds.). New York: Penguin.

Machado, A. (1973). *Caminante, no hay camino: Los mejores poemas de Antonio Machado.* Santiago, Chile: Editorial Quimantú.

Markus, H., & Nurius, P. (1986). Possible selves. *American Psychologist, 41,* 954-969.

McGilchrist, I. (2009). *The master and his emissary: The divided brain and the making of the Western world.* New Haven, CT: Yale University Press.

Merton, T. (1966). *Conjectures of a guilty bystander.* New York: Doubleday.

Miranda, J., & Persons, J. B. (1988). Dysfunctional attitudes are mood state dependent. *Journal of Abnormal Psychology, 97,* 76-79.

Mitchell, S. (1993a). *The enlightened heart.* New York: Harper Perennial.

Mitchell, S. (1993b). *The enlightened mind.* New York: Harper Perennial.

Nakamura, J., & Csikszentmihalyi, M. (2002). *The concept of flow.* In C. R. Snyder & S. J. Lopez (Eds.). *Handbook of positive psychology* (pp. 89–105). New York: Oxford University Press.

Nhat Hanh, T. (1987). *The miracle of mindfulness* (rev. ed.). Boston: Beacon Press.

Nhat Hanh, T. (1993). *Call me by my true names: The collected poems of Thich Nhat Hanh.* Berkeley, CA: Parallax Press.

Nhat Hanh, T. (2008, May). The moment is perfect. *Shambhala Sun.*

Nickalls, J. L. (1952). *The journal of George Fox.* Cambridge, UK: Cambridge University Press.

Noah, T., Schul, Y., & Mayo, R. (2018). When both the original study and its failed replication are correct: Feeling observed eliminates the facial-feedback effect. *Journal of Personality and Social Psychology, 114*(5), 657–664.

Nolen-Hoeksema, S. (1991). Responses to depression and their effects on the duration of depressive episodes. *Journal of Abnormal Psychology, 100*(4), 569–582.

Nolen-Hoeksema, S., Wisco, B. E., & Lyubomirsky, S. (2008). Rethinking rumination. *Perspectives on Psychological Science, 3*(5), 400–424.

Nyanaponika, T. (1962). *The heart of Buddhist meditation.* London: Rider.

Nyanaponika, T. (Trans.). (2010, June 13). Sallatha Sutta: The dart (Samyutta Nikaya 36.6). *Access to Insight* (BCBS Edition). Available at www.accesstoinsight.org/tipitaka/sn/sn36/sn36.006.nypo.html.

Nye, N. S. (1998). *Words under words.* Portland, OR: Eighth Mountain Press.

Olendzki, A. (2005, Summer). Self as verb. *Tricycle: The Buddhist review, 14*(4).

Osho. (1998). *The path of meditation: A step-by-step guide to meditation.* Mumbai, India: Rebel Publishing.

Panksepp, J., & Biven, L. (2012). *The archaeology of mind: Neuroevolutionary origins of human emotions.* New York: Norton.

Pennachio, J. (1986). Near-death experience as mystical experience. *Journal of Religion and Health, 25*(1), 64–72.

Pichert, J. W., & Anderson, R. C. (1977). Taking different perspectives on a story. *Journal of Educational Psychology, 69*(4), 309–315.

Price, M. E., Cosmides, L., & Tooby, J. (2002). Punitive sentiment as an anti-free rider psychological device. *Evolution and Human Behavior, 23,* 203–231.

Quaker faith and practice: The book of Christian discipline. (2013). London: The Yearly Meeting of the Religious Society of Friends (Quakers) in Britain.

Raichle, M. E., & Gusnard, D. A. (2002). Appraising the brain's energy budget. *Proceedings of the National Academy of Sciences, 99*(16), 10237–10239.

Raine, K. (2019). *Collected poems.* London: Faber and Faber.

Rea, R. (2009). *Beyond brokenness.* Bloomington, IN: Xlibris Corporation.

Reps, P. (Comp.). (1957/1971). Story 57: The Gates of Paradise. In *Zen flesh, Zen bones*. London: Pelican.

Ricard, M. (2015). *Altruism: The power of compassion to change yourself and the world*. London: Atlantic Books.

Ricard, M. (2017). *Enlightened vagabond: The life and teachings of Patrul Rinpoche*. Boulder, CO: Shambhala.

Ricard, M., & Singer, W. (2017). *Beyond the self*. Cambridge, MA: MIT Press.

Richins, M. L. (2013). When wanting is better than having: Materialism, transformation expectations, and product-evoked emotions in the purchase process. *Journal of Consumer Research, 40*(1), 1–18.

Rilke, R. M. (1997). *Rilke's book of hours: Love poems to God* (A. Barrows & J. Macy, Trans.). New York: Riverhead Books.

Rohr, R. (2019). *The universal Christ*. London: SPCK.

Rosenberg, L., & Zimmerman, L. (2013). *Three steps to awakening: A practice for bringing mindfulness to life*. Boston : Shambhala.

Ruchiraketu (2014). *Introduction to the metta bhavana*. Retrieved October 15, 2020, from https://thebuddhistcentre.com/system/files/groups/files/introduction_to_the_metta_bhavana_ruchiraketu.pdf.

Salzberg, S. (1995). *Loving-kindness: The revolutionary art of happiness*. Boston: Shambhala.

Sangharakshita. (Trans.). (2008). *Dhammapada: The way of truth* (2nd ed.). Cambridge, UK: Windhorse Publications.

Savin, O. (2001). *The way of the pilgrim*. Boston: Shambhala.

Saunders, J. (1962). *Next time I'll sing to you*. London: Andre Deutsch.

Schkade, D. A., & Kahneman, D. (1998). Does living in California make people happy? A focusing illusion in judgments of life satisfaction. *Psychological Science, 9*(5), 340–346.

Schneider, W., & Shiffrin, R. M. (1977). Controlled and automatic human information processing: I. Detection, search, and attention. *Psychological Review, 84*(1), 1–66.

Schwarz, N., & Clore, G. L. (1983). Mood, misattribution, and judgments of well-being: Informative and directive functions of affective states. *Journal of Personality and Social Psychology, 45*(3), 513523.

Segal, Z. V., Williams, J. M. G., & Teasdale, J. D. (2013). *Mindfulness-based cognitive therapy for depression* (2nd ed.). New York: Guilford Press.

Seng-ts'an. (2001). *Hsin-hsin Ming: Verses on the faith-mind* (R. B. Clarke, Trans.). Buffalo, NY: White Pine Press.

Shah, I. (1974). *Thinkers of the East*. Harmondsworth, Middlesex, UK: Penguin Books.

Shantideva, A. (1979). *A guide to the Bodhisattva's way of life* (S. Batchelor, Trans.). Dharamsala, India: Library of Tibetan Works and Archives.

Shapiro, L., & Spaulding, S. (2021). Embodied cognition. In E. N. Zalta (Ed.), *The Stanford encyclopedia of philosophy* (Fall 2021 Edition), Retrieved December 14, 2021, from https://plato.stanford.edu/archives/win2021/entries/embodied-cognition.

Simon, H. A. (1962). The architecture of complexity. *Proceedings of the American Philosophical Society, 106 (6)*, 467–482.

Simons, D. J., & Chabris, C. F. (1999). Gorillas in our midst: Sustained inattentional blindness for dynamic events. *Perception, 28*(9), 1059–1074.

Singer, W. (2013). The neuronal correlate of consciousness: unity in time rather than space? In A. Battro, S. Dehaene, M. S. Sorondo, & W. Singer (Eds.), *Neurosciences and the Human Person: New Perspectives on Human Activities*. Pontifical Academy of Sciences, Scripta Varia, 121, 1–17. Vatican City.

Singh, K. D. (1998). *The grace in dying*. New York: HarperCollins.

Smallwood, J., & Schooler, J. W. (2015). The science of mind wandering: Empirically navigating the stream of consciousness. *Annual Review of Psychology, 66*, 487–518.

Stanley, S., Purser, R. E., & Singh, N. N. (Eds.). (2018). *Handbook of ethical foundations of mindfulness*. Cham, Switzerland: Singer.

Steiner, G. (1978). *Martin Heidegger*. New York: Viking.

Strack, F., Martin, L. L., & Stepper, S. (1988). Inhibiting and facilitating conditions of the human smile: A nonobtrusive test of the facial feed-back hypothesis. *Journal of Personality and Social Psychology, 54*, 768–777.

Strogatz, S. (2004). *Sync: The emerging science of spontaneous order*. London: Penguin.

Sullivan, W. (1972, May 29). The Einstein papers: A man of many parts. *New York Times*, p. 1.

Sumedho, A. (2020). *The four noble truths* (illustrated ed.). Great Gaddesden, UK: Amaravati Publications.

Suzuki, S. (1970). *Zen mind, beginner's mind*. New York: Weatherhill.

Taylor, J. B. (2008). *My stroke of insight*. New York: Viking.

Teasdale, J. D. (1988). Cognitive vulnerability to persistent depression. *Cognition and Emotion, 2*, 247–274.

Teasdale, J. D., & Barnard, P. J. (1993). *Affect, cognition and change: Re-modelling depressive thought*. Hove, UK: Erlbaum.

Teasdale, J. D., & Chaskalson, M. (2011a). How does mindfulness transform suffering? I. The nature and origins of *dukkha*. *Contemporary Buddhism, 12*(1), 89–102.

Teasdale, J. D., & Chaskalson, M. (2011b). How does mindfulness transform suffering? II. The transformation of *dukkha*. *Contemporary Buddhism, 12*(1), 103–124.

Teasdale J. D., Dritschel, B. H., Taylor, M. J., Proctor, L., Lloyd, C. A., Nimmo-Smith, I., & Baddeley, A. D. (1995). Stimulus-independent thought depends on central executive resources. *Memory and Cognition, 23*(5), 551–559.

Teasdale, J. D., Segal, Z. V., & Williams, J. M. G. (1995). How does cognitive therapy prevent depressive relapse and why should attentional control (mindfulness) training help? *Behaviour Research and Therapy, 33*(1), 25–39.

Teasdale, J. D., Williams, M., & Segal, Z. (2014). *The mindful way workbook: An 8-week program to free yourself from depression and emotional distress*. New York: Guilford Press.

Tejaniya, A. (2008). *Awareness alone is not enough*. Selangor, Malaysia: Auspicious Affinity.

Thānissaro, A. (2008). *The shape of suffering: A study of dependent co-arising*. Valley Center, CA: Metta Forest Monastery.

Thānissaro, A. (Trans.). (2013a, November 30). Maha-nidana Sutta: The great causes discourse (Digha Nikaya 15). *Access to Insight* (BCBS Edition). Available at *www.accesstoinsight.org/tipitaka/dn/dn.15.0.than.html*.

Thānissaro, A. (Trans.). (2013b, November 30). Itivuttaka: The group of ones (Itivuttaka 1–27). *Access to Insight* (BCBS Edition). Available at *www.accesstoinsight.org/tipitaka/kn/iti/iti.1.001-027.than.html*.

Tolle, E. (2005). *The power of now*. London: Hodder & Stoughton. (Original work published 1999)

Tolle, E. (2011). *Stillness speaks*. London: Hodder & Stoughton. (Original work published 2003)

Varela, F. J., Thompson, E., & Rosch, E. (2017). *The embodied mind* (rev. ed.): *Cognitive science and human experience*. Cambridge, MA: MIT Press.

Warneken, F., Hare, B., Mellis, A. P., Hanus, D., & Tomasello, M. (2007). Spontaneous altruism by chimpanzees and young children. *PLoS Biology, 5*(7), 1414–1420.

Warneken, F., & Tomasello, M. (2009). Varieties of altruism in children and chimpanzees. *Trends in Cognitive Science, 13*, 397–402.

Watts, A. (1957). *The way of Zen*. New York: Vintage.

Wegner, D. M., Schneider, D. J., Carter, S. R., & White, T. L. (1987). Paradoxical effects of thought suppression. *Journal of Personality and Social Psychology, 53*(1), 5–13.

Wells, G. L., & Petty, R. E. (1980).The effects of head movement on persuasion. *Basic and Applied Social Psychology, 1*, 219–230.

Wheeler, M.S., Arnkoff, D. B., & Glass, C. R. (2017). The neuroscience of mindfulness: How mindfulness alters the brain and facilitates emotion regulation. *Mindfulness, 8*, 1471–1487

Williams, J. M. G., & Kabat-Zinn, J. (2013). *Mindfulness: Diverse perspectives on its meaning, origins and applications*. London: Routledge.

Williams, J. M. G., Watts, F. N., MacLeod, C., & Mathews, A. (1997). *Cognitive psychology and emotional disorders* (2nd ed.). Chichester, UK: Wiley.

Williams, M., Teasdale, J., Segal, Z., & Kabat-Zinn, J. (2007). *The mindful way through depression: Freeing yourself from chronic unhappiness*. New York: Guilford Press.

Wynn, K., Bloom, P., Jordan, A., Marshall, J., & Sheskin, M. (2018). Not noble savages after all: Limits to early altruism. *Current Directions in Psychological Science, 27*(1), 3–8.

Índice

Observação: *f*, *n*, ou *t* seguindo um número de página indica uma figura, nota de rodapé ou tabela.

A

A mente desperta do cristianismo e, 174, 178-182, 184-187
    amor ao despertar e, 226-227
    desprendimento e, 116-117, 248-249
A mente do principiante, 110-112
Ação
    afetos centrais e, 60-63
    comportamento ético e, 244-248
    conhecimento holístico-intuitivo e, 62-63
    fluxo e, 191-193
    memória operacional conceitual e, 98-100, 99*f*
    piloto automático e, 127-129
    sentimentos positivos e, 77-79
    visão geral, 265-266
Aceitação, 27-28, 114-116, 243-244
Ações antiéticas, 245-246. *Ver também* Comportamento ético
Afeto, 65-66, 111-117. *Ver também* Sistemas afetivos centrais
Afeto central BUSCA
    descentralização e, 134-135
    mudando o modo como a mente processa informações e, 149-150
    treinamento em *mindfulness* e, 112-116
    vidas empobrecidas e, 167-168
    visão geral, 44-45, 59-61
Afeto central CUIDADO, 59-63, 65-66, 149-150
Afeto central DIVERTIMENTO, 59-61, 65-66, 149-150
Afeto central IRA, 59-60
Afeto central LUXÚRIA, 59-60
Afeto central MEDO, 59-61
Afeto central PÂNICO/TRISTEZA, 26-27, 59-60

Afetos centrais instrumentais, 59-61. *Ver também* Sistemas afetivos centrais
Afetos centrais não instrumentais, 59-61. *Ver também* Sistemas afetivos centrais
Agora, o, 219-221, 235
Ajuda, 255-257. *Ver também* Bondade; Compaixão
Alegria
    amor do despertar, 225-228
    desprendimento e, 249-251
    do retorno e da reconexão, 228-230
    esperança incondicional e, 229-231
    fluxo e, 7-8, 189-191, 194-195
    na felicidade dos outros, 156
    plenitude e, 203
    vendo tudo em todos e, 239-240
Altruísmo, 255-257. *Ver também* Bondade; Compaixão
Amor
    compaixão e, 255-256
    despertar e, 7-9, 183-187, 225-228, 230-233, 235-237, 257-264
    impessoal, 261-263
    incondicional, 183-187, 230-233, 235-237
    sem limites, 183-187, 230-237
    sentimentos agradáveis e, 203
Ampla consciência, 121-124. *Ver também* Consciência
Analogia da aspirina, 263-265
Analogia da ulmária, 263-265
Anattā, 179-180. *Ver também* Sofrimento
    ansiedade do vazio, 27-28, 149-150, 157-158
Angústia, 20-22, 26-27
Ânsia, 25-26, 247-251
Aprendizagem, 76-78

Arrebatamento de estar vivo, 157-159, 164-165, 168-169
Atenção
   afeto e motivação e, 112-113
   mente de principiante, 110-112
   mudando a visão do que é processado e, 153-155
   mudando no que a mente trabalha e, 147-149
   não julgadora, 104-107, 110-112, 125-128
   processamento controlado e, 95-96
   proposital, 104-107, 110-112
   seletiva, 122-124
Ativação, 232-233, 239-240, 247-248, 250-251
Atividade mental flexível, 203-204, 222-224
Autoabandono, 179-181
Autoaceitação, 155-156
Autoaperfeiçoamento, 168-170, 208, 210, 246-247, 264-265
Autoconceito funcional, 16-20. *Ver também* Selves
Autoconhecimento, 129-131, *130f*. *Ver também* Conhecimento
Autocrítica, 155-156
Autoguias, 24-29
Autojulgamento, 155-156
Auto-observação, 17-18
Autorretidão, 246-248
Autossacrifício, 179-181
Avaliação intermodal integrada. *Ver* Processamento multimodal
Aversão, 114, 125-126, 144-145, 152-155, 248-251, 254-255

B
Bahiya, 174-175
Bebês, 48-49, 60-61, 252-254
Bem-estar, 228-229
Boa vontade, 155-156, 182-184, 230-233, 235-237
Bondade, 155-156, 255-257. *Ver também* Bondade amorosa
Bondade amorosa, 252-254
   caminhos para o despertar e, 252-254, 258-259
   intenção e objetivos e, 139
   papel de práticas de *mindfulness*, 155-156
Bourgeault, Cynthia, 116-117, 135-136, 174, *180n*, 190-191, 229-233, 241
Buda. *Ver também* Budismo
   a comparação dos seis animais, 71
   comportamento ético e, 245-247
   conhecimento e, 129
   consciência e, 123-124
   desprendimento e, 116-117, 248-252
   intenção e objetivos e, 139
   medo, descontentamento e desconexão e, 25-26
   mente de principiante, 110-112
   mente desperta e, 174-175, 181-183, 186-187
   Satipaṭṭhāna Sutta, 46n
   vacuidade, 205-207
Budismo. *Ver também* Buda
   a comparação dos seis animais, 71
   abordagem alternativa à esquiva experiencial, 142-143
   amor e, 258-261
   compaixão e, 257-258
   conceitos e realidade e, 44-45
   desprendimento, 116-117, 248-250
   mente desperta e, 174-175, 179-185
   mente errante e, 161-163
   natureza centrada no presente da consciência atenta, 124-125
   selfing e, 28-29
Busca da felicidade. *Ver* Felicidade

C
Caminhos para o despertar. *Ver também* Despertar/mente desperta
   amor, 257-264
   compaixão, 252-258
   comportamento ético, 244-248
   desprendimento e, 247-252
   visão geral, 7-9, 241-245, 263-266
Caráter abstrato dos conceitos, 32-38, *35f*, *36f*, 43
Céu/inferno, 22-24, 180-182, 226-227
Chanda, 226-227
Coerência, 78-85, 119-120, *120f*
Cognição incorporada, 2-4
Comer, com atenção plena, 93-94, 118-122, *119f*, *120f*
Compaixão, 6-8, 182-185, 230-233, 235-237
   caminhos para o despertar e, 7-9, 252-258
   coração/mente despertos e, 6-8, 182-185, 230-233, 235-237
   HOL-ISSMs e, 243-244
   papel em práticas de *mindfulness*, 155-156
Comportamento. *Ver também* Ação
   ético, 7-9, 244-249
   explícito, 77-79
Conceitos (ideias), 32-38, *35f*, *36f*, 40-43
Concentração, 121-124. *Ver também* Atenção
Condicionamento, 56-57, 76-77
Conexão
   autoguias e, 27-28
   despertar e, 228-230
   medo, descontentamento e desconexão e, 25-27
   mente desperta e, 6-8, 230-237

visão geral, 203
Configuração, 47-50
Conhecendo o amor, 183-187. *Ver também* Amor
Conhecimento. *Ver também* Conhecimento conceitual; Conhecimento holístico-intuitivo
  abstrato, 43, 58-59
  amor e, 185-186
  estar engajado e presente com a experiência, 132-134
  estilos estreitos e amplos de atenção e, 61-65
  informações sensoriais, 58-59
  mente desperta e, 230-237
  metaconsciência, 129-131, *130f*
  mindfulness e, 4-6
  não conceitual, 131
  por ressonância, 88, 212-213, 239-240
  processamento controlado e, 95-97
  ressonância e, 88, 212-213, 239-240
  The Master and His Emissary, 219, 222-223
  vendo tudo em todos e, 239-240
  visão geral, 4-5, *67t*, 129
Conhecimento autorreflexivo. *Ver* Metaconsciência
Conhecimento conceitual, 112-113
  afeto e motivação e, 112-113
  características de, 32-35
  ciclos de processamento e, 36-38, *36f*
  consciência e, 118-120, *119f, 120f*
  desprendimento e, 248-249
  estratégia para alcançar metas e, 37-40
  experiência subjetiva e, 101-102
  metaconsciência, 130-131, *130f*
  mindfulness e, 4-6, 154-156
  motor central de cognição e, 96-97, *97f*
  nossa relação com, 43-45
  processamento controlado e, 95-97
  sistema autoperpetuador e, 28-29
  The Master and His Emissary, 219, 222-223
  viagem no tempo mental e, 30-31
  visão dos ICS da mente humana e, 34-36, *35f*
  visão geral, xi, 4-6, 14-17, 31-33, 66, *67t*, 265-266
Conhecimento holístico-intuitivo. *Ver também* HOL-ISSMs
  ação e, 62-63
  afeto e motivação e, 112-113
  afetos centrais e, 59-63
  compaixão e, 256-258
  consciência e, 106-108, *107f*, 118-120, *119f, 120f*, 126-127
  desprendimento e, 248-249
  diferença qualitativa dos significados conceituais, 50-52
  engajamento e, 88, 132-134

  estados corporais e, 108-110, *109f*
  experiência sensorial e, 51-54
  fluxo e, 190-191
  HOL-ISSMs e, 212-213
  intenção e objetivos e, 136-138
  laços de processamento e, 36-38, *36f*
  memória operacional e, 102-103
  mente de principiante, 110-112
  mente desperta e, 224-225
  metaconsciência, 130-131, *130f*
  mindfulness e, 4-6, 94-96
  modelos mentais e, 56-58
  motor central de cognição e, 96-97, *97f*
  origens evolutivas de, 53-54
  processamento controlado e, 95-97
  processamento multimodal e, 53-57, *55f, 56f*
  processos centrais em *mindfulness* e, 103
  relacionamento e aspectos das relações de, 47-50, *48f*
  The Master and His Emissary, 219, 222-223
  vendo tudo em todos e, 239-240
  visão dos ICS sobre a mente humana e, 34-36, *35f*
  visão geral, xi, 4-7, 31, 47-48, *48f*, 50-52, 57-59, *58f*, 66, *67t*, 129, 219
Conhecimento implícito, 191-193. *Ver também* Conhecimento holístico-intuitivo
Conhecimento incorporado, 51-54, 108-111, *109f*, 154-156. *Ver também* Estados corporais
Consciência. *Ver também* Experiência atual; HOL-ISSMs; *Mindfulness*
  amor ao despertar e, 227-228
  atenta, 118-120, *119f, 120f*, 127-129, 133-136
  com o coração, 262-263
  consciência não julgadora, 125-128
  consciência pura, 215-217
  descentralização e, 133-136
  desprendimento e, 149-151
  espiritual, 190-191
  estreita, 121-124
  experiência subjetiva e, 100-103
  HOL-ISSMs e, 211-213, 215
  intenção e objetivos, 137-139
  instrumental, 208, 210-213, 215
  manter na consciência, 106-108, *107f*
  metaconsciência, 129-131, *130f*
  motor central de cognição e, 96-98, *97f*
  natureza atual centrada de, 124-126
  não instrumental, 208, 210-213, 215, 249-251
  padrão colher-armazenar-integrar e, 201
  piloto automático e, 127-129
  pura, 215-217
  que é tanto estreita quanto ampla, 121-124

relações íntimas e, 199-200
rica e multidimensional, 121-122
sabedoria da consciência-vacuidade, 205-208
sem objeções, 248-249
vendo tudo em todos e, 239-240
visão geral, 118-120, *119f*, *120f*, 204-206
Coração/mente, 4-5, 107-108. *Ver também* Mente
Covey, Stephen R., 46-48, 60-63, 96-97, 101-102
Criação do todo. *Ver também* Plenitude
  conhecimento holístico-intuitivo e, 57-59, *58f*
  consciência e, 106-108, *107f*, 120
  engajamento e, 87-88
  felicidade de, 76-82
  flexível em comparação com a criação automática do todo, 78-82
  holarquias mentais e, 69-77, *69f*, *70f*
  HOL-ISSMs e, 212-213
  intenção e objetivos e, 136-138
  memória operacional holístico-intuitiva e, 99-101, *99f*
  mente desperta e, 235-237
  mente errante e, 162-163
  mindfulness e, 168-170
  modelos mentais de ordem superior e, 195-197, *195f*
  mudando a visão do que é processado, 151-153
  mundos de experiência e, 81-84, *83f*
  piloto automático e, 127-129
  ressonância e, 83-85, 87-88
  ressonância simpática, 84-87, *85f*
  sentimentos positivos e, 83-85
  vantagens evolutivas de, 70-77
  visão dos ICS da mente humana e, 54-55, *55f*
  visão geral, 5-7, 157-158
Criação flexível do todo. *Ver também* Criação do todo
  comparada com a criação automática do todo, 78-82
  experiência subjetiva e, 100-102
  memória operacional e, 102-103
  memória operacional holístico-intuitiva e, 100-101
  mente errante e, 162-163
  processamento controlado e, 95-98, *97f*
  processos centrais da mente e, 103
  ressonância e, 88
  visão geral, 77-78
Csikszentmihalyi, Mihaly, 188-194
Cuidado, 6-8, 182-184, 260-263

D

Dalai Lama, 66, 122-123, 184-185, 246-247, 254-255

Depressão, 145-146, 149-150, 153-154, 157-158.
  Ver também Sofrimento
Desapego, 247-248, 253-255. *Ver também*
  Desprendimento/não interferência
Descentralização e, 133-136
  amor e, 261-263
  desprendimento e, 247-249
  foco amplo, 61-65
  foco estreito, 61-65
  mindfulness e, 104-107, 121-124
  mundos de experiência e, 65-66, 81-84
Desconexão, 5-6, 25-27, 37-38. *Ver também*
  Separação
Descontentamento, 20-22, 25-27, 115-116. *Ver também* Sofrimento
Desenhando mãos (Escher), 82-84, 88, 132-133
Despertar interior. *Ver também* Despertar/mente desperta
  cosmovisão dualista e, 33-34
  desprendimento e, 248-249
  natureza abstrata dos conceitos e, 34-35, 37-38
  percepções de dualidade e separação e, 223-225
  retorno e reconexão e, 228-230
  visão geral, 7-8, 263-266
Despertar/mente desperta. *Ver também* Caminhos para o despertar; Despertar interior
  altamente valorizado/intrinsecamente positivo, 161, 180-183, 224-231
  amor ao despertar, 225-228
  amor incondicional/compaixão/boa vontade em, 173, 182-187, 230-233, 235-237
  comportamento ético e, 244-248
  HOL-ISSMs e, 212-213
  não dualidade e não separação em, 173-180, 223-225
  padrão colher-armazenar-integrar e, 201
  The Master and His Emissary, 219, 222-223
  transcende a percepção do *self* separado, 179-181
  vendo o tudo em todos e, 236-240
  visão geral, 6-8, 173-174, 219, 221-224, 263-266
Desprendimento/não interferência, 7-9, 115-117, 247-255
Deus, 174, 178-180, 184-187
Diálogo de *insight*, 199-200
Diferenças de tradições religiosas entre significados intuitivos
  amor ao despertar e, 226-227
  desprendimento e, 116-117
  holístico-intuitivos, 51-52
  medo, descontentamento e desconexão, 25-26

visão geral, 1-2, 173-174, 264-265
Discernimento, 125-128
Disposição, 114
Distração, 147-149. *Ver também* Atenção
Dualidade, 6-8, 174-181, 223-225
    de objetos, 174-176
    Self-Deus, 174, 178-180
    Self-outro, 174, 176-177
    sujeito-objeto, 174-176
Dukkha, 13

E

Eficácia, pessoal, 152-153
Engajamento
    compaixão e, 254-255
    criação do todo e, 87-88
    HOL-ISSMs e, 216-217
    inter-relacionamento e, 197-200
    sendo engajado e presente com experiência, 132-134
    vendo tudo em todos e, 239-240
Ensinamento das duas flechas (*Sallatha Sutta*), 20-22
Entrada conceitual, 99-101, 99*f*
Entrelaçamento, 228-230, 260-263. *Ver também* Experiência eu-você
Equanimidade, 230-231
Escolha, 127-129
Esforços, 5-6, 24-26, 112-113, 247-251. *Ver também* Felicidade
Esperança incondicional, 229-231
Esquiva, 21-22, 50-51. *Ver também* Esquiva experiencial
Esquiva experiencial. *Ver também* Ruminação
    abordagem alternativa, 142-143
    mudando a forma como a mente funciona na informação e, 149-150
    sistemas autoperpetuadores e, 145-146
    vidas empobrecidas e, 167-169
    visão geral, 140-143
Estados corporais. *Ver também* Conhecimento incorporado; Experiência sensorial
    aceitação e, 115-116
    descentralização e, 133-136
    metaconsciência e, 131
    mindfulness e, 108-111, 109*f*, 153-154
    significados holístico-intuitivos e, 51-54
Estados emocionais, 147-149
"Estar sem cabeça", 220-221, 243-244
Esteira de esforço, 24-26. *Ver também* Esforços
Estratégia conceitual para alcançar metas, 37-40, 98-100
Estresse, 149-150, 157-158. *Ver também* Sofrimento

Estrutura atomística do conhecimento conceitual, 32-34
Estrutura profunda, 75
Estruturas e funcionamento do cérebro
    compaixão e, 255-257
    consciência e, 119
    criação do todo e, 76-77
    mente errante e, 159-161
    ressonância simpática e, 85-86
    selves narrativos e experienciais e, 165-167
    significados holístico-intuitivos e, 52-53
    The Master and His Emissary, 219, 222-223
"Eu", 6-7, 16-17, 28-29, 33-34, 61-63, 133-134, 153-154, 164-168, 176-177, 221, 223-224, 247-248
Exercício das uvas-passas, 110-112, 121-122
Exercício *Takete-Ulumoo*
    fluxo e, 196-197
    organização holárquica e, 72, 74
    vendo tudo em todos e, 236-238
    visão geral, 54-59, 56*f*
Exercício *Ulumoo-Takete. Ver* Exercício *Takete-Ulumoo*
Expectativas para o futuro, 15-19, 56-58, 210-211. *Ver também* Futuro; Metas
Experiência. *Ver também* Experiência atual; Experiência sensorial
    amor e, 260-263
    compaixão e, 256-257
    conceitos e realidade e, 43-45
    conhecimento conceitual e, 33-35
    conhecimento holístico-intuitivo e, 50-52
    consciências instrumental e não instrumental, 208, 210-212
    decantação e, 133-136
    esquiva experiencial e, 141-143
    estar engajado e presente com a experiência, 132-134
    estilos estreitos e amplos de atenção e, 61-65
    fluxo e, 194-197, 195*f*
    HOL-ISSMs e, 216-217
    interpretação de, 52-54
    memória operacional e, 100-103
    mente errante e, 158-159
    perspectivas e, 81-84
    retorno e reconexão e, 228-229
    subjetiva, 100-103
    The Master and His Emissary, 219, 222-223
Experiência atual. *Ver também* Consciência; Experiência
    consciência e, 124-126
    estados corporais e, 108-109
    experiência subjetiva e, 100-103
    fluxo e, 189-191

sendo engajado e presente com a experiência, 132-134
treinamento em *mindfulness* e, 104-107
visão geral, 94-96
Experiência eu-você, 199-200, 228-230, 235-239
Experiência momento a momento, 219, 239-240.
Ver também Experiência; Experiência atual
Experiência sensorial. *Ver também* Estados corporais; Experiência
    conhecimento holístico-intuitivo e, 57-59, 58f
    conhecimento incorporado e, 51-54
    descentralização e, 133-136
    experiência subjetiva e, 100-101
    memória operacional holístico-intuitiva e, 99-101, 99f
    mindfulness e, 94-96, 108-109
    processamento multimodal e, 53-57, 55f, 56f
Experimento com gorilas, 65, 114
Experimento com ursos brancos, 141

F

Fascinação (suave e dura), 210-212
Feldman, Christina, 16-18, 92, 111-112, 132-133, 135-136
Felicidade. *Ver também* Metas; Sentimentos positivos
    autoguias e, 27-29
    compaixão e, 253-256
    comprando a felicidade, 17-19
    consciência instrumental e, 210-211
    criação do todo e, 72, 74, 76-82
    ensinamento das duas flechas (*Sallatha Sutta*) e, 20-22
    esteira de esforço e, 24-26
    ideias do *self* e, 15-17
    ideias protetoras do *self*, 22-24
    medo, descontentamento e desconexão, 25-27
    medo e ânsia e, 25-26
    memória operacional e, 102-103
    mente errante e, 158-160
    objetos de desejo e, 34-35
    selfing e, 28-29
    teoria da autodiscrepância e, 20-21
    vidas empobrecidas e, 167-168
    visão geral, 5-6
Finais felizes, 166
Fixação ao *self*, 179-181
Fluxo
    alegria intrínseca de, 189-191, 194-195
    continuidade na mudança e, 190-193
    desprendimento e, 249-250
    generalizando e, 192-194
    inter-relacionamento e, 203, 210-212
    modelos mentais de ordem superior e, 194-197, 195f
    relações íntimas e, 199-200
    visão geral, 7-8, 188-190
Forma experiencial de conhecimento, 50-52, 129, 132-134, 225. *Ver também* Conhecimento; Conhecimento holístico-intuitivo
Futuro. *Ver também* Expectativas para o futuro; Metas
    amnésia em relação a diferentes autoconceitos e, 16-18
    consciência instrumental e, 210-211
    futuros *selves*, 17-19
    imaginação, 30
    mindfulness e, 95-96
    modelos mentais e, 56-58
    natureza abstrata dos conceitos e, 34-35

G

Generosidade, 262-263
Gestalts, 48-50, 48f

H

Hanh, Thich Nhat, 92-94, 118, 135-136, 157-158, 164-165, 206-208, 228-229, 237-238
Hemisfério direito, mundo do, 45n, 64, 219, 225-226
Hemisfério esquerdo, mundo do, 44-45, 64, 219
História do metrô, 60-63, 95-97, 101-102
História do samurai, 22-23
Holarquia da informação, 71-74. *Ver também* Holarquias
Holarquias. *Ver também* Holarquias mentais
    consciência e, 122-123
    modelos mentais de ordem superior e, 195-197, 195f
    vendo tudo em todos e, 237-239, 238f
    visão geral, 69-77, 69f, 70f
Holarquias mentais. *Ver também* Holarquias
    modelos mentais de ordem superior e, 195-197, 195f
    vantagens evolutivas, 70-77
    vendo tudo em todos e, 237-239, 238f
    visão geral, 69-70, 69f, 70f
HOL-ISSMs. *Ver também* Conhecimento holístico-intuitivo; Modelos mentais de ordem superior; Supramodelos
    amor e, 227-228, 258-264
    ativação e integração de, 235-237
    caminhos para o despertar, 242-245
    compaixão e, 254-258
    comportamento ético e, 245-247
    consciência pura, 215-217

despertar e, 218-225, 227-228
desprendimento e, 247-252
esperança incondicional e, 230-231
parábola do bom samaritano e, 232-233
vendo tudo em todos e, 236-240, *238f*
visão geral, 211-215

I

ICS. *Ver* Modelo de subsistemas cognitivos interativos (ICS)
Ideias. *Ver* Conceitos (ideias)
Identidade, 197-199, 235
Iluminação, 174. *Ver também* Despertar/mente desperta
Ilusão, 167-168, 205-206, 223-225, 241
Imagens, 36-37, 88, 258-259, 264-265
Impermanência, 64, 225-226
Informações do "mundo", 34-36, *35f*
Informações (padrões), 69-70, *70f*, 96-99, 119
Insight, 183-185
Intemporalidade, 196-197. *Ver também* Fluxo
Intenções
    amor e, 260-263
    compaixão e, 252-254
    comportamento ético e, 245-247
    desprendimento e, 247-248
    fluxo e, 194-195
    visão geral, 135-139
Interações bidirecionais, 35-37
Interconexão, 5-6, 206-208, 223-225, 230-233, 235-237. *Ver também* Conexão
Interdependência, 206-208, 225-226
Inter-relacionamento, 6-8, 197-200, *199f*, 212-213. *Ver também* Relacionamento
Isolamento, 25-28

J

Jesus
    consciência não julgadora, 125-126
    despertar e, 174, 180-182, 184-186, 226-227
    desprendimento e, 248-249
    parábola do bom samaritano e, 231-233
    percepção do *self* separado e, 180-181
    sabedoria da consciência-vacuidade e, 207-208
Judaísmo, 116-117, 226-227, 262-264
Julgamentos, 105-106, 109-11, 155-156, 166

K

Kabat-Zinn, Jon, 91, 92, 104-108, 111-114, 124-125, 129, 135-136, 155-156, 223-224, 250-251, 262-265
Kenosis, 180-181

L

Laços de *feedback*, *143f*, *145f*, 194-195. *Ver também* Laços mentais
Laços de processamento, 35-38, *36f*. *Ver também* Laços mentais
Laços mentais, 35-38, *36f*, 143-147, *143f*, *145f*. *Ver também* Laços de *feedback*; Laços de processamento
Lavando a louça, 162-165, *164f*
Linguagem, 44-45

M

Mantendo a consciência, 106-108, *107f*. *Ver também* Consciência; Treinamento em *mindfulness*
MBCT. *Ver* Terapia cognitiva baseada em *mindfulness* (MBCT)
MBSR. *Ver* Redução de estresse baseada em *mindfulness* (MBSR)
McGilchrist, Iain, 61-65, 82-83, 218-219, 224-226, 264-266
Meditação, 154-156, 248-249, 253-254, 258-259
Medo, 25-27, 62-63
Memória, 77-82, 96-103, *99f*, 253-254. *Ver também* Memória operacional; Modelos mentais
Memória operacional
    consciência e, 106-108, *107f*, *119f*, *120f*, 124-127
    experiência subjetiva e, 100-103
    intenção e objetivos e, 137-139
    mente errante e, *164f*
    metaconsciência, 130-131, *130f*
    visão geral, 96-103, *99f*
Memória operacional conceitual. *Ver também* Memória operacional
    consciência não julgadora, 126-127
    mente errante e, *162f*
    metaconsciência, 130-131, *130f*
    visão geral, 98-100, *99f*, 102-103
Memória operacional holístico-intuitiva. *Ver também* Memória operacional
    compaixão e, 257-258
    consciência e, 106-108, *107f*, 124-126
    esquiva experiencial e, 142-143
    fluxo e, 191-192
    intenção e objetivos e, 137-139
    mente errante e, 161-163, *162f*
    metaconsciência, 130-131, *130f*
    prática de *mindfulness* e, 155-156
    visão geral, 99-101, *99f*
Mente. *Ver também* Coração/mente
    afeto e motivação e, 111-113
    consciência e, 107-108, 119-120, *119f*, *120f*
    criação do todo e, 76-77

dividida, *120f*, 163-164
mente de principiante, 110-112
metaconsciência, 129-131, *130f*
mudando a forma como a mente funciona na informação, 148-152
mudando a visão do que é processado, 151-156
mudando no que a mente trabalha, 147-149
organização holárquica e, 72, 74-74
padrão colher-armazenar-integrar e, 201
processos centrais em *mindfulness* e, 103
significados holístico-intuitivos e, 53-54
unificada, *119f*
visão dos ICS, 34-36, *35f*, 54-55, *55f*
visão geral, 4-5
"Mente do macaco", 161-163. Ver também Mente errante
Mente errante
    comer com atenção plena, 93-94, 118-120, *119f*, *120f*, 121-122
    intenção e objetivos e, 136-138
    mente desperta e, 223-225
    mindfulness e, 159-165, *162f*, *164f*
    vidas empobrecidas e, 165-170
    visão geral, 6-7, 16-18, 158-159, 168-169
Metaconsciência, 129-131, *130f*, 133-136, 152-154
Metáfora da água parada corrente, 192, 194-195
Metáfora do tesouro escondido
    consciência pura, 215-217
    HOL-ISSMs e, 232-233
    mente desperta e, 180-183, 226-227
    sabedoria da consciência-vacuidade e, 205-208
    visão geral, 202-204
Metas. Ver também Expectativas para o futuro; Felicidade; Futuro; Processamento focado em metas
    ação orientada por metas, 34-35, 37-38
    autoguias, 24
    busca da felicidade e, 25-26
    caminhos para o despertar e, 241-243
    comprando a felicidade e, 17-19
    consciência instrumental e, 210-211
    esteira de esforço e, 24-26
    estratégia para alcançar, 37-40
    fluxo e, 190-193
    sistema autoperpetuador e, 28-29
    teoria da autodiscrepância e, 20-21
    visão geral, 135-139
Metta Sutta, 184-185
Mindfulness. Ver também Conhecimento; Consciência; Treinamento em *mindfulness*
    a comparação dos seis animais, 71
    aceitação e, 114-116

criação de novos modelos mentais por meio de, 151-156
descentralização, 133-136
desprendimento e, 248-249
diversidade de visões de, 6-7
estar engajado e presente com a experiência, 132-134
estratégias de mudança e, 146-156
formas de conhecimento e, 4-6
holarquias mentais e, 71
intenção e objetivos em relação a uma prática de *mindfulness*, 135-139
memória operacional e, 96-103, *99f*
mente errante e, 158-164, *162f*, *164f*
não almejar e, 112-113
narrativa e *selves* experienciais e, 164-167
perspectiva dos ICS sobre, 102-103
piloto automático e, 127-129
prática, 3-4
processos centrais em, 93-96, 102-103
sofrimento e, 6-7
vidas empobrecidas e, 165-170
visão geral, xi-xii, 6-7, 91-93, 157-159, 263-266
Misericórdia, 231-233, 236-237
Modelo de subsistemas cognitivos interativos (ICS)
    abordagem alternativa à esquiva experiencial, 142-143
    aceitação e, 115-116
    afeto e motivação e, 111-117
    amor e, 258-259, 262-263
    análise do, 6-7
    consciência atenta e, 118-120, *119f*, *120f*, 124-126
    consciência sem julgamento, 126-127
    desprendimento e, 115-117
    esperança incondicional e, 230-231
    estados corporais e, 108-110, *109f*
    intenção e objetivos e, 135-139
    manter na consciência, 106-108, *107f*
    memória operacional e, 98-101, *99f*
    mente desperta e, 186-187, 241-245
    metaconsciência, 129-131, *130f*
    processamento controlado e, 95-97
    sistemas autoperpetuadores e, 143-147, *143f*, *145f*
    treinamento em *mindfulness* e, 105-107
    visão da mente, 34-36, *35f*, 54-55, *55f*
    visão geral, xii-xiv, 2-4, 34-35, 93, 104, 263-266
Modelos de sistemas, 210-212. Ver também HOL-ISSMs

Modelos mentais. *Ver também* HOL-ISSMs; Memória; Modelos mentais de ordem superior; Supramodelos
　ação e, 59-61
　afetos centrais e, 59-63
　atenção e, 81-84
　compaixão e, 256-257
　conhecimento holístico-intuitivo e, 57-59
　consciência e, 123-126
　criação do todo e, 76-78
　descentralização e, 135-136
　desenvolvimento de novos modelos mentais com *mindfulness*, 151-154
　estar engajado e presente com a experiência, 132-134
　experiência subjetiva e, 101-102
　flexível em comparação com a criação automática do todo, 78-82
　fluxo e, 191-197, *195f*
　inter-relacionamento e, 197-199, *199f*
　mantendo na consciência, 106-108, *107f*
　memória operacional holístico-intuitiva e, 99-101, *99f*
　mente desperta e, 223-225
　mudando a visão do que é processado, 151-156
　padrão colher-armazenar-integrar e, 201
　piloto automático e, 127-129
　processamento controlado e, 95-98
　relações íntimas e, 200
　ressonância e engajamento e, 88
　visão geral, 5-6, 56-58, 103
Modelos mentais de ordem inferior, 197-199, *199f*. *Ver também* Modelos mentais
Modelos mentais de ordem superior. *Ver também* Fluxo; HOL-ISSMs; Modelos mentais; Relações íntimas
　compaixão e, 256-257
　fluxo e, 194-197, *195f*
　inter-relacionamento e, 197-199, *199f*, 200, 203
　parábola do bom samaritano e, 232-233
Modelos mentais holístico-intuitivos, 191-193
Modo de mente padrão habitual, 223-225, 241-243
Modos mentais, 5-6, 219
Motivação, 111-117, 254-255
Motor central de cognição, 96-97, *97f*, 160-165, *162f*, *164f*, 219. *Ver também* Recursos executivos
Mudança, 146-156, 225-226
Mundos de experiência. *Ver também* Experiência
　hemisfério direito e, *45n*, 64
　hemisfério esquerdo e, 44-45, 64
　visão geral, 65-66, 81-84, *83f*

N

Não dualidade, 64, 174-180, 223-225. *Ver também* Dualidade
"Não *self*", 179-180
Não separação, 174-180, 200, 223-225. *Ver também* Separação
Narrativa pessoal, 159-161
Nirodha, 249-252
Nirvana, 249-250
Nobre caminho óctuplo, 264-265
Normas culturais, 27-28, 244-246

O

Objetos de desejo, 34-35
Observador, 133-136, 200
Oração, 139, 222-223, 248-249
Ordem implícita, 71-74
Originação dependente (cocriação dependente), 205-207, 212-217
Outros, a mente desperta e, 174, 176-177, 225-226
　desprendimento e, 247-248
　inter-relacionamento e, 197-198, *199f*
　vendo tudo em todos e, 239-240

P

Padrão colher-armazenar-integrar, 201, 203-204
Padrões auditivos. *Ver também* Treinamento em *mindfulness*
　experiência sensorial e, 108-110, *109f*
　processamento multimodal, 54-57, *56f*
Padrões (todos), 76-78, 96-99
Padrões visuais. *Ver também* Experiência sensorial
　processamento multimodal e, 54-57, *56f*
　treinamento em *mindfulness* e, 108-110, *109f*
Parábolas
　de Milarepa e demônios, 248-250
　de velejar com nevoeiro, 190-191
　do bom samaritano, 231-234, 236-239, 256-257
　do mestre e seu emissário, 218-224
　do relojoeiro, 68-69, 229-230
　dos cegos e do elefante, 93
Pausa, 199-200
Pensamento
　conceitual, 4-5, 159-161
　distorcido, 43-45
　egoísta, 190-191
Pensamento negativo, 43-45, 143-149, *143f*, *145f*. *Ver também* Pensar/pensamentos
Pensar/pensamentos. *Ver também* Mente errante; Pensamento negativo
　conceitos e realidade e, 43-45

descentralização e, 133-136
experiência subjetiva e, 101
intenção e objetivos e, 136-138
mente desperta e, 223-225
motor central da cognição e, 96-98, *96f*
Percepção, 6-8, 26-27, 34-36, *35f*, 223-225, 230-233, 235-237
Perdão, 247-248. *Ver também* Desprendimento/não interferência
Perspectiva evolutiva
    compaixão e, 255-257
    conhecimento conceitual e, 31
    criação do todo e, 77-79
    holarquias mentais e, 70-77
    modelos mentais de ordem superior e, 194-195
    significados holístico-intuitivos e, 52-54
Perspectivas rígidas, 222-224
Piadas, 80-81
Piloto automático, 96-98, *96f*, 100-102, 127-129
Plenitude, 6-7, 13-15. *Ver também* Criação do todo
    amor e, 261-263
    conhecimento holístico-intuitivo e, *48f*
    fluxo e, 189-194
    interior, 203
    inter-relacionamento e, 197-198
    mente desperta e, 223-225
    mente errante e, *164f*, 164
    padrão colher-armazenar-integrar e, 201
    relações íntimas e, 200
    sentimentos agradáveis e, 203
    significados holístico-intuitivos e, 48-50
Pobreza espiritual, 180-181
Poesia
    compaixão e, 254-256
    conhecimento holístico-intuitivo e, 50-52, 88
    despertar interior e, 229-230
    dualidade e separação e, 176, 178-180
    inter-relacionamento e, 197-199
    sabedoria da consciência-vacuidade e, 206-208
    vendo tudo em todos e, 237-238
    visão geral, 30
Possíveis *selves*. *Ver também* Selves
    autoguias e, 27-29
    ensinamento das duas flechas (*Sallatha Sutta*) e, 21-22
    esteira de esforço e, 24-26
    origem dos, 26-28
    proteção, 22-24
    selfing e, 28-29
    teoria da autodiscrepância e, 19-21
    visão geral, 18-20

Postura, 58-59, 109-110, 145-146, 153-154
Prática de Metta, 258-261. *Ver também* Bondade amorosa
Prática de "respiração com", 123-124
Previsão afetiva, 18-19, 39-40
Processamento automático, 95-96, 148-152
Processamento conceitual controlado, 162-170, *164f*. *Ver também* Processamento controlado
Processamento controlado. *Ver também* Recursos executivos
    consciência e, 118-120, *119f*, *120f*
    experiência subjetiva e, 100-103
    memória operacional holístico-intuitiva e, 100-101
    mente errante e, 162-165, *164f*
    piloto automático e, 127-129
    treinamento em *mindfulness* e, 105-106, 114-116
    visão geral, 95-98, *97f*
Processamento focado em metas. *Ver também* Metas
    aceitação e, 114
    caminhos para despertar e, 241-243
    desprendimento e, 115-117
    experiência subjetiva e, 101-102
    fluxo e, 190-193
    memória operacional e, 102-103
    mudando a forma como a mente funciona nas informações e, 149-150
    treinamento em *mindfulness* e, 105-107
Processamento holístico-intuitivo controlado, 105-106, 114-116, 190-191
Processamento multimodal, 53-57, *55f*, *56f*
Processo, 193-195
Processo de tomada de decisão, 52-53, 62-63, 109-111
Processos centrais em *mindfulness*, 93-96, 102-103. *Ver também* Mindfulness
Próximo, 184-186, 231-233, 236-237, 257-258

Q

Quatro Nobres Verdades, 250-252

R

Reações emocionais, 141-143
Reagir/reações, 127-129, 141-143, 146-156
Realidades, 40-45, 136-138
Reciprocidade, 81-84
Reconexão, 228-230. *Ver também* Conexão
Recursos executivos. *Ver também* Motor central de cognição; Processamento controlado
    compaixão e, 253-255
    competição para, 162-165, *164f*

consciência e, 118-119
mente errante e, 161-162
visão geral, 94, 96-97, 219
Rede padrão, 159-161
Redução de estresse baseada em *mindfulness* (MBSR), 111-112, 121-122, 136-138
Reino dos céus/reino de Deus, 22-24, 180-182, 226-227
Relacionamento. *Ver também* Inter-relacionamento; Relações
    conhecimento holístico-intuitivo e, 47-50, *48f*
    criação do todo e, 72, 74
    despertar interior e, 228-230
    estar engajado e presente com a experiência, 132-134
    estilos estreitos e amplos de atenção e, 64
    mente desperta e, 232-233, 235-237
    visão geral, 203
Relações. *Ver também* Relacionamento; Relações íntimas
    amor e, 260-263
    conhecimento holístico-intuitivo e, 47-50, *48f*
    holarquias mentais e, 69-70, *69f*, *70f*
    HOL-ISSMs e, 212-213
    instrumentais, 197-200, *199f*
    não instrumentais, 197-200, *199f*
    padrão colher-armazenar-integrar e, 201
    relações íntimas, 197-200, *199f*
Relações íntimas. *Ver também* Relações
    HOL-ISSMs e, 212-213, 216-217
    inter-relacionamento e, 203, 210-212
    mente desperta e, 228-230, 232-237
    padrão colher-armazenar-integrar e, 201
    vendo tudo em todos e, 238-239
    visão geral, 197-200, *199f*
Rendição, 247-248. *Ver também* Desprendimento/não interferência
Renúncia, 247-249, 253-255. *Ver também* Desprendimento/não interferência
Respeito, 27-28
Respiração, 105-107, 110-112, 130-131, *130f*, 147-149
Ressonância
    amor e, 261-263
    criação do todo e, 83-85, 87-88
    esperança incondicional e, 230-231
    ressonância simpática, 84-87, *85f*
    sendo engajado e presente com a experiência, 132-134
    simpática, 84-87, *85f*, *85f*, 230-231, 239-240
    vendo tudo em todos e, 239-240
Ruminação, 145-146. *Ver também* Esquiva experiencial

S

Sabedoria, 183-185, 205-208, 243-244, 256-258
Segurança, 26-29
Self desejado, 20-21, 101-102. *Ver também* Selves
Self diferente, 15-20. *Ver também* Selves
Self experiencial, 164-169
Self ideal, 22-24, 27-29, 101-102. *Ver também* Selves
Self narrativo, 164-169
Self real, 20-21, 101-102. *Ver também* Selves
Self recordativo, 166
Selves. *Ver também* Possíveis *selves*
    autoguias, 24
    desejados, 20-21
    ensinamento das duas flechas (*Sallatha Sutta*) e, 20-22
    ideais, 20-24
    percepção do *self* separado e, 179-181
    proteção, 22-24
    reais, 20-21
    selves narrativos e experienciais e, 164-167
    teoria da autodiscrepância e, 19-21
    vidas empobrecidas e, 165-170
    visão geral, 14-21
Sem esforço, 112-113. *Ver também* Esforços
Sensações físicas, 115-116. *Ver também* Estados corporais
Sentimentos, 133-144. *Ver também* Felicidade; Sentimentos positivos
Sentimentos positivos. *Ver também* Felicidade
    amor de despertar e, 227-228
    compaixão e, 253-255
    comprando a felicidade e, 17-19
    fluxo e, 189-191, 194-195
    plenitude e, 76-85, 203
Separação, 48-50
    estilos de atenção estreitos e amplos e, 64
    mente desperta e, 6-8, 174-180, 223-225
    mente e, 5-6
    percepção do *self* separado e, 179-181
    sistema PÂNICO/TRISTEZA e, 26-27
Significado, 33-35, 66, *67t*. *Ver também* Significados conceituais; Significados holístico-intuitivos
Significados conceituais
    desprendimento e, 250-251
    diferença qualitativa dos significados holístico--intuitivos, 50-52
    experiência sensorial e, 51-54
    processamento controlado e, 95-97
    visão geral, 66, *67t*
Significados holístico-intuitivos
    desprendimento e, 250-251
    diferença qualitativa dos significados conceituais, 50-52

experiência sensorial e, 51-54
origens evolutivas de, 53-54
processamento controlado e, 95-97
visão geral, 47-50, 48f, 66, 67t
Significados literais. *Ver* Significados conceituais
Significados metafóricos. *Ver* Significados holístico-intuitivos
Simulação, 159-161
Sistema PÂNICO/TRISTEZA, 26-27, 59-60
Sistemas afetivos centrais, 26-27, 59-63. *Ver também* Afeto
Sistemas autoperpetuadores, 28-29, 143-147, 143f, 145f
Sistemas complexos não lineares, 142-143, 206-207
Sistemas dinâmicos integrados, 200, 201, 216-217
Sistemas-modelos dinâmicos, 197-198
Sofrimento. *Ver também* Depressão
   compaixão e, 253-258
   desprendimento e, 249-251
   ensinamento das duas flechas (*Sallatha Sutta*) e, 20-22
   esquiva experiencial e, 140-143
   estratégias de mudança e, 146-156
   manter, 140-143
   manter na consciência e, 107-108
   medo, descontentamento e desconexão, 25-27
   natureza centrada no presente da consciência atenta, 125-126
   objetos de desejo e, 34-35
   sistemas autoperpetuadores e, 143-147, 143f, 145f
   tradição sufi, 116-117, 179-182
   tradições contemplativas e religiosas e, 25-26
   transformação de, 6-7
Submissão, 179-181
Subsistemas sensoriais, 34-36, 35f, 54-57, 55f, 56f
Supramodelos. *Ver também* HOL-ISSMs
   compaixão e, 255-256
   consciência pura e, 216-217
   mente desperta e, 224-225
   padrão colher-armazenar-integrar e, 201
   The Master and His Emissary, 219, 222-223
   visão geral, 204
Supramodelos de sistemas holístico-intuitivos. *Ver* HOL-ISSMs

T

Teoria da autodiscrepância, 19-22
Teoria da ressonância adaptativa (ART), 83-86
Teoria do efeito positivo "ampliar e construir", 65, 77-79
Terapia cognitiva baseada em *mindfulness* (MBCT)
   afeto e motivação e, 111-112
   consciência e, 121-122
   estratégias de mudança e, 147-154
   intenção e objetivos e, 135-136
   mente de principiante e, 110-112
   visão geral, xi-xiv, 2-4, 263-264
Tolle, Eckhart, 181-182, 221, 262-263, 265-266
Trabalho mental interno, 95-96
Tradição Quaker, 185-187, 239-240, 244-248
Tradição Sōtō Zen, 186-187, 248-249
Tradições espirituais
   desprendimento, 116-117
   diferença entre conhecimentos conceitual e holístico-intuitivos, 51-52
   mente desperta e, 184-187
   visão geral, 1-2, 173-174, 264-265
Transformação do sofrimento emocional. *Ver* Mudança; *Mindfulness*; Sofrimento
Transtorno obsessivo-compulsivo, 62-63
Treinamento em *mindfulness*. *Ver também* Mindfulness
   afeto e motivação, 111-117
   atenção e, 104-107
   descentralização e, 133-136
   estados corporais e, 108-111, 109f
   manter na consciência, 106-108, 107f
   mente de principiante, 110-112
   visão geral, 6-7, 104
Tudo em todos, vendo, 236-240, 238f

V

Vacuidade, 205-208, 212-217
Vedanā, 51n
Viagens no tempo mental, 30, 36-37, 94, 105-106, 163-164, 221
Vidas empobrecidas, 165-170
Visão dualista do mundo, 33-34

Z

zen, 186-187, 248-249